BRENCK
Leben und Werk einer fränkischen Bildschnitzerfamilie im 17. Jahrhundert

BRENCK

**Leben und Werk einer fränkischen Bildschnitzerfamilie
im 17. Jahrhundert**

Christine Schweikert

Schriften und Kataloge des Fränkischen Freilandmuseums, Band 38
Herausgegeben im Auftrag des Bezirks Mittelfranken von Konrad Bedal

Wir danken für die freundliche Unterstützung

Bezirk Mittelfranken
Bezirk Unterfranken
Evangelisch-Lutherische Landeskirche in Bayern
Stiftung Landschaftsmuseum Obermain im Unternehmen
Stadt Kulmbach

Umschlag: Kulmbach, Evang. Stadtpfarrkirche St. Petri, Kanzelrest,
Karyatide, 1645.

© by Fränkisches Freilandmuseum
Redaktion und Gestaltung:
Andrea K. Thurnwald, Christine Schweikert, Stephanie Böß, Jens Schuler
Umschlagentwurf: Andrea K. Thurnwald
Gesamtherstellung: Druck + Papier Meyer GmbH, Scheinfeld
ISBN 3-926834-52-8
Printed in Germany 2002
Verlag Fränkisches Freilandmuseum, Bad Windsheim

Inhalt

Vorwort

Konrad Bedal

Brenck - Leben und Werk ... diese Ausstellung über die im 17. Jahrhundert tätige Bildschnitzerfamilie ist die erste im Fränkischen Freilandmuseum Bad Windsheim, die sich mit bildender Kunst beschäftigt. Zugleich ist es überhaupt das erstemal, dass über die Künstlerfamilie Brenck eine Ausstellung stattfindet, ein Name, der freilich nicht den selben Klang in der fränkischen Kunstgeschichte wie etwa der von „Tilman Riemenschneider" hat. Er ist bisher wohl nur für die intimen Kenner der regionalen sakralen Kunst ein fester Begriff. Aber auch gegenüber den gleichzeitigen Bildschnitzern und Bildhauern der Zeit - hier sei nur auf Jörg Zürn aus Überlingen und Hans Degler aus Augsburg mit ihren mächtigen Schnitzaltären verwiesen - sind die Brencks bisher wenig bekannt, obwohl zumindest der Umfang ihres nachgewiesenen Werks sich hinter diesen großen Namen kaum zu verstecken braucht.

Eine Ausstellung, zumindest eine umfassendere Darstellung der Bildschnitzerfamilie Brenck war seit Jahren ein großer Wunsch des Bad Windsheimer Freilandmuseums. Aber bisher fehlte es an gründlicher Forschung. Umso größer war die Freude, als wir erfuhren, dass Frau Christine Schweikert aus Erlangen seit Jahren intensiv an dem Thema „Brenck" arbeitete und forschte, und sich sofort bereit erklärte, das Museum bei einer Ausstellung und dem zugehörigen Katalog entscheidend zu unterstützen. Ganz besonders hervorzuheben ist, dass nicht nur kunstgeschichtliche, sondern gerade auch handwerksgeschichtliche Aspekte eine wesentliche Rolle in ihrer Arbeit einnehmen, was natürlich gerade in einem volkskundlich-kulturgeschichtlich orientierten Museum von besonderer Bedeutung ist.

Denn es mag zunächst etwas überraschend sein, dass sich gerade ein Freilichtmuseum mit einem doch eher einem „Kunstmuseum" zustehenden Thema befasst, aber dies hat gerade für unser Bad Windsheimer Museum gute Gründe. Da ist zum einen die Herkunft der Künstlerfamilie, deren Mitglieder fast alle, ausgehend von Georg Brenck dem Älteren, in Windsheim geboren sind. Und da ist zum anderen, und wohl wesentlicheren, der ungewöhnliche Schwerpunkt unseres Museums, im Zusammenhang mit der ins Museumskonzept integrierten städtischen Spitalkirche den kirchlichen und frömmigkeitsgeschichtlichen Aspekt fränkischer Kulturgeschichte besonders zu berücksichtigen, wofür eine eigene, von der evangelischen Landeskirche getragene Arbeitsstelle unter dem Titel „Kirche in Franken" am Fränkischen Freilandmuseum geschaffen wurde. Zwar wird diese Abteilung erst mit der Sanierung und der behutsamen Umgestaltung der Spitalkirche für Museumszwecke voraussichtlich im Jahr 2006 eröffnet werden können, aber in der Zwischenzeit wurden bereits viele kleinere Ausstellungen im Fränkischen Freilandmuseum gezeigt, die sich mit Themen zur Frömmigkeit und zur Kirchengeschichte befassen - die über die Bildschnitzerfamilie Brenck ist sicher die bisher größte und gründlichste.

Da in der Spitalkirche auch künftig wieder zwei wesentliche Werke - die Kanzel von 1621 und der Altar von 1623 - zu sehen sein werden, kann diese Ausstellung im gewissen Sinn auch als Vorbereitung für die Wiedereinrichtung der Spitalkirche gesehen werden, zugleich auch als Chance, sowohl Kanzel wie Altar im Zusammenhang mit anderen Brenckschen Werken betrachten zu können, bevor sie wieder ihre "angestammten" Plätze in der Spitalkirche einnehmen. Denn es ist natürlich normalerweise ein besonderes Problem, sakrale Werke auszustellen, deren eigentlicher Platz, glücklicherweise möchte man sagen, noch immer größtenteils in den Kirchen ist, für die sie geschaffen wurden.

Der also durchaus auch "lokale" Aspekt der Ausstellung bedeutet aber keineswegs, dass es bei den Brencks nur um ein "Windsheimer" Thema ginge - ganz im Gegenteil. In der Geschichte und der Kunst dieser Bildschnitzerfamilie lassen sich wie in einem Brennglas ganz wesentliche kulturgeschichtliche Aspekte erkennen, etwa die Entwicklung vom zwar künstlerisch arbeitenden, aber zünftisch gebundenen Handwerker hin zum "freieren" Hofkünstler, oder anders ausgedrückt, von einer eher bürgerlich-städtischen zur höfischen Sakralkunst. Beispielhaft lässt sich an den Brencks der "Übergangscharakter" des 17. Jahrhunderts zeigen, wo sich zunächst in den Bildwerken noch spätgotisches Formempfinden zeigt, das immer mehr pathetischem, barockem Gestus weicht.

Die Künstlerfamilie Brenck hat, ausgehend vom seit 1530 protestantischen Windsheim, in vielen Regionen Frankens ihre Spuren hinterlassen, auffallenderweise nicht nur in evangelischen, sondern auch in katholischen Kirchen. Die Ausstellung und der Katalog sehen es als wichtigste Aufgabe, mit einem bisher wenig bekannten, aber faszinierenden Teil der fränkischen Kunst- und Kulturgeschichte bekannt zu machen - und zugleich mit einer Zeit, die vielleicht insgesamt doch zu sehr nur mit dem Dreißigjährigen Krieg zusammengebracht wird, daneben aber durchaus auch ihre kulturellen Glanzlichter kennt.

Für das Zustandekommen der Ausstellung und des Kataloges ist vielen zu danken. An erster Stelle muss hier Christine Schweikert M.A. als Autorin gedankt werden, die auch die Konzeption der Ausstellung entscheidend bestimmt hat, dann vor allem Andrea Thurnwald M.A. von der Vorbereitungsstelle Kirche in Franken, die in bewährter Weise die Gesamtleitung, Koordination und Vorbereitung der Ausstellung sowie die Redaktion des Katalogs übernommen hat. Unterstützt wurde sie dabei von Stephanie Böß und Roswitha Wehrfritz.

Ein besonderer Dank gilt den zahlreichen Leihgebern der Ausstellung, vorwiegend Museen, aber auch vielen Kirchengemeinden mit ihren Vorständen und Pfarrern, über deren große Bereitwilligkeit, uns wichtige Werke zu überlassen (und manchmal heißt dies ja auch: auf Monate hinaus auf sie zu verzichten), wir sehr erstaunt und erfreut waren.

Bei der Ausstellung geht es ja, wie auch bei den Werken Brencks, um eine gesamtfränkische Sache. Daher sind wir besonders dankbar, dass vom Bezirk Unterfranken eine großzügige finanzielle Unterstützung kam, wofür insbesondere Dr. Klaus Reder zu danken ist. Oberfranken ist mit dem Landschaftsmuseum Obermain in Kulmbach, wo die Ausstellung im Jahr 2003 gezeigt wird, am Zustandekommen der Ausstellung und des Katalogs ebenfalls entscheidend finanziell beteiligt, dafür sei Dr. Wolfgang Mössner für Hilfe und Mitarbeit gedankt. Schließlich sei auch der Evangelischen Landeskirche (Oberkirchenrat Dr. Hartmut Böttcher) für die bereitgestellten Mittel herzlich gedankt.

Mit den zahlreichen Kunstwerken aus dem 15. und aus dem ersten Viertel des 16. Jahrhunderts, die mit den namhaften Schnitzern Tilman Riemenschneider (1455/60-1531), Veit Stoß (um 1440/50-1533), Hans Leinberger (1480/85-nach 1530) oder Michael Pacher (um 1435-1498) verbunden sind, war der Höhepunkt spätgotischen Schaffens erreicht. Die Wirren der Reformation, schwindende Stifterfreudigkeit, die überreiche Ausstattung der Kirchen zu Beginn des Jahrhunderts und das noch unentschlossene Experimentieren mit den neuen, aus Italien überlieferten Formen, führten zunächst auch in Franken zu einem erheblichen Rückgang der skulpturalen Produktion, die zum Teil in die Provinzialität abgesunken war. Mit dem vollständigen Erliegen der Altarherstellung und der Verlagerung des plastischen Schaffens auf die Kleinkunst war zunächst die schöpferische Kraft für monumentale Aufgaben gebrochen. Erst um 1550 unterwiesen nach Würzburg berufene Niederländer einheimische Künstler nicht nur in dem italienisierenden Stil, sondern auch in der Verarbeitung eines neuen Materials, des Alabas-ters. So konnte die lokale Folgegeneration, die sich in Mainfranken unter anderem aus den Bildhauerfamilien Juncker und Kern rekrutierte, erneut das Retabel und im verstärkten Maße Kanzeln, Taufsteine und Epitaphien zu ihren Hauptaufgaben erklären.

Trotz der neuen Blüte, die bis in die letzte Phase des Dreißigjährigen Krieges anhielt, gehörte dieser Zeitabschnitt lange zu den eher unzureichend bearbeiteten Gebieten der Kunstgeschichte. Teilpublikationen in entlegenen, meist lokalen Zeitschriften, mangelhaftes Abbildungsmaterial erschwerten genauere Untersuchungen. Die von Gertrud Gradmann (1917) und von Leo Bruhns (1923) für den fränkischen Raum geleisteten Pionierarbeiten blieben lange ohne Nachfolge. Erst in der zweiten Hälfte des 20. Jahrhunderts erschienen ausführliche, reich bebilderte und erschöpfende Monographien zu einzelnen Künstlerpersönlichkeiten des 16. und 17. Jahrhunderts aus dem gesamtdeutschen Gebiet. Sie künden von einem wachsenden Interesse an dieser problematischen, jedoch nicht minder faszinierenden Periode der Kunstgeschichte.

In eben diese Zeit fällt das Schaffen der fränkischen Bildschnitzerfamilie Brenck aus Windsheim, deren einzelne Mitglieder Georg Brenck d.Ä. und Georg Brenck d.J. die Kirchen des mittel- und unterfränkischen Raumes; Johann Brenck, sein Sohn Johann Georg und der vermutlich gleichnamige Enkel die sakralen Bauten des oberfränkischen Raumes mit unzähligen plastischen Kunstwerken bereicherten.

Bei den frühesten Informationen über die Schnitzerfamilie handelt es sich um wertfreie Nennungen Georg Brencks d.Ä. und Johann Brencks. Als Schöpfer des Heilsbronner Epitaphs für Markgraf Georg Friedrich zu Ansbach und Bayreuth fand Georg Brenck d.Ä. 1877 in dem Werk „Kloster Heilsbronn. Ein Beitrag zu den Hohenzollerischen Forschungen" von Rudolf Graf von Stillfried Erwähnung. 1901 führte Friedrich Hermann Hofmann Georg Brenck d.Ä. und Johann Brenck in seinem Buch über „Die Kunst am Hofe der Markgrafen von Brandenburg" auf. Im Künstlerlexikon von Ulrich Thieme und Felix Becker erschien 1910 nur ein mehrzeiliger Abschnitt zu „Georg Brenk" aus Windsheim, der sich ausschließlich mit dem Werkstattbegründer befasste. Auf die Erkenntnisse Hofmanns gestützt, wurde das bis dahin einzige bekannte Werk, das 1615 errichtete, inzwischen nicht mehr in situ gebliebene hölzerne Monument in Heilsbronn vorgestellt. Daten zur Lebensgeschichte des Schnitzers lagen bis dahin ebenso wenig vor wie eine kunstkritische Analyse.

Die ersten biographischen und stilistischen Untersuchungen zu Georg Brenck d.Ä. und seiner Werkstatt leistete 1923 Leo Bruhns auf fast 20 Seiten in seiner Arbeit über „Die Würzburger Bildhauer der Renaissance und des werdenden Barock 1540 - 1650". Bruhns monographische Darstellung bildete wiederum die Grundlage für weitere Forschungen, die vor allem mit dem Namen Wilhelm Funk verbunden sind. In mehreren, sich im Wortlaut wiederholenden Aufsätzen, die anlässlich des 300. Todestages von Georg Brenck d.Ä. in lokalen Zeitungen veröffentlicht worden waren, konnten erweitertes Quellenmaterial und Neuzuschreibungen vorgestellt werden. Funks Bemühungen gipfelten 1938 in der Herausgabe eines kleinen Büchleins, das mit dem Titel „Die Bildschnitzerfamilie Brenck aus Windsheim. 100 Jahre fränkische Barockbildhauerkunst" genauere Informationen zur Familiengeschichte, den Werkstattgepflogenheiten und den bisher noch unbekannten Arbeiten bot. Zur gleichen Zeit erschien von Karl Sitzmann ein Aufsatz im Plassenburg Jahrbuch (1938.28-52), der sich mit der Kulmbacher Bildhauerwerkstatt Johann Brencks und Hans Georg Schlehendorns beschäftigte. Dabei hatte der Autor die Thematik bereits in einer früheren Publikation von 1919 über die „Kunst und Künstler in der Bayreuther Gegend" berührt, 1935 in einem kurzen Bericht in der Zeitschrift „Der Siebenstern" abgehandelt und 1957 noch einmal in einem lexikalischen Werk über die „Künstler und Kunsthandwerker in Ostfranken" aufgegriffen.

In dieser Publikation werden erstmals auf der Basis ausgedehnter Quellenstudien alle Familienmitglieder vorgestellt, der bisher bekannte Werkkomplex durch neue Zuschreibungen und Entdeckungen erweitert. Ihr umfangreiches Oeuvre macht die Brencks zu den führenden und schaffensreichsten Bildschnitzerfamilien des 17. Jahrhunderts in Franken. Es ist zu hoffen, dass sie in Zukunft einen größeren Bekanntheitsgrad genießen werden.

Lebensgeschichte der Bildschnitzerfamilie Brenck
Die Windsheimer Werkstatt
Stammbaum und biographische Notizen

Die Lebensgeschichte der Bildschnitzerfamilie Brenck ist eng mit der fränkischen Kleinstadt Windsheim verbunden. Sie beginnt in den dortigen Quellen im Jahre 1561.[1] Am 17.12. des Jahres hatte der Rat der freien Reichsstadt dem Bäckerknecht *Peter Brenck von Obernndieff* das Bürgerrecht mit der Einschränkung verliehen *so lang er sich wol hallt*.[2] Am 20. Januar 1562 erfolgte die Heirat Peter Brencks mit Esther Kraft aus Kaubenheim. Dieser Verbindung entstammten vier Jungen und zwei Mädchen - Johannes, Georg,

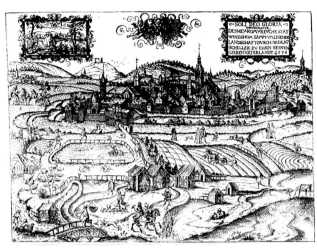

Georg Wechter d.Ä., Radierung, 1575. Blick vom Galgenbuck nach Windsheim.

Johannes, Martin, Margaretha und Anna - die alle zwischen 1563 und 1571 das Licht der Welt erblickten. Die Taufe des zweitgeborenen Sohnes, des späteren Schreiners und Bildschnitzers Georg Brenck (d.Ä.), ist nicht in den Matrikeln der Stadtpfarrkirche St. Kilian nachzuweisen. Der Inschrift eines Epitaphs und dem abweichenden Eintrag in den Kirchenbüchern zufolge müßte Georg Brenck d.Ä. zwischen dem 23/24.8.1563 und dem 21/22.8.1565, berücksichtigt man die Taufe des älteren Bruders (7.2.1563), 1564 oder 1565 geboren worden sein.[3] Die Steuerleistungen Peter Brencks, die unter den Zahlungen der Äußeren Stadt erfolgt waren, verraten, dass die kinderreiche Familie im Bereich der zweiten Stadterweiterung gewohnt hatte.[4] Am 8.9.1580 trug man Esther Brenck, eine geb. Kraft, nach 18 Ehejahren in Windsheim zu Grabe. Da *Peter Brenck sein Weib so pflegloß liegen laßen, das Gelt so ir ander Leut geschickht* drohte der Rat mit Entzug des Bürgerrechts und dem Verweis aus der Stadt.[5] Das Urteil wurde vermutlich vollstreckt, denn Sterbeort und Sterbedatum des Vaters sind unbekannt.

Lehrzeit

Am 1. September 1580, nur wenige Tage vor dem Tod der Mutter, war Georg Brenck d.Ä. 15- oder 16- jährig bei dem Bürger und Schreiner Mathes Gulden für vier Jahre auf das Handwerk aufgenommen worden.[6] Da der Lehrling mit seinem Lehrantritt der Patrimonialgewalt des Lehrherren unterstand, außerdem verpflichtet war, bei seinem Meister zu wohnen, blieb Georg vermutlich von dem

Urteil des Rates und der „Vertreibung" seiner Familie aus der Stadt unberührt. So erfolgte nach der einst vereinbarten Frist am 1. September 1584 im Haus Hans Weisackers die Ledigsprechung von seinem Meister und der Eintritt in den Gesellenstand. Der Lehrjunge hatte sich, so berichtet es das Verzeichnis der Schreiner, während seiner Lehrzeit *erlich und wolverhalden*.

Gesellenzeit und Wanderjahre

In der Regel folgte dem Abschluss der Lehre eine mehrjährige Wanderzeit. Nach der damals gültigen Schreinerordnung von 1539 betrug die vorgeschriebene Dauer zwei Jahre. Bruhns (1923.548-549) und Funk (1938) hatten im Kontext mit der für Süddeutschland eigenwilligen Kanzelkonzeption des Schnitzers gemutmaßt, Brenck sei von norddeutschen, speziell braunschweigischen und sächsischen Lösungen inspiriert worden. Durch einen glücklichen Quellenfund lassen sich die vagen und pauschal formulierten Thesen bestätigen. In einem schriftlich niedergelegten Streitfall Brencks gegen die Steinmetzen Burck Knoll und Andreas Büttner rechtfertigte der beklagte Georg den Eingriff in das Steinmetzhandwerk mit den Worten: *er hab der gleichen Arbeit* [Steinhauen, Anm.d.A.] *als ein freie Kunst gelernt, und sei in vielen Orten zu Leipzig, Braunschweig, und Erdfurt gewesen.*[7] Bleiben die Namen der lehrenden Meister ungenannt, so belegt die erste archivalisch gesicherte Arbeit Brencks, dass er tatsächlich kurz nach seiner Wanderschaft Bildschnitzereien ausführte. Noch im Jahr seiner Bürgerwerdung fertigte er für 2 fl. und 1 Ort ein verschollenes Marienbild, das sich vor oder in der Windsheimer Seekapelle befand.[8]

Sesshaftigkeit und Bürgerwerdung

Am 10. Juni 1590 leistete Brenck in Windsheim seinen Bürgereid.[9] Georg Brenck, Sohn des ehemals in Windsheim ansässigen Peter Brenck, wurde als Schreiner in der Stadt aufgenommen. Statt der üblichen Bürgergeldzahlung von einem Gulden für Einheimische musste er, weil seinem Vater das Bürgerrecht abgesprochen worden war, *die fünff Gulden Bürgergelts alß ein Frembder zaln.* Die Steuerleistungen Georg Brencks wurden ebenso wie die Zahlungen seines Vaters in den Stadtrechnungsbänden (StadtA Bad Windsheim) von 1591 bis 1607 unter der Kategorie der „Äußeren Stadt" notiert. Dabei sind die steigenden Beträge nicht, wie Funk (1938.6) vermutete, ausschließlich auf den zunehmenden Wohlstand des Schreiners zurückzuführen. In den Jahrgängen 1591, 1595 und 1605 der Stadtrechnungsbände war jeweils auf den ersten Seiten eine allgemeine Steuererhöhung registriert worden.

Eheschließung, Familiengründung und Familienverbindungen

Knapp drei Wochen nach seiner Einbürgerung, am 30. Juni 1590, heiratete Georg Brenck die Pfarrerstochter Eva Grasser. Der ehelichen Verbindung entstammen sechs Kinder, die zwischen 1591 und 1608 geboren wurden. Neben den vier Töchtern Ursula, Maria, Eva und Esther schenkte Eva auch zwei Söhnen das Leben. Georg, später der Jüngere genannt, kam als zweites Kind 1593 (8.7. Taufe) in Windsheim zur Welt. Johannes, meist Johann oder Hans genannt, wurde als vorletztes Kind fast elf Jahre später 1604 (5.6. Taufe) ebenda geboren. Beide Kinder setzten die Schreiner- und Schnitzertradition des Vaters fort. Georg Brenck d.J. in Windsheim, Johann Brenck nach seinem Fortgang aus der Reichsstadt in Coburg, Kulmbach und in der markgräflichen Residenzstadt Bayreuth.

Die Werkstatt und der eigene Hausbesitz

Mit der Bürgeraufnahme und der „ehelichen Hochzeit" besaß Brenck die Voraussetzungen für das Meisterrecht. Zwei Jahre nach der bürgerlichen Integration in die Stadt, am 10. April 1592, begann er als Schreinermeister mit der Ausbildung des ersten Lehrjungen. Von nun an darf die Führung eines eigenen Betriebes in den Mauern der Stadt als gesichert gelten. 1593, als Eva Brenck mit ihrem zweiten Kind Georg (d.J.) im fünften Monat schwanger war, erwarb der Schreiner für 280 Gulden ein von der Stadt neu gebautes Haus in der Seegasse *wie es itzo stehet.*[10] Brenck finanzierte den Erwerb des Wohnsitzes durch die Aushändigung eines einmaligen Betrages von 40 fl. und weiteren jährlich im April bzw. an Ostern in den Stadtrechnungen notierten Ratenzahlungen von 12 fl.

Bad Windsheim, Blick in die Seegasse mit Seekapelle.

Anfänge in Windsheim und die Etablierung der Werkstatt

In den folgenden Jahren führte Brenck primär kleinere Arbeiten in der Stadt und in der näheren Umgebung aus. Im Mai 1594 dekorierte er den Gießbehälter in der Neuen Stube des Rathauses mit Schnitzwerk.[11] Noch 1594, spätestens 1595 übernahm der *Bildschnitzer zu Wintzhaim* Ausbesserungsarbeiten an den drei Kalvarienbergfiguren des Ickelheimer Kreuzhäuslein. In diesem Kontext fällt erstmals nachweisbar die Titulierung Bildschnitzer.[12] 1598, 1599, 1600 sowie 1603 wird Brenck für nicht näher spezifizierte Arbeiten in der Pfarrkirche, in dem Haus des Kirchners und auf dem Turm bezahlt. Für das Gotteshaus entstehen 1600 vier neue Weiberstühle, 1605 werden dort Abbruch- und Aufräumarbeiten an den Epitaphien Voit und Seifriedt durchgeführt. 1601 kann man Brenck mit einigen Reparaturen und der Anfertigung einer neuen Eichentür im ehemaligen Augustinerkloster der Reichsstadt nachweisen.[13]

Der erste größere Auftrag des Bildschnitzers entstand im Zusammenhang mit den umfassenden Renovierungsarbeiten an der Windsheimer Stadtpfarrkirche St. Kilian in den Jahren 1599 bis 1605. Am 7. August 1598 war der Handwerker mit dem Angebot vor den Rat der Stadt getreten *einen schönen Predigstul* für das Gotteshaus zu dem erschwinglichen Preis von 60 fl. zu fertigen.[14] Am 28. und 29. Februar 1600 gelangte das reich dekorierte, heute verlorene Werk im Mittelschiff des Gotteshauses zur Aufstellung. Die Bewerbung des Schreiners und Bildschnitzers Brenck vor dem Windsheimer Rat am 28.1.1605 *einen newen Altar in die Pfarrkirchen machen* zu dürfen, blieb leider ergebnislos. Die Stadt lehnte sein Angebot möglicherweise aus finanziellen Gründen ab. Im ersten Jahrzehnt des 17. Jahrhunderts dürfte sich Brenck auch außerhalb der Stadtgrenzen einen Namen geschaffen haben. Mit der Anfertigung des Ergersheimer (Zuschreibung) und Rothenburger Predigtstuhls 1603 und 1604 sowie des Hassfurter Retabels 1605/06 etablierte er sich fast gleichzeitig in protestantischen und katholischen Auftragskreisen.[15] Eine Urkunde, die der Stadtmagistrat auf Bitten Brencks vom 25.2.1605 ausstellte, bezeugte nicht nur seinen Bürgerstatus, sondern auch seine handwerkliche Qualifikation als Schreiner und Bildschnitzer.[16]

Hassfurt, Kath. Pfarrkirche St. Kilian, Kolonat und Totnan, Retabelrest, Relief, Anbetung der Könige, 1605/06.

Das zweite und das dritte Jahrzehnt des 17. Jahrhunderts bilden die schaffensreichste Periode in Brencks 45- jährigem Arbeitsleben. Zahlreiche Werke sind aufgrund quellenkundlicher Belege oder durch eine aufgemalte oder eingeschnitzte GB-Monogrammierung für die Werkstatt in Anspruch zu nehmen.[17] Zunächst erhielt Brenck aus der näheren Windsheimer Umgebung, von den evangelischen Gotteshäusern in Uffenheim, Buchheim, Ickelheim, Westheim, Pfaffenhofen und Ipsheim Aufträge für Predigtstühle, Retabelbauten und Kruzifixe. Die Kilianskirche in Windsheim bezahlte ihn 1615 für die Dekoration des neuen Orgelgehäuses mit Schnitzwerk.[18] Reputation verschaffte Brenck die ab 1610 in den letzten Regie-

Georg Brenck d.Ä., Ochsenfurt, Kath. Pfarrkirche St. Andreas, Hochaltar, 1610-1612/13.

rungsjahren des rigorosen Gegenreformators und Fürstbischofs Julius Echter laufende Produktion des monumentalen, dreigeschossigen und figurenreichen Ochsenfurter Hochaltars.[19] Nur wenige Jahre später, am 12. April 1616, betrauten *Schultheiß, Burgermeister undt Rath zu Frickenhaußen* den Windsheimer Bildschnitzer, *welcher den hohen Altar zu Ochßenfurth gemacht* hatte, mit der Anfertigung eines neuen Choraltares, später auch mit den Nebenaltären für die örtliche katholische St. Galluskirche. Bereits Ende des gleichen Jahres verpflichtete sich Brenck bis Ostern 1617 der katholischen Marienkapelle in Bieberehren unter Verwendung älterer Figuren einen Altaraufbau zu fertigen.[20] Gleichzeitig entstand, wie Monogrammierung und Jahreszahlbezeichnung erzählen, ein weiteres Altarwerk, dessen Reste - ein rundbogiges Pfingstrelief und eine Himmelfahrt

Christi - heute im Depot des Kurpfälzischen Museums in Heidelberg aufbewahrt werden.[21] Für eine längerfristige Beschäftigung der Windsheimer Werkstatt sorgte die mächtige Adelsfamilie von Zobel. Drei Kanzeln, zwei Altäre und das große, säulengerahmte Epitaph der 1606 verstorbenen Amalie von Zobel dürften in knapper zeitlicher Folge für die protestantischen Kirchen in Giebelstadt und Herchsheim sowie für das unter der Messelhausener Linie katholisch gebliebene Gotteshaus zu Darstadt entstanden sein. Mit der Ausführung eines hölzernen Epitaphs für den Hohenzollern Markgraf Georg Friedrich von Bayreuth und seine beiden Gemahlinnen im Jahre 1615 sicherte Brenck sich und seinen Nachkommen das Herrscherhaus als wichtige Auftraggeberschaft. Die wiederholte Tätigkeit der Werkstatt für Ansbacher Familien und die dortigen Gotteshäuser belegen zahlreiche, heute museal in Ansbach präsentierte figurale Reste. Der Moses in Neustadt/Aisch und das kleine Stifterrelief sind Fragmente einer 1616 von dem Generalquartiermeister und Lieutenant Leonhard Eisen und seiner Gemahlin Barbara privat errichteten Kanzel (Zuschreibung), das große Holzepitaph in Irmelshausen (Zuschreibung) erinnert an den adeligen Bernhard von Bibra (†1609) und seine Gemahlin Sybilla.

Georg Brenck d.Ä., Heidelberg, Kurpfälzisches Museum, Retabelrest, Himmelfahrt Christi, 1617.

Ein Teil der zahlreichen Auftragsarbeiten dürfte unter Mithilfe von Christoff Hofmann aus Chemnitz entstanden sein. Er unterstützte seit 1612 als Schreinergeselle, ab 1615 als Bildschnitzerlehrling den Werkstattbetrieb. Hofmann war der einzige Lehrjunge Brencks, der sich nach der Zahlung von 4 fl. für sein Meisterrecht erwiesenermaßen vorübergehend in der Reichsstadt niederließ und ebenfalls Lehrjungen ausbildete.[22] Da Windsheim vier Bildschnitzern nicht längerfristig ausreichend den Lebensunterhalt sichern konnte, zog Hofmann 1624 nach Schweinfurt.[23]

Georg Brenck d.J. und Johann Brenck - Ausbildung und Wanderschaft

Die Ausbildung der beiden Söhne Georg Brenck d.J. und Johann Brenck erfolgte in der väterlichen Werkstatt. Unter Anleitung seines Vaters sollte der damals 13-jährige ältere Sohn Georg ab Mariä Himmelfahrt (15.8) 1606 drei Jahre lang das Schreinerhandwerk und die Bildschnitzkunst erlernen. 1609 erfolgte die Freisprechung, bei der dem Sohn nichts Negatives nachgesagt werden konnte. Ob sich Georg Brenck d.J. wie sein Vater nach seiner abgeschlossenen Ausbildung auf Wanderschaft begab, ist anzunehmen, aber nicht zu belegen. Ab 1615 war Georg Brenck d.J. wieder sicher in Windsheim nachweisbar, denn im Juni des gleichen Jahres (27.6) ehelichte er 21-jährig Barbara Kraft, die Tochter des Altbürgermeisters Philipp Kraft aus Windsheim. Da die Heirat eines Gesellen generell eng mit der Meisterwerdung verknüpft war, dürfte Georg Brenck d.J. in diesen Jahren das Meisterrecht erlangt haben. Es war noch kein ganzes Jahr vergangen, als Philipp Kraft den Windsheimer Stadtmagistrat für seinen Schwiegersohn um die Verleihung des Bürgerrechts bat. Am 18. März 1616 wurde Georg Brenck d.J., *Georgen Prenckens Burgers und Bildschnitzers alhier ehelicher Sohn, auch ein Bildtschnizer* Bürger von Windsheim. Die Zeugschaft des feierlichen Aktes übernahmen der Rotgerber Georg Hagen und der Vater Georg Brenck, der im Protokoll erstmals die Bezeichnung der Ältere erhielt.[24]

Der jüngere Sohn Johann Brenck wurde 11-jährig zu Ostern 1616 gleichzeitig mit dem Windsheimer Ratssohn Hans Fueger[25] auf *das Schreiner Hanttwerck sowol auch auff die freyenn Kunst des Bildschnitzen* in dem Betrieb seines Vaters aufgenommen. Nach fünfjähriger Lehrzeit entließ man Ostern 1621 beide Jungen. Es waren die letzten Lehrlinge, die ihre Ausbildung in der Brenckwerkstatt genossen haben. Auch bei Johann Brenck schweigen die Quellen bezüglich seiner Wanderschaft. Da der Sohn August 1621 und im Jahre 1623 in Windsheim nachzuweisen ist, hat Johann Brenck entweder auf eine längere Wanderschaft verzichtet, erst nach 1623 seine Reise begonnen oder war bereits nach zwei Jahren zurückgekehrt.[26] Sitzmann (1938.72) mutmaßte, er wäre vielleicht durch die Vermittlung des Würzburger Malers Ulrich Bühler (†1618) bei Zacharias Juncker d.Ä. (um 1578/80-ca. 1657) in Walldürn gewesen. Frappante stilistische Analogien zwischen den Junckerschen Alabasterarbeiten und dem Kulmbacher Oeuvre Johann Brencks sprechen für diese These. Am 5. September 1626 ehelichte Johann Brenck Anna Maria Strigel aus Lauingen, die Tochter des dortigen Bürgermeisters Melchior Strigel. Am 4. April 1627 erfolgte die Bürgeraufnahme des Bildschnitzers, der sicherlich zu diesem Zeitpunkt bereits seine Meisterwürde besaß.[27]

Allein das dritte und letzte Kind des Bildschnitzers (7.6.1632) erreichte das Erwachsenenalter. Es handelte sich um den Sohn Johann (Hans) Georg Brenck, der schließlich in dritter Generation die handwerkliche Familientradition fortsetzte. Er war wahrscheinlich von seinem Vater ausgebildet worden. Bis zu seinem Tod arbeitete er als Bildschnitzer bzw. Bildhauer in der ehemaligen markgräflichen Residenzstadt Kulmbach.

Die Integration der Söhne in die Werkstatt des Vaters

Da ab 1614/15 zahlreiche Arbeiten mit der Brenckwerkstatt in Verbindung gebracht werden, hatte sich der Vater, um den Auftraggebern in einem entsprechenden Zeitrahmen gerecht zu werden, neben einer Anzahl von Gehilfen sicherlich seiner Söhne bedient. Funks (1938.7.8.28) Theorie, spätestens ab 1619 habe sich der Vater „mehr und mehr" aus dem Betrieb zurückgezogen und die Arbeit „seinen Söhnen vor allem Georg d.J. überlassen" kann aufgrund anderslautender Quellentexte nicht beigepflichtet werden. Plausibler scheint die Vermutung, die Bildschnitzer hätten noch eine Weile gleichgeordnet in dem Betrieb gearbeitet. Vor allem die Abrechnung für den Külsheimer Predigtstuhl im Jahre 1623 erweckt den Eindruck, als wäre der ältere Schnitzer weiterhin durchaus aktiv in den Werkstattbetrieb eingebunden. Die Kirchenstiftung bezahlte in erster Linie Georg Brenck (d.Ä.), während die beiden Söhne mit einem Trinkgeld belohnt worden waren.[28] Auch eine eigene Werkstatt Georg Brencks d.J. in seinem 1619 erworbenen Hausbesitz in der Metzgergasse scheint demnach nicht glaubhaft.[29]

Die Werkstatt während des Dreißigjährigen Krieges

Die Tätigkeit der Windsheimer Werkstatt, die mit der Bürgerwerdung Georg Brencks d.Ä. 1590 zumindest urkundlich beginnt und mit dem bezeichneten Londoner Alabasteraltar Georg Brencks d.J. 1638 schließt, wird beinahe zur Hälfte von den Ereignissen und Folgen des Dreißigjährigen Krieges begleitet. Je nach Lage des Kampfplatzes und Entfernung der allgemeinen Kriegshandlungen in den einzelnen Kriegsphasen musste die Stadt unter den Truppendurchzügen, Einquartierungen, Plünderungen und Belagerungen leiden.

1618 zu Beginn des Dreißigjährigen Krieges bestritt die Werkstatt zahlreiche kleinere Arbeiten in Wiebelsheim. Gleichzeitig versah Brenck die Schlüsselriemen des ehemaligen Augustinerklosters in Windsheim mit Anhängern. 1621 fertigte er Türen für die Kilianskirche, während Georg Brenck d.J. zusammen mit dem Maler Daniel Schultz in das Gotteshaus ein Vortragekreuz für Leichenprozessionen stiftete.[30] Eifrig berichten außerdem die Windsheimer Quellen von privaten Kontroversen, die der Schnitzer während dieser Zeit beizulegen bemüht war.[31] Erstaunlicherweise erwachte die Werkstatt zu neuer Produktivität, nachdem Kurfürst Friedrich V. von der Pfalz (1596-1632) 1619 die böhmische Königskrone angenommen hatte und Franken beiden Seiten als Etappe diente. Es entstanden die drei prächtigen und figurenreichen Predigtstühle für die Johanniskirche in Ansbach (Markt Erlbach), für das Gotteshaus in Sommerhausen und die Windsheimer Spitalkirche. Anhand der Abrechnungen für die Kanzel der Johanniskirche ist die Zusammenarbeit Georg Brencks d.Ä. und d.J. erstmals archivalisch zu belegen, während die Bezahlung für das Sommerhausener Opus ausschließlich an *Georg Brenckhen dem Jungern Bildtschnizern und Burgern zue Winzheimb* entrichtet worden war.[32] Mit der Jahreszahl 1622 ist das ungefasste, holzsichtige Epitaph für den Fürstlich Würzburgischen Registrator und Markgräflichen Bergmeister Caspar Weber in Sommerhausen bezeichnet, mit dem Jahr 1623 das Epitaphretabel der Heilig Kreuzkirche zu Ansbach (jetzt Bad Windsheim). Im gleichen Jahr wurde unter dem Namen Georg Brencks d.Ä. die Külsheimer Kanzel errichtet, ein Jahr später fand das Geißlinger Retabel seine Aufstellung. Von einem größeren Retabelbau in der Würzburger Gegend zeugen noch die 1625 bezeichneten Passionsengel in Seifriedsburg und die Thüngener Reliefs mit der Franziskuslegende von 1627. Etwa gleichzeitig (1626/27) schuf wohl der jüngere Brenck zusammen mit Michael Kern und Balthasar Grohe sieben steinerne Kreuzwegstationen zwischen Würzburg und Höchberg.[33] Der Predigtstuhl in der Schlosskapelle zu Ellwangen weist die Tätigkeit der Werkstatt außerhalb des eigenen Landes nach.[34]

Georg Brenck d.J., Sommerhausen, Evang.-Luth. Pfarrkirche St. Bartholomäus, Epitaph Weber, 1622.

Die letzten Lebensjahre Georg Brencks d.Ä.

Die Phase des schwedischen Krieges (1630-35), in der Windsheim Nebenkriegs-
schauplatz wurde, bildete die historische Kulisse für die letzten Lebensjahre Georg Brencks d.Ä. Ab 1628 häufen sich die Einträge in den Ratsprotokollen, bei denen der inzwischen betagte Brenck in zeit- und nervenraubenden Auseinander-
setzungen verliehenes Geld und anfallende Zinsen von drei verschiedenen Par-
teien zurückforderte.[35] Für eine einschneidende Veränderung im Privatbereich
sorgte der Tod seiner ersten Frau Eva. Sie war am 15. Juli 1629 nach 39 Ehejahren 64-jährig, ob an den Folgen des Krieges ist ungewiss, verstorben. Noch im
Dezember (1.12) des gleichen Jahres vermählte sich der inzwischen 64- oder 65-
jährige Schnitzer ein zweites Mal. Dorothea Conrad war die Tochter des bereits
verstorbenen alten Bürgermeisters und Ratsherren Georg Conrad aus Neustadt an
der Aisch.

Nach und nach scheinen die Kräfte des Schnitzers geschwunden zu sein. Vermutlich bereits kränkelnd, zumindest aber schon altersschwach bat Georg Brenck
d.Ä. wenig später am 3.12.1634 um eine Spitalpfründe.[36] Der Rat der Stadt lehnt
die Bitte des Schnitzers ab. Nicht einmal ein Jahr später, am 22. oder 23. August
1635, verschied schließlich der *kunstverstendige Georg Brenck Bildhauer alhir.*
Eine Gedächtnistafel am Ostchor der Kilianskirche und der Eintrag im Sterbebuch
hatten die Daten seines schaffensreichen Lebens für die Nachwelt festgehalten.[37]
Auf Bitten der Witwe und der übrigen Hinterbliebenen wurden Grund-, Hausbe-

Georg Brenck d.J.,
Geißlingen, Evang.-
Luth. Pfarrkirche,
Hochaltar, 1624.

sitz und Vermögen des Verstorbenen nur wenige Monate nach seinem Tod in-
ventarisiert und das Erbe unter der Nachkommenschaft verteilt.[38] Zu den Erben
des Schnitzers gehörte Johann (Hans) Caspar Hoffmann, der 1622 Eva Brenck, die
Tochter des Schnitzers, geehelicht hatte und die Erbenge-
meinschaft vor dem Rat der Stadt vertrat.

Die Windsheimer Werkstatt unter den Söhnen und die letzten Arbeiten des Betriebes

Die Werkstatt und die Werkstattleitung gingen nach dem Tod des Vaters vermutlich vollständig auf einen oder beide Söhne über. Unter der Führung Georg Brencks d.J. dürfte nach 1631 das hölzerne Seubolt-Epitaph in der Ansbacher Johanniskirche (Zuschreibung) entstanden sein. Wenig später wurden die Windsheimer Grabsteine für die Kinder des fürstlich bayreuthischen Jägermeisters und Amtmanns zu Hoheneck Jobst Kemat von Reitzenstein sowie der Stein für den bereits am 27.12.1632 verstorbenen Georg Wilhelm von Lentersheim, Obersteinbach und Rossbach geschaffen. Neben dem bezeichneten Sandsteinmal in Brunn handelt es sich um eine der wenigen erhaltenen Zeugnisse steinverarbeitender Tätigkeit, die sich infolge der Monogrammierung auf die Werkstatt beziehen lassen.

Nach dem Tod des Vaters scheinen die Aufträge allgemein rar geworden zu sein. 1637 entstand die letzte, urkundlich gesicherte Arbeit Georg Brencks d.J., ein rückwandloses Passionsretabel für das Gotteshaus zu Aub.[39] Ein Jahr später 1638 muss laut Bezeichnung am Hauptrelief das im Londoner Victoria and Albert Museum aufbewahrte Alabasteraltärchen geschaffen worden sein. Es ist das letzte, monogrammierte Werk, das vor dem Tod Georg Brencks d.J. in einem vor Ort verfügbaren Material entstand. Obwohl sich der ältere Schnitzersohn zu diesem Zeitpunkt kaum mit Werken in Verbindung bringen lässt, ist seine Existenz mehrfach durch protokollierte Zwistigkeiten belegt.[40] 1638 erscheint der Schnitzer zum letzten Mal in den Windsheimer Ratsprotokollen.[41] Ein Jahr später, 1639, ist er 45- oder 46-jährig verstorben.

Johann Brenck, der jüngere Sohn, ist in seiner Heimatstadt nur sporadisch greifbar. Größere Aufträge scheint er offenbar nicht erfüllt zu haben. Oktober 1635 führte er auf Veranlassung des Grafen Suis Reparaturen an dem Marienbild der Seekapelle - vermutlich dem Erstlingswerk seines Vaters durch.[42] Zahlreiche Unglücksfälle überschatteten sein Leben in den dreißiger Jahren. Neben dem Verlust des Vaters 1635 und dem Tod des Bruders 1639 musste er am 19.8.1634 seine erste Frau Anna Maria 32- jährig zu Grabe tragen. Wenige Monate später folgte ihr das erste Kind dieser Ehe, der sechsjährige Sohn Johann Martin nach. Das letzte Ereignis, das laut Funk (1938.28) die Anwesenheit des Schnitzers in der fränkischen Reichsstadt bezeugte, war seine zweite Heirat am 21.2.1637 mit der geborenen Kürschnerstochter Ursula Kraft und Witwe des Kupferschmiedes Veit Gilg. Eine Auswertung der Windsheimer Ratsprotokolle jedoch ergab, dass Johann (Hans) Brenck seit 1636 einen Streit vor dem Windsheimer Rat gegen den Verwalter von Birkenfeld führte.[43] Der letzte Eintrag in dieser Angelegenheit wurde am 25. April 1638 verhandelt. Bald darauf scheint er, so formuliert es Sitzmann (1938.28), „endgültig seine Heimat verlassen und sich nach Coburg begeben zu haben, wo immerhin mehr Aussicht auf Arbeitsmöglichkeit winken mochte als in seinem Heimatort". Der genaue Zeitpunkt seines Fortgangs ist nicht bekannt, der Schnitzer erst wieder 1645 längerfristig in Kulmbach nachweisbar.

Durch einen archivalischen „Zufallsfund" ist es gelungen, die zwischen den beiden Eckpunkten liegenden dunklen Jahre zu erhellen. 1665 hatte sich Johann Brenck vor dem Bamberger Vikariat um die Ausführung eines neuen geplanten Wallfahrtsretabels zu Marienweiher beworben.[44] Seine Qualifikation betonte der Bildhauer, indem er anfügte, *er verhoffe an dem St. Veits Altar in alhirischen hohen Dombstifft alß auch der Canzel und Altar zu Cronach sein Flaiß angewandt* zu haben. Das Bamberger Retabel muss aufgrund weiterer Quellen vor dem 22. Juni 1638 verdingt und innerhalb eines guten Jahres nach dem 11. August 1639 vollendet worden sein. Nicht festzustellen war, ob der Bildhauer das Werk noch in Windsheim oder bereits an einem anderen Ort gefertigt hatte.

Die Kulmbacher Werkstatt

Johann Brenck und sein Geselle Hans Georg Schlehendorn in Coburg

Aus einer am 28. Oktober 1644 geleisteten Zahlung in den Rechnungsbüchern der Kulmbacher Petrikirche geht hervor, dass der Arbeit suchende Coburger Maler Hans Schnabel (1603-1679) die Bildhauer aus der Herzogsstadt nach Kulmbach gewiesen hatte.[45] Den Abrechnungen für die Umarbeitung der alten Kanzel im Folgejahr ist zu entnehmen, dass es sich um Johann Brenck und seinen Gesellen Hans Georg Schlehendorn (25.4.1616-2.1.1672)[46] *beede von Coburg* handelte.[47]
Wie sich das Lebensumfeld und der Tätigkeitsbereich Johann Brencks und seines Gesellen in Coburg gestaltete, war trotz intensiver Bemühungen nur punktuell zu ermitteln. Schlehendorn, Sohn eines verstorbenen Rudolstädter Hofschreiners, hatte am 16.1.1644 die bereits von ihm schwangere Tuchmacherstochter Dorotha Heusinger (Heußinger) geehelicht und anschließend das Coburger Bürgerrecht erworben.[48] Eine Beschwerde vor dem Stadtrat am 30. April 1644 berichtet von seiner Anbindung an das lokale Schreinerhandwerk.[49] Von seinen insgesamt 14 Kindern[50] erreichte nur Egidius[51], der ebenfalls Bildhauer wurde, das Erwachsenenalter. *Johann Bringk von Windesheim Bildhawer* ließ sich am 19. Dezember 1644 als Taufzeuge in Coburg nachweisen.[52]
Eigentümlicherweise blieben alle Bestrebungen, die Bildhauer mit einer städtischen oder kirchlichen Arbeit in Verbindung zu bringen, vergebens. Vielleicht befriedigte Brenck ausschließlich die bildhauerischen Bedürfnisse des herzoglichen Hofes oder von Privatpersonen. Möglicherweise hatte er auch nur kurzzeitig in Coburg gelebt und seinen Verdienst durch Arbeiten für die nähere oder weitere Umgebung bestritten. Stilistisch und wegen der reichen Verwendung von Knorpelwerkornamentik war den Bildhauern von Sitzmann das hölzerne Modell für die erzene Bildnisgrabplatte des Herzogs Johann Casimir von Coburg (†1633) und das hölzerne Grabmonument für Wilhelm Ludwig von Streitberg (†1638) in der Kirche zu Ahorn zugewiesen worden.

Kulmbach, Landschaftsmuseum
Obermain, Stadtansicht, 17.
Jahrhundert, Öl auf Leinwand.

Umzug der Bildhauer nach Kulmbach

Eine größere Auftragsarbeit mag unter anderem der Grund gewesen sein, die endgültige Übersiedlung nach Coburg auf 1645 zu verschieben. Unter der Leitung
des Goldarbeiters Christoph Richter erfolgte zwischen 1645 und 1649 die
Neuausstattung der Altenburger Schlosskapelle in Thüringen, bei der man *Hans
Brinck* aus Coburg mit der skulpturalen Ausgestaltung des zweigeschossigen Fürstenstuhls betraute. Die Arbeit selbst führte der Bildhauer noch in der Herzogsstadt
aus.[53]

Erst ab Sommer 1645 kann man von einer permanenten Anwesenheit der Bildhauer im protestantischen Kulmbach, der ehemaligen Residenzstadt des Mark-
grafentum Brandenburg-Kulmbach, ausgehen. Am 7. und 8. Juni des Jahres
wandte sich der markgräfliche Kanzler Urban Caspar von Feilitzsch bezüglich einer Unterbringungsmöglichkeit für die Bildhauer schriftlich an den Herren von
Künßberg in Thurnau.[54] Geburt und Taufe eines Söhnleins von Schlehendorn am
6. August 1645 in Kulmbach bestätigen, dass zwischenzeitlich auch die Famili-
en nach Kulmbach übergesiedelt waren.[55] Sowohl Brenck als auch Schlehendorn
sind zu diesem Zeitpunkt im Kirchenbuch als Bürger und Bildhauer von Coburg
bezeichnet.[56]

Aufgrund der ungünstigen historischen, wirtschaftlichen und politischen Situation Kulmbachs verwundert der Umzug. Möglicherweise betrachteten die Bildhauer den Ort zunächst nur für die Zeit, in der man markgräfliche Aufträge zu erfüllen hatte, als adäquate Niederlassung. Vielleicht reizte aber auch das künstlerische Vakuum auf skulpturalem Sektor, das nach dem Ableben des fränkischen
Bildhauers Hans Werner (um 1550-1623) 1623 und dem Tod des aus Schlesien
gebürtigen, markgräflichen Bildhauers Abraham Graß (um 1592-1633) 1633 im
Land vorherrschte.

Johann Brenck,
Hans Georg Schlehendorn,
Kulmbach, Evang. Stadtpfarrkirche St. Petri, Hochal-
tar,1647-1652/53.

Die ersten größeren, noch bestehenden Werke Johann Brencks und Hans Georg Schlehendorns wurden für die Pfarrkirche St. Petri (Peter) geschaffen. 1645 begannen *Hannß Brencken Bildhawern unnd Hanns Geörg Schleedorn [...] beede von Coburg* mit der Umarbeitung der alten steinernen figurenverzierten Kanzel Wolf Kellers (1576) und der Neuschöpfung eines hölzernen, von zwei Engelskaryatiden getragenen Schalldeckels.[57] Das erste für Kulmbach gesicherte, nur noch teilweise erhaltene Opus bildet auch nach der Entdeckung der Altenburger Arbeiten den „Schlüssel" (Sitzmann 1938.29) zu den übrigen Werken der Bildhauer. Unmittelbar nach Abschluss der Kanzelarbeiten betrauten Erbprinz Markgraf Erdmann August und seine Gattin Sophie die beiden Bildhauer mit der Ausarbeitung von vier reliefierten Alabastertafeln (Geburt Christi, der Taufe Jesu, der Beschneidung und Jesus als Kinderfreund) für ein neues, marmornes Taufbecken. Am 8. März 1647 kontraktierte Markgraf Christian zu Brandenburg mit *Hansen Prencken von Windtsheim und Hans Georgen Schleedorn von Rudelstadt,* dem Schreiner Schönkapp und dem Maler Friedrich Schmidt über die Anfertigung eines neuen Hochaltares für die Petrikirche.[58] Die Entwürfe stammten aus der Feder des fürstlichen Baumeisters Abraham Schade. Fünf Jahre später, im Dezember 1652, konnte der Retabelbau inklusive Bemalung abgeschlossen werden. Der repräsentative, hölzerne Altaraufsatz wird als Auftakt einer „Hauptzeit einheimisch geprägter Plastik" (Gebessler 1958.10) verstanden.

Zwischenzeitlich übertrug man den Bildhauern zahlreiche kleinere Arbeiten für die Petrikirche: 1648/ 1649 die dekorative Ausgestaltung der Geistlichen Stände, 1650 die Anfertigung zweier ornamental verzierter Bräutigam-, Kindsvatter- und Gevatterstände.[59] 1649 stifteten beide ein Leichenkreuz zu Ehren des Rates. Für die Kulmbacher Spitalkirche lieferten die Bildhauer 1651 einen Abriss für eine Toranlage des Hospitals, 1652 bezahlte man Drechsler, Schreiner, Bildhauer und Maler für Arbeiten an einem Bühnenbild.[60]

An zugeschriebenen Arbeiten sind das steinerne Wandgrabmal des Georg Wolf von Laineck zu Nemmersdorf, Goldkronach und Leisau (✝ 26.7.1644) und seiner Gemahlin Veronika (✝ 1.2.1644) in Kulmbach und der Predigtstuhl für das protestantische Gotteshaus zu Untersteinach (1651) erwähnenswert.

Kulmbach, Evang. Stadtpfarrkirche St. Petri, Kanzelrest, Karyatide, 1645.

Johann Brenck, Hans Georg Schlehendorn, Kulmbach, Evang. Stadtpfarrkirche St. Petri, Taufsteinrelief, Anbetung der Hirten, 1647.

Bürgerschaft und „Inwohner"status

Bis zum Jahr 1654 gehörten Brenck und Schlehendorn zur Einwohnergemeinde der Stadt Kulmbach. Im Gegensatz zum Bürgerstatus, der ganz gezielte Voraussetzungen von einem Bewerber forderte, genoss man als Einwohner eine relativ verpflichtungsfreie Existenzform, die dem Berufsbild des herumreisenden Bildhauers entgegenkam. Brenck besaß eigentlich das Windsheimer, Schlehendorn das Coburger Bürgerrecht. Nichtsdestoweniger hatte sich Schlehendorn schließlich entschlossen, den Kulmbacher Bürgerstatus zu erwerben. Am 22. Dezember 1654 war er zusammen mit dem Orgelmacher Matthias Tretscher (1626-1686) nach dem Schwur des Bürgereides und einem Handstreich in die Stadt aufgenommen worden.[61]

Die Kulmbacher Werkstattgemeinschaft und ihre Auflösung

Bis Ende der 50er Jahre sollen nach den Ausführungen Sitzmanns (1938.28-29.41-42) die beiden Bildhauer in einer Werkstattgemeinschaft agiert haben. Um 1657 scheint der Werkstattverband gelöst und Schlehendorn, der ab 1654 Bürgerstatus in Kulmbach besaß, bei der Vergabe von Aufträgen bevorzugt worden zu sein. Der Sachverhalt stellt sich bei Auswertung der Quellen noch etwas komplexer dar. Es hat den Anschein, als wären die beiden Bildhauer in der Aussicht auf lukrative Aufträge miteinander nach Kulmbach gewiesen worden. Ihre Beschäftigung unter markgräflicher Obhut sicherte ihnen für die Dauer der Aufträge eine gemeinsame Wohn- und Arbeitsstätte in dem Anwesen Obere Stadt 15. Nach Abschluss der Dekorationsarbeiten am Bayreuther Orgelwerk 1653/54, spätestens mit dem Tod des Markgrafen Christian 1655 (30. Mai) bestand zunächst von Seiten des Hofes kein Bedarf nach einer Fortsetzung des „mäzenatischen" Verhältnisses. Schlehendorn nahm die Kulmbacher Bürgerschaft an, erwarb das zuvor gemeinsam bewohnte Künßbergsche Haus in der Nachbarschaft des böhmischen Orgelmachers Matthias Tretscher und löste sich aus dem Abhängigkeitsverhältnis seines Meisters. Sein Auftritt als Mitgehilfe bei den 1657 an Brenck verdingten dekorativen Arbeiten für das Kulmbacher Orgelwerk bestätigen den Verlust des Gesellenstatus.[62] Als Beweis für zwei in Kulmbach getrennt geführte Bildhauerwerkstätten unter der Leitung Brencks und Schlehendorns mag ein Streitfall gelten, der am 2. Dezember 1658 vor dem Stadtmagistrat referiert worden war.[63] Drei fremde Coburger Schüler hatten in Begleitung des Bildhauerlehrlings Andreas Müller am vorausgegangenen Adventswochenende den Schreiber Georg Dito verprügelt. Der Einsatz Schlehendorns vor der Ratsversammlung demonstrierte seine alleinige Verantwortung als ausbildender Meister. Andreas

Bayreuth, Evang.-Luth. Stadtpfarrkirche Hl. Dreifaltigkeit, Engel vom Orgelwerk, 1653/54. Heute Historisches Museum, Bayreuth.

Müller gehört übrigens zu den wenigen Werkstattmitgliedern, die sich auch nach ihrer Lehr- und Gesellenzeit als selbstständige Bildhauer in der Region nachweisen lassen.[64] Über den Wohnort Johann Brencks bleibt man nach 1655 uninformiert. Vielleicht war der Erwerb eines Hauses aus finanziellen Gründen gescheitert. Denn Notationen aus unterschiedlichen Quellen zu unterschiedlichen Zeiten zeigen, dass der Bildhauer nicht einmal in kleinen Beträgen frei über Kapital verfügen konnte.[65]

Ungeachtet dieser Veränderungen im Arbeitsverhältnis und des Schaffensumfeldes sind Brenck und Schlehendorn auch nach diesem Zeitpunkt zusammen bei der Erfüllung von Aufträgen nachzuweisen: unter anderem ab 1655 bei der Fertigung des Hochaltares für die Kronacher Stadtpfarrkirche, um 1660 bei den Arbeiten für den sogenannten Zinsfelder Brunnen in Kulmbach, sowie bei dem 1665 begonnenen Retabelbau für die Wallfahrtskirche in Marienweiher.[66] Alleiniges Produkt Johann Brencks ist nach Rechnungslegung der Melkendorfer Hochaltar von 1664.[67] Ausschließlich in Schlehendorns Werkstatt entstanden u.a. folgende, meist verlorene Arbeiten: das Retabel der Altstädter Kirche in Erlangen (1662), eine Kreuzigungsgruppe in Bindlach (Kr. Bayreuth) (1664), die Emporenarbeiten für die Bayreuther Stadtpfarrkirche (1665), die Retabel zu Wattendorf (Kr. Bamberg) (1666) und Weißenstadt (1668/69) sowie die Kanzel in Hallstadt (1669) (Kr. Bamberg).[68]

Johann Brenck, Hans Georg Schlehendorn, Kulmbach, sog. Zinsfelder Brunnen, 1660.

Johann Brenck - Familiengeschichte

Das Jahr 1661 überschatteten in den Kreisen der Kulmbacher Künstler mehrere Todesfälle. Eine einschneidende familiäre Veränderung zog das Ableben von Johann Brencks Frau Ursula am 18. April 1661 nach sich. Schon am 13. Mai 1662 feierte man die Vermählung Brencks mit Margareta Pfeiffer, einer Tochter des Glasers und Ratsverwandten Laurentius Pfeiffer aus Selb. Die dritte und letzte Frau Johann Brencks schenkte dem inzwischen sechzigjährigen Bildhauer in Kulmbach noch einmal vier Kinder - Martin Caspar, Tobias, Elias und seinen totgeborenen Zwillingsbruder. Nur Martin Caspar erreichte das Erwachsenenalter. Nach den Angaben Simons (1957.51) war er an der Universität in Leipzig wohl für ein protestantisches Theologiestudium immatrikuliert.[69] 1726 starb er im Alter von 62 Jahren als Kaplan in Roth. Martin Caspar konnte als erstes Mitglied der

Familie auf der Basis der angesehenen, väterlichen Profession den Schritt aus dem Handwerk (Schreiner) in die gelehrte Position und den geistlichen Stand vollziehen. Von Martin Caspars zehn Kindern aus der zweiten Ehe mit Margaretha Sibylla Dietrich aus Sachsen bei Ansbach (14.11.1701) genoss der Philosoph, Jurist, Lebenskünstler und Konvertit Johann Wolfgang Brenck (1.3.1704- 21.11.1789) noch einmal eine gewisse Öffentlichkeit in Franken.[70]

Die Übersiedlung Johann Brencks nach Bayreuth

Noch in den 60er Jahren konstruierte Sitzmann (1938.29.30) einen Umzug Johann Brencks nach Bayreuth. Auslöser für eine Verlegung von Haushalt und Werkstatt war der markgräfliche Auftrag zur Ausstattung der Bayreuther Schlosskapelle.[71] Im Oktober 1669 setzten Brenck und der Steinmetzmeister Adam Viebig ihre Namen unter eine Auflistung über *betrefende specivicierte Stücke des Altars*. Spätestens ab diesem Zeitpunkt ist von einem steten Aufenthalt Brencks in der markgräflichen Residenzstadt auszugehen.

Sitzmann (1938.30) deutete bereits an, dass Brenck in seinen letzten Lebens- und Schaffensjahren, eingespannt in die fürstlichen Auftragsarbeiten für die Bayreuther Schlosskapelle „nicht mehr recht froh werden sollte". Anlass für ausreichend Ärger gab der Steinmetzmeister Adam Viebig aus Breslau, dem die architektonischen Steinarbeiten am Retabel und der Kanzel angedingt worden waren. Zum einen hatte Viebig laut Brenck seine Arbeit äußerst mangelhaft ausgeführt, zum anderen sich entgegen allen vertraglichen Vereinbarungen 100 Reichstaler von Brencks Lohn mit auszahlen lassen. Brenck bot sich gegen Erstattung des fehlenden Geldes an, Viebigs Fehlleistung, soweit es möglich sei, auszumerzen. Verzögerungen bei der zustehenden Entlohnung, nicht rechtzeitig geliefertes Material trugen in Bayreuth zusätzlich zum Verdruss des Bildhauers bei. 1672 hatten Brenck und Viebig unabhängig voneinander in der Kammerratsstube anfragen

Johann Brenck, Gesees, Evang.- Luth. Pfarrkirche St. Marien, Abendmahlsszene, 1671- 1673.

lassen, ob man überhaupt mit den Arbeiten an der Schlosskapellenkanzel fortfahren solle. Da die abgeordneten Gelder bereits anderweitig angewiesen worden waren, gestattete man Brenck bis auf Abruf andernorts seinen Unterhalt zu verdienen. Mit Ausnahme des 1671 akkordierten Geseeser Retabels[72], das aus stilistischen Gründen größtenteils unter der Mitarbeit Heinrich Heubners[73], eines Gesellen Johann Brencks, entstanden sein muss, scheint der Bildhauer dennoch bis zuletzt mit der Kanzelarbeit in Bayreuth beschäftigt gewesen zu sein. Am 5. November 1674 wurde der 71-jährige Johann Brenck Sitzmann (1938.29) zufolge als „fürstlich brandenburgischer Hofbildhauer" in Bayreuth bestattet.

Hans Georg Brenck - Leben und Wirken

Johann (Hans) Georg Brenck, einziger erwachsener Sohn Johann Brencks aus erster Ehe mit Anna Maria Strigel, hatte in Windsheim das Licht der Welt erblickt und am 7.6.1632 das Sakrament der Taufe erhalten. Seine Ausbildung zum Bildschnitzer bzw. Bildhauer dürfte er vom Vater „in der besten Zeit der Kulmbacher Werkstatt" (Sitzmann 1938.31) unter dem Eindruck der markgräflichen Arbeiten für die Petrikirche erhalten haben. Am 3. November 1656 vermählte sich der Bildhauer vierundzwanzigjährig mit Sibylla Schwanberger (Schwanenberger), Zeugmacherstochter der Eheleute Egid und Kunigunda Schwanberger aus Kulmbach. Aus Brencks Ehe erwuchsen zwischen 1657 bis 1673 acht Kinder, fünf Söhne - Johann Georg, Paulus, Georg Heinrich, Ulrich und Philipp Friedrich (Ludwig?) sowie drei Töchter - Maria (Sibylla), Susanna Rosina und Dorothea, über die im Allgemeinen sehr wenig bekannt ist.[74] Ein in den Gotteshausrechnungen von Heiligenstadt, Bindlach und Bayreuth St. Johannis archivalisch greifbarer Sohn, der in vierter Generation als Bildschnitzer Hans Georg Brenck bei seinen Arbeiten unterstützte, wird leider nicht namentlich genannt. Dieser Sohn, wohl der erstgeborne Johann Georg, ist vermutlich in den Kulmbacher Ratsprotokollen und dem Kirchenstuhlregister archivalisch greifbar.[75] Ulrich, der jüngste Knabe Brencks, tritt nach Ableben des Vaters am 24. November 1697 beim Verkauf des Kirchenstuhls in Erscheinung.[76] Vermutlich war er anschließend aus Kulmbach fortgezogen. Brencks erste Ehefrau verstarb eine Woche nach Entbindung der jüngsten Tochter Dorothea offensichtlich im Kindbett. Sie wurde am 11.6.1673 beerdigt. Die zweite Ehe Brencks mit der Korporalswitwe Barbara Lamprecht am 27.4.1675 (+16.4.1696) blieb kinderlos.

Bürgerwerdung

Mit 30 Jahren, am 4. Juni 1663, erhielt Hans Georg Brenck nach Eidableistung das Kulmbacher Bürgerrecht.[77] Noch im gleichen Jahr (31.10.1663) wurde der junge Bildhauer bei der Vermögensteilung seines Schwiegervaters Egidius Schwanberger mit dem Anwesen Unteres Stadtgässchen 7 bedacht.[78] Sitzmann (1938.31.39) glückte es nicht, dem Schnitzer vor Abzug des Vaters nach Bayreuth eigene Arbeiten zuzuordnen. So integrierte er den Sohn bis zu diesem Zeitpunkt als Arbeitskraft in den Werkstattbetrieb des Vaters. Spätestens mit dem Erhalt des Hauses wäre allerdings auch bei Hans Georg Brenck die Leitung eines eigenen

Kulmbach, Wohnhaus Hans Georg Brencks, Unteres Stadtgässchen 7.

Betriebes denkbar. Nach einem Vertragstext im Rugendorfer Pfarrarchiv hatte man sogar schon am 18./28. Juni 1662 für die Herstellung eines Hochretabels mit *Herrn Johann George Prengken und Meister Andreas Scheidern[79], beyde Bürger, Bildschnizers und Schreiner zu Culmbach* kontraktiert.[80] Allerdings besaß Johann (Hans) Georg Brenck zu diesem Zeitpunkt noch nicht das Kulmbacher Bürgerrecht. Als Affirmation eines gegen Ende der 60er Jahre räumlich getrennten oder zumindest selbständigen Schaffens von Vater und Sohn dient ein Ratsprotokolleintrag vom 10. Dezember 1668. Darin wird von der Ausbildung des Constabler Sohnes Nicolaus Eichmüller berichtet, der am 1. September 1667 für fünf Jahre bei Hans Georg Brenck als Bildschnitzerlehrling aufgenommen worden war.[81] Unstimmigkeiten führten zu einer verfrühten Freisprechung des Lehrjungen, so dass Johann Brenck Eichmüller vermutlich zu sich nach Bayreuth nahm. Er versprach, den Rest der Ausbildung auf gleiche *Maas, Weiß, Zeit und Condition* vorzunehmen.

Die Auftragslage Hans Georg Brencks

Die Dominanz des Vaters Johann Brenck in der Stadt bis zu seinem Weggang um 1669 erschwert es, Hans Georg Brenck mit Hilfe von Archivalien und Arbeiten in den 60er Jahren ein eigenes Identitäts- und Werkprofil zu verleihen. Zudem nehmen nach dem Tod Schlehendorns 1672 in Kulmbach und dem Ableben Johann Brencks 1674 in Bayreuth die relevanten Einträge in den examinierten Quellen ab. Gemeinhin dürfte es für den jungen Bildhauer in Kulmbach nicht einfach gewesen sein, vor Ort für seinen Lebensunterhalt zu sorgen. Da der Vater und sein Geselle Schlehendorn die Petrikirche Kulmbachs zwischen 1640 und 1652/53 mit den wichtigsten Ausstattungsstücken versehen hatten, beschränkten sich dort die Arbeiten fast ausschließlich auf Reparaturen bereits vorhandener Objekte.[82]

Ein etwas größeres Betätigungsfeld bot die Gottesackerkirche St. Nikolai, die seit ihrer baulichen Erweiterungsphase 1666-1667 ab 1670 eine weitgehende Neuausstattung erfuhr. Im Vergleich zu den gut bezahlten, anspruchsvollen markgräflichen Aufträgen, die der Vater für die Stadtpfarrkirchen von Bayreuth und Kulmbach zu erfüllen hatte, nehmen sich die Bemühungen der Kulmbacher Einwohner, ihre Hospital- oder Friedhofskirche auszuschmücken, natürlich wesent-

Hans Georg
Brenck,
Rugendorf,
Evang.-Luth. Kir-
che, Hochaltar,
1662/63.

Hans Georg Brenck, Heiligenstadt, Evang.-Luth. Pfarrkirche, Kanzel, 1680.

lich bescheidener aus. Exemplarisch sei an dieser Stelle die 1672 gestiftete Kanzel für die Spitalkirche, das einachsige Retabelepitaph des Bürgermeisters Leonhard Eck 1669/71 für St. Nikolai und als Schlusspunkt der Erneuerung im Kircheninneren der Predigtstuhl von 1674 genannt.

Für die nachfolgende Zeit kann fast jährlich ein Opus mit dem Bildschnitzer in Verbindung gebracht werden. Auftraggeber für einen neuen Altar, einen Predigtstuhl, eine hölzerne bzw. steinerne Taufe oder sonstige dekorative Elemente waren zum Großteil die protestantischen Gotteshäuser der näheren und weiteren Umgebung in Neudrossenfeld, Grafengehaig, Heiligenstadt, Schnabelwaid, St. Johannis bei Bayreuth, Bindlach, Schönbrunn, Trumsdorf, Mistelgau, Muggendorf, Obernsees und Uttenreuth bei Erlangen.

Zu den katholischen Bestellern gehörte die Kirchenstiftung in Pottenstein. Eine Ausnahme bildete ein Retabelauftrag für die Trinitatiskirche zu Altengottern im Unstrut-Hainich-Kreis. Er war von Georg Rudolf Marschall (†1709) und seiner pietistisch orientierten Gemahlin Marie Sophia (†1700) aufgrund der Familienbeziehungen der Freiherren in den oberfränkischen Raum an Hans Georg Brenck verdingt worden.[83]

Zeigt sich der Werkkomplex des Sohnes in der Quantität dem Oeuvre des Vaters überlegen, bleibt er qualitativ weit hinter den väterlichen Arbeiten zurück. Thematische Wiederholungen sowie die handwerkliche, einfache Formensprache resultieren vermutlich auch aus der Auftragslage. Primäre Intention war eine befriedigende, kostengünstige Ausstattung kleinerer Gotteshäuser der näheren Umgebung. Mit dem Schalldeckel für das Limmersdorfer Gotteshaus 1691/92 (Zuschreibung) entstand unter dem Patronat derer von Künßberg die bisher letzte Arbeit außerhalb von Kulmbach.[84]

Die letzten Lebensjahre und das Erlöschen der Werkstatt

Ab den 80er Jahren des 17. Jahrhunderts dürfte die Kulmbacher Werkstatt mit einer ernst zu nehmenden Konkurrenz konfrontiert worden sein. 1679 war der dreißigjährige, aus Regensburg gebürtige und in Italien geschulte Elias Renz (1649-1732) in Bayreuth zum Hofbildhauer ernannt worden. Eindringlich schildert die Rechnungslegung für das Gotteshaus in Bindlach das Vorstoßen Renz in das bisher von Brenck versorgte Territorium. 1684/85 bereicherte der Hofbildhauer den Kanzeldeckel mit Engeln, Engelsköpfchen und Wolken, nachdem die Bedachung erst 1682/83 von *Herrn Johann Georg Brencken, Bildhauern zu*

Culmbach mit Wolkenarrangements, Engelsköpfchen und der Hl. Dreifaltigkeit angefertigt worden war.[85]

Die letzten größeren Arbeiten, in die Hans Georg Brenck involviert war, banden den Bildhauer wieder an Kulmbach. Für die steinerne Brücke über den Main vor dem unteren Tor im Grünwehr fertigte Brenck auf Wunsch des Rates ein hochfürstliches steinernes Wappen, das am 8. August 1690 an der Brücke befestigt wurde.[86] Für das zweite große Projekt in der Stadt, die Erbauung des Langheimer Klosterhofes unter dem Abt Gallus Knauer (1690-1728) ab 1689, dürfte Brenck aufgrund stilistischer Kriterien mit der dekorativen Fassadengestaltung betraut worden sein. Die Vollendung des Baues erfolgte laut Bezeichnung des Wappens 1694. Für die letzten Lebensjahre des Bildhauers ist kein quellenkundlich gesicherter Auftrag mehr nachweisbar. Rein stilistische Argumente lassen die handwerklichen Figürchen des verlorenen Predigtstuhls zu Lehenthal aus dem Jahre 1694/95 und die Strössendorfer Taufe von 1696 mit seiner Werkstatt in Verbindung bringen.[87]

Ein Jahr später, am 18.11.1697, hatte man den Bildhauer, der im Alter von 56 Jahren, 5 Monaten und 7 Tagen am 14.11. in Kulmbach verstorben war, zu Grabe getragen. Nur wenige Tage nach dem Ableben Brencks (24.11) verkaufte sein jüngster Sohn Ulrich den Kirchensitz des Vaters an den Bürger, Constabel und Schreiner Johann Wolfgang Denstett.[88] Mit dem Tod Brencks scheint die Werkstatt in Kulmbach erloschen zu sein. Zwischen 1688 und 1711 wurden laut Kirchenrechnung keine Bildhauerarbeiten in der Petrikirche durchgeführt. Erst 1712 tauchte ein bereits bekannter Name in der Stadt auf. Der zeitweise in Wunsiedel ansässige Bildhauer Arvid Sigmund Schwender (1649-1720), Sohn des fürstlich brandenburgischen Baumeisters auf der Plassenburg Sigmund Andreas Schwender (1606-1674), hatte für die Reparatur des zerbrochenen Leichenkreuzes zum halben Chor am 28. Januar 18 x erhalten.[89]

Hans Georg Brenck, Kulmbach, Langheimer Amtshof, Engel, 1694.

Hans Georg Brenck, Kulmbach, Langheimer Amtshof, Wappen, 1694.

Anmerkungen

1. Biographische Notizen zur Familie lassen sich im Wesentlichen Bruhns (1923.427-430); Funk (1938.2-5); Nebinger (1977.469-472) und den lexikalischen Artikeln z.B. bei Bosl (1983.92) und Saur (1996.107-108) entnehmen.

2. StadtA Bad Windsheim B 2c Bürger- und Siebnerbuch 1500-1667, fol. 143r u. B 43 Rtsprk. 1561-1563, Eintrag v. 17.12.1561.

3. StadtA Bad Windsheim A 2a Chronik Georg Andreas Dienst, pag. 36 u. Funk (1938.2).

4. ebd. z.B. E 342 Stadtrechnung 1579, „Äußere Stadt".

5. ebd. B 49 Rtsprk. 1578-1581, Eintrag v. 12.9.1580.

6. Alle Lehrlingsaufnahmen und Freisprechungen wurden dem Verzeichnis der Schreiner entnommen, das im Bad Windsheimer Reichsstadtmuseum im Ochsenhof (MIO Bad Windsheim) aufbewahrt wird.

7. StadtA Bad Windsheim B 67 Rtsprk. 1609, fol. 240r, 240v, Eintrag v. 10.11.1609.

8. ebd. G 210 Pflegbücher der Seekapelle 1582-1602, Außgabe 1590.

9. ebd. B 2c Bürger- und Siebnerbuch 1500-1667, fol. 190r und B 52 Rtsprk. 1588-1591, Eintrag v. 10.6.1590.

10. ebd. B 53 Rtsprk. 1591-1593, Eintrag v. 14.3.1593; D 143 Baubesichtigerbuch, Eintrag v. 8.11.1592, fol. 36v; E 355-E 366 (1595-1608) Stadtrechnungen.

11. ebd. E 355 Stadtrechnung 1594 Außgeben den Handwerkern; LKAN PfA Ickelheim R 1 1593-1611, Register Ickelheim 1594-1595, Ausgabe zu dem Kreuzhäuslein...

12. Der im Baubesichtigerbuch (StadtA Bad Windsheim D 143) am Rand notierte Hinweis *das würd Gorg (!) Brenckens des ältern, Bildhauers Hauß sein*, stammt vermutlich nicht aus dem Jahr des Beschwerdevorfalls 1592, sondern aus späterer Zeit.

13. StadtA Bad Windsheim Kilianpflegbücher G 48a 1598-1603, G 49 1604-1610; G 428 Augustinirechnung 1593-1604, Allerlei Gemein Außgeben an Geld 1601.

14. ebd. B 57 Rtsprk. 1598-1599, fol.16v, Eintrag v. 7.8.1598; B 63 Rtsprk. 1604-1605, fol. 66r, Eintrag v. 28.1.1605.

15. StadtA Rothenburg R 368 Rechnungen der St. Jakobspflege 1603-1618. Nach Kehl (1948.236) wurde in den Hassfurter Gotteshausrechnungen von 1606 ein „Windsheimer" erwähnt, der vermutlich mit Georg Brenck d.Ä. zu identifizieren ist.

16. StadtA Bad Windsheim B 63 Rtsprk. 1604-1605, fol. 86r, Eintrag v. 25.2.1605.

17. Das erste nachweisbare Monogramm in Form zweier getrennt aufgemalter Großbuchstaben befindet sich an der Uffenheimer Spitalkanzel von 1610. Das letzte belegbare Monogramm weist das Londoner Alabasterretabel von 1638 auf. Es ließ sich nicht mit endgültiger Konsequenz belegen, dass die unterschiedlichen Gestaltungsformen, wie Funk (1938.10) sie aufführt, einmal nur mit Georg Brenck d.Ä., das andere Mal mit dem Sohn in Verbindung zu bringen sind (vgl. Taf. II a/b).

18. StadtA Bad Windsheim B 73 Rtsprk. 1615-1616, fol. 14v, Eintrag v. 14.8.1615; B 74 Rtsprk. 1616-1617, fol.125v, 126r, Einträge v. 16.5.1616; B 75 Rtsprk. 1617-1618, fol. 199v, 200r, Eintrag v. 5.7.1617.

19. Kissely (1988); StadtA Ochsenfurt Receßbuch II 16,1. Teil 1613 fol. 53v, StA Würzburg Bd. 71 Domkapitelprk. 1616, fol. 55r. Hinweise auf diese archivalische Quelle auch bei Amrhein (1923) und Bruhns (1923.547.5.563-564.Anm.924).

20. Für den Hinweis danke ich Dr. Wolfgang Schneider (Würzburg).

21. H. Hofmann (Bad Windsheim) hat mich freundlicherweise auf die Reliefs aufmerksam gemacht.

22. StadtA Bad Windsheim D 127 Pfändrechnungsbuch 1619-22, fol. 16r unter Bueß der Schreiner.

23. ebd. B 82 Rtsprk. 1624, fol. 51r, 54r, Einträge vom 10.3. und 15.3.1624.

24. ebd. B 74 Rtsprk. 1616-17, fol. 62v, Eintrag v. 18.3.1616; B 2c Bürger- und Siebnerbuch 1500-1667, fol. 234r.

25. September 1649 ist Fueger in Kulmbach nachzuweisen. Er hatte u.a. Geigen der Lateinischen Schule ausgebessert. Vgl. PfA Kulmbach R 10 Kirchenstiftsrechnung 1649. 1654/55

fertigte der *Bilthauer Johann Füegern vonn Wintzheimb* einen neuen Mohren für den Coburger Ratskeller. Vgl. StadtA Coburg R 23 Stadtrechnung 1654/55, fol. 67v.

26 StadtA Bad Windsheim B 80 Rtsprk. 1621-1622, fol. 191r u. 191v, Eintrag v. 29.8.1621; D 128 Pfändrechnungsbuch 1623-1626. 1623 Einnehmen der Großen Bueß in der Stadt.

27 ebd. B 2c Bürger- und Siebnerbuch 1500-1667, fol. 252v; B 85 Rtsprk. 1627 fol. 63v, Eintrag v. 4.4.1627.

28 LKAN PfA Külsheim Nr. 130, Entwurf Kirchenbaurechnung 1629-1633, fol. 20r-20v Specification; fol.23r Außgab Anno 1631.

29 StadtA Bad Windsheim B 77 1619, fol. 83v, Eintrag v. 7.4.1619 und D 143 Baubesichtigerbuch, fol. 53r, Eintrag v. 17.8.1619.

30 ebd. B 448 Wiebelsheimer Gotteshausrechnung 1617-1632, Außgeben 1618; B 453 Rechnungen der Caplaney zu Wiebelsheim 1616-1656, Gemeine Außgab 1617 u. 1618; G 430 Augustinirechnung 1616-1623, Allerlei Außgeben 1618; G 51 Kilianpflege 1618-1622, Allerlei gemein Außgeben 1620 u. 1621.

31 ebd. B 75 Rtsprk. 1617-1618, fol. 137v, Eintrag v. 7.5.1617 und fol. 147r, Eintrag v. 14.5.1617; B 78 Rtsprk.1620, fol. 21r, 21v, Eintrag v. 17.1.1620. 1623 (17.11); B 81 Rtsprk. 1623, fol. 191v, 192r, Eintrag v. 17.11.1623.

32 LKAN Kirchenstiftung St. Johannis-Ansbach, Johannispflegerechnungen Nr. 1 T IV, o.P. 1621 Außgaben zur Verfertigung der Kanzel; Rathaus zu Sommerhausen Bürgermeisterrechnung 1616-1623, unter 1621 *Außgab an Geldt in Verfertigung einer neuen Canzel in die Kirchen.*

33 Realschematismus Würzburg (2000.61).

34 Anselm Grupp (Ellwangen) machte mich dankenswerterweise auf die Ellwangener Kanzel aufmerksam.

35 StadtA Bad Windsheim B 85 Rtsprk. 1627, fol. 171v, Eintrag v. 22.10.1627; B 86 Rtsprk. 1628-1629, fol. 105r, Eintrag v. 14.7.1628 u. fol. 77v, 138v, 166r, 194v, 280v, 281v, Einträge v. 30.5., 15.9., 29.10., 2.12. 1628 u. v. 27.4.1629 sowie fol. 199r, 218r, 308r, 317r, 328v, 329r, 329v, 330r, 337v. Einträge v. 15.12.1628, v. 21.1., 22.6., 10.7., 3.8., 5.8., 2.9.1629.

36 ebd. Bad Windsheim B 90 Rtsprk. 1634-1635, fol. 66r, Eintrag v. 3.12.1634. Auch das Brencksche Vormundskind Simon Kraft war *wegen hohen Alters und Unpäßlichkeit halbers* 1686 in das Spital aufgenommen worden. Bis zuletzt bildete Kraft Lehrjungen aus. Vgl. MIO Bad Windsheim Verzeichnis der Schreiner.

37 ebd. A 2a Chronik Dienst 1666, fol. 36.

38 ebd. B 90 Rtsprk. 1634-1635, fol. 140r, Eintrag v. 21.10.1635; B 92 Rtsprk. 1638-1639, fol. 117v, Eintrag v. 29.4.1639.

39 Quelleneintrag aus dem Zinsbuch H.W.Z.C. 1600, fol. 200. Vgl. z.B. Amrhein (1914.642).

40 StadtA Bad Windsheim D 130 Pfändrechnungsbuch 1633-1641, unter 1633 *Einnemen der größeren Bueß in der Statt* u. 1635 *Bueß der Jenigen, so vor Rath oder Gericht... einander Lügen straffen;* B 89 Rtsprk. 1632-1634, fol. 150v, Eintrag v. 6.9.1633.

41 ebd. B 92 Rtsprk. 1638-1639, fol. 31v, 32r, Eintrag v. 18.4.1638.

42 ebd. G 212 Pflegbücher der Seekapelle 1625-1641, 1635 Außgeben.

43 ebd. B 91 Rtsprk. 1636-1637, fol. 58v, 70v, 71v, 73r, 109r, Einträge v. 20.7., 16., 19. u. 26.9.1636; sowie 25.1.1637; B 92 Rtsprk. 1638-1639, fol. 34r, Eintrag v. 25.4.1638.

44 AE Bamberg Rep. I Nr. 28/754 Vikariatsprotokoll 1663-1666, Eintrag v. 1.6.1665. Nr. 28/748 Vikariatsprotokoll 1634-1640, fol. 274r, Eintrag v. 22.6.1638; StA Bamberg Nr. 231/I Hochstift Bamberg Nr. 1865 I Kammermeister Rechnung 1639-1640, Ausgaben fol. 383v.

45 PfA Kulmbach R 10 Kirchenstiftsrechnung 1644-1650 D Ausgabe Botenlohn 1644, fol. 26r.

46 Zu Schlehendorn vgl. u.a. Sitzmann (1938.28.29); Thieme/Becker (1992.99).

47 PfA Kulmbach R 10 Kirchenstiftsrechnung 1644-1650 Ausgabe Renovierung/Zierung Predigtstuhl 1645.

48 PfA Coburg Matrikelbuch Copulati 1644, Nr. 3 v. 16.1.1644; Baptistati 1644 Nr. 100 v. 25.7. und Sepulti Adultiores Nr. 37 v. 22.8.1644. Nur 27 Wochen nach der Eheschließung,

am 25. Juli des gleichen Jahres, war dem *Bildhauers Gesellen* ein Sohn, ein sogenannter *Früauff* geboren worden; die in dem *Register Einnehmen und Ausgaben der Stadt* 1645/46 unter der Rubrik *Junge Burger* am 13. Juni (wohl 1644) von Schlehendorn gezahlten 6 Reichstaler dürfen als Teil der Bürgergeldforderungen verstanden werden

49 Vgl. StadtA Coburg Bd. 15 Rtsprk. 1644, pag. 250, Eintrag v. 30.4.1644.

50 Folgende Kinder wurden nach den Angaben in den Matrikelbüchern zu St. Petri in Kulmbach geboren: Johannes Georg (6.8.-7.8.1645), (Anna) Maria (7.7.-20.8.1646), Elias (6.9.-24.10.1647), Egidius (11.10.1648-?), Paulus (5.12.1649-4.2.1655), Georg Heinrich (22.1.1651-27.8.1667), Helena Dorothea (25.3.1652-5.6.1652), Balthasar (23.5.-14.8.1653), Totgeburt (9.10.1654), Anna Maria (31.10.1655-22.2.1656), Anna Magdalena (27.4.-18.5.1657), Catharina (8.11.-12.11.1658), Susanna Barbara (5.2.-6.3.1661).

51 1666 hatte Egidius seinen Vater bei den Emporenarbeiten in Bayreuth unterstützt. Nach Oktober 1669 scheint er als Geselle bald auf Wanderschaft u.a. nach Straßburg und Breslau gezogen zu sein. 1674 war er nach Kulmbach zurückgekehrt. Offensichtlich hatte er sich anschließend in der Nähe von Breslau verheiratet. Vgl. Christine Schweikert: „Gott zu Ehren und der Kirchen zur Zierde...". Studien zu Leben und Werk der fränkischen Schreiner- und Bildschnitzerfamilie Brenck im 17. Jh. Phil. Diss. Erlangen (in Druck).

52 Für einen Sohn des Soldaten Paul Frölichs aus Freiburg bei Meißen PfA Coburg Matrikelbuch Baptistati 1644, Nr. 158 v. 19.12.1644.

53 Dehio Thüringen (1998.16). Der Vertrag über die Arbeiten befindet sich im Thüringischen Staatsarchiv zu Altenburg.

54 PfA Kulmbach R 10 Kirchenstiftsrechnung 1644-1650 Ausgabe Renovierung/Zierung Predigtstuhl 1645.

55 ebd. Nr. 106 Matrikelbuch 1645, fol 48v, Nr. 68 Eintrag 6.8.1644 und fol. 244r, Nr. 47, Eintrag 7.8.1644.

56 Es war nicht zu verifizieren, ob Brenck tatsächlich das Coburger Bürgerrecht besessen hatte. Noch 1649 wird Johann Brenck als Gevatter für den Sohn Johannes Georg Taubmanns *als Bilthauer alhier von Coburg* bezeichnet. PfA Kulmbach Nr. 106 Matrikelbuch 1649, fol. 80v, Nr. 101.

57 PfA Kulmbach R 10 Kirchenstiftsrechnung 1644-1650, Außgab zur Renovierung deß Predigtstuls 1645, Einnahme Beschickgeld 1647.

58 StA Bamberg C 9 VI Nr. 11.60, Gedingzettel m. den Bildhauern v. 8.3.1647.

59 PfA Kulmbach R 10 Kirchenstiftungsrechnung 1644-1650, Ausgabe Renovier-u. Zierung d. Geistl. Stände 1649, Ausgabe Schlosser/Schmied u. Maler/Tüncherarbeit u. Ausgabe für neue Stände, Bildhauer und Maler 1650.

60 StadtA Kulmbach Nr. 26 Rtsprk. 1649-1652, fol. 332v, Eintrag v. 30.6.1651; PfA Kulmbach R 11 Kirchenstiftsrechnung 1651-1656 Ausgabe Komödien 1652 pag. 146, 147.

61 ebd. Nr. 27 Rtsprk. 1653-1655, pag. 417, 418, Eintrag v. 22.12.1654; vgl. vor allem Sitzmann (1938.29). Dort allerdings fälschlich der 27.12. als Zeitpunkt der Bürgeraufnahme wiedergegeben; das korrekte Datum bei Lederer (1967.254).

62 PfA Kulmbach R 12 Kirchenstiftungsrechnung pag. 110, Außgabe Schreiner, Bildhauer, Drechslerarbeit 1657.

63 StadtA Kulmbach Nr. 28 Rtsprk. 1656-1658, pag. 316-322, Eintrag v. 2.12.1658 u. weitere Einträge; Sitzmann (1938.29).

64 Durch archivalische Recherchen konnte das Oeuvre Müllers erweitert werden: Eine archivalisch gesicherte Arbeit des *Andres Müllern Bildthauern zu Bayreuth* ist der Baiersdorfer (Kr. Erlangen-Höchstadt) Hochaltar von 1672. 1667/68 schuf Müller den Muggendorfer Taufstein samt Deckel. Am 7.6.1670 unterschrieb er einen Vertrag über die Anfertigung des Goldkronacher (Kr. Bayreuth) Retabels. Die Vollendung des Aufbaus übernahm ab Februar 1671 Heinrich Heubner. 1671/72 fertigte er einen Taufsteindeckel für das Gotteshaus Neustädtlein am Forst (Gem. Eckersdorf, Kr. Bayreuth), 1676/77 das dazugehörige Becken. Aus den Händen Müllers dürften auch der Eckersdorfer (Kr. Bayreuth) Hochaltar von 1670, das Lesepult und der Taufstein stammen. Sporadische Angaben zu Müller bei Thieme/Becker Bd. 25 (1931/1992.219); Sitzmann (1935.84).

65 StadtA Kulmbach Nr. 28 Rtsprk. 1656-1658, Eintrag v. 9.11.1657 u. zahlreiche weitere Beiträge 1658, 1659 u.1660; Nr. 32 Rtsprk. 1665-1666, pag. 343-344, pag. 346-347, pag. 359-362 Eintrag v. 1.12., 2. u. 9.12.1665; AE Bamberg Rep I Nr. 28/754 Vikariatsprk. 1663-1666, Eintrag v.10. u. 22.9.1665.

66 ebd. Nr. 29 Rtsprk. 1659-1660 pag. 105, 106, Eintrag v. 3.4.1660; PfA Kronach II/1 Barockisierung der Kirche pag. 74r.; für Marienweiher vgl. die Angaben im Katalog unter Marktleugast.

67 PfA Melkendorf R 11 1665/66 Ausgabe In Gemein, pag. 25-27.

68 Ausführlich über das weitere Leben und Wirken Hans Georg Schlehendorns sowie seine Gutachterfunktion in Kulmbach vgl. Christine Schweikert: „Gott zu Ehren und der Kirchen zur Zierde...". Studien zu Leben und Werk der fränkischen Schreiner- und Bildschnitzerfamilie Brenck im 17. Jh. Phil. Diss. Erlangen (in Druck).

69 Der Name Brenck taucht in den Matrikeln der Leipziger Universität nicht auf. Vgl. Die jüngere Matrikel der Universität Leipzig 1559-1809. I.A. der Kgl. Sächs. Staatsregierung. Hrsg. Georg Erler. Bd. II. Die Immatrikulationen vom Wintersemester 1634 bis zum Sommersemester 1709. Leipzig: Giesecke & Devrient 1909. Reprint 1976.

70 Grundlegend über sein Leben ist die „Lebensgeschichte eines im hohen Alter verstorbenen sonderbaren Mannes M. Johann Wolfgang Brenk's, der im 46sten Jahre seines Lebens von der christlichen zur jüdischen Religion übergieng und sich zu Amsterdam beschneiden ließ, aus glaubwürdigen Nachrichten" von Prof. Will aus dem Jahre 1791. Ein Tagebuch und ein Aufsatz aus Brencks Hand hatten ebenso wie der häufige Umgang mit dem Freund als Quellen gedient. Johann Wolfgang Bren(c)k fand auch in einigen literarischen lexikalischen Arbeiten sowie in juristischen Nachschlagewerken Beachtung. Vgl. z.B. Weidlich (1783.35-37); Vocke (1796.169-177); Will (1815.117-124).

71 Zu den Arbeiten der Bayreuther Schlosskapelle vgl. die Akten StA Bamberg C 9 VI Bd. 4a Nr. 10.096 Acta Hochfürstl. Schloß und Residenz zu Bayreuth 1667-1670; StadtA Bayreuth Hist.Ver. 2639 Innenausstattung der Schloßkirche (1669-75). Vgl. v.a. auch Sitzmann (1938.29.30).

72 LKAN PfA Gesees Nr. 283 Kirchenbauten Geding mit Johann Brenck wegen des Altars 1671/1672, fol. 19r-20v.

73 Zu Heubner vgl. Sitzmann (1983.245). Seinem Oeuvre können aufgrund eigener archivalischer Recherchen ab 1670/71 unter Aufsicht seines Prinzipalen Johann Brenck die Arbeiten am Retabel in der Friedhofskirche zu Goldkronach (Kr. Bayreuth), 1678/79 der Kanzeldeckel in Neustädtlein am Forst (Gm. Eckersdorf, Kr. Bayreuth) und 1683 die dortige Kanzel zugeschrieben werden.

74 Die älteste Tochter des Schnitzers - Maria - vermählte sich am 20.7.1700 mit dem Schuhmacher Johann Wilhelm Krug. Nach einem Jahr gebar sie ein Töchterchen namens Margaretha, das am Tag nach der Geburt bereits beerdigt werden musste. Die Mutter selbst segnete 1709 das Zeitliche. Als scheinbar einzige erwachsene Tochter Hans Georg Brencks hatte Maria bis zu ihrem Ableben den Kirchenstand ihrer 1969 verstorbenen Stiefmutter Barbara besetzt. Am 14. Januar 1712 wurde der Platz im Kircheninneren von der zweiten Gemahlin Krugs namens Anna abgelöst. PfA Kulmbach Nr. 529 Kirchenstuhlregister St. Petri Kulmbach 1684, pag. 203.

75 Bei der von Hans Georg Brenck und Hans Georg Hartmann geäußerten Bitte um Steuerentlastung 1682 wurde hinter dem Namen Brenck zur näheren Charakterisierung der Zusatz *beede, Bildhauer allhier* gefügt. Da Hartmann als Koch tätig war, dürfte sich die Berufsangabe auf den gleichnamigen Sohn Hans Georg Brenck bezogen haben. StadtA Kulmbach Nr. 40 Rtsprk. 1682, pag. 56, Eintrag v. 2.3.1682. Im Kirchenstuhlregister von 1684 werden außerdem zwei Plätze, ein fester Stuhl und ein Klappsitz, von dem Bildhauer Hans Georg Brenck besetzt. Auch hier dürfte wohl der zweite Stand von dem ältesten Sohn des Schnitzers in Anspruch genommen worden sein. PfA Kulmbach Nr. 529 Kirchenstuhlregister zu St. Petri Kulmbach 1684, pag. 98 u. 101.

76 PfA Kulmbach Nr. 529 Kirchenstuhlregister Kulmbach St. Petri 1684, pag. 98.

77 StadtA Kulmbach Nr. 31 Rtsprk. 1663-1664, pag. 170, Eintrag v. 4.6.1663; vgl. Sitzmann (1938.31); Lederer (1967.259).

78 1727 ging der Besitz an den Schuster Johann Wilhelm Krug über. Er war durch Heirat Maria (Sybilla) Brencks seit dem 20. Juli 1700 mit der Bildhauerfamilie verbunden. PfA Kulmbach Nr. 107 Matrikelbuch 1700 fol. 37r, Nr. 20. Vgl. außerdem StadtA Kulmbach Richard Lenker: Manuskript Häuserbuch Unteres Stadtgässchen 7.

79 Andreas Scheider hatte als Schreinergeselle zwischen 1652 und 1656, wohl unter Aufsicht des Orgelmachers Matthias Tretscher, an der Herstellung des Bayreuther Orgelwerks mitgewirkt. Vgl. LKAN Supint. Nr. 29 Bayreuth Nr.101a das in allhiesige Pfarrkirche verfertigte neue Orgelwerk 1650/1655, Rechnung über das Orgelwerk 1652-1656, Außgabe auf Befehl und Verehrung, fol. 29r.

80 PfA Rugendorf Nr. 329 Altargeding 1663.

81 StadtA Kulmbach Nr. 33 Rtsprk. 1667-1668, pag. 340-341, Eintrag v. 10.12.1668.

82 1672 führte er Besserungsarbeiten an Taufstein, Kanzel und Bräutigamsstuhl aus. 1675 arbeitete er erneut am Taufstein. 1678 zahlte man dem Bildhauer 1 fl. 12. Crz. *vor unterschiedliche Bilder in der Kirchen auszubessern.* Die Retuschen sowie die Neuvergoldung der *Bildhauerflickarbeith* wurden von Johann Friedrich Pippich für 32 Crz. ausgeführt. 1682 zerbrach man das schöne Kreuz, das von Johann Brenck und Hans Georg Schlehendorn gestiftet worden war, *durch Unvorsichtigkeit.* Auch hier wurde Hans Georg für die Ausbesserung herangezogen. Vgl. PfA Kulmbach die Kirchenstiftsrechnungen R 14 1668-1674, R 15 1675-1677, R 16 1678, R 20 1682.

83 PfA Altengottern im ehem. Pfarrhaus Kirchenbaurechnung 1678-1685 (*Rechnung über den mit Gott angefangenen Bau der Oberkirchen zur Heyligen Treyfaltigkeit von ANNO 1678 biß 1685*); Meißner (1996).

84 LKAN PfA Limmersdorf R 1 Gotteshausrechnung 1691/92.

85 LKAN PfA Bindlach R 9 Kirchenstiftsrechnung 1684/85 Philipp Kauffmans Rechnung, fernere Außgab, fol. 22r.

86 StadtA Kulmbach Nr. 45 Rtsprk. 1689-1691, pag. 131, Eintrag v. 29.7.1689.

87 Zu Strössendorf vgl. Meißner III (1996.22.35.40) m. weiterer Literatur.

88 PfA Kulmbach Nr. 529 Kirchenstuhlordnung 1684, pag. 98.

89 ebd. R 31 Kirchenstiftsrechnung 1707-1716 Ausgabe Bildhauer Arbeit 1712, pag. 51. Zu Schwender vgl. Sitzmann (1983.505).

Zwischen zünftischem Handwerk und freier Kunstausübung

Das Erlernen und die Ausübung einer handwerklichen Tätigkeit führten im 16. und 17. Jahrhundert aufgrund des Zunftzwanges[1] zur Eingliederung in einen Handwerker- oder Zunftverband.[2] Georg Brenck d.Ä. wurde 1580 durch die Andingung bei dem Schreiner Mathes Gulden bis zu seinem Lebensende 1635 in den handwerklichen Verband der Schreiner integriert. Mit der Zugehörigkeit zu einer Korporation waren neben den beruflichen Belangen Bereiche des Alltagslebens und der Religion erfasst, aber auch eine feste soziale Position im Gesellschaftsgefüge verbunden. Für die Sicherung des eigenen Standes existierten mündlich tradierte, später in Handwerksordnungen schriftlich fixierte Reglements, die es einzuhalten galt. Ein Übertreten oder Ignorieren der Regeln konnte irreparablen Charakter tragen, den endgültigen Ausschluss aus dem Handwerk und den beruflichen Ruin nach sich ziehen. Die im Wohnhaus des Meisters geführte Werkstatt, die Teilnahme der Werkstattmitglieder (Geselle, Lehrling) am übrigen Leben der Hausgemeinschaft zeigten deutlich, dass die Arbeitssphäre des Handwerkers „nicht ein gegenüber dem übrigen Leben abgegrenztes Reich" bildete, sondern „aufs engste mit allen Lebensfunktionen verbunden" (Maurer 1940.41) war. Da auch Brencks Söhne Georg d.J. und Johann durch ihre Ausbildung als Schreiner zunächst den Anschluss an das Handwerk verlängerten, kann eine Untersuchung der Schnitzerfamilie nur unter Berücksichtigung dieser einschneidenden und lebensbestimmenden Faktoren erfolgen.[3]

Das Schreinerhandwerk zu Windsheim und Kulmbach
Alter, Entstehung des Handwerks und das Verhältnis zur Obrigkeit

Sichere Nachrichten über die ersten handwerklichen Berufe innerhalb der Reichsstadt Windsheim liegen ab dem Jahre 1397 vor.[4] Bei der ältesten erhaltenen Schreinerordnung von 1539 handelt es sich vermutlich um die erste schriftlich niedergelegte Satzung. Ob damit auch das Jahr der Konstitution des Gewerbes bezeichnet ist, muss offen bleiben.

Die Analyse der Windsheimer Quellen ergab ein ausgeprägtes Abhängigkeitsverhältnis der Schreinerkorporation von den städtischen Behörden. Der reichsstädtische Rat beaufsichtigte mit Hilfe einer strukturierten Ämterhierarchie die einzelnen Handwerke: Vom Handwerk vorgefertigte Ordnungen waren auf eine Bestätigung durch die Obrigkeit angewiesen; dem Rat oblag es, die Artikel der Satzung zu ändern, abzulehnen oder neu zu verfassen und die Obrigkeit partizipierte an den pekuniären Straf- bzw. Ämtereinnahmen. In den Händen von Pfändherren oder Pfändnern, die als Delegierte des Inneren und des Äußeren Rates, als Handwerksrichter mit niederen rechtlichen Befugnissen agierten, lag die Beaufsichtigung der Verbände.[5] Die Situation in Bad Windsheim entsprach demnach einem geläufigen Beziehungsmodell. Vor allem die engen Bindungen Windsheims an die patrizisch regierte Schwesterstadt Nürnberg - sie verlor nach einer gescheiterten Revolution der Handwerker 1348/49 alle Zünfte im engeren Sinne - erklären die vergleichbare politische und handwerksinterne Situation. Windsheim hat folglich nie eine Zunftherrschaft besessen, das Gewerbe war niemals in organisierter Form im Rat vertreten. In der mittelfränkischen Reichsstadt bildeten die Schreiner ein „Geschworenes Handwerk", an dessen Spitze die vom Rat in ihrer Wahl bestätigten „Geschworenen Meister" standen.

In Kulmbach ist die Entstehung des Handwerks in engem Zusammenhang mit der Hofhaltung zu sehen.[6] Durch das Landbuch der Herrschaft Plassenburg (StA Bamberg) von 1398 sind für Kulmbach mit Ausnahme der Schreiner zahlreiche Gewerbe zu belegen.[7] Wann genau die Zunftbildung in Kulmbach einsetzte, lässt sich aufgrund der im Bundesständischen Krieg 1553/54 zerstörten Quellen nicht näher anführen. 1560 waren jedenfalls Schuster, Metzger, Lederer, Schmiede, Stauchenhändler, Bäcker, Schneider und Leinweber laut Ausführungen in den Ratsprotokollbüchern der Stadt zünftisch organisiert. Doch auch das Schreinerhandwerk muss zu diesem Zeitpunkt eine eigene Korporation besessen haben. Bischoff (1958.132) konnte im ehemaligen Luitpoldmuseum ein Siegel des Handwerks aus dem Jahre 1558 ermitteln.

In Kulmbach lag die oberste Gewalt, die letzte Entscheidungsbefugnis bei handwerklichen Streitfällen in den Händen des Markgrafen und seiner Beamten. Durch Privilegien waren die Abfassung und Änderung von Handwerksordnungen, die Überwachung ihrer Einhaltung teilweise auf die Kulmbacher Obrigkeit übertragen worden. Die Bestätigung der Ordnungen blieb allerdings Aufgabe des Markgrafen. Ab 1659 wurde auf fürstlichen Befehl die Anwesenheit einer Ratsperson bei den Handwerkszusammenkünften, *damit es desto verantwortlicher geschehe*, verpflichtend.[8] Im Gegensatz zu Windsheim hatte man in Kulmbach dem Handwerk zugestanden, ihre Vorsteher aus den eigenen Reihen selbst zu wählen. Allerdings ließ sich auch dort im Verlauf des 17. Jahrhunderts eine zunehmende Einflussnahme der fürstlichen und städtischen Obrigkeit konstatieren.

Die Windsheimer und Kulmbacher Schreinerwerkstätten während des 17. Jahrhunderts

Als Brenck 1580 in das Handwerk aufgenommen wurde, arbeiteten gleichzeitig sechs weitere Schreinermeister in der Reichsstadt.[9] Zwischen 1590, dem Zeitpunkt der Bürgerwerdung Brencks, und 1607 schwankte die Anzahl der Betriebe zwischen fünf und acht. Von 1608 bis 1609 ließen sich kurzzeitig neun Meister in der gleichen Stadt nachweisen. In den Rekordjahren 1618 und 1621 stieg die Anzahl der Schreiner auf zehn bzw. zwölf, so dass das Handwerk *zimblich und starckh übersetzt* war.[10] Erst in den darauf folgenden Jahren ließ sich ein langsamer Rückgang verzeichnen. 1630 arbeiteten nur noch fünf, 1635 nur noch die

Werkstätten Friedrich Theuerkauffs, Sebald Weinreichs und Georg Weschs in der Stadt. In den 40er und 50er Jahre wurden die Betriebe Weschs und Simon Krafts führend.

In Kulmbach war die Meisterzahl nach der ersten erhaltenen Satzung von 1716 auf vier begrenzt.[11] Ob das Handwerk bereits im 17. Jh. geschlossen war, ist zwar nicht bekannt, scheint aber aufgrund der gewonnenen Erkenntnisse zumindest für die Mitte des 17. Jahrhunderts denkbar. Als man 1653 infolge von Differenzen die Vertreter des Handwerks auf das Rathaus beorderte, waren die vier Meister *Bernhard Schönkapp, Veit Arnoldt, Hanß Schweiker undt Geörg Geiger* erschienen.[12] Das Ableben Hans Schweikers 1659 und Bernhard Schönkapps 1674 machte Neuaufnahmen innerhalb der Meisterschaft nötig.[13] Noch im Todesjahr Schweikers erfolgte die Bürgerwerdung von Andreas Scheider aus Joachimstal. Kurze Zeit später, 1663, nahm die Stadt Christoph Conrad, den Schwager Georg Geigers, auf. 1661 wird ein weiterer Meister namens Bernhard Dietmann genannt, so dass im Großen und Ganzen mit einer veränderten Meisterschaft zu rechnen ist. Größere Umstrukturierungen musste es wiederum 10 bzw. 20 Jahre später gegeben haben. Einmal erscheinen neue Namen, die im letzten Drittel des Jahrhunderts das Schreinerhandwerk in Kulmbach bestimmten: Adam Martin aus Weißenstadt, Clas Strobel von Falkenstein und Johann Philipp Schirm. Zum anderen wurden einige Meistersöhne, deren Väter zum Teil bereits verstorben waren, in der Stadt ansässig. Nach und nach hatten zwischen 1671 und 1682 Hans Schweiker d.J., Paul Arnold, Sohn des Schreiners Veit Arnold, und Johann Wolfgang Denstett, Sohn des Zeugwarts auf der Plassenburg, das Bürgerrecht als Schreiner erworben. Zusätzlich erlangten zwei Schreinergesellen - Christoph Hesselbach aus Königsberg und Georg Stremßdorffer aus Goldkronach - 1690 und 1696 Meisterstatus. Gegen Ende des Jahrhunderts dürften mehr als vier Schreiner in der ehemaligen Residenzstadt wohnhaft gewesen sein.

Vom Lehrling zum Meister - die Ausbildung im Schreinerhandwerk
Der Lehrling
Voraussetzungen und die Aufnahme in das Handwerk

Welche Erfordernisse ein Lehrjunge für die Aufnahme in das Windsheimer Schreinerhandwerk zu erfüllen hatte, ist einem nachträglich eliminierten Satz der Schreinerordnung von 1539 zu entnehmen. Darin wurde von einem Meisteranwärter ein Geburtsbrief gefordert, *damit man wisse von wonnen (?) er sey, und ob er auch erlich geborn, und wer seine Elltern gewesen sein.* Ehrliche und freie Geburt waren zur Wahrung der Standesehre folglich auch für einen Lehrjungen maßgebliche Bedingungen. Erfüllte der Junge die Grundvoraussetzungen, wurde er in Begleitung von Vater, Mutter, Bruder oder den Vormunden dem Handwerk, den versammelten Meistern und den vom Rat verordneten Pfändherren meist im Haus der Geschworenen Meister vorgeführt. Vor der geöffneten Handwerkslade, die gewöhnlich Urkunden, Dokumente und die Handwerksordnungen enthielt, schwor der Junge bei brennenden Kerzen, dass er *seinem Lehrmaister wöll frum und trew sein.*[14] Der Meister wiederum gelobte eine ordentliche und solide Ausbildung. Schließlich trug man den neu aufgedingten Lehrling mit den im Vertrag ausgehandelten Obligationen ab 1565 in das *Verzeichnis oder Register der Schreiner* (MIO Bad Windsheim), ab 1617 zusätzlich in das *Verzeichnis aller Lehrlinge und Gesellen* (StadtA Bad Windsheim B 503) ein. Exemplarisch soll folgende Lehrlingsaufnahme für alle übrigen nur geringfügig voneinander abweichenden Texte stehen:

Georg Brenck Burger und Schreiner auch Bildschnitzer alhir nimbtt Hannßen Fueger des ehrenvesten und wolweißen Herren Sebastian Fueger des Elderen Rahtts alhir seinen Sun auff das Schreiner Hanttwerck sowoll auch auff die freyen Kunst des Bildschnitzenn 5 Jar lang das selbige zu lernen als von Osteren Annö 1616. biß wieder Osterenn 1621. in Beysein eines gantzen E[hrbaren] Hanttwerck damalls geschworne Meister Alter er der Lehrmaster und Junger Niclaß Schenck. Auch in Beysein H[errn] Fuger als Alter Pffender und Philipps Schetzlein Junger Pfender. Actum ut supra (MIO Bad Windsheim).

Zweck dieser Buchführung war, *daß wan ein Lerjunger wandert und in mitler Zeit der Lermaister sturbe, und der Lerjung mitter Zeit wider hieher käm, und den Lermaister nit funde, daß im denoch sein Lernbrief von den ander Maistern, erlich und redlich gegeben mocht werden.*[15] Der Aufdingung vorausgegangen war in der Regel eine 14-tägige Probezeit. War der Lehrling *uf dem Hanndtwerckh bestendig bliben* und *wollte das Handwerck fort lernen* (SO 1593, Art.7), musste er laut Satzung von 1539 1. fl. in die Windsheimer Amtskasse zahlen. 1679 sollte er 2 fl. beim Aufdingen und beim Ledigsprechen für Pfändamt und Handwerk zum Vertrinken einlegen und dem Meister das vereinbarte Lehrgeld überreichen.

Die Lehrzeit

Die Dauer der Lehrzeit bildete in Windsheim einen flexiblen Passus des Lehrvertrages. Regulär waren 3 bis 4 Jahre. Eine statistische Auswertung des Windsheimer Schreinerverzeichnisses ergab, dass die Lehrlingsgeneration ab 1565 generell die von der Ordnung geforderten zwei Jahre im Handwerk lernte. Erst 1580, als Georg Brenck d.Ä. in das Schreinerhandwerk aufgenommen wurde, dingte man die Lehrjungen öfters für vier Jahre auf. Waren ab 1600 noch meist zwei oder drei Jahre als Lehrdauer angegeben, bürgerte sich ab 1607 eine drei- bis vierjährige Lehrzeit ein. Ausnahmen blieben in Windsheim Johann Brenck und Hans Fueger, die jeweils fünf Jahre lang im Betrieb Georg Brencks d.Ä. die Arbeiten eines Lehrlings verrichteten. Beide sollten aber zum Schreiner und Bildschnitzer ausgebildet werden. Auch der einzige in Kulmbach nachweisbare Schüler der

Brenckfamilie, Nicolaus Eichmüller, wurde 1668 *zur Bildhauers Kunst uff 5. Jahr lang auffgedinget*.[16] Änderungen der Lehrzeiten waren auch nach Vertragsschluss möglich. So ließ zum Beispiel Christoff Weisacker seinen Jungen Andreas Zehender zwei Jahre nachlernen, weil dieser *offtermal ist kranck wortt und Haim gangen*.

Während die Coburger Schreinerordnung von 1646 nach zweiwöchiger Probezeit die Zahlung von drei Pfund Lehrgeld vorschrieb und die Kulmbacher Schreinerordnung von 1780 20 fl. verlangte, werden in keiner Windsheimer Schreinerordnung Lehrgebühren gefordert.[17] Von 4 fl. bis 40 fl. war fast jede Summe, auch kein Lehrgeld, möglich. Meist erfolgte die Zahlung durch die Eltern oder Vormünder der Kinder in mehreren Raten, die beim Aufdingen, beim Halbauslernen und beim Abschluss oder bei Antritt und Vollendung der Lehre beglichen wurden. Die noch ausstehende Geldleistung konnte auch vom Lehrjungen durch seine Mitarbeit beim Meister abverdient werden. Neben dem obligaten Betrag, der als fixe Zahlung für das Handwerk in den Satzungen von 1539 (Art.7) auf einen Gulden festgelegt und bis 1679 auf zwei Gulden (Art.7) erhöht worden war, erhielt oft die Frau des Werkstattmeisters eine kleine, wohl freiwillige Summe als Verehrung. Auch Naturalleistungen oder gemischte Bezahlungen waren möglich. Übernahm der Meister die Kleidungskosten für den Jungen, stieg der Lehrgeldbetrag entsprechend höher oder der Junge musste zu einem gebührlichen Lohn ein weiteres Jahr nachdienen. Bei den Meistersöhnen lässt sich unabhängig von ihrer Lehrdauer als Einschreibungs- bzw. Ausschreibungsgebühr anstatt einer Geldsumme die Stiftung von einem Viertel Wein oder Bier an das Handwerk nachweisen.

Die Freisprechung

Die Entlassung des Lehrlings aus den Händen des Meisters dürfte bei einer durchschnittlichen Ausbildungsdauer von 3 bis 4 Jahren im Alter von 17 oder 18 Jahren erfolgt sein. Georg Brenck d.Ä. muss bei Beginn seiner Lehre am 1. September 1580 zwischen 15 und 16, bei Abschluss der 4-jährigen Ausbildung ca. 19 oder 20 Jahre alt gewesen sein. Auf jeden Fall hatte er das Durchschnittsalter eines Lehrlings überschritten. Georg Brenck d.J. begann 1606 im Alter von 13 Jahren seine Ausbildung und schloss sie mit 16 Jahren nach nur dreijähriger Lehrzeit ab. Seinen jüngeren Bruder nahm der Vater kurz vor seinem 12. Geburtstag in das Handwerk auf, um ihn nach 5 Jahren Ausbildung 16-jährig zu entlassen. Weder bei Georg Brenck d.J. noch bei Johann Brenck fand die in der Literatur wiederkehrende Behauptung Bestätigung, Meistersöhne hätten aufgrund ihres bereits vorhandenen handwerklichen Wissens eine verkürzte Lehrzeit genossen. Vor allem die 5-jährige Ausbildung des jüngeren Kindes Johann gehört zu den längsten nachweisbaren Zeiten, in denen ein Junge in der 1.H. des 17. Jahrhunderts in Windsheim in der Lehre gestanden hatte.

Nach Beendigung der Lehrzeit wurde der Lehrling in Windsheim vor dem Handwerk, den versammelten Pfändherren und Geschworenen, manchmal auch in Anwesenheit seiner Familienmitglieder nach traditionellen Bräuchen vor der zeremoniell bedeutsamen, offenen Lade los-, freigesprochen oder ausgeschrieben. 1615 hatte Georg Brenck d.Ä. vor dem gesamten Schreinerhandwerk angezeigt, Clas Strobel, sein *Lehrjung habe sich die Zeytt bey ime erlich freunhtlich und woll verhaltten wie einem erliebenden Jungen geburtt und zustehett.* Zugleichen antwortete der Lehrjunge *sein Lehrmeister hab in gelernet wie einem E[hrbaren] Meister des Schreinerhanttwercks so wol auch der freyen Kunst des Biltschnitzens gebuertt und zustehett.* Für gewöhnlich finden sich diese Ehrbeweise auf folgende formelhafte, sich sinngemäß entsprechende Redewendungen reduziert: *ist bey dem Maister und Leerjungen keine Clag gewesen* oder *sagt Meister und Jung einander alle Ehr, Lieb und Treü nach.* Bei der Freisprechung Georg Brencks d.Ä. 1584 hatte man notiert, *es habe sich der Jung erlich und wol verhalden.* Nach dem erneuten Eintrag im Verzeichnis der Schreiner war die Lehre abgeschlossen und der Junge offiziell dem Lehrlingsstand enthoben. Als Zeugnis für die Handwerksausbildung diente generell ein vom Meister ausgehändigter, mit den Handwerkssiegeln vom Rat bestätigter Lehrbrief.

Georg Brenck d.Ä. hatte in den 45 Jahren von seiner Meisterwerdung 1590 bis zu seinem Ableben 1635 neben seinen beiden Söhnen fünf weitere Lehrlinge in das Schreiner- und Bildschnitzerhandwerk eingewiesen. Ein zusätzlicher Lehrknabe, Michel Windsheimer aus Ickelheim, war vermutlich noch in seiner Probezeit 1594 mit Brenck aneinandergeraten, so dass es nicht zu einem Eintrag in das Schreinerverzeichnis gekommen war.[18]

Der Geselle

Vom Lehrling zum Gesellen

Nicht automatisch war ein freigesprochener Lehrjunge, der seine Lehrzeit gerade hinter sich gebracht hatte, zu einem Gesellen und einem Mitglied der Gesellenschaft geworden. In Windsheim hatte man auf Wunsch der Schreinermeister, u.a. auch Georg Brencks d.Ä., am 18. Dezember 1598 ein eigenes, 30 Artikel umfassendes Gesellenreglement verfasst (StadtA Bad Windsheim SGO 1598). Darin wurden die Arbeitssuche eines wandernden Gesellen, die Zusammenkünfte und die Ämtervergaben des Verbandes geregelt, sowie Rechte und Pflichten der einzelnen Mitglieder niedergelegt. Im 20. Artikel der Satzung heißt es dort: *Wann ein Gesell seinen Namen begert zu verschenckhen, so soll solches auf der Herberg geschehen, im Beysein ehrlicher Maister und Gesellen. Auch soller nicht mehr denn ein Wuchenlohn zugeben schuldig sein, und so er waß zum Besten wolt geben, soll es ihm frey stehen und soll ihm ein Zeichen gegeben werden.* Als Lokalität für die nicht näher beschriebenen Prozeduren stand die Herberge zur Verfügung, in der sich die gerade in der Reichsstadt anwesenden Gesellen und die Meister des Schreinerhandwerks zu versammeln hatten.

Geht man von einer ungefähren Entsprechung der Riten im deutschsprachigen Raum aus, dürfte der Geselle mit Wein, Bier oder Wasser „getauft" worden sein.[19] Ebenso wie beim wirklichen Taufakt standen dem Täufling ein Schleifpfaffe und ein Schleifpate zur Verfügung. Der sog. Schleifpfaffe berichtete in einer langen, scherzhaften Predigt von der Wandererfahrung anderer Gesellen, verwies auf die Geschichte und die Traditionen des Handwerks und handelte die Säulenordnungen ab. Im Zuge dieses Taufrituals verschenkte der Lehrling seinen alten Namen und wählte sich einen neuen, der häufig seinen Charakter oder seine hervorstechendste Eigenschaft in lustiger Weise zu umschreiben vermochte, z.B. „Frisch und frei", „Zwickdennagel", „Blaueisen". Als Beweis der vollstreckten Aufnahme in den Gesellenverband erhielt der neue Geselle nach Vorschrift der Satzung ein Zeichen (Handwerkssymbole oder Siegelabdrücke), mit dem er sich auch außerhalb seiner Heimatstadt als Geselle ausweisen konnte.

Die Wanderschaft

Seit dem 16. Jahrhundert war das Wandern nach Abschluss der Lehre und dem Erhalt des Gesellenstatus im gesamten deutschen Reich üblich. Der wandernde Junge sollte an unterschiedlichen Orten sein Handwerk perfektionieren, erlernte Techniken optimieren, neue Methoden und geschmackliche Veränderungen kennenlernen. In Windsheim schrieb die früheste erhaltene Schreinerordnung von 1539 eine zweijährige Wanderschaft für denjenigen Gesellen vor, *der Maister des Schreinerhanntwerckh werden will*.[20]

Nach dem erwähnten *Verzeichnis aller Lehrlinge und Gesellen* (StadtA Bad Windsheim B 503) haben zwischen 1617 und 1627 in einem Zeitraum von 10 Jahren 49 Schreinergesellen, unter anderem aus Franken, Baden-Württemberg, Thüringen, Sachsen, Sachsen-Anhalt und Schlesien in Windsheim bei einem ortsansässigen Meister eine temporäre Anstellung gefunden. Ein Einzelner wurde Jahrzehnte später 1645 bei Simon Kraft in der Werkstatt beschäftigt. Vor der offiziellen Aufnahme in das Handwerk dürften die meisten Gesellen bereits in einem 14-tägigen Probezeit ähnlichen Beschäftigungsverhältnis gestanden haben. Zeigten Meister und Geselle nach Ablauf dieser Frist noch Interesse an der Fortführung ihrer Arbeitsgemeinschaft, musste der Schreinerbursche vor dem versammelten Handwerk z.B. geloben, *bey Gorgen Brencken alhir zu arbetten*.

Grundsätzlich stand einem Meister nach den Ausführungen der Schreinersatzung nur ein Geselle zu. Erst wenn alle Mitmeister ausreichend mit Arbeitskräften versehen waren, durfte man eine zusätzliche Kraft einstellen. Ob diese Umstände für Georg Brenck am 30. März 1617 und am 15. November 1620 zutrafen, als er ausnahmsweise zum gleichen Zeitpunkt jeweils zwei Schreinergesellen in seiner Werkstatt anstellte, ist nicht bekannt.

Das höchste Quantum an Gesellen - 19 Stück - hatte nach Auswertung des Verzeichnisses die Windsheimer Werkstatt Balthes Ru(e)gers beansprucht. Entsprechend viele Gesellen agierten im Betrieb Georg Brencks: 1604 Michael Hornberger bei Errichtung der Rothenburger Kanzel, von 1612-1615 Christoff Hofmann, der sich zum Bildschnitzer ausbilden ließ, zwischen 1617 und 1627 15 Gesellen und drei weitere Gesellen 1616, bevor das Skriptum verfasst wurde.[21] Hatte sich Georg Brenck d.Ä. an die Vorgaben der Schreinersatzungen gehalten, unterstützten ihn im besten Falle zwei Gesellen, ein oder zwei Lehrjungen bei seiner Arbeit.[22] Nach abgeschlossener Ausbildung der beiden Söhne standen ihm zwei weitere Helfer zur Verfügung. Sowohl der Windsheimer als auch der Kulmbacher Betrieb konnte demnach in auftragsreichen Phasen zwischen sechs und sieben Mitarbeiter umfassen.

Die Suche nach Arbeit und Kündigung

Nach den Angaben der Windsheimer Gesellenordnung von 1598 sollte ein wandernder Geselle zuerst die örtliche Herberge aufsuchen, die durch Aushängeschilder mit Symbolen oder Zeichen des jeweiligen Gewerbes gekennzeichnet war (Art.1). Dort hatte sich der Geselle, nach den Gebräuchen seiner Profession gekleidet, unter Einnahme einer bestimmten Körper- und Fußhaltung durch typische, fließend vorgetragene Gruß-, Zeichen- und Redeformeln als dem Handwerk zugehörig auszuweisen. Dann sollte der Wanderer, wiederum in tradierten Reden, *nach den Örden Maistern schickhen, und von ihnen vierzehen Tag umb Arbeit zuschawen begern* (Art. 2).

Zu dem großen Aufgabengebiet des Örtengesellen (Beisitzer, Ürten-, Laden-, Alt-, Zuschick-, Umschau-, Führer- oder Zechgeselle) gehörte in Windsheim neben der Ausrichtung der Gesellenversammlung die Unterstützung eines gerade zugereisten Gesellen bei der Suche nach Arbeit. Das Örten- oder Zuschickamt oblag gewöhnlich einem Meister und einem Gesellen. Es war innerhalb der Gesellenverbände ordnende, aber auch überwachende Instanz.[23] Nachdem der Zuschicker oder Örte bei dem Neuankömmling die wichtigsten Erkundigungen über seine Lehre, die vorausgegangene Arbeitsstelle eingezogen und somit auch seine „Ehrlichkeit" geprüft hatte, begann er mit der in Windsheim zeitlich unbegrenzten Arbeitssuche. Dabei hatte der Örte für eine gleichmäßige Arbeitskraftverteilung in allen Werkstätten nach einer vorgeschriebenen Reihenfolge um Arbeit anzufragen: *und zwar von dem Eltesten biß uf den Jungsten* (Art. 2). Die eigenständige Schau eines Gesellen nach Arbeit in den Betrieben war ab 1539 in Windsheim ebenso wie die private Suche eines Meisters nach einem bestimmten Gesellen im Wirtshaus unter Strafandrohung verboten. Allerdings konnte ein fremder Geselle auf der Herberge kundtun, *wo hin er begere* (z.B. SO 1539).

Gelang es dem Örtengeselle, den Arbeitssuchenden bei einem Meister und seiner Familie unterzubringen, war der Geselle verpflichtet, ein Maß Wein und vier

Pfennig Brot zu zahlen. Im Gegenzug spendierte der Meister die gleiche Menge an Wein und Brot in seinem Haus (Art. 3). Später war es üblich, dass ein Fremder oder Umständer für eine erfolgreiche Arbeitsvermittlung statt der Naturalien zehn Kreuzer fränkisch entrichtete (SGO B 501 u. MIO, Art. 1). Zuvor hatte sich das Werkstattoberhaupt in einem Gespräch bei dem neuen Gesellen erkundigt, *von wannen er komm, wie er heiß und wo er am nechsten gearbeyt habe* (Art. 4). Es wurde darauf geachtet, dass diese Befragung nicht länger als eine Stunde in Anspruch nahm. Wollte ein Geselle nach Ablauf der zwei Wochen nicht in der Werkstatt bleiben, wurde er in Windsheim als Umständer erneut zugeschickt (Art. 5). Vor der Einstellung hatten die Örten, so schreibt es die undatierte Schreinerordnung SO B vor, den alten Meister zu fragen, *wie er* [der Geselle, Anm. d. A.] *von im geschieden sey* (Art.11).

Nach den jüngeren Satzungen bot sich als Alternative eine Arbeitssuche nach der *Meisterwahl* an (SGO B 501 u. MIO, Art. 3). D.h. auf der Herberge befand sich eine Liste mit allen Meisternamen. Mit Nägeln oder Heftzwecken wurde zunächst der älteste Meister oder der am längsten ohne Arbeitskraft war, also derjenige, in dessen Werkstatt mit der Umschau begonnen wurde, gekennzeichnet. War er mit einem Gesellen versorgt, rückte der Nagel zum nächsten Namen. Insgesamt durfte ein Geselle nur dreimal zugeschickt werden. Dann sollte er *seinen Bündel* nehmen und die Stadt für ein Vierteljahr verlassen. Erst dann konnte er sich wieder in Windsheim melden und quasi als Fremder um eine neue Arbeitsstelle ansuchen (SGO B 501 u. MIO, Art.11). In den Schreinerwerkstätten der Reichsstadt wurden die Gesellen vermutlich meist für ein Vierteljahr in einem Betrieb aufgenommen. Dadurch hatten die Werkstätten für eine gewisse Zeit einen festen Arbeiterstamm, der bei Ausführung von Aufträgen Niveaubeständigkeit garantierte.

Verließ ein Geselle grundlos den Meister innerhalb der festgesetzten Probefrist, sollte der Wandernde dem Meister das Zuschickgeld, das er bei seiner Aufnahme in die Werkstatt erhalten hatte, zurückerstatten (Art. 6). Nach den jüngeren Ordnungen (SGO B 501 u. MIO, Art. 10) ließ man ihn für ein unbegründetes Verlassen der Arbeitsstelle in ein Sünderregister, das sog. „Schwarze Buch", eintragen und ihn für unredlich erklären. War er nicht bereit, sein Vergehen durch die Annahme einer Strafe zu egalisieren, war ihm die Ausübung seines Berufes untersagt. Entließ aber der Meister den Gesellen in der Probezeit ohne triftigen Grund, musste der Werkstattbesitzer seinem Arbeiter für 14 Tage Wochenlohn bezahlen (Art. 7). Hatte ein Geselle schließlich rechtmäßig und nach Handwerksgewohnheit von seinem Arbeitgeber Urlaub, d.h. die Kündigung erhalten, war sein nächster Gang erneut auf die Herberge. Dort sollte er *einen freundtlichen Abschied von dem Vatter der Herberg nemen und wan er demselben etwas schuldig, vor seinem Verraißen außzhalen, und sich unclagbar machen* (Art. 8). Kündigungsfristen waren nach der Ordnung von 1598 noch nicht einzuhalten. Erst später sollte der Geselle dem Meister 14 Tage vor seinem Weggehen Bescheid geben und der Meister im Gegenzug dem Gesellen 8 Tage vorher seine Arbeit aufsagen (SGO B 501 u. MIO, Art. 13).

Der Meister

Voraussetzungen für die Meisterschaft

Gleich zu Beginn jeder Ordnung finden sich an oberster Stelle die persönlichen, fachlichen und finanziellen Voraussetzungen, die ein neu aufzunehmender Meister, auch Georg Brenck d.Ä. und seine beiden Söhne, nach den Vorstellungen des Handwerks zu erfüllen hatten. In Windsheim umreißen die ersten beiden Punkte der Schreinersatzung aus dem Jahre 1539 die wesentlichen Qualifikationen: *Item wenn ainer Maister des Schreinerhanntwerckh werden wil, der sol vor seine Lerjahr, erlich und redlich wie Hanntwerckhs Gewohnhait ist erstannden, zwey Jar daruber gewanndert haben, und das er redlich gelernt und ufgedint hat ain Khunthschaft von seinem Maister, oder wo derselb verstorben were, von den Maistern daselben erhpringen.* Das Schreinerhandwerk der Reichsstadt hatte sich also in seiner frühesten erhaltenen Regelniederschrift auf wenige, beinahe rein fachliche Erfordernisse konzentriert.[24]

Erst 1577 wurde durch einen beigefügten Nachsatz bestimmt, dass ein Meisterkandidat *söll das Maisterstückh machen, wie es von ainem Erbarn Rhatt und den Maistern alhir verordnet ist.* Für das Meisterrecht und die damit zusammenhängende Aufnahme in die Zunft bzw. das Handwerk waren außerdem Gebühren zu entrichten, die in ihrer Höhe oft den Kosten eines gemeinsamen Umtrunks oder einer Mahlzeit entsprachen. Schon ab 1539 verlangte man in Windsheim einen Gulden. Hatte der Meistergeselle die in den Satzungen genannten materiellen, offiziellen und fachspezifischen Voraussetzungen erfüllt, konnte er sich als vollwertiger Meister mit einer eigenen Werkstatt niederlassen.

Für die selbständige Betriebsführung setzte eine Stadt in der Regel die Annahme des Bürgerrechts und für den Bürgerstatus wiederum die Hochzeit voraus. Normalerweise war der Handwerker zu diesem Zeitpunkt zwischen 23 und 25 Jahre alt. Georg Brenck d.Ä. hatte am 10.6.1590, 5 Jahre nach Beendigung seiner Lehre, mit 24 oder 25 Jahren das Bürgerrecht und somit das Recht zur selbständigen Werkstatttätigkeit erhalten. Seine Hochzeit folgte 20 Tage später, am 30.6. des gleichen Jahres. Die beiden Söhne Georg Brenck d.J. und Johann Brenck hatten jeweils ein Jahr vor ihrer Einbürgerung geheiratet (27.6.1615 u. 5.9.1626). Beide wurden 6 Jahre (18.3.1616 u. 4.4.1627), nachdem sie vom Vater aus der Lehre entlassen worden waren, im Alter von 22 Jahren als Bürger der freien Reichsstadt Windsheim angenommen.

Das Meisterstück

Auf *Befelh aines Erbarn Rhats* hatte am 28. Mai 1577 ein der Bad Windsheimer Schreinerordnung im Ochsenhof zugefügter Anhang die einzelnen Voraussetzungen zur Meisterprüfung sowie die Art und das Aussehen des Meisterstückes festgelegt. Zunächst sollte der als Stückmeister (Jahrsitzer, Meistergeselle) bezeichnete Geselle mit Billigung des Pfändherren seinen Wunsch vor dem versammelten Handwerk vortragen und seine Papiere (Geburts- und Lehrbrief) auflegen. Nach Einwilligung des Handwerks war der Geselle gezwungen, in einem Zeitraum von drei Monaten ohne fremde Hilfe die ihm von Rat und Handwerk gestellte Aufgabe unter Aufsicht eines ehrbaren Windsheimer Schreinermeisters, laut Korndörfer (o.J.19) im Haus der Geschworenen, auszuführen. Aufgrund der Quellenlage ist nicht zu eruieren, ob Georg Brenck d.Ä. nach seiner Wanderschaft zu Mathes Gulden zurückkehrte, um dort seine Meisterprüfung abzulegen. Für seine beiden Söhne Georg d.J. und Johann kann jedoch angenommen werden, dass sie als Meisterkandidaten in der Werkstatt des Vaters praktizierten. 1577 mussten ausnahmslos alle Meisterkandidaten, d.h. Bürger- oder Meistersöhne waren zunächst nicht privilegiert, eine sechs Werkschuh lange Truhe auf Füßen mit Schubläden arbeiten. Deren Produktionskosten durften den Betrag von 16 Gulden nicht überschreiten. Die komplizierte Beschreibung des Stückes im Jargon theoretischer Architekturtraktate legt die Vermutung nahe, dass dem Gesellen für die praktische Ausführung ein Riss als Vorlage gedient hatte. Ob der Geselle vor dem Beginn seiner handwerklichen Tätigkeit zur Beurteilung seiner theoretischen Kenntnisse die Zeichnung des Stückes selbst anfertigte, d.h. die Erstellung einer Visierung also Teil der Prüfung war, lässt sich aus den vorliegenden Quellen nicht ersehen. In Kulmbach hatte man 1657 bei einem Streit gefordert, dass der Schreiner *einen Abriß übergeben* solle, *damit man sehe, ob er tüchtig zum Meister sey*.[25] Da in Windsheim sämtliche Angaben zu ornamentalen oder dekorativen Elementen der Truhe fehlen, wurde die Wahl und die Gestaltung der Verzierung entweder dem Stückwerker überlassen oder war allein dem zeichnerischen Entwurf zu entnehmen. Ohnehin scheint die Schwierigkeit bei der Herstellung des Meisterstücks in der korrekten Einhaltung der angegebenen Proportionen, in der „exakte[n] Arbeit mit rechtem Maß und Winkel" (Elkar 1991.31) und in einer diffizilen, funktionstüchtigen Ausgestaltung des Inneren gelegen zu haben.

Mehrmals überprüfte eine Kommission aus vier Meistern, den zwei Geschworenen und jeweils dem ältesten und dem jüngsten Meister der Stadt, nach Korndörfer (o.J.19) auch die vom Rat verordneten Pfändherren, Qualität, Ausführung und den Stand der Arbeit. Entsprach nach abgelaufener Frist die Truhe den Anforderungen des Schreinerregulativs, hatte der Prüfling bestanden und musste den vier Meistern ein Mahl oder einen Gulden zahlen. War der Windsheimer Geselle bei der Prüfung durchgefallen, sollte er ein halbes Jahr wandern und sich erst nach Ablauf dieser Frist erneut um die Meisterwürde bemühen. Benutzt man die Anforderungen des Meisterstückes, wie Hellwag (1924.215) fordert, als „Maßstab für den Stand des Gewerbes", so lässt sich für das Schreinerhandwerk der Reichsstadt bei einem Vergleich mit den in anderen Städten geforderten Probestücken kein extrem hohes Niveau erwarten.

Bis 1602, d.h. 25 Jahre, war die Truhe in Windsheim, 1659 noch in Kulmbach das obligate Meisterstück geblieben. Erst dem 1690 in Kulmbach aufgenommenen Neubürger und Schreiner Christoph Hesselbach wurde auf höchsten Befehl gestattet, ein neues Meisterstück, welches noch nicht in der Satzung verzeichnet war, anzufertigen. Zwei Jahre zuvor, am 17.12.1688, hatte bereits der Schreiner Johann Philipp Schirm bei seiner Bürgeraufnahme in der Markgrafenstadt um das gleiche Recht gebeten.[26] Mit welchen Holzarbeiten die Kulmbacher Meisterkandidaten glänzten, ist leider nicht bekannt.

Auch in Windsheim bewirkte im Sommer 1602 das Auftreten des Meistergesellen Heinrich Benzheim von Hildesheim eine Modifikation der Vorschriften. Anstelle der gebräuchlichen Truhe wollte Benzheim einen Kasten, d.h. einen freistehenden Schrank herstellen, der seiner Meinung nach *viel fuglicher* zu verwenden sei.[27] Mit diesem Kriterium hatte Benzheim sicherlich nicht nur auf die vielseitige Verwendbarkeit eines Schrankes, sondern vor allem auf seine leichte Verkäuflichkeit verwiesen. Nachdem der Rat den Vorschlag Benzheims billigte, war es von nun an jedem, auch den Söhnen Brencks, freigestellt, eine Truhe oder einen Schrank für den Betrag von 16 Gulden anzufertigen. Für welches Stück sich Georg d.J. und Johann Brenck entschieden, ob sie als Bildschnitzergesellen überhaupt ein Meisterstück des Schreinergewerbes ausführten, ist nicht bekannt.

Damit das Aussehen und das Herstellungsverfahren nach gleichen Normen und nicht willkürlich geschahen, sollte der geforderte Schrank von den Windsheimer Schreinermeistern in einer Zeichnung festgehalten werden. Knapp eine Woche nach dem ersten Erscheinen vor der Stadtverwaltung wurde den Ratsherren der Abriss eines eintürigen Schrankes mit Säulenverzierung übergeben. Da sich die Obrigkeit noch ein bis zwei Alternativentwürfe für zweitürige Schränke wünschte, scheint das erste Muster nicht ihren Vorstellungen entsprochen zu haben.[28] Die Lösung bildete schließlich die Skizze eines (ein - oder zweitürigen?) Behälters mit dorischen Säulen, dessen Vorteil sein variabler Aufbau war. Je nach Bedarf konnte der Schrank verkleinert, den entsprechenden Bedürfnissen angepasst und somit in seinen Kosten verringert werden.

Von den Gesellen erforderte das neue Meisterstück mit seinen architektonischen Gliederungselementen theoretische Kenntnisse von Säulen- und Proportionslehre sowie die Fähigkeit, diese Lehren in die Praxis umzusetzen. Einschränkend muss jedoch noch angefügt werden, dass das Schnitzen eines korinthischen oder kompositen Kapitells höhere Anforderungen an den Stückwerker gestellt hätte. Die immensen Materialkosten des Meisterstückes und die anschließenden Probleme, es für entsprechendes Geld zu verkaufen, führten am 17. Mai 1670 dazu, dass man *uff undertheniges Bitten der gesambten Meisterschafft* das Meisterstück erneut wechselte.[29] Von den Meisterkandidaten verlangte man nun, um ihnen *grose Uncosten zu ersparen*, die Herstellung eines Fensterrahmens und eines Brettspiels sowie 10 fl. Meistergeld, die zur Hälfte dem Rat zustanden. *Manier und Art* der beiden Meisterstücke zeigten zwei Muster, die dem Prüfling vor Beginn seiner Arbeit ausgehändigt wurden. Diese Verfügung hatte man als Artikel 2 in die Schreinerordnung von 1679 aufgenommen und durch einen Zusatz bereichert, der die Meistersöhne und die Gesellen, die eine Meisterwitwe oder -tochter ehelichten, von einem der beiden Stücke befreite. Fensterrahmen und Brettspiele waren im 17. Jh. beinahe Standardstücke, die einem Schreinergesellen gleichzeitig, alternativ oder zusätzlich zu einer weiteren Probe abgefordert wurden. Mit dem Fensterrahmen als variabel gestaltbares, funktionales Element aus der Bautischlerei (ebenso Türen, Fußböden etc.) konnte der Stückwerker die Passgenauigkeit seiner Arbeiten unter Beweis stellen. Das durch Scharniere verbundene und klappbare Spielbrett bot sich an, dekorative Furnier- und Intarsientechniken vorzuzeigen und die Spielfelder für Schach, Trictrac (Backgammon), Dame und Mühle zu gestalten. Auch hier war exaktes Arbeiten von Bedeutung, damit es *wie- und wohin manns leget, aller orthen winckhel rechthabe*.[30]

Beide Meisterstücke wurden über hundert Jahre in der fränkischen Reichsstadt hergestellt. Erst am 22. Mai 1782 strich man das Brettspiel infolge von Absatzschwierigkeiten aus den Ordnungen und verlangte stattdessen eine eichene Kommode nach einem vorher vorzulegenden Abriss. Dabei wurde zwischen einer *eichenen, geschweiften und etwas mit Nußbaum fourniertem Comod* unterschieden, die von den Meistersöhnen und den in eine Werkstatt eingeheirateten Gesellen angefertigt werden musste, und einer weichen furnierten Kommode mit ausgeschweiften Schubladen, deren Produktion man den Fremden überließ.[31]

Hatte das Meisterstück innerhalb des Prüfungszeitraums allen geforderten Richtlinien entsprochen, galt die Probe als bestanden. Der Geselle wurde in Anwesenheit des Handwerks vor der offenen Lade zum Meister gesprochen und in den ortsansässigen Verband aufgenommen. Obwohl man aus den in Windsheim vorhandenen Lehrlingsbüchern zahlreiche Meisterwerdungen rekonstruieren kann (z.B. bei Georg Brenck d.Ä.), lässt sich schriftlich nur zweimal die Verleihung der Meisterwürde im Schreinerhandwerk nachweisen. In das Verzeichnis aller Lehrlinge und Gesellen von 1617-1638 (StadtA Bad Windsheim B 503) notierte man lapidar: *Simon Crafft ist den 3 Augusti Ao. 1642 Meister worden.* Simon Kraft, Mündel Georg Brencks d.J., hatte zwischen 1629 und 1633 bei dem Windsheimer Schreinermeister Friedrich Theuerkauff eine vierjährige Lehre absolviert und vermutlich nach langjähriger Wanderschaft und der Herstellung eines Meisterstücks erst 9 Jahre später seinen Meistertitel erhalten. Die zweite Meisterwerdung fand im Pfändbuch unter dem Absatz *Bueß der Schreiner* Eingang. 1621 musste Christoff Hofmann aus Chemnitz 4 fl. für sein Meisterrecht bezahlen.[32] Er erhielt bereits drei Jahre nach Abschluss seiner Bildschnitzerlehre bei Brenck diesen Status.

Das Amt der Geschworenen Meister

Die Windsheimer Satzungen informieren nur spärlich über die unterschiedlichen Handwerksämter innerhalb der Schreinerkorporation. Neben dem Zuschick- oder Umschickmeister bzw. -gesellen und den Pfändherren als obrigkeitliche Instanz lässt sich lediglich die Position der Geschworenen Meister belegen. Aufgrund der ihnen zugewiesenen Kontroll- und Ordnungsbefugnis stellten sie in

Windsheim als Vorsteher, entsprechend den Älterleuten in anderen Städten, den höchsten Rang innerhalb des Handwerks dar. Die Wahl der Geschworenen, man benötigte jeweils einen älteren und einen jüngeren, erfolgte aus den Reihen der Schreiner einmal jährlich scheinbar durch die Pfändherren.[33] Der Versammlungstermin und die damit einhergehende Ämterverleihung muss um Martini, also Mitte November, stattgefunden haben.

Während Haubold (1968/69.28-29) für Kulmbach im Regelfall zwei Zunft- oder Obermeister und vier Geschworene oder Schaumeister ermitteln konnte, blieb die Zahl der zwei Geschworenen in Windsheim konstant. Man pflegte in der Reichsstadt einen zweijährigen Amtswechsel, d.h. der zuerst gewählte Schreiner versah zunächst die Aufgaben des jüngeren Meisters und besetzte im Folgejahr die Stelle des Älteren Geschworenen. Bei Neuwahlen schied der Amtsältere aus seiner Position aus. So wurde 1598 Georg Brenck d.Ä. bei der Ledigzählung eines Jungen von Peter Bortt erstmals als Junger Geschworener betitelt.[34] Im Jahr darauf nahm er als Alter Geschworener Meister zusammen mit Friedrich Theuerkauff an der Aufnahme Hans Leibleins bei Christoph Weisacker teil. Der gleiche Rhythmus wiederholt sich für den Schreiner und Bildschnitzer 1606 und 1607, 1615 und 1616, 1622 und 1623, 1628 und 1629. Zwischen 1632 und 1634 hatte Brenck permanent ohne längere Amtspause alternierend das Jüngere oder Ältere Geschworenenamt besetzt.[35]

Das Aufgabengebiet der Geschworenen erschließt sich in seiner ganzen Bandbreite aus den in Windsheim vorhandenen Quellen: Sie repräsentierten das gesamte Handwerk und fungierten als Interessenvertreter vor der städtischen Obrigkeit und anderen Handwerken; laut Artikel 22 der Satzung von 1557 oblag den Geschworenen die Aufsicht über die Einhaltung der bestehenden Ordnungen und die Anzeige bestimmter Vergehen; nach eigenem Ermessen konnten sie Versammlungen einberufen. Wichtige Entscheidungen trafen sie dennoch nicht alleine, sondern vermutlich durch einen Mehrheitsbeschluss der Meisterschaft und mit Genehmigung der Pfändherren. Sie waren bei der Annahme und Freisprechung eines Lehrjungen zugegen und prüften die Voraussetzungen des zukünftigen Verbandsmitgliedes. Laut Ordnung hatten sie die Lehrlingsbücher zu führen und genauestens zu verzeichnen, *wan und zu welcher Zeit ainer* [Lehrjunge, Anm. d. A.] *ansteett, auch wan er ausgelernt hatt, und wer sein Lermaister gewesen ist*.[36] Als Kontrollorgan wohnten sie den Gesellenversammlungen bei (SGO 1598), begutachteten zusammen mit zwei weiteren Meistern in einer mehrmaligen Beschau das Meisterstück (SO 1557, Nachsatz 1577). Ihr Urteil bildete die Basis für das Leistungsniveau des Handwerks. In der Verwahrung der Geschworenen befand sich neben den wichtigsten Papieren das Zunftheiligtum, die gemeine Handwerkslade mit allen rituell bedeutsamen Gegenständen u.a. dem Willkommbecher und dem bei Versammlungen eingelegten Vermögen der Korporation. Im Gegensatz zur Truhe der Gesellen, die beim Herbergsvater untergebracht war, sollte der *Eltter den Schlüssel und der Junger die Laden* verwahren (SO A).

Der Bildschnitzer und Bildhauer zwischen Zunftzwang und freier Kunstausübung
Die Zunftzugehörigkeit des Bildschnitzers oder Bildhauers

Das Fehlen einer Bildhauer-Werkstatt-Tradition nach dem Zerfall des spätrömischen Reiches und die Tatsache, dass meist nur wenige bildnerische Kräfte an einem Ort ansässig waren, entbanden den Bildschnitzer oder Bildhauer nicht immer von einem Anschluss an ein örtliches Gewerbe. Seine ambivalente Rolle zwischen Handwerk und Kunst gestaltete zwar eine eindeutige Zuweisung an eine Profession schwierig, das mangelnde Bewusstsein um die „besonders geartete Geistigkeit der Künstlerpersönlichkeit" (Huth 1923.5) machte eine Integration jedoch meist notwendig. So konnte ein Bildschnitzer beispielsweise dem Verband der Maler, Drechsler, Schreiner oder Steinmetze angegliedert sein.

Nicht selten gab es aufgrund unklarer Berufsprofile Abgrenzungsprobleme. So wurde Georg Brenck d.Ä. 1609 von den Windsheimer Steinmetzen beschuldigt, über sein Handwerk hinaus *wider die Ordnung gevierte Arbeit und nach dem Richtschaid, uff Leich und andere Stein zu machen, auch schlechte* [schlichte Anm.d.A.] *Stein zu hawen und Gesellen darauf zu fördern welches wider ihre außtrückliche Ordnung sonderlich sei.*[37] Der Rat gestand den Steinmetzen ausschließlich nicht-figurale Steinarbeiten zu. Alles *waßen aber von Bildnißen und Laubwerck er Beclagter* [Georg Brenck d.Ä., Anm.d.A.] *machen kan, daß soll ihme nicht gewehrt werden.*

Parallel zu allen Zunftanschlüssen konnten das Bildschnitzen und Bildhauen in Holz und Stein auch als „freie Kunst" oder „freies Handwerk" ausgeübt werden. Unter einem freien Handwerk verstand man sozial heterogene Professionen, für die bestenfalls kleinere Artikel aber keine speziellen Ordnungen existierten. Jeder durfte ohne zünftische Beschränkung durch Gesetze „nach Können und Wollen nicht nach Regeln und Vorschriften" (Wenert 1959.48) ungehindert seinem Handwerk nachgehen.

Die Anbindung der Bildschnitzerfamilie Brenck an das örtliche Schreinerhandwerk

Bei dem Bildschnitzer Georg Brenck d.Ä. erfolgte die Anbindung an das lokale Schreinerhandwerk zwangsläufig aufgrund seines beruflichen Werdeganges.[38] Nach seiner Rückkehr von der Wanderschaft erhielt Georg Brenck d.Ä. am 10.6.1590 als *ein Schreiner* - er bestätigt damit seine Zugehörigkeit zur Windsheimer Korporation - den Bürgerstatus der Reichsstadt. Zwei Jahre später nahm er seinen ersten Lehrjungen an. Von nun an gehörte er bis einschließlich 1621, der Freisprechung seines letzten Lehrlings, und bis 1627, seiner letzten nachweisbaren Schreinergesellenaufnahme, zu den ausbildenden Meistern des Verbandes. *Bildschnitzer* wird Georg Brenck d.Ä. nachweisbar erstmals 1594/95 im Zusammenhang mit den Ausbesserungsarbeiten am Ickelheimer Kreuzhäuslein genannt.

Gleichzeitig titulierte man Brenck weiterhin z.B. bei Abfassung der Gesellen-ordnung 1598 (SGO 1598) als Meister des Schreinerhandwerks, bei der Frei-sprechung des Jungen Conrad Glatz im gleichen Jahr als Geschworenen Meister der Korporation. Auch in den Windsheimer Kirchenrechnungen erhielt er um 1600 als Schreiner seine Bezahlungen für die Arbeiten in der Kilianskirche. Erst 1603/04 entlohnte die Kirchenstiftung Rothenburg o.T. Brenck, den *Bildtschnit-zer zu Windsheim*, für die Herstellung eines neuen Predigtstuhles. Ein Jahr später 1605 bat er selbst den Windsheimer Rat um die Ausstellung einer Urkunde, die ihm unter anderem die Ausübung seines *Schreiner und Bildschnitzer Hand-wercks* bestätigte. Obwohl man in den späteren Jahren seines Lebens meist aus-schließlich die Bezeichnung Bildschnitzer verwandte, erfüllte er bis einschließ-lich 1634 als aktives Mitglied des Schreinerverbandes das Geschworenenamt. Der Inschrift seines ursprünglich an der Kilianskirche befindlichen Epitaphs zu-folge hatte man ihn 1635 als ehrbaren und kunstverständigen *Bildhauer alhir* zu Grabe getragen.

Etwas anders gestaltete sich die Situation bei seinen beiden Söhnen, die bedingt den Fußspuren ihres Vaters gefolgt waren. Georg d.J. und Johann Brenck waren zwar beide von ihrem Vater *auf das Hanttwerck* aufgenommen worden, hatten aber zusätzlich die freie Kunst des Bildschnitzens erlernt. Ihrer Ausbildung ent-sprechend nahm die Stadt Windsheim Georg d.J. und seinen Bruder in ihrer Funktion als Bildschnitzer und Bildschnitzersöhne zu reichsstädtischen Bürgern an. Weder Georg noch Johann belegten einen Amtsposten der Korporation. Auch in den geläufigen Büchern des Handwerks waren sie bei der Ausbildung von Schreinerjungen oder -gesellen nicht nachzuweisen. So dürfte gleichzeitig mit dem Erhalt ihres Bürgerstatus die seit dem Lehrantritt Georg Brencks d.Ä. enge, stringente Zugehörigkeit zum Schreinerverband gelöst worden sein. Die Aus-stellung einer Urkunde für Georg d.J., die er 1627 zusammen mit dem Maler Da-niel Schultz vom Rat erbeten hatte, war nicht mehr Bestätigung handwerklichen Könnens, sondern *Urkunth und Zeugnus* [...] *ihrer Cunst halben* gewesen.

Die Beziehungen Johann Brencks, seines Sohnes Hans Georg Brenck sowie des ehemaligen Gesellen Hans Georg Schlehendorn zum Kulmbacher Schreiner-handwerk lassen sich, da alle interessanten Handwerksakten des 17. Jahrhunderts verloren sind, nur mit Hilfe vor dem Stadtmagistrat ausgetragener Streitfälle er-fassen. Den Beginn eines mehrmals auftretenden Interessenkonfliktes markierte in Kulmbach der 13. Oktober 1653. Brenck und Schlehendorn hatten einen *fürst-lich Befehlig* und die Bitte *Schreinergesellen befördern* zu dürfen beim Kulmba-cher Stadtmagistrat eingereicht. Vor dem Rat wurden die Schreiner schließlich angehalten *dem Hanß Geörgen* [Schlehendorn, Anm. d. A.]*, alß einem Schrei-ner, ein oder 2 Gesellen, zu ihrer geistlichen Arbeit* zu gestatten.[39] Der Sachver-halt musste erneut vor dem Rat verhandelt werden, als das Schreinerhandwerk 1656 *den Bildhauer Hans Geörg Schleedorn, dann fürs andere Johann Brencken den Bildschnizern* wegen ihrer Schreinergesellen anklagte. Noch einmal, 1663, forderte das Schreinerhandwerk, dass sich die Bildhauer *hinfüro des Schreiner*

Gesellen haltens enthalten. Besondere Vorwürfe machte man Schlehendorn, der zu diesem Zeitpunkt drei Gesellen in seinem Betrieb beschäftigte. Zu jedem dieser Gesellen nahm der Bildhauer nach Aufforderung Stellung. Er wäre bereit, einen Gesellen abzuschaffen, *der andere wollte gar ein Bildhauer werd, und einer sey ihme von Gndgster. Herrschafft vergönstiget.* Alle drei Beispiele lassen folgende Konklusion zu: Das rivalisierende Gegenübertreten einmal der zünftisch organisierten Schreiner, zum anderen der beiden Bildhauer zeigt deutlich, dass zunächst weder Brenck noch Schlehendorn rechtmäßig Schreinergesellen als Arbeitskräfte in ihren Werkstätten zustanden. Obwohl sie beide den Beruf erlernt hatten, waren sie den Auslegungen der Quellen zufolge keine Mitglieder der in Kulmbach existenten Schreinerzunft.

Fazit ist, dass beide Bildhauer dem Schreinerhandwerk aufgrund ihrer Ausbildung nahe standen, als freie Bildhauer aber keiner Organisation angegliedert waren. Zum gleichen Ergebnis führt die Auswertung einer Ratsprotokollnotiz von 1663. Die Schreinergesellen des Bildhauerbetriebes hatten sich scheinbar mehrmals nicht *Zunfft und Handwerks gemäß* verhalten, hofften aber aufgrund ihres Sonderstatus, *wenn sie straffbar worden* von den sonst im Handwerksverband üblichen Folgen ihres Vergehens befreit zu sein.[40]

Für Schlehendorn als auch für Johann Brenck lassen sich nur wenige Gesellen namentlich belegen. Bei den Kronacher Retabelarbeiten wurden Johann Brenck und Schlehendorn von dem späteren Kronacher Bildhauer Hans Pfautsch unterstützt. In Bayreuth stand Brenck Hans Heubner zur Seite. Georg Eichner, der als Schreinergeselle aus Pressburg bei Schlehendorn beschäftigt worden war, fand im November 1667 im Zusammenhang mit den Neubürgeraufnahmen in das Protokoll Eingang. Der Schreiner- und Bildhauergeselle Niclas Gruser (?) war durch das Einreichen einer schriftlichen Verantwortung auf die Beschwerdepunkte seines Lehrherren Johann Brenck am 17. August 1668 aktenkundig geworden.

Die freie Stellung des Hofkünstlers - Johann Brenck am markgräflichen Hof zu Bayreuth

Mehr noch als der Status eines „freien Künstlers" entband der Titel eines Hofbildhauers von den Vorschriften enger zünftischer Ordnungen. Generell garantierte eine Position bei Hofe wirtschaftliche, soziale und rechtliche Vorzüge.[41] Seit dem Vertragsabschluss über die Altararbeiten der Bayreuther Schlosskapelle vom 20.10.1669 wurde Johann Brenck immer wieder so bezeichnet.[42] 1674 trug man ihn in der Residenzstadt als Hofbildhauer zu Grabe. Da sich für Brenck weder eine offizielle Verleihung des Hofbildhauer-Prädikats, noch ein Anstellungsdekret, ein schriftliches Privileg oder eine verpflichtende Eidleistung nachweisen lassen, bleibt ebenso im Dunkeln, welche Vorzüge sich im Einzelnen mit seiner Position am Hof verbanden. Besaß er tatsächlich einen Hofbildhauertitel oder waren seine Vorteile ausschließlich an den Auftrag für die Bayreuther Schlosskapelle geknüpft? Es bleibt letztendlich versagt, Johann Brencks Ernennung zum Hofbildhauer nachzuvollziehen.[43] Da Brenck scheinbar noch vor der endgültigen Erfüllung seines Auftrages im Arbeitsverhältnis verstarb, kann über eine anhaltende höfische Bindung des Bildhauers nach Abschluss der Schlosskapellenarbeiten nur spekuliert werden. Er selbst hat keine der Korrespondenzen über die Innenausstattung der Kapelle an die fürstlichen Kammerräte mit der Beifügung Hofbildhauer unterschrieben. Allerdings lässt sich anhand einiger Quelleneinträge belegen, dass Brenck bei Verdingung des Goldkronacher Retabels an seinen Gesellen Hans Heubner und bei dem Vertragsschluss über das Geseeser Hochretabel gerade außerhalb seines höfischen Rahmens den Titel „Hofbildhauer" führte.[44] Womit Schlehendorn seinen Hofbildhauerstatus begründete - zwei Briefe an die Kirchenstiftung zu Wattendorf vom 5. Dezember 1666 sowie vom 10.1.1667 wurden eigenhändig mit *Johann Georg Schleendorn Hoffbildthauer* unterschrieben[45] - ist gänzlich unbekannt.

Zusammenfassung

Georg Brenck d.Ä. war in erster Linie Schreiner, was sich auch durch zahlreiche ausgeführte Schreinerarbeiten belegen lässt. So ist die Integration in den ortsansässigen Verband des Handwerks ganz selbstverständlich. Wohl auf der Wanderschaft mit der Bildhauerei bzw. Bildschnitzerei in Berührung gekommen, hatte er dieses Metier trotz seiner Angehörigkeit zum Schreinerhandwerk parallel als „freie Kunst" ausgeübt. Auch in seiner Werkstatt wurden das Bildschnitzen und Bildhauen an Holz und Stein ausschließlich als zusätzliche Qualifikation zu dem Handwerk des Schreiners ausgeübt. Seine beiden Söhne und die Mehrheit der Lehrjungen unterrichtete er von Anfang an in beiden Disziplinen. Allein Christoff Hofmann wurde 1615 nur um *die freyen Kunst des Bilttschn*[itzen] [...] *das selbig zu lernen* aufgenommen.[46] Allerdings hatte er bereits drei Jahre als Schreinergeselle bei Brenck in der Werkstatt gearbeitet.

Bei Georg Brenck d.Ä. blieb die Bindung an die Handwerkskorporation Zeit seines Lebens bestehen. Da Bildschnitzen und -hauen in Windsheim als freie Kunst betrachtet wurden, lag hier kein Fall von der an manchen Orten verbotenen, seit dem 13. Jh. belegbaren Doppelzünftigkeit vor. Brencks Söhne, die bereits während der Lehrphase mit beiden Berufen konfrontiert worden waren, arbeiteten aufgrund ihres Repertoires in erster Linie als Bildschnitzer/ Bildhauer. Da für beide weder die Berufsbezeichnung Schreiner noch die Besetzung eines Geschworenen Amtes oder eine Lehrtätigkeit im Schreinerverzeichnis nachzuweisen waren, dürften sie ohne Zunftanschluss tätig gewesen sein. Als Johann Brenck nach dem Tod seines Bruders schließlich lange Zeit in Kulmbach sesshaft wurde, blieb er ebenso wie sein ehemaliger Geselle Schlehendorn und auch sein Sohn Hans Georg weiterhin als freier Bildhauer tätig. Dennoch hatte sich in der Markgrafenstadt ein sehr ambivalentes Verhältnis zum örtlichen Schreinerhandwerk entwickelt. Zum einen genoss man fürstliche Privilegien und einen freien Berufsstatus, der von den engen Zunftregelungen entband. Zum anderen war man, gerade was die Beschäftigung von Schreinergesellen betraf, dem Handwerk Rechenschaft schuldig und verpflichtet. Gänzliche Freiheit von allen zünftischen Beschränkungen wurde vermutlich nur Johann Brenck zuteil, der im Zusammenhang mit den Arbeiten an der Bayreuther Schlosskapelle und den Übertritt an den markgräflichen Hof 1669 seinen in Kulmbach tätigen Sohn Hans Georg, sein bisher bestehendes soziales Gefüge und sein städtisch-bürgerliches Arbeitsumfeld verließ. Wieweit er jedoch in der Lage war, an der markgräflichen Residenz tatsächlich einen Status als Hofbildhauer zu leben, lässt sich aufgrund fehlender Quellen leider nicht mehr rekonstruieren. Es scheint, dass es Johann Brenck durch das nur wenige Jahre vor seinem Tode erfolgte Engagement bei Hof gelungen ist, seine im „zünftisch" Handwerk wurzelnde Kunst über die freie Hantierung des Bildhauens aus der handwerklich-städtischen Sphäre in höfisches Ambiente hinauszuführen.

Damit verläuft der über vier Generationen beobachtete Lebens- und Arbeitsweg der Familie Brenck parallel zu einem zeittypischen Abspaltungsprozess des Künstlers vom städtischen Handwerk. Die Zentralisierung von Handwerk und Kunst an absolutistischen Höfen führte im 18. Jahrhundert schließlich zur Ausbildung des saturnischen, souveränen Künstlers.[47]

Anmerkungen

1 Zunftzwang = die Verpflichtung einer Korporation beizutreten.

2 Informationen zu Zunft und Handwerk geben folgende Autoren: Friese (1708); Isenberg (o.J.); Mummenhoff (1901/1924); Huth (1923); Hellwag (1924); Fehring (1929); Krebs (1933); Gröber (1936); Potthoff (1938); Maurer (1940); Müller (1948); Zorn (1965); Hasse (1972); Hasse (1976); John (1987); Wissel (1971ff.); Hof (1982); Ausst.-Kat. Reichsstädte in Franken (1987); Elkar (1987/1991); Schremmer (1997); Brand (HRG 1998).

3 Basis der gesamten Untersuchung bildeten die Windsheimer Akten aus dem StadtA Bad Windsheim: B 492 *Akten das Schreinerhandwerk betreffend* mit den Schreinerordnungen SO 1539, den undat. Ordnungen SO A (23 Art.) u. SO B (24 Art.) aus den 40er bzw. 60er Jahren des 16. Jhs.; B 501 *Sammlung der von 1594-1768 erlassenen Handwerksordnungen seit 1680 aufgezeichnet* mit den Ordnungen SO 1679 und der undat. Schreinergesellenordnung (SGO B 501), wohl aus dem 18. Jh.; B 503 Verzeichnis aller Lehrlinge u. Gesellen v. 1617-1638 u. A 6a Melchior Adam Pastorius: Forma Civitatis v. 1675 m. der Ordnung SO 1593 auf fol. 96r, v; dann im Reichsstadtmuseum im Ochsenhof (MIO) die Schreinerhandwerksordnung SO 1557 und das Verzeichnis o. Register des Schreinerhandwerks ab 1565 sowie die undat. Schreinergesellenordnung SGO MIO, wohl 18. Jh. In Kulmbach haben sich keine Quellen zum Schreinerhandwerk aus dem 17. Jh. erhalten.

4 In den Stadtrechnungen werden Metzger, Bäcker, Loder, Gerber und Schuster zur Bevölkerung gezählt. Vgl. Geuder (1925.42-44); Korndörfer (1960.12-13); Estermann (1989.34.46.62.136).

5 Alle wichtigen Versammlungen der „zünftischen" Gemeinschaft mussten in Anwesenheit eines Pfändherren stattfinden. Aktiv war er als Vorsitzender an den Zusammenkünften beteiligt. Zu seinen Pflichten gehörte neben der Qualitätskontrolle der Ware auch die Überwachung der Eichung von unterschiedlichen Maßeinheiten. In der Anwesenheit eines oder beider Pfändherren wurden die Lehrjungen vorgestellt, aufgenommen und ledig gesprochen. Ohne Zusage der Pfändner war es einem Gesellen nicht möglich, sich um das Meisterrecht zu bewerben. Ihre Beschau kontrollierte die Ausführung des Meisterstücks. Schließlich wählten die Pfändherren, also Mitglieder des Rates, jährlich zwei Geschworene, die als (vereidigte) Schaumeister dem Handwerk vorstanden.

6 Zum Kulmbacher Handwerk vgl. Heckel (1839.57); Bischoff (1958.129-130.132); Lederer (1967.17.Anm.17.37-41); Haubold (1968/69.18.20-24.84.114); Herrmann (1985.95ff.226-239).

7 Metzger, Bäcker, Lederer, Krämer, Pfragner, Tuchmacher, Schlosser, Schmiede, Sattler, Schwertfeger, Büttner, Kürschner etc.

8 StadtA Kulmbach Nr. 29 Rtsprk. 1659-1660, pag. 3-5, Eintrag v. 10.1.1659.

9 Nachfolgende Erkentnisse beruhen v.a. auf der Auswertung des *Verzaichnus oder Register des Schreinerhandwerkhs, der Statt Windßhaim über ihre Leerjungen* von 1565 (MIO Bad Windsheim) u. dem Verzeichnis aller Lehrlinge und Gesellen von 1617-1638 (StadtA Bad Windsheim B 503).

10 StadtA Bad Windsheim B 492. No. 22: *Underthenige Beschwerung und Bitt. Aller und ieder hiesigen Meister Schreinerhandtwercks, wider die Zimmerleüth* vom 4. Februar 1620.

11 StadtA Kulmbach H 1, Ordnung d. Schreiner in Kulmbach 1716, Art. 13. nach Haubold (1968/69.81). Es ist die älteste erhaltene Schreinerordnung in Kulmbach.

12 StadtA Kulmbach Nr. 27 Rtsprk. 1653-1655, pag. 83-94, Eintrag v. 10.11.1653.

13 Zu nachfolgenden Angaben vgl. Lederer (1967.257.259. 268.269.272.277.281.282.287) und die Notizen in den Kulmbacher Ratsprotokollen Nr. 29-31, Nr.35-36, Nr.39, Nr.42, Nr.44, Nr.47.

14 StadtA Bad Windsheim SO B, Art. 7.

15 Ebd. SO B, Art. 24.

16 StadtA Kulmbach Nr. 33 Rtsprk. 1667-1668, pag. 340, 341, Eintrag v. 10.12.1668.

17 StadtA Coburg A 2793 Schreinerordnung 1646, Art. 2; vgl. auch Neukum (1988.40. Anm.80).

18 StadtA Bad Windsheim B 54 Rtsprk. 1593-1596, fol. 60v, 61r, 62r, 63r, 63v, Eintrag v. 1.2.1594.

19 Das Namenverschenken oder -verkaufen war nach Potthoff (1938.194) gerade ein von den Tischlern/ Schreinern gepflegter Brauch, der sich bis in das 14. Jh. zurückführen lässt. Vgl. auch Wissel (1981.283-290).

20 Einzige Ausnahme in der Angabe der Wanderdauer bildet die zweite undat. SO B, die von einem Gesellen eine *zwey oder drey* -jährige Wanderung erforderte (Art.1).

21 StadtA Bad Windsheim B 503 Verzeichnis aller Lehrlinge und Gesellen 1617-1638; B 74 Rtsprk. 1616-1617, fol. 78r, Eintrag v. 3.4.1616.

22 Die älteste Windsheimer Schreinerordnung aus dem Jahre 1539 erlaubte zunächst jedem Meister die Haltung von maximal zwei Lehrjungen und zwei Gesellen. Obwohl eine nachträgliche Änderung für die Folgezeit nur jeweils einen Gesellen und einen Jungen pro Werkstatt vorsah, scheint diese Regelung unter bestimmten Umständen außer Kraft gesetzt worden zu sein. StadtA Bad Windsheim SO 1593 und SO 1679, jeweils Art. 3; MIO Bad Windsheim SO 1557, Art. 3.

23 Ab 1563 hatte man vorgesehen, das Örtenamt zwischen den Werkstätten alle Vierteljahr wechseln zu lassen vgl. SO 1557, Nachsatz v. 8.12.1563, fol. 7r. In der undat. SO A sollten jeweils von Quatember bis Quatember ein Meister und ein Geselle das Amt innehaben. In der Satzung SO B hat man jedoch die Quatemberfrist durch einen monatlichen Wechsel ersetzt (Art. 23).

24 In den zwei undatierten Schreinerordnungen (SO A u. B) der Reichsstadt verlangte man für die Meisterschaft eine zweijährige, in der Satzung von 1679 (SO 1679) eine dreijährige Berufsausbildung.

25 Vgl. StadtA Kulmbach Nr. 28 Rtsprk. 1656-1658, pag.140-142, Eintrag v. 11.6.1657; Nr. 29 Rtsprk. 1659-1660, pag. 89, Eintrag v. 10.3.1659.

26 Ebd. Nr. 44 Rtsprk. 1687-1688, pag. 271, 272, Eintrag unter dem 17.12.1688; Nr. 45 Rtsprk. 1689-1691, pag. 63 Eintrag v. 11.6.1690.

27 StadtA Bad Windsheim B 60 Rtsprk. 1601-1602, fol. 237r, Eintrag v. 28.6.1602.

28 Ebd. B 60 Rtsprk. 1601-1602, fol. 245v, fol. 249v u. 256r, Einträge v. 21.6., 7. u. 12.7.1602.

29 Folgende Zitate, falls nicht anders angegeben, aus der SO 1557, Nachtrag vom 17. März 1670, fol. 10r.

30 Ausst.-Kat. Bemalte Möbel (1980.108).

31 SO 1679 mit einem eingelegten Auszug vom 22. und 29. Mai 1782 aus den Windsheimer Ratsprotokollen, fol. 13b, 16a.

32 StadtA Bad Windsheim D 127 Pfändrechnungsbuch 1619-22, fol. 16r *Bueß der Schreiner* 1621.

33 Die ersten Geschworenen wurden 1526 in den Windsheimer Pfändstuben gewählt vgl. Pastorius (1692.94).

34 Für alle folgenden quellenkundlichen Angaben vgl. erneut MIO Bad Windsheim die Eintragungen der Lehrlingsannahmen und Freisprechungen in dem Verzeichnis oder Register des Schreinerhandwerks 1565 ff und dem Verzeichnis der Lehrlinge und Gesellen 1617-1638 im StadtA Bad Windsheim B 503.

35 Problematisch bleibt die Tatsache, dass in den wenigsten Fällen Georg Brenck mit dem Attribut d.Ä. oder d.J. gekennzeichnet wurde, so dass der ältere Sohn des Meisters nicht explizit in den Handwerksakten nachweisbar ist.

36 StadtA Bad Windsheim B 492 SO A und B, o. Nr. und Art. 24.

37 Ebd. B 67 Rtsprk. 1609, fol. 240r, 240v, Eintrag v. 10.11.1609.

38 Die Quellenangaben sind bereits in der Lebensgeschichte zitiert.

39 Vgl. StadtA Kulmbach Nr. 27 Rtsprk. 1653-1655, pag. 60 u. 83- 84, Einträge v. 10.10. und 10.11.1653; Nr. 28 Rtsprk. 1656-1658, pag. 124, 131, Einträge v. 9.6. u. 12.6.1656; Nr. 31 Rtsprk. 1663-1664, pag. 110, 111, Eintrag v. 9.4.1663.

40 StadtA Kulmbach Nr. 31 Rtsprk. 1663-1664, pag.110-111, Eintrag v. 9.4.1663; Nr. 33 Rtsprk. 1667-1668, o.p., pag. 213, 214, Einträge v. 18.11.1667 u.17.8.1668; StadtA Kronach B 10 Rtsprk. 1670-1674, fol. 449r, Eintrag v. 17.2.1673.

41 Zu den Vorteilen zählte unter anderem eine erweiterte Vorstellung des eigenen Aufgabengebietes, da „Gewerbeübergriffe" im eigentlichen Sinne nicht mehr existierten. Außerdem erwies

sich der Hofkünstler zünftischen Regelungen gegenüber als immun. Beschränkende Verordnungen bezüglich der Lehrlings- und Gesellenanstellung traten außer Kraft, so dass bei einem vergrößerten Mitarbeiterstab von einer Steigerung der Werkstattproduktivität auch bei außerhöfischen Arbeiten auszugehen war. Der Künstler wurde in der Regel nicht nur von bürgerlichen Pflichten befreit, sondern auch von Steuern und Abgabenleistungen. Einer der häufig genannten Vorzüge des Hofstatus, finanzielle Sicherheit aufgrund einer festen Besoldung, war dagegen laut Warnke (1996.159) nur bedingt gewährleistet. Zu Hofkünstlern/ Hofhandwerkern/ Hofbefreiten vgl. Hellwag (1924.364-366); Müller (1948.Sp.586-586); Fleischhauer (1951.149); Sangl (1988.12-13); Elkar (1991.35-38).

42 StadtA Bayreuth Hist.Ver. 2639 *Innenausstattung der Schloßkirche (1669-75)*, Altarkontrakt v. 20.10.1669; Sitzmann (1938.29.42.44); Nebinger (1977.471).

43 Eine Statusanalyse hinsichtlich Besoldung, Titulierung etc. bei Christine Schweikert: „Gott zu Ehren und der Kirchen zur Zierde...". Studien zu Leben und Werk der fränkischen Schreiner- und Bildschnitzerfamilie Brenck im 17. Jh. Phil. Diss., Erlangen (in Druck).

44 PfA Goldkronach Nr. 250 Kirchenbau 1647, 1737/38, Kontrakt mit dem Bildhauer Heubner N. 55/A. 1671 v. 25. Sept. 1670, pag.18-20; LKAN PfA Gesees Nr. 283 Kirchenbauten 1671-1840, Gedingzettel Altar v. 26.2.1671

45 StA Bamberg B 49/Nr. 216 Wattendorf.

46 MIO Bad Windsheim Verzeichnis der Schreiner, Lehrlingsaufnahme C. Hofmann bei Georg Brenck, Eintrag v. 10.9.1615.

47 Conti (1998.104); Kaiser in Reith (1990.220).

Vom Auftrag bis zu seiner Erfüllung - Die einzelnen Phasen einer Geschäftsabwicklung

Die Wahl des Künstlers

Vor einer Auftragserteilung erfolgte die Wahl des Ausführenden unter verschiedenen Voraussetzungen.[1] Zum einen war es dem Künstler möglich, mit der Idee eines Werkes an den potentiellen Kunden heranzutreten, d.h. sich um eine Arbeit zu bewerben. Auf diese Weise hatte sich der Bildschnitzer Georg Brenck d.Ä. mehrmals dem Windsheimer Rat genähert. Unter anderem erbot er sich 1598, *weil ein Erb[ahrer] R[at] die Kirchen renoviern zu laßen vorhabens, das er einen schönen Predigstul darein machen und ein billichs, bei 60 fl. dafür nemen wollte.* Auch Johann Brenck sprach 1665 für die Arbeit des zu Marienweiher geplanten Altarbaues in Bamberg vor. Er vergaß dabei nicht, gleichzeitig auf seine bereits erbrachten Leistungen für das Hochstift zu verweisen. Je nach Bedürfnis und finanzieller Lage erteilte der Kunde einen Auftrag oder lehnte ihn ab. Auch durch fremde Empfehlung konnte eine Arbeit vergeben werden. 1644 hatte beispielsweise der Coburger Maler Hans Schnabel für die Umarbeitung der Kanzel zu St. Petri in Kulmbach *die Bildthauer von da hirher gewiesen.* Auf Grund ihrer zufriedenstellenden Leistungen wurden Johann Brenck und Hans Georg Schlehendorn vom Kulmbacher Gotteshaus mit zahlreichen weiteren bildhauerischen Arbeiten betraut. In manchen Fällen stand für den Auftraggeber der Hersteller eines Werkes von vornherein fest. Die Vorbildwirkung des Ochsenfurter Hochaltars dürfte für die Verleihung des Frickenhausener Retabels an Georg Brenck d.Ä. ausschlaggebend gewesen sein.[2]

Georg Brenck d.Ä., Frickenhausen, Kath. Pfarrkirche St. Gallus, Hochaltar, 1617.

Verhandlungen und Vertragsschluss

Hatte sich die Auftraggeberschaft für einen Künstler oder Handwerker entschieden, folgte vor dem endgültigen Vertragsschluss meist ein Besichtigungstermin. Vor Ort konnte sich der Ausführende mit der lokalen Situation vertraut machen. Für die Erneuerungsarbeiten am Neudrossenfelder Altar 1687/88 nahm Hans Georg Brenck zusammen mit zwei Malern *den Altar in Augenschein*. Bei diesen Terminen wurden bereits erste Vermessungen - sie dienten den zeichnerischen Entwürfen als Grundlage - und grobe Schätzungen zum Materialverbrauch gemacht. Der nächste Schritt erfolgte nun vom Unternehmer. Falls der Entwurf nicht ganz einer anderen Partei überlassen worden war, der Bildhauer also ausschließlich zum plastischen Gestalter degradiert wurde, überreichte er Zeichnung und Kostenvoranschlag. Fünf Tage nach einem Ortstermin in Bayreuth hatten Brenck und Schlehendorn 1653 den geforderten Abriss und einen bis heute erhaltenen Kostenplan für das Orgelwerk der Stadtpfarrkirche eingereicht. Sie bildeten die Basis für alle nachfolgenden Verhandlungen, die letztendlich zum Vertragsschluss führen sollten.

Die Zahlungsforderungen des Künstlers sowie das Feilschen des Auftraggebers um einen günstigen Preis dürften nicht selten Inhalt der Gespräche gewesen sein. Inwieweit der Produzent dabei einen für ihn akzeptablen finanziellen Handlungsspielraum einkalkulierte, geht aus den vorliegenden Quellen nicht hervor.

Johann Brenck, Gesees, Evang.-Luth. Pfarrkirche St. Marien, Hochaltar, 1671-1673.

Johann Brenck hatte für das Geseeser Retabel anfangs 100 Rthlr. und später 100 fl. gefordert. Einigung erzielten das Gotteshaus und der Bildhauer 1671 schließlich bei einer Summe von 85 fl. inklusive Leihkauf ohne zusätzliche Entlohnung für Schreiner- oder Tafelarbeit.

Durch das Gelöbnis Johann Brencks *mit Mund undt Handt, sambt seiner Unterschrifft* wurde der Geseeser Vertrag rechtskräftig. Unter den Neudrossenfelder Gedingzettel für die Kanzelarbeiten setzten Pfarrer, Gotteshauspfleger und Bildhauer ihre Unterschriften. Mit einem geselligen Trunk, dem sogenannten Wein- oder Leihkauf, besiegelten beide Partner einen erfolgreichen Vertragsabschluss.[3]

Die Bildhauerei des 17. Jahrhunderts war, gerade bei den überwiegend sakral motivierten Aufgaben, kein Metier, in dem man für einen großen Kundenkreis auf dem freien Markt Werke auf Vorrat produzierte. Nur „in einem ganz unerheblichen Ausmaß" boten Künstler „einer zufälligen Kundschaft ihre Werke an, die sie nach eigenem Geschmack oder Präferenzen des Marktes" ausführten (Conti 1998.22). Nach heutiger Erkenntnis ging der Herstellung eines Altares, einer Kanzel oder eines Epitaphs generell eine spezifische, meist schriftliche Auftragserteilung voraus, in der sich Auftraggeber und Besteller in den wesentlichen Punkten einig geworden waren. Leider sind für die Arbeiten Georg Brencks d.Ä. und seiner Werkstatt keine Verträge, sog. „Gedinge" oder „Akkorde", bekannt. Aus den Formulierungen der Quellen lässt sich jedoch schließen, dass für einige der großen Werke (z.B. für Westheim 1611 und Sommerhausen 1621) schriftliche Abmachungen existiert haben müssen.

Wesentlich ergiebiger zeigt sich die Quellenlage für die ab den 40er Jahren tätige Werkstatt in Kulmbach. Als Musterbeispiel eines Vertragstextes aus dem 17. Jh. kann der *Geding Zettel der Bildthauer uber die Bilder, Taffeln, Zieratten und anders zum neüen Althar* der Petrikirche zu Kulmbach gelten. Er war auf die Stiftungsinitiative des Markgrafen Christian zu Brandenburg am 8.3.1647 mit den Bildhauern *Hansen Prencken von Windtsheim und Hans Georgen Schleedorn von Rudelstadt* (!) in vorbildlicher Weise geschlossen worden.[4] Nach Beendigung der Arbeiten wurden die Verträge mit sämtlichen Belegen, den geprüften und ins Reine geschriebenen Rechnungen zusammengeheftet und dem Stifter *gehorsamb* übersandt. Neben dem Namen des Auftraggebers, der Künstler und dem Stiftungszweck enthält der Akkord alle Kriterien, die für ein Übereinkommen wesentlich waren.

Zu Beginn des Schriftstückes wurde für eine Vorstellung der Gesamtdimensionen auf die Maße des Retabels hingewiesen. Als Aufgabe der Bildhauer definierte man unter anderem, die *von Holz geschnittenen* Bilder und Tafeln nach den folgenden spezifizierten Angaben und *dem Abris nach* herzustellen. Dabei hatte man mit der detaillierten Auflistung der einzelnen Werkstücke dem Aufbau des Retabels entsprechend im unteren Bereich begonnen und mit der bekrönenden Salvatorfigur von 6 Schuh im *obern Gaden oder Höhe* abgeschlossen. Die Kreuzabnahme Christi sollte *schön und künstlich* sein, die Ausarbeitung aller Figuren, Reliefs und der ornamentalen Dekorationen in *gutter Proportion uffs zierlichste und fleissig nach rechter Bildthauers Kunst* erfolgen, damit sie *Ehr, Ruhm und keine Schande davon bringen und Sn: frl: Gnd: darob ein gnediges Gefallen haben mögen.* Da das Holz für die Arbeiten *von gnedig Herrschafft zu erwartten* war, erübrigte es sich, auf die qualitativ hochwertige Beschaffenheit des Materials hinzuweisen. Die Bildhauer gelobten, unverzüglich ihre Arbeiten zu erfüllen, damit die ins Auge gefasste Lieferfrist *Michaelis des hoffenden 1648. Jahrs* unter der Einschränkung *geliebts Got* eingehalten werden könnte. Im Todesfall eines Bild-

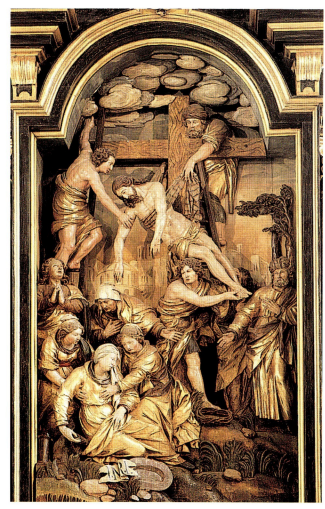

Johann Brenck, Hans Georg Schlehendorn, Kulmbach, Evang. Stadtpfarrkirche St. Petri, Hochaltar, Kreuzabnahme, 1647-52/53.

hauers haftete der zweite Vertragspartner und alle gerade Beschäftigten für die vollständige Ausführung des Retabels. Am Ende des Kontraktes folgten die Zahlungsmodalitäten, die den Bildhauern für die Arbeiten am Petriretabel *dreyhundert und funffzig Gülden ann Geldt, dann zehen Gülden zum Leükauff, item vier Claffter Holz* sowie die Überlassung der augenblicklichen Unterkunft während des Arbeitszeitraums versprachen. Die Höhe der in Teilbeträgen ausgezahlten Gesamtsumme wurde nicht schriftlich geregelt, sondern lag *in Befehlung,* d.h. im Ermessen zuständiger Personen. Zu guter Letzt vermerkte man, dass der Gedingzettel in *Duplo eines Inhalts und Handschrifft aufgerichtet, auch jedem Theil einer zugestelt worden* war. Keiner der beiden Vertragspartner konnte sich folglich nachträglich den Verpflichtungen entziehen. Durch eine Unterschrift des Markgrafen und die Namenszüge der Bildhauer erklärten sich alle Beteiligten mit den genannten Bedingungen einverstanden. Der Akkord galt als rechtskräftig. Die einzelnen Abschlagszahlungen wurden mit jeweiligem Datum *endts desselben ordentlich einverleibt.*

Die Produktion

Die Produktion des Werkes erfolgte in der Werkstatt des Schreiners, Bildschnitzers oder Bildhauers. Oft ist der Arbeitsbeginn im Vertrag nicht ausdrücklich festgelegt oder nur sehr ungenau bestimmt. Bei den Formulierungen wie *unverzüglich* und *förderlichst, alß es möglichen* handelt es sich um dehnbare Zeitbegriffe, die letztendlich im Ermessen des Produzenten lagen. Gelegentlich hatte man den Bildhauern, so z.B. 1656 bei den Arbeiten am Kronacher Hochaltar, das Ver-

sprechen abgerungen *zugleich* mit *diesem angenohmenen Alltar anzufangen.*[5]
Allerdings war der Künstler oft anderweitig beschäftigt, so dass es nicht immer zu
einer sofortigen Arbeitsaufnahme kam. Nach dem Verstreichen einer als inak-
zeptabel empfundenen Frist konnte der Auftraggeber auf baldige Erfüllung des
Vertrages pochen. So drängte der Kulmbacher Rat 1668 schriftlich den gerade
in Baiersdorf befindlichen Johann Brenck, sich baldmöglichst nach Kulmbach zu
verfügen, um den verdingten Brunnenlöwen anzufertigen.

Die tatsächliche Ausführung eines Werkstückes erfolgte schließlich nach den
Vorgaben der vom Auftraggeber genehmigten Visierung, die gleichzeitig als
Rechtsgrundlage diente. Der zeichnerische Entwurf oder der Riss lag dem Vertrag
bei und war bis zur endgültigen Einigung beider Vertragspartner mehrmals durch
die Hände von Produzent und Auftraggeber gegangen. Nicht zwangsläufig wurde die Visierung eines geplanten Werkstückes vom ausführenden Bildhauer angefertigt. Manchmal lieferten auch Maler oder Architekten Entwürfe. Nachdem
die Herstellung eines neuen Gnadenaltars für die Wallfahrtskirche Marienweiher
beschlossen war, bot das Bamberger Vikariat an, von dem hier ansässigen Bildhauer *einen Abriß darauf machen* zu lassen. Es ist nicht bekannt, ob dem Wallfahrtsretabel je ein Entwurf aus Bamberg zu Grunde lag. Für den neuen Kulmbacher Hochaltar bezahlte man 1648 dem Architekten Abraham Schade 40 Rthlr.
vor die Invention. Sie umfasste sicherlich nicht nur die „Erfindung" sondern auch
die zeichnerische Umsetzung der künstlerischen Idee. Auch die Kulmbacher
Werkstatt lieferte Risse in andere Orte, ohne selbst die dazugehörigen Arbeiten
auszuführen. 1680/81 wurde vermutlich Hans Georg Brenck mit etwas mehr als
einem Gulden von der Pfarrei Kleukheim *für sein Abris und Gang wegen und zu
Erbauung deß neüen Hohe Aldar* entlohnt.[6] Für den Retabelbau aus Nussbaum
hatte man mit dem Bamberger Hofbildhauer Samuel Koch († 9.3.1696) und dem
Schreinermeister Elias Bienmann kontraktiert. Wie im Einzelnen die Risse für die
Werke der Windsheimer und Kulmbacher Werkstätten ausgesehen haben, ist
nicht bekannt.[7] Ebenso weiß man nicht, ob sie nur andeutungsweise eine Vorstellung der gestalterischen Idee vermittelten oder eine detaillierte Anschauung
eines Werkes gaben, da für keine der Arbeiten eine entsprechende Zeichnung gefunden worden ist.

Bei der Anlage einer Komposition und der Ausführung einzelner Motive dienten
dem Bildschnitzer einmal das während der Wanderschaft fleißig erweiterte Skiz-
zenbuch, zum anderen zeitgenössische Stiche und Graphiken als Inspiration.
Im Allgemeinen besaß eine Werkstatt ein ganzes Sortiment von Blättern in Form
von Kupferstichen und Holzschnitten, als Einzelblatt oder als vollständige Buch-
illustration. Wie weit man sich bei Gestaltung einer Figur, einer Szenerie an sol-
chen zweidimensionalen Vorbildern orientierte, lag primär am künstlerischen
Vermögen des Bildhauers und bis zu einem gewissen Grade an den Vorstellungen des Auftraggebers.

Der Vollständigkeit halber sei abschließend kurz die Technik der Skulpturen-
herstellung erwähnt.[8] Zunächst wurde für eine Einzelfigur Umriss und Binnen-

zeichnung mit Rötel oder Kohle bei größtmöglicher Materialausnutzung auf einem Holzrohling skizziert. Ob die fränkischen Schnitzer den Werkblock horizontal oder schräg in eine Werkbank eingespannt oder vertikal frei aufgestellt bearbeitet haben, ist nicht genau bekannt. Möglicherweise hatte vor allem Georg Brenck d.Ä. das Arbeiten an liegenden Stücken bei eingeschränkter optischer Konfrontation mit dem Werkblock bevorzugt, eine Situation, die ihm als Schreiner bereits vertraut war.[9] Mit Säge, Axt und mit vom Klöppel getriebenen Schnitzeisen wurde die grobe Gestalt vom Bildschnitzer herausgearbeitet, Faltenzüge, Bewegungsmotive und Physiognomie großzügig in Bosse angelegt. Die Bearbeitung feiner differenzierter Binnenflächen oder Formen, das sog. „Ausputzen"

Hans Georg Brenck, Altengottern, St. Wigberti, Retabelrest, Detail vom Arm einer Christusfigur, 1684. Ursprünglich St. Trinitatis.

geschah durch verschiedene Hohl- oder Flacheisenmesser, mit der ein Schnitzer sich tiefer in den Werkblock arbeitete und Schicht für Schicht überflüssiges Holz abtrug. Nach und nach bildeten sich so einzelne Gewandpartien, Bewegungsmotive und Gesichtszüge heraus. Mit Hilfe von Raspeln und Feilen erzeugte man zum Schluss die gewünschte Oberflächenwirkung. Von der kompakten Hauptform abstehende Gliedmaßen, flatternde Kostümzipfel und Attribute wurden extra geschnitzt, nachträglich angestückt, verdübelt oder verleimt. Besonders gut lässt sich die Schnitzweise an den 1684 von Hans Georg Brenck für die Trinitatiskirche zu Altengottern gefertigten Retabelfiguren nachweisen. Die vor Abbruch der Altararchitektur links der Mittelachse positionierte Christusfigur hatte schon während ihrer Aufstellung die rechte Hand verloren. Deutlich ist deshalb zu erkennen, dass die Hand unabhängig von Arm und Gewand als Einzelstück geschnitzt und „unsichtbar" unter dem breiten Gewandumschlag tief in das Holzstück des Armes gedübelt worden war.

Das Material: Holz – Alabaster – Stein

Die Verwendung einwandfreier und tadelloser Rohstoffe zählte laut Huth (1923.27), gerade wenn das Material vom Produzenten stammte, zu den wesentlichen Forderungen eines Vertrages. Das Rugendorfer Retabel sollte in einem halben Jahr von *guter Holz- und Schreiner Arbeit* gefertigt werden. Ebenso verlangte man 1645 für den Kanzeldeckel des alten Predigtstuhles in der Petrikirche zu Kulmbach Figuren und Wolken aus dürrem Lindenholz. Gewöhnlich legte man gerade bei dem heterogenen Werkstoff Holz, das sich gegen Wurmfraß, Pilzbefall etc. anfällig zeigte, besonderen Wert auf seine Beschaffenheit und seine Bearbeitung. Das rechtzeitige Schlagen des Baumes, ein sorgfältiger Umgang mit dem Material vor der Verwendung und eine dem Stoff entsprechende Verarbeitung konnten die Eigenarbeit des Holzes mindern und die aus dem Material resultierenden Spannungen innerhalb eines Werkstückes reduzieren.

Lange Trockenzeiten scheinen in der Kulmbacher Werkstatt nicht immer eingehalten worden zu sein. Für die Seitenwangen des Kulmbacher Petriretabels holte man August 1651 eine Linde aus dem Forst und fuhr sie zur Schneidmühle. Anfang September wurde sie dort zurechtgeschnitten

und anschließend zur Verarbeitung in die Werkstatt der Bildhauer gebracht. Eine Garantie für die Qualität des Materials, d.h. für eine ausreichend lange Lagerung und entsprechenden Zuschnitt, erhielt der Auftraggeber nur dann, wenn er das Holz dem Bildhauer oder Schreiner selbst zur Verfügung stellte. Bei den Arbeiten zu Frickenhausen und dem Gehäuse der Windsheimer Orgel wurde nachweislich das Holz vom Auftraggeber gestellt, für die Orgel sogar Holz und Leim.[10]

Welche Holzart man für ein bestimmtes Werkstück bevorzugte, hing von mehreren Faktoren ab. Zum einen waren die Kosten, die Verfügbarkeit der jeweiligen Holzsorten, zum anderen die Eignung des Materials für das entsprechende Vorhaben und die Verarbeitungstechnik entscheidend. Da bezüglich der Brenckwerkstätten keine umfassenden restauratorischen Untersuchungen vorliegen, muss hinsichtlich des Materials auf Aussagen innerhalb des Quellenfundus zurückgegriffen werden. Für das Kronacher Retabel hatte man vertraglich festgelegt, dass *die Bildtnussen Ziraden auch ander Schnizwerckh von Lindenholz*, die Schreinerarbeit von *Nußbaumben Holz* anzufertigen waren. Dem Schreiner Bernhard Schönkapp stellte der Markgraf Christian für das Gehäuse des Petrialtares zu Kulmbach *zwei Linden und vier Fohren* zur Verfügung. Vier Linden waren 1653 für die Dekorationselemente der Bayreuther Stadtpfarrkirchenorgel, drei Fuhren Lindenholz für die Bildhauerarbeiten am Petriretabel auf Kosten Markgraf Christians nach Kulmbach geschafft worden. Primär dürfte man die ausreichend vorhandenen Hölzer des heimischen Baumbestandes rund um Windsheim und Kulmbach genutzt haben. 1607 bat Georg Brenck d.Ä. vor dem Rat der Stadt um *2. Lindenbaum auß dem Schoßbach* (auch Hirschberger Forst), einem Gelände von 1641 Tagwerk. Der Kulmbacher Werkstatt stellte der Markgraf mehrmals Holz aus dem Limmersdorfer Forst, einem Reichsforst, zur Verfügung. Die fränkischen Gebiete wurden außerdem mit Holz aus dem Frankenwald versorgt.[11]

Alabaster, die kristalline Form von Gips, fand innerhalb der Brenckschen Werkstätten, nach dem heute erhaltenen Werkbestand seltener als Holz, fast aussch-

Johann Brenck, Hans Georg Schlehendorn, Kulmbach, Evang. Stadtpfarrkirche St. Petri, Taufsteinrelief, Christus segnet die Kinder, 1647.

ließlich für die markgräflichen Aufträge Verwendung. Das lag mit Sicherheit einmal an den höheren Material- und Beschaffungskosten, zum anderen an der Tatsache, dass er sich nur in kleineren Stücken brechen und somit ausschließlich kleinformatig bearbeiten ließ. Zudem mangelt es dem Material an Wetterbeständigkeit, was einen Einsatz im Freien ausschloss, gleichzeitig aber ein Bearbeiten aus freier Hand mit dem Bohrer, dem Hohleisen und dem Schnitzmesser möglich machte.

Für die erste quellenkundlich nachweisbare Alabasterarbeit Johann Brencks - der Umarbeitung der Kanzel zu St. Petri in Kulmbach - hatte man dem Bildhauer für die Beschaffung des Rohstoffs 1645 eine Fuhre zur Verfügung gestellt. Mit ihr brachte Brenck *das Lindenholz und Alabastersteins von Coburg*, wohl aus dem Vorrat der dortigen Werkstatt, nach Kulmbach.[12] Eventuell stammte das Material, wie Sitzmann (1938.30) anführte, aus Thüringen.[13] Einen bildlichen Eindruck Brenckscher Alabasterkunst vermitteln heute die sechs Reliefs am neugotischen Taufstein zu St. Petri.

Detaillierte Auskunft über Provenienz und Beschaffenheit des Materials geben zwei umfangreiche Aktenbestände über die Innenausstattung der Bayreuther Schlosskapelle.[14] Für die Ausgestaltung des Hochaltars, dessen figurale und ornamentale Dekorationselemente - vom Relief des Abendmahles in der Predella bis zum bekrönenden Engel im Auszug – von Johann Brenck aus *lauter Allbaster* gefertigt werden sollten, waren zahlreiche Stücke notwendig. Bei der Größe des Auftrages konnte die Beschaffung des Werkstoffes allein aus zeitlichen und finanziellen Gründen nicht mehr in der Hand des Bildhauers oder Schnitzers liegen. Auf Veranlassung des Markgrafen wurde der Kastner zu Hoheneck bei Ipsheim (Bad Windsheim) beauftragt, entsprechende *bewegte Stuck, wie sie der Läng, Dicken und Breiten nach* in einer Liste aufgeschrieben waren, durch Tagelöhner aus einer Alabastergrube brechen zu lassen. Eine Versorgung mit qualitativ hochwertigem Material versprachen die Steinbrüche der Windsheimer Tieflandbucht, der Heimat Johann Brencks.[15] Letztendlich hatte man den Rohstoff einmal aus einem Steinbruch des virnsbergischen Dorfes Ickelheim gebrochen, das sich im Besitz des Deutschen Ordens befand. 1671 erfolgten erneut zwei größere Lieferungen an Alabaster, einmal aus der Ickelheimer Alabastergrube,

Johann Brenck, Hans Georg Schlehendorn, Kulmbach, Evang. Stadtpfarrkirche St. Petri, Taufsteinrelief, Taufe Jesu, 1647.

zum anderen aus einem nur wenige Kilometer von Ickelheim entfernten Bruch bei Marktbergel, wobei letztere Stücke als *zimblich weißer undt schöner* beschrieben wurden.[16] Nachdem die Alabasterstücke durch Spitzhacke, Brechstange und Spaten gewonnen worden waren, sollten sie durch die Amtsfron nach Neustadt an der Aisch und dann von Amt zu Amt unter *Vorsicht* [...]*daß nichts daran zerbrochen werden möge* nach Kulmbach geschafft werden.

Spärlicher stehen Quellen über die Verwendung von Stein in-

nerhalb der Brenckschen Werkstätten zur Verfügung. Aus Stein wurden neben einigen Taufbecken und den beiden Kulmbacher Brunnen fast ausschließlich einzelne private Grabsteine gefertigt, deren Kosten der jeweilige Besteller außerhalb offizieller Rechnungsbücher beglich. In der Regel fehlen deshalb entsprechende Archivalien. Buntsandstein, Muschelkalk und Keuper sind jedoch die häufigsten Gesteinsvorkommen rund um Kulmbach. Für die Stufen des Kulmbacher Hochaltarretabels hatte man das Material aus dem östlich von Kulmbach gelegenen Kauerndorffer Bruch gewonnen. Für die Ausführung des Zinsfelder Brunnen benutzten Brenck und Schlehendorn Stein *unterschiedlicher Gattung*.[17] Die zahlreichen der Kulmbacher Werkstatt zugeschriebenen Grabsteine hatten laut Sitzmann (1938.30.38.41) mit wenigen Ausnahmen Sandstein als bildnerische Basis. Nach Angaben des Bildhauers Wilhelm Behringer 1905 verwandte Johann Georg Brenck 1685/86 für das Taufbecken des Mistelgauer Gotteshauses den hellen Donndorfer Sandstein, der schon im 15. Jh. für den Bau der Bayreuther Stadtpfarrkirche aus einem Bruch nahe dem heutigen Buchstein bezogen worden war.[18]

Hans Georg Brenck, Mistelgau, Evang.-Luth. Kirche, Taufstein, 1685/86.

Die Finanzierung einer Arbeit

Die Finanzierung einer Arbeit erfolgte verschiedenartig, je nachdem, wer den Auftrag zur Herstellung eines Stückes erteilt hatte. Weil die Familie Brenck nach dem erhaltenen Bestand überwiegend sakrale Werke ausführte, war für die Auftragserteilung meist das Gotteshaus unter dem amtierenden Geistlichen, der Kirchenpatron oder die übergeordnete Behörde als Baulastträger (Superintendentur - Vikariat - Domkapitel) zuständig. Bei städtischen Aufgaben traten der Rat oder ausgewählte städtische Abgeordnete an den Bildhauer bzw. Schreiner heran. In manchen Fällen hatte aber auch ein Privatmann noch zu Lebzeiten oder testamentarisch Anweisung für die Produktion eines bestimmten Stückes gegeben. Als Finanzier sakraler Arbeiten konnten, um nur die häufigsten Kombinationen zu nennen, folgende Instanzen auftreten:

A) der private Stifter = eine Einzelperson oder ein Ehepaar, die/das entweder völlig unabhängig oder als Teil der Gemeinde einen größeren Betrag für ein Werkstück oder das Werkstück selbst gespendet hat, B) der private Stifter und die Kirchengemeinde († evtl. Kirchenstiftung), C) der private Stifter und die Kirchenstiftung, D) die Kirchenstiftung allein, die anfallende Kosten ohne zusätzliche Spendenleistung ausschließlich aus dem augenblicklichen Vermögen des Gotteshauses bestreitet, E) die Kirchenstiftung und die Kirchengemeinde, wobei die ganze Gemeinde oder Teile davon durch „freiwillige Finanzleistungen" - nicht durch verpflichtende Abgaben - im Voraus, währenddessen oder auch noch nach Errichtung des Werkes die Kirchenstiftung unterstützen.

Markgraf Erdman Augustus hatte 1647 zusammen mit seiner Frau Sophia *Gott zue Ehren und zue stettwehrendem Andencken, auß christfürstlicher Pietät* der Petrikirche zu Kulmbach einen neuen Taufstein zukommen lassen. Die Bildhauer- und Steinmetzarbeiten in Höhe von 180 Rthlr. waren vom Auftraggeber getragen worden. Abbruch- und Aufstellungskosten, die Ausgaben für das Material zur Hängung des Deckels und die Anfertigung eines hölzernen Gitters mussten durch die Gotteshausgefälle bestritten werden. Die Schenkungspraxis des Markgrafen Christian zu Brandenburg-Bayreuth ließ sich präzise anhand der vollständig erhaltenen Abrechnungen für den Hochalter der Petrikirche zu Kulmbach und dem anschließend errichteten Orgelwerk der Stadtpfarrkirche in Bayreuth nachvollziehen.[19] Keines der Werke wurde, wenn sie auch als *rühmbwürdige Stiefftung von E[uer] f[ürst]l[ichen] D[urc]hl[aucht]* galten, aus der Privatschatulle des Fürsten finanziert. Beide Male stellten eingezogene Strafgelder aus den Hauptmannschaften des fürstlichen Territoriums und den Ämtern wie Münchberg, Pegnitz, Gefrees u.a. einen Großteil der Bezahlung dar. Für das Orgelwerk betrug die *Summa aller zu diesem Werck erhobenen Straffgelder* stattliche 2233 fl. und 48 Cr., für das Kulmbacher Retabel waren allein aus den Strafgeldern 488 fl. zusammengekommen. Adelige und gemeine Bedienstete des Hofes, des Stalles und der fürstlichen Jägerei, fürstliche Kanzleiräte, Sekretäre und Kanzleiverwandte spendeten außerdem für die Neuanschaffung des Musikinstrumentes mehr als 600 Gulden.

Ganz anders war die Situation 1678 in Schnabelwaid gelagert. Zwar unterstützte Markgräfin Sophia Luisa den Retabelbau mit einer großzügigen Spende von 80 fl., den Rest der Summe beglich man jedoch vornehmlich aus den freiwilligen Verehrungen zahlreicher Gemeindemitglieder. Hier war die Bezahlung durch einen Stifter, die Kirchengemeinde und eventuell bei noch ausstehenden Beträgen durch die Kirchenstiftung erfolgt. Für die Finanzierung der Neudrossenfelder Kanzel zeigten sich die Kirchenstiftung und die Gemeinde verantwortlich. Da es dem *Gotteshaus allein zu schaffen schwerfället*, hatten die Eingepfarrten *das ihre contribuiret*.[20]

Nicht immer war die Dotationsbereitschaft der Bevölkerung so groß, wie es die Einträge in den Rechnungsbüchern zu vermitteln suchen. Ein besonders eindrucksvolles Exempel schildert das Kirchenbuch (K 3) zu Neudrossenfeld. Mit fast erpresserischer Methode hatten die Verantwortlichen versucht, ausreichend Mittel für einen neuen Predigtstuhl zu gewinnen. Weil sich jedoch *etlige Undankbare* im Gemeindegebiet befanden, *die sich zu einigen Beitrag nicht umsehen* wollten, beschloss man, all diejenigen Personen bei Benutzung des Leichentuchs mit einer Gebühr zu versehen, die zu keiner freiwilligen Offerte bereit waren. Zum anderen sollten alle Spender namentlich verzeichnet werden, damit man später noch *die Freiwillige von den Undankbaren* zu unterscheiden vermochte. Auch über die Spender wusste man zu klagen. Nicht selten versprachen sie schnell großzügig Geld zur Unterstützung des einen oder anderen Projektes, ließen dann den Auftraggeber aber Jahre auf die Auszahlung der zugesicherten Summe warten.

Die zahlreichen Beispiele belegen, dass ein Großteil der Brenckschen Werke mit Hilfe von Teil- oder Volllegaten einer oder mehrerer Institutionen finanziert worden war. Dabei konnten die Beträge spezifisch für das geplante oder bereits in Bearbeitung befindliche Werk, aber auch Jahre vorher unspezifisch für künftige Erneuerungen in die Kassen des Gotteshauses eingegangen sein. Seltener war, den Quellenfunden zufolge, die Kirchenstiftung alleine für die Bezahlung der Werkstücke aufgekommen.

Lieferungsfristen und Transport

In den meisten Fällen war die Vollendung der angedingten Arbeit innerhalb eines knapp bemessenen Zeitraumes Hauptbedingung der vertraglichen Vereinbarungen gewesen. Oft nannten aber auch Schreiner oder Bildhauer einen Termin, den sie einzuhalten gedachten. Zahlreiche Aussagen bezüglich der Lieferfristen ließen sich den Verträgen der Kulmbacher Betriebe entnehmen. Das Retabel von Marienweiher getraute sich Johann Brenck zum Beispiel mit mehreren Gesellen *in 1¹/₂ Jahren*, nachdem ein halbes Jahr vergangen *inner Jahr und Tag* auszuführen.[21] Die Angaben zur Produktionsdauer für eine größere kirchliche Arbeit bewegten sich häufig in dem von Huth (1923.28) auch für spätgotische Schnitzretabel errechneten Rahmen von ein bis zwei Jahren. Meist sandte der Auftraggeber in regelmäßigen Abständen Boten in die Werkstatt des Unternehmers, um sich nach dem fristgerechten Fortgang der Arbeiten zu erkundigen. So war die Tochter des Trumsdorfer Pfarrers Jakob Trebner mit der Bitte in die Kulmbacher Werkstatt Hans Georg Brencks getreten, *das doch der Altar möchte ververtiget werden*. Ein Bote aus Frickenhausen hielt Georg Brenck d.Ä. 1616 an *mit dem Altar schnitzen fortzufahren*.[22]

In den seltensten Fällen scheinen die Fristen jedoch eingehalten worden zu sein und die Geduld des Auftraggebers wurde oft mehr als einmal auf die Probe gestellt. So war das Geseeser Retabel den Abschlagszahlungen auf dem Kontrakt zufolge erst am Ende des Jahres, anstatt wie gewünscht zu Pfingsten, vollendet gewesen. Dabei hatte sich das Gotteshaus im Februar 1672 versichern lassen, dass Johann Brenck *nunmehro zur Verfertigung deß Altars sich schicken* werde. Um den Fortgang der Arbeiten zu beschleunigen, drohten die Gotteshauspfleger außerdem *weiters nichts* auszuzahlen, *biß man sicher, daß die vornambsten Stück verfertiget sind*. Nicht immer zeigte sich der Bildhauer für Verzögerungen verantwortlich. Bei der Innenausstattung der Bayreuther Schlosskapelle waren die Arbeiten an der Kanzel drei Monate in Verzug geraten, weil keine finanziellen Mittel zur Verfügung standen.[23] In manchen Fällen blieb das vom Auftraggeber versprochene Material aus. Als höhere Macht könnte eine Grippeerkrankung Hans Georg Brencks bezeichnet werden, die ihn zwang, acht Tage lang seine Retabelarbeit für Trumsdorf niederzulegen. Den zeitlichen Rückstand versprach er aufzuholen, indem er Schlehendorns Sohn Egidius für einige Tage als weitere Hilfskraft auszuleihen gedachte.

War das Erzeugnis schließlich vollendet, wurden das Stück und seine Teile mit Haftung des Herstellers je nach Vereinbarung auf Kosten des Produzenten oder des Bestellers zum künftigen Aufstellungsort transportiert. Nachdem die Kulmbacher Bildhauer 1667 die Arbeiten an dem Wallfahrtsaltar für das Gotteshaus zu Marienweiher beendet hatten, erinnerten sie ungeduldig das Bamberger Vikariat, dass der Transport des Altares *uf des Gotshauscosten*, bis jetzt noch nicht erfolgt war. Schickte man die Lieferanten vom Bestimmungsort aus in die Werkstatt des Unternehmers, musste zumeist noch einmal Zehrungsgeld, manchmal auch die Übernachtung für den Transportbegleiter, Futter- und Unterstellkosten für das Pferd am Abholort ausgegeben werden.

Ein Transport während des 17. Jahrhunderts wurde entweder über Land mit Pferdefuhrwerken oder zu Fuß, lag der Ort an einem Wasserweg, per Schiff oder Kahn ausgeführt. Für die Brenckschen Betriebe lassen sich nur die ersten beiden Möglichkeiten nachweisen. Handelte es sich um kleinere Arbeiten, wie die Kreuzigungsgruppe in Ipsheim, trug 1614 ein Geselle Georg Brencks d.Ä. die einzelnen Figuren zu Fuß in den benachbarten Ort. Bei der Beförderung der Petriretabelfiguren 1648 erhielten die beiden Bildhauer Brenck und Schlehendorn Hilfe u.a. durch den Stadtwächter Albrecht Schott, der ihnen die Figuren aus der Werkstatt in die nahegelegene Kirche brachte. Ob und wie die getragenen Figuren verpackt waren, geht aus diesen Quellen leider nicht hervor. Sicherlich hatte man sie vor überraschenden Wetterumschwüngen und Regengüssen zu schützen versucht. Nach Huth (1923.64) versandte man bereits polychromierte Arbeiten in hölzernen Kisten, die zusätzlich mit ölgetränkten Leinwänden bezogen waren. Einen *großen schweren Kasten mit den verfertigen Zirathen* für die Kanzel hatten drei Tagelöhner, nachdem die Bemalungsarbeiten in Bayreuth durchgeführt worden waren, nach Neudrossenfeld befördert. Mussten größere Stücke verfrachtet werden, wählte man natürlich das komfortablere Pferdefuhrwerk. Als Verpackungsmaterial für eine sichere Beförderung dienten hier Stroh und zahlreiche Stricke. Die Kanzel für die mainfränkische Ortschaft Sommerhausen wurde von einem Bauern und seinem Knecht mit einem Pferdegespann zum Besteller gefahren. Gelegentlich begleiteten Gotteshauspfleger den Transport, damit *kein Schadt geschehen* werde.[24]

Sommerhausen,
Evang.-Luth. Pfarrkirche St. Bartholomäus, Kanzel,
1620/21.

Aufstellung und Farbfassung

Die Aufstellung eines Werkes oder Werkstückes, nachdem es unbeschadet am Zielort angekommen war, erfolgte eigenhändig durch den Meister und seine qualifizierten Arbeitskräfte. Zusätzliche Unterstützung fand man durch Handlanger und Tagelöhner. Bei der Aufrichtung des neuen Retabels in Gesees waren ungeachtet ihrer beruflichen Eignung *12 der stärksten Männer von der Gemein alhier* behilflich gewesen. Die Dauer des Errichtungsprozesses war von der Größe, der Dekorationsvielfalt, der Figurenmenge des Werkes sowie der Anzahl der zur Verfügung stehenden Hilfskräfte abhängig. Zwei Tage lang hatte man 1611 zum Beispiel für die Aufrichtung des Westheimer Retabels gebraucht. Vier Tage benötigte Hans Georg Brenck 1688/89 zusammen mit einem Schreiner und zwei Jungen für den Aufbau der Kanzel in Obernsees. Zusätzlich wurde Brenck bei den Rüstarbeiten von einem Handlanger und einem Maurer unterstützt. Der Unterhalt des Bildhauers während der Errichtung eines Werkes vor Ort war meist Teil des Lohnes, im Vertrag „miteingedingt" und wurde folglich vom Besteller getragen. So war Georg Brenck d.J. bei der Aufstellung des Sommerhausener Predigtstuhls 1621 mehrere Male bei dem Wirt Johann Stadelmann eingekehrt.[25] Ebenfalls vom Besteller zu bezahlen waren sämtliche Handwerkslöhne, die zum Beispiel für Abbruch-, Fundamentierungsarbeiten und das Aufrichten von Treppenanlagen anfielen. Zusätzlich musste der Auftraggeber Rüst- und Materialkosten, die

Ausgaben für Holzbretter, Stangen, Band- und Brettnägel, Schrauben, Leim und Seil bestreiten.

Die farbige Fassung war im 17. Jh. nach der Errichtung eines Werkes ein gesonderter, getrennt verdingter und berechneter Arbeitsvorgang. Die von Steinmann (1952.69-74) formulierten Äußerungen, der Bildhauer habe seine Figuren speziell auf die spätere Fassung angelegt sowie die Bildhauer und Maler hätten eng zusammengearbeitet, können durch zahlreiche Beispiele widerlegt werden. In einigen Fällen sorgte erst Jahrzehnte später ein großzügiger Gönner für den bunten Anstrich. Der Predigtstuhl zu Neustadt/Aisch wurde beispielsweise 1616 aufgerichtet und mit Firnis behandelt, während man die eigentliche Fassung erst 1692 ausführen ließ.[26] Die Staffierung der 1681 platzierten Kanzel zu St. Johannis in Bayreuth (Alladorf) vollzog man zwei Jahre später, als noch einmal eine stattliche Summe an Geld durch einheimische und auswärtige Verehrungen zusammengekommen war. Ohnehin scheint es üblich gewesen zu sein, zunächst das Altar- oder Kanzelgehäuse mit allen Figuren komplett zu errichten. Erst nach Beschaffung von Kapital und dem Abschluss eines Kontraktes zur „Ausstaffierung" des Werkes wurden generell einzelne Figuren und Ornamente abgenommen und in die Werkstatt des Malers übersandt. Explizit weisen die Neudrossenfelder Kirchenrechnungen darauf hin, dass der Maler *die Zirathen von der Canzel herabgethun, und dieselben zu mahlen empfangen* hatte, d.h. dass man befestigte Ornamente für die Bemalung aus ihrem bereits bestehenden Kontext entfernte.

Die Bemalung der Architektur erfolgte dagegen bei einem längeren Aufenthalt des Malers vor Ort. Insgesamt sieben Wochen war der Kunstmaler Conrad Fuchs für die Fassung von Taufstein und Deckel in Bindlach geblieben. Generell war es üblich, dass der Maler die Farben und andere notwendige Materialien selber stellte. So hatte Friedrich Schmidt für die Ausstaffierung des Kulmbacher Orgelwerks und die Bemalung des Bogens über der großen Kirchentüre laut seines Vertrages von 1657 die *Farb, Kreiden, Leim und anders hergeben*. Allein das Gold war hier ebenso wie bei der Vergoldung des Kulmbacher Predigtstuhles vom Gotteshaus aus Nürnberg beschafft und bezahlt worden. Waren die Arbeiten endgültig abgeschlossen, folgte für alle beteiligten Handwerker der sog. Niederfall oder auch die Niederfallen, eine Feier, bei der man in Gegenwart des Bauherren auf seine Kosten das gute Gelingen des Auftrags betrank.[27] 5 fl. 2 lb. und 21 d. erhielten dafür die Werkleute nach der Aufrichtung der Rothenburger Kanzel im Mai 1604.[28]

Im Anschluss an die zufriedenstellende Ausführung eines Auftrages wurde der Hersteller nach der im Vertrag fixierten Höhe und dem vereinbarten Zahlungsmodus entlohnt. In der Regel geschah die Bezahlung nach Vorlage eines Scheins, Belegs, Zettels oder einer Quittung, auf dem die Leistung sowie der entsprechende Preis dafür formuliert war. Der Zettel erhielt nach der Rechnungslegung eine fortlaufende Nummer und wurde dem Rechnungsband beigeordnet. So hatte man Hans Georg Brenck *laut seines Scheinleins Nro: 13 36. Crz.* Leihkauf gezahlt, als man ihm den Taufsteindeckel für die Bindlacher Kirche 1680 anverdingt hatte.[29] Solche Belegzettel sind im 17. Jahrhundert eher selten erhalten. Eine Ausnahme bildet die an den Markgrafen Christian gesandte vollständige Abrechnung des Kulmbacher Hochaltars, die mehrere Belege umfasst. Die außerhalb des Vertrages gefertigten Werkstücke - die Blindflügel, das fürstliche Wappen mit den wappenhaltenden Kindern und das Relief des hl. Abendmahls – wurden nach den heute noch vorhandenen Quittungszetteln entlohnt.[30]

In der Regel hatte man sich bei größeren Aufträgen auf Raten- bzw. Abschlagszahlungen geeinigt. Die Teilbeträge konnten entweder *nach und nach bey lieferung der Arbeit, nach und nach auf Begehren* des Künstlers *nach Beliebung bey Aufricht: und Verfertigung völliger Arbeit* bar bezahlt werden. Oft hatte man einen Teil vor Arbeitsbeginn, nach Fertigstellung der Hälfte und nach Abschluss der Arbeiten ausgezahlt. Allerdings leistete man nicht generell eine Vorauszahlung. Um den Künstler zu einem möglichst raschen Arbeitsbeginn zu zwingen, aber auch um sich selbst finanziell abzusichern, hatte man in Gesees vertraglich festgelegt, dass der Bildhauer erst dann 12 Rthlr. erhalten würde, wenn er am Altar *nebenst seinen Mitkünstlern undt Gesellen arbeiten wirdt.* Zwei Monate nach Vertragsabschluss, so beweist es die Quittierung der ersten Auszahlung, hatte Brenck definitiv mit den Arbeiten am Retabel begonnen. Besonders vorsichtig verfuhr man bei den Retabelarbeiten für den Wallfahrtsort Marienweiher. Um jedes finanzielle Risiko zu vermeiden, forderte der Auftraggeber für die zufriedenstellende Ausführung der vertraglichen Bedingungen und insbesondere für die versprochene hohe Entlohnung von 300 Rthlr. 1665 eine Bürgschaft von Johann Brenck.[31]

Bei Großaufträgen wurde das Werk nicht als Gesamtheit verdingt, sondern generell nach „Stück" abgerechnet. Das heißt, der Künstler hatte die anstehende Arbeit in kleinere Einheiten zerlegt, die portionsweise fertiggestellt und weitgehend unabhängig von der Qualität der Ausführung nach dem festgesetzten Preis bezahlt wurden. Zahlreiche Einzelpositionen umfasste der Kostenvoranschlag Brencks und Schlehendorns für die skulpturale und ornamentale Holzdekoration des Bayreuther Orgelwerkes aus dem Jahre 1653. Mittels dieser Angaben lassen sich auch Zahlungsvorstellungen der Bildhauer für die eine oder andere Arbeit ermitteln. So forderte man für das vollplastische, fürstliche Wappen - $4^1/_2$ Schuh hoch, 4 Schuhe breit - 30 Rthlr., für eine Davidfigur mit Harfe 15 Rthlr. Zwei wap-

penhaltende Engel in einer Größe von ebenfalls 4 Schuh sollten 20 Rthlr., das fürstliche Konterfei mit Rahmen bei den Quadratmaßen von $3^{1}/_{2}$ Schuh 10 Rthlr. kosten.[32]

Anstelle von Geldzahlungen bot sich dem Auftraggeber die Möglichkeit, die Kosten mit Naturalien abzurechnen. Georg Brenck d.Ä. forderte 1615 für die nicht näher definierten Arbeiten am Windsheimer Orgelwerk 200 fl. und 6 Malter Korn. Für die Kanzel in der Schlosskapelle zu Bayreuth kontraktierte man mit Johann Brenck

Bayreuth, Evang.-Luth. Stadtpfarrkirche Hl. Dreifaltigkeit, Orgelengel, 1653/54. Heute Historisches Museum, Bayreuth.

1671 *uff vierhundert Reichsthaler an Geld, zwey Sra. Korn, drey Sra. Gersten und zwey Drittel Gebrew Bier Umbgelds frey*. Neben den festen Lohnvereinbarungen, bei der die Qualität der Ausführung unberücksichtigt blieb, konnten gleitende Sätze je nach Ermessen des Bestellers nachträglich erhöht oder verringert werden. Georg Brenck d.J. erhielt 4 Reichstaler zusätzlich, nachdem die Auftraggeber der Sommerhausener Kanzel befunden hatten, dass er mehr geleistet hatte *alls der Verding vermag*.[33]

Sorgten die Satzungen der Korporation bei zünftisch organisierten Handwerkern für die Einhaltung gewisser Qualitätsstandards in Material und Ausführung, unterlag bei Großaufträgen das vollendete Werkstück eines freien Künstlers häufig der Kontrolle durch einen Gutachter oder eine ganze „Beschauungskommission" (Huth. 1923.27). 1672 schrieb Johann Brenck erstaunt auf die bis jetzt unterbliebene Prüfung seiner Retabelarbeit für die Bayreuther Schlosskapelle an die Bayreuther Kammerräte: *wann einem Künstler ein Haubtsstuck anverdingt, und daßelbe verferttiget worden, solches durch Kunstverstendige auch billig, ob es dem Verding gemees und ohne Datel seye, solle besichtiget, und die Arbeit daran, ob etwan nicht ein Fehler mit verlauffen möchte, geschätzet werden*.[34] Er selbst bat nachdrücklich darum *beede Arbeiten am Altar durch Kunstverständige* - wie sich diese Kommission zusammensetzen sollte, ist in diesem Falle nicht bekannt - examinieren zu lassen. Bei der Prüfung einer abgeschlossenen Arbeit handelte es sich folglich um einen Usus, der einmal dem Besteller eine korrekte Erfüllung des Vertrages, eine qualitativ hochwertige Ausführung der Arbeit und einen fairen Preis garantierte, zum anderen den Künstler von nachträglichen Haftansprüchen des Auftraggebers freisprach. Kam die Beschauungskommission überein, dass die Arbeit nicht den Erwartungen entsprach, wurde die Gesamtentlohnung reduziert oder der Künstler verpflichtet, die Arbeit ganz oder teilweise zurückzunehmen. Johann Brenck selbst äußerte vor der Begutachtung der Bayreuther Kanzel, falls er sich im Unrecht befände, wolle er *Straffe leyden* und folglich seine Arbeit so entlohnt wissen, wie er tatsächlich gearbeitet hatte.

Zu den üblichen Sonderzahlungen, deren Summe ebenfalls vom Wohlwollen des Auftraggebers abhängig war und nicht vertraglich festgehalten wurde, zählten die Verehrung für Frau und Kinder, das Trinkgeld für Gesellen und Lehrjungen. Einen relativ großzügigen Verehrungsbetrag von einem Dutzend Rthlr. überließ man dem Bildschnitzer und Maler nach Aufrichtung des Ochsenfurter Retabels. Georg Brenck d.J. bekam 5 Rthlr., Maler- und Bildschnitzergesellen und die Jungen 6 Guldentaler und der kleine Sohn des Bildschnitzers, vermutlich Johann Brenck, 1 Rthlr.

Nicht selten baten die Künstler über die vertraglich vereinbarte Summe hinaus um einen Nachschuss oder Rekompens (Entschädigung). Im November 1667 wünschten sich die Bildhauer aufgrund einer nachträglich ausgeführten Änderung am Altar zu Marienweiher - er war bereits *des völligen Verdings halber bezahlt* - weitere 40 fl. Weil sie *die Arbeit* unter anderem zum *Wolgefallen des Pfahrrers undt Pflegers perficirt* hatten, wurden ihnen problemlos 30 Rthlr. bewilligt. Ein Grund für die fast gängigen, nachträglichen Leistungsforderungen mögen die Schwierigkeiten gewesen sein, große Aufträge, deren zeitliche Dauer nicht vollständig zu überschauen war, fest zu kalkulieren.[35]

Ohne zusätzliche Vergleichsmomente bleibt die Höhe und Bedeutung der geleisteten Geldbeträge unvorstellbar und abstrakt. Erst die Kaufkraft von Talern, Gulden, Kreuzern, Ort und Pfennigen vermittelt ein lebendiges Bild von den Einkünften und dem Lebensstandard eines Handwerkes des 17. Jahrhunderts. So konnte Georg Brenck d.Ä. für 65 Gulden, die er bei Herstellung des Westheimer Altares erhalten hatte, etwa 9 Malter Korn oder 13 Malter Dinkel oder mehr als ein Fuder Wein erwerben.[36] Für die aufwendig gestaltete Ansbacher Kanzel zahlte man Vater und Sohn 430 fl., was nach Josef Dettenthaler (1990.10) ca. 1075 Tagessätzen eines Nürnberger Meisters im Bauhandwerk entsprach. Trotz Inflation und schlechten Ernten, die den Wert des Geldes gemindert hatten, waren die Brencks 1621 in der Lage, für 430 fl. zwischen 5 und 6 Fuder Wein oder nach den Getreidepreisen von 1622 86 Malter Korn zu kaufen. Eine Kuh kostete im gleichen Jahr 40 - 60, ein Schwein oder ein Kalb zwischen 7 und 10 Gulden. Für die Ermittlung der Kaufkraft eines Guldens im oberländischen Teil des Fürstentums wählte Fickert (1989.55-56) den Preis des Rindfleisches als Wertmesser. 1645, als die Bildhauer mit 200 fl. für ihre Arbeiten an dem Kulmbacher Predigtstuhl entlohnt wurden, konnte man für einen Gulden 13-14 kg Rindfleisch erwerben. Die Anfertigung des Hochaltares in der Petrikirche zu Kulmbach verdingte der Markgraf Brenck und Schlehendorn am 30. Juni 1647 für 350 fl. und 10 fl. Leihkauf, wobei die Materialkosten nicht von den Bildhauern zu tragen waren.[37] Zum Vergleich: Ein Pfeileraltar im Bamberger Dom war im Durchschnitt inklusive einer gemauerten Mensa und einem gemalten Altarblatt für 500 fl. zu haben.[38]

Anmerkungen

1. Grundlegend zu den Fragen einer Geschäftsabwicklung und des Vertragswesens vgl. die Ausführungen in den Arbeiten von Gradmann (1917); Feuchtmayr (1922); Hellwag (1924); Huth (1924); Potthoff (1938); Wilm (1940); Ulmann (1984); Behling (1990); Conti (1998).

2. StadtA Bad Windsheim B 57 Rtsprk. 1598-1599, fol. 16v, Eintrag v. 7.8.1598; AE Bamberg Rep. I Nr. 28 /754 Vikariatsprk. 1663-1666, Eintrag v. 1.6.1665; PfA Kulmbach R 10 Kirchenstiftsrechnung 1644-1650 D Ausgabe Botenlohn 1644, fol. 26r; StA Würzburg Bd. 71 Domkapitelprk. 1616-1617, fol. 55r, Eintrag v. 12.4.1616.

3. PfA Neudrossenfeld R 1b Kirchenstiftsrechnung 1676/77-1720/21 Ausgabe Gotteshaus 1687/88 u. Nr. 256a Drosenfeldische Gotteshausacte, pag. 17, Kontrakt über die Kanzel m. J.G. Brenck v. 2.6.1680; LKAN Supint. Nr. 29 Bayreuth Nr. 101a das in allhiesige Pfarrkirche verfertigte neue Orgelwerk 1650/1655, Anschlag und Forderung v. 19.3.1653; PfA Gesees Nr. 283 Kirchenbauten insbesondere 1671-1840, Vertrag m. J.G. Brenck v. 26.2.1671.

4. Alle Angaben bezüglich des Petriretabels vgl. StA Bamberg C 9 VI Bd. 4b Nr. 11.460 Bau des schönen Altars in der St. Peterspfarrkirche zu Kulmbach 1653, Vertrag mit J. Brenck v. 8.3.1647.

5. StadtA Kronach B 7 Rtsprk 1653-1656, fol. 476r- 477v, Vertrag über den Hochaltar v. 9.8.1656; für den weiteren Text vgl. StadtA Kulmbach Nr. 33 Rtsprk. 1667-1668, pag. 284c, Eintrag v. 23.10.1668; AE Bamberg Rep. I Nr. 28/ 754 Vikariatsprk. 1663-1666, Eintrag v. 26.1.1665; StA Bamberg C 9 VI Bd. 4b Nr. 11.460 Zettel No. 13 und 14 v. 5.7.1648 und 26.6.1652.

6. Die Rechnungen nennen nur einen Herrn Bildhauer von Kulmbach. Vgl. AE Bamberg PfA Kleukheim Nr. 374 Kirchenstiftsrechnung 1680/81, pag. 46 Ausgaben für die Erbauung des neuen Hochaltars.

7. Ein im Würzburger Diözesanarchiv aufbewahrter Entwurf, vermutlich für das Retabel der Ritterkapelle in Hassfurt, ging 1945 verloren. Vgl. Schneider (1999.203.Anm.898).

8. Vgl. dazu die Angaben bei Metzger (1919.26-32); Huth (1923.55-56); Wilm (1940. bes.23-37); Müller (1948.Sp.608-611); Ulmann (1984.23-31); Behling (1990.139 ff.); Westhoff (1993.246-259); Krebs (1993.300-309) jeweils mit weiterführender Literatur.

9. Anhand des erhaltenen Bildmaterials ließ sich nach Ulmann (1984.8-9) erst 1655/65, dann wieder 1689 das Schnitzen bzw. Hauen an einem freistehenden vertikal aufgerichteten Stück nachweisen. Über das Verhältnis Bildhauer-Werkblock vgl. Ulmann (1984.10-11). Einige der Brenckschen Skulpturen weisen sowohl am Kopf als auch an der Standplatte Löcher auf, was für das horizontale Einspannen in eine Werkbank spricht.

10. PfA Rugendorf Nr. 329 Altar und Gemälde, Kontrakt m. J.G. Brenck u. A. Scheider v. 28/18.6.1662; PfA Kulmbach R 10 Kirchenstiftsrechnung 1644-1650 Außgab zur Renovierung/ Zierung des Predigtstuhls 1645; R 11 Kirchenstiftsrechnung 1651-1656 Ausgabe Fuhr-u. Taglohn 1651, pag. 104; StA Würzburg Bd. 71 Domkapitelprk. 1616-1617, fol. 51r u. 51v, Eintrag v. 4.3.1617; StadtA Bad Windsheim B 75 Rtsprk.1617-1618, fol.199v, 200r, Eintrag v. 5.7.1617.

11. StadtA Kronach B 7 Rtsprk. 1653-1656, fol. 477r, Eintrag v. 9.8.1656 Kontrakt über den Choraltar mit J. Brenck und J.G. Schlehendorn; StA Bamberg C 9 VI Bd. 4b Nr. 11.460 Gedingzettel m. Bernhard Schönkapp v. 8.3.1647; LKAN Supint. Nr. 29 Bayreuth Nr. 101a Anschlag u. Forderung der Bildhauer v. 19.3.1653 u. Gedingzettel v. 22.3.1653; PfA Kulmbach R 10 Kirchenstiftsrechnung 1644-1650 Außgabe Fuhr- u. Taglohn 1647; StadtA Bad Windsheim B 65 Rtsprk. 1607/08, fol. 10r, Eintrag v. 21.1.1607. Ob Brenck das Holz überlassen worden war, ist nicht bekannt.

12. PfA Kulmbach R 10 Kirchenstiftsrechnung 1644-1650 Außgabe Renovierung/Zierung des Predigtstuhls 1645; auch Sitzmann (1938.30).

13. In der Umgebung von Saalfeld und in Kreitberg bei Heldburg wurde nach Alabaster gegraben. Vgl. Ernst Lorenz: Bodenschätze im Coburger Land. In: Der Mainbote von Oberfranken 16 (1931.17-21).

14 StA Bamberg Rep. C 9 VI Bd. 4a Nr. 10.096 Acta Hochfürstl. Schloß und Residenz zu Bay-
    reuth 1667-1670, Bl. 241, 259; StadtA Bayreuth Hist. Ver. 2639, Innenausstattung der
    Schlosskirche (1669-1675), Anschlag für den Altar v. 20.10.1669.

15 Qualitativ scheint aber der Thüringer Alabaster den günstigeren Windsheimer übertroffen
    zu haben. 1666 berichtete der Würzburger Bildhauer Johann Philipp Preuß über bessere
    Alabastervorkommen als die der Windsheimer Gegend. Vgl. Kossatz (1988.112.360.Q
    85,4,5,12).

16 Bereits 1668 wurde dem Kastner von Hoheneck angetragen, Gips aus einem Windshei-
    mer Steinbruch und einer Grube zwischen Nordenberg und Burgbernheim in der Nähe von
    Rothenburg brechen zu lassen. Das Material scheint nicht für bildhauerische Arbeiten, son-
    dern für den Bau der Schlosskapelle benötigt worden zu sein. 20 Zentner Gips, die man
    1669 nach Bayreuth transportierte, stammten aus einem Steinbruch zwischen Ipsheim und
    Külsheim. Vgl. StA Bamberg C 9 VI Bd. 4a Nr. 10.096 Bl. 136, 197, 201.

17 PfA Kulmbach R 10 Kirchenstiftsrechnung 1644-1650 Außgab Fuhr/Taglohn 1648; StadtA
    Kulmbach Nr. 29 Rtsprk. 1659-16660, pag. 88, Eintrag v. 26.3.1660.

18 Vgl. Hofmann (1901.66); PfA Mistelgau Nr. 133 Kirchenverschönerung 1646-20.Jh, Gut-
    achten v. Wilhelm Behringer Januar 1904.

19 PfA Kulmbach R 10 Kirchenstiftsrechnung 1644-1650 Einnahme Beschickgeld und Ausga-
    be auf den wie vorher bedachten Taufstein 1647; StA Bamberg C 9 VI Bd. 4b Nr. 11.460;
    LKAN Supint. Nr. 29 Bayreuth Nr. 101a.

20 LKAN PfA Schnabelwaid Nr. 25a Pfarrbeschreibung 1865, S. 26; Nr. 25b Pfarrbeschreibung
    1918/21, S. 22; PfA Neudrossenfeld K 3 Kirchenbuch Taufen, Trauungen, Bestattungen
    1634-1686, Einnahme zur Kanzel, pag. 5-7.

21 AE Bamberg Rep. I Nr. 28/ 754 Vikariatsprk. 1663-1666, Eintrag v. 8.6.1665; StadtA Kulm-
    bach Nr. 32 Rtsprk. 1665-1666, pag. 346-347, Eintrag v. 2.12.1665.

22 LKAN PfA Trumsdorf Nr. 193 Bauwesen innere Einrichtungen Trumsdorf/ Alladorf, Brief
    H.G. Brencks v. 25.10.1669; StA Würzburg Nr. 6540 Kirchenbaurechnung Frickenhausen
    1616; LKAN PfA Gesees Nr. 283 Kirchenbauten insbesondere 1671-1840, fol. 19r-20v,
    Kontrakt m. J. Brenck 1671/72.

23 StadtA Bayreuth Hist.Ver. 2639 Innenausstattung der Schlosskirche (1669-1675), Schreiben
    J. Brencks an die fürstl. Kammerräte v. 7.2.1673 und StA Bamberg C 9 VI Nr. 10.096 Bl. 274
    v. 2.7.1672; LKAN PfA Trumsdorf Nr.193 Bauwesen innere Einrichtungen Trumsdorf/ Alla-
    dorf, Schreiben H.G. Brencks v. 11.12.1669.

24 AE Bamberg Rep. I Nr. 28/755 Vikariatsprk.1666-1671 Eintrag v. 30.7.1667 und Nr. 28/754
    Vikariatsprk.1663-66 Eintrag v. 8.6.1665; PfA Ipsheim R-1a Gotteshausrechnung 1615-
    1616, 1614; PfA Kulmbach R 10 Kirchenstiftsrechnung 1644-1650 Außgab Fuhr/Taglohn
    1648; PfA Neudrossenfeld R 1b Kirchenstiftsrechnung 1676/77-1720/21 Anhang Kanzel-
    rechnung 1687/88 u. Ausgabe Gotteshaus 1687/88; LKAN PfA Trumsdorf Nr. 193 Bauwe-
    sen innere Einrichtungen Trumsdorf/ Alladorf, Brief H.G. Brencks v.11.12.1669; Rathaus
    Sommerhausen, Bürgermeisterrechnung 1616-23 unter 1621.

25 LKAN PfA Gesees R 3 Kirchenstiftsrechnung 1672/73 Ausgabe Zehrung, pag. 26; PfA Il-
    lesheim R 2 Pfarrkirchenrechnungen 1602-1635, unter 1611, pag. 186; LKAN PfA Obern-
    sees R 2 Kirchenstiftsrechnung 1688 ff. Außgabe Kirchengebäude 1688/89; Sommerhausen
    Rathaus, Bürgermeisterrechnung 1621.

26 Funk (1938.25); PfA Bayreuth St. Johannis R 4 Gotteshausrechnung 1670-1699 Außgabe
    Gebäude und Flickwerk der Kirche 1683/84; PfA Neudrossenfeld R 1b Kirchenstiftsrech-
    nung 1676/77-1720/21 Anhang Kanzelabrechnung 1687/88; LKAN PfA Bindlach R 9 Kir-
    chenstiftsrechnung 1680/81-1684/85 Ausgaben zum Taufstein 1680/81, fol. 21v; PfA Kulm-
    bach R 12 Kirchenstiftsrechung 1657-1662 Ausgabe Reparierung der Orgel 1657, pag. 112;
    R 10 1644-1650 Kirchenstiftsrechnung Ausgabe Renovier/Zierung Predigtstuhl 1645.

27 Zum Niederfall (auch Nider-, Nieder- und Nidern -fal, -faal, -fhal(l) oder-fall) vgl. Kramer
    (1958.83-104) auch über die verschiedenen Theorien zur Herkunft des Begriffes.

28 StadtA Rothenburg R 368 Jakobspflegrechnung 1603-1618 Ausgaben ins Gemein, fol. 69r.

29 LKAN PfA Bindlach R 8 Kirchenstiftsrechnung 1675/76-1679/80 Ausgabe wegen des Taufsteindeckels 1679/80, fol. 23v.

30 Vgl. die drei beigehefteten Scheine über die Bezahlung der Blindflügel, das fürstliche Wappen mit den zwei Kindern und das Relief des Hl. Abendmahls. StA Bamberg C 9 VI Bd. 4b Nr. 11.460 Bau des schönen Altars in der St. Peterspfarrkirche zu Kulmbach 1653.

31 LKAN PfA Gesees Nr. 283 Kirchenbauten insbesondere 1671-1840, fol. 19r-20v, Vertrag m. J. Brenck 1671/72; StadtA Kulmbach Nr. 32 Rtsprk. 1665-1666, pag. 309-310, Eintrag v. 6.11.1665.

32 Die Zahlungsforderungen wurden vom Auftraggeber nicht erfüllt, wie die Differenz zwischen der Forderung von 256 Rthlr. und der eigentlichen Zahlung von 200 fl. und 20 Taler Leihkauf belegt. Vgl. LKAN Supint. Nr. 29 Bayreuth Nr. 101a, Anschlag der Bildhauer Brenck u. Schlehendorn v. 19.3.1653.

33 StadtA Bad Windsheim B 73 Rtsprk. 1615-1616, fol. 14v, Eintrag v. 14.8.1615; StA Bamberg C 9 VI Bd. 4a Nr. 10.096 Bl. 306 Kanzelvertrag m. J. Brenck v. 19.9.1671; Sommerhausen Rathaus, Bürgermeisterrechnung 1621.

34 StA Bamberg C 9 VI Bd. 4a Nr. 10.096 Bl. 277, 278.

35 StadtA Bayreuth Hist.Ver. 2639, Memoriale J. Brencks v. 10.10.1672; StadtA Ochsenfurt Receßbuch II 16,1, Teil 1613, fol. 53v 1613.22.5. (nach Lit.); AE Bamberg Rep. I Nr. 28/755 Vikariatsprk. 1666-1671, Eintrag v. 28.11.1667

36 StA Nürnberg Manuskripte, Nachlass Korndörfer Nr. 323/46 Lebensmittelpreise 1600-1700. 9 Malter Korn entsprachen 18 Sack Korn, 1 Fuder Wein ungefähr einem Wagen mit Wein.

37 StA Bamberg C 9 VI Bd. 4b Nr. 11.460 Außgab an Geldt zue dem Altarbaw uff Bildthauer Arbeit.

38 Vgl. Baumgärtel-Fleischmann (1987.110).

Kanzeln, Standorte des Predigers, Stätten der Verkündigung des Wortes Gottes, gehören zu den bevorzugt ausgeführten Arbeiten der Windsheimer und der Kulmbacher Bildschnitzerwerkstatt.[1] Mit zunehmender Aufmerksamkeit, die man der Predigt nach den reformatorischen Umwälzungen im 16. Jahrhundert im protestantischen Gottesdienst schenkte, war die Bedeutung der Kanzel so weit gestiegen, dass sie gleich neben dem Altar zum wichtigsten Ausstattungsstück des Gotteshauses und somit zur vornehmlichen Aufgabe eines Bildhauers, Schreiners oder Bildschnitzers avancierte.

Über 100 Jahre hatte die Schnitzerfamilie Brenck aus Windsheim in allen Teilen Frankens gewirkt. Während dieses Zeitraums schufen die einzelnen Familienmitglieder nachweisbar 28 Kanzeln und drei Schalldeckel (Kulmbach St. Petri 1645, Bindlach 1682/83 und Limmersdorf 1692/93 Zuschreibung). Außerdem hatten Johann Brenck und Hans Georg Schlehendorn den bereits vorhandenen älteren Predigtstuhl zu Kulmbach St. Petri modernisiert. 17 Werkstücke, die zwischen 1600 und 1625 entstanden, entfallen auf den Windsheimer Betrieb. Vier Predigtstühle (Markt Erlbach 1621, Sommerhausen 1628/21, Bad Windsheim Spitalkirche 1622, Ellwangen um 1625) wurden vermutlich unter maßgeblicher Beteiligung Georg Brencks d.J. produziert. Zwei der Arbeiten, die Kanzeln für die Stadtpfarrkirche Bad Windsheim (1600) und die Johanneskirche in Rothenburg (1604) sind völlig zerstört, zwei weitere Kanzelbauten für Neustadt an der Aisch (1616) und Ermetzhofen (um 1615 Zuschreibung) nur fragmentarisch erhalten. Die Predigtstühle von Ickelheim (1611) und Pfaffenhofen (1613) wurden im 18. Jahrhundert Teil eines Kanzelaltaraufbaus.

Insgesamt 13 Predigtstühle ließen sich den in Kulmbach ansässigen Werkstätten der Bildhauer Johann Brenck und Johann Georg Brenck zuordnen. Sie wurden zwischen 1652 und 1694/95 gefertigt. Nur für vier Arbeiten (die Umarbeitung in Kulmbach, die zerstörten Kanzeln zu Kronach 1664 und in der Bayreuther Schlosskapelle 1671/74, sowie die zugeschriebene Kanzel zu Untersteinach um 1651) kommt Johann Brenck als Schöpfer in Betracht. Das Gros der Werke entfällt auf den jüngsten Bildschnitzer Johann Georg Brenck. Vier gesicherte Arbeiten (Heiligenstadt 1680, Neudrossenfeld 1680/82, Alladorf (Bayreuth St. Johannis 1681) und Obernsees 1688/89) und fünf aufgrund der stetigen Formwiederholung sicher zugeschriebene Werke (Kulmbach Spitalkirche um 1672 und Friedhofskirche 1674, Eckersdorf 1677, Kasendorf 1678/79 und Lehental 1694/95) gehören zu seinem Oeuvre. Vier der letztgenannten Arbeiten (Neudrossenfeld, Alladorf (Bayreuth St. Johannis), Kulmbach Spitalkirche, Eckersdorf) wurden für eine Kanzelaltarlösung fragmentiert. In Lehenthal hat sich nur noch der Figurenschmuck des Kanzelbechers - die Evangelistenreihe inklusive des Salvators - erhalten.

Darüber hinaus stehen die Kanzel zu Hallstadt und ein zerstörtes Werk in Trumsdorf in engem Zusammenhang mit den Brenckschen Betrieben. Der Hallstadter Predigtstuhl von 1669 ist quellenkundlich für Johann Georg Schlehendorn, den Gesellen und Mitarbeiter Johann Brencks gesichert. Die Kanzel zu Trumsdorf war 1678/80 von Hans Heubner gefertigt worden, der zeitweise unter Johann Brenck in Bayreuth gearbeitet hatte.[2]

Der Predigtstuhl im 17. Jahrhundert

Als Prinzipalstück[3] einer Kirche ist die Kanzel zweckmäßigen und gottesdienstlichen Forderungen, aber auch modernisierenden Zeitströmungen unterworfen. Entsprechend dem nördlich der Alpen gängigen Umgang mit eindringenden Renaissanceelementen leugnet die Kanzel des späten 16. und beginnenden 17. Jahrhunderts eine Anlehnung an den bereits vorhandenen gotischen Grundtypus nicht. Polygonale Korpusform und die Einzelelemente wie Fuß-, Brustzone und Treppenanlage gehören auch bei den jüngeren Werken zu den wesentlichen Bestandteilen eines Predigtstuhles. Unterschiede liegen in der zeitgenössischen Dekoration der Einzelformen und der neuartigen Gesamtkonzeption der Werke. So entstehen in Deutschland während des 17. Jahrhunderts Kanzelarchitekturen, die mit geringen Modulationen landschaftsübergreifend charakteristische Wesensmerkmale aufweisen. Die Predigtstühle der Windsheimer und Kulmbacher Werkstätten sind zeitkonform und bilden in der Gesamtschau diesbezüglich keine Ausnahme.

Anstelle des einheitlichen, gotischen Aufbaus mit starken Vertikaltendenzen hat sich der Predigtstuhl zum selbständigen autonomen, meist breit gelagerten Einrichtungsstück gewandelt. Ohne direkte Bindung an den umgebenden Kirchenraum ist er isoliertes Mobiliar, das aus dem sakralen Gebäude entfernt werden könnte, ohne den Gesamteindruck zu zerstören. Das additive Zusammenfügen der tragenden und lastenden architektonischen Komponenten gilt als wesentliche Eigenart: Träger, Brustzone, Korpus, Schalldeckel, aber auch Treppe und Portal sind separat konzipiert und gearbeitet, streng voneinander getrennt und folglich variable, austauschbare Bauelemente geworden. Verschmelzungen und Verbindung erfolgen, wenn überhaupt, durch rahmende oder füllende Ornamentik oder das Figurenprogramm.

Der Kanzelkorpus bleibt wie in der Gotik überwiegend polygonal gestaltet, aus dem Achtort oder dem Sechseck konstruiert. Je nach Aufstellungssituation und Brechungsform bildet er vier oder fünf Schauseiten aus, die übrigen Seiten werden von dem Zugang und der Wand, an der sich das Stück anlehnt, benötigt. Die Oberflächengliederung des Korpus folgt einem festen System von Horizontalen und Vertikalen, das sich wie ein Netz über die Grundfläche legt und alles mit einbezieht. Für die waagerechte Einteilung des Kanzelbechers sorgen eine Sockelzone und ein bekrönender Fries. Sie schließen das in der Mitte liegende Hauptfeld ein. Mit Hilfe unterschiedlicher Stützenformen erfolgt die vertikale Teilung des Bechers. Übereck platzierte Säulen, Pilaster, Voluten, auch Figuren auf Konsolen oder Verkröpfungen trennen und rahmen die Brüstungsfelder und weisen ihnen den Charakter einzelner Fronten zu. Anstelle eines kontinuierlichen, universellen Seherlebnisses bieten sich dem Betrachter mehrere kleine Fassaden, die getrennt voneinander erfasst werden müssen. Die Füllung der Bildflächen mit flachreliefierten figurenreichen Szenerien ist häufig, kommt aber bei keiner der Brenckschen Kanzeln vor. Stattdessen bevorzugt die Werkstatt nachweislich mehr oder weniger plastische Einzelfiguren. Die Windsheimer Schnitzer und die übrigen Vertreter der Familie nahmen damit eine ab 1630 auftretende Tendenz vorweg. Da weder das Ornament noch die Skulptur auf eine benachbarte Gattung übergreift, wirkt die Kanzel der Spätrenaissance mit ihrer strengen Gliederung als „Architekturmikrokosmos" (Henle 1934.309) überschaubar und strukturiert.

Generell sind Kanzeln der Brenckwerkstatt, einer ab 1590 zu beobachtenden Vorliebe folgend, aus Holz gefertigt. Die Anfertigung von Alabasterszenerien für den marmornen Predigtstuhl der Bayreuther Schlosskapelle durch Johann Brenck in den 70er Jahren bildet eine Ausnahme, die sich mit dem markgräflichen Auftraggeber und der bereits vorherrschenden Tendenz des prachtliebenden Barock erklären lässt. Bei der Erneuerung der steinernen Kanzel zu Kulmbach St. Petri 1645 mussten die Bildhauer zwangsläufig vom vorhandenen Bestand in Stein ausgehen. Der für das Opus angefertigte neue Schalldeckel wurde allerdings wiederum in Holz ausgeführt.

Der Kanzelfuß

Die Werkstätten der Brenckfamilie in Windsheim und Kulmbach orientieren sich nicht nur im Gesamtaufbau der Predigtstühle an allgemein im deutschen Raum vorherrschenden Tendenzen. Auch bei der Gestaltung des Kanzelfußes führen sie ein breites, damals übliches Spektrum von Trägerelementen (gewundene, glattschaftige, kannelierte Säulen, Baluster) vor. Vorauszuschicken ist, dass innerhalb des Oeuvres Kanzelfuß und Kanzelbecher generell aus dem gleichen Material, d.h. aus Holz gearbeitet sind. Überblickt man den gesamten Werkkomplex der Familie, so lassen sich fast ausschließlich freistehende, einstützige Kanzelfüße nachweisen, die mittig unter dem Kanzelboden positioniert wurden. Für die Ausgestaltung eines einstützigen Fußes boten sich mehrere Möglichkeiten. Ab Mitte des 16. bis zum frühen 18. Jahrhundert traten in ganz Deutschland, bevorzugt im Norden und in der Landesmitte, skulpturale Stützen bei aufwendig gestalteten Kanzeln als Träger auf. Die geläufigste Lösung stellt die Untersockelung mit Moses dar. Schon 1600 hatte Georg Brenck d.Ä. den nicht mehr erhaltenen Predigtstuhl der Windsheimer Stadtpfarrkirche wohl erstmals in Franken mit einer Mo-

Markt Erlbach, Evang.-Luth. Pfarr-kirche St. Kilian, Moses als Kanzelträger, 1621.

sesfigur versehen. In kurzer zeitlicher Folge entstanden die Kanzeln in Er-gersheim (1603) (Zuschreibung), Ro-thenburg (1604), Herchsheim (1614); Giebelstadt (um 1615); Neustadt an der Aisch (1616) (Zuschreibung) und für die Ansbacher Johanniskirche (jetzt Markt Erlbach) (1621).

Die Skulpturen wurden dabei als auf-recht stehende Freifiguren gestaltet, die durch ihren Vertikalismus das Ge-präge einer architektonischen Stütze übernehmen. Völlig unbeeindruckt von den Massen der aufliegenden Be-cherkonstruktion sind die Figuren mit Ausnahme des Rothenburger Exem-plars weder gebeugt noch gedrückt oder gestaucht. Ihre eigentliche Funk-tion „das Tragen" kommt nicht zum Ausdruck.

Obwohl es bisher nicht gelang, die Entstehung figuraler Stützlösungen tatsächlich nach Sachsen zu lokali-sieren, gelten tragende Mosesfiguren ab der zweiten Hälfte des 16. Jahr-hunderts im ehemaligen Königreich und der sächsischen Provinz als cha-rakteristische Bildung.[4] Zu den Bei-spielen, die durch den passiven Stütz-habitus der Trägerfiguren mit den Ar-beiten der Brenckschen Werkstatt korrelieren, gehören meist Exempla-re, die bereits um die Jahrhundert-wende datieren. So z.B. die Stuck-kanzel in der Annenkirche von Eisle-ben (1590/1608) oder der hölzerne Predigtstuhl der Jakobikirche in San-gerhausen (2.H.16. Jh.). Sie lassen je-doch auf eine ältere Tradition schließen, die sich anhand des heutigen Kanzel-bestandes nicht mehr nachweisen lässt. Auf seiner Wanderschaft konnte Georg Brenck d.Ä. außerdem an der ehemaligen Ratsloge der Leipziger Nikolaikirche (Mitte 16. Jh.) und an der Kanzel zu St. Johannis (jetzt Stadtgeschichtl. Mus.) von Valentin Silbermann (1586) das System figuraler Stützen, die sich vom Trage-

Sommerhausen, Evang.-Luth. Pfarrkirche St. Bartholomäus, Christus als Kanzelträger, 1620/21.

vorgang unabhängig säulenhaft gaben, studieren.

Auf einer beinahe singulären Figur ruht der Kanzelbecher in Sommerhausen, der hauptsächlich von Georg Brenck d.J. hergestellt worden war. Nicht Moses, sondern Christus war verpflichtet worden, die Last des Aufbaus auf dem Kopf zu tragen. Johann Georg Brenck hatte sich ausschließlich ein einziges Mal für eine skulpturale Stützlösung entschieden, obwohl zu diesem Zeitpunkt Kanzelträger durchaus noch Verwendung fanden. Er untersockelte den Predigtstuhl von Bayreuth St. Johannis (Alladorf) mit einer heute leider verlorenen Engelsgestalt. Parallel zu den Kanzeln mit Fuß existieren vom 16. bis zum 18. Jahrhundert vor allem in den katholischen Gegenden auch stützenlose Kanzeln. Sie sind im gesamten Oeuvre der Bildschnitzerfamilie Brenck nicht üblich und folglich immer das Produkt späterer Veränderungen.[5]

Brustzone und Konsole

Konstitutives Kriterium für die Gestaltung der Brustzone ist die Funktion, die sich folgendermaßen umschreiben lässt: Von dem punktuell konzentrierten Diameter des Trägers muss optisch zur polygonal gebrochenen ausladenden Grundfläche des Korpus übergeleitet werden. So ist eine kelchartige, sich nach oben verbreiternde stufenförmige oder fließende Form vorgegeben. Sie kann geschlossen und kompakt oder offen und filigran gestaltet sein. Entsprechend der ab 1590 vermehrt auftretenden offenen Gestaltung führten so-

Hans Georg Brenck, Heiligenstadt, Evang.-Luth. Pfarrkirche, Konsolzone der Kanzel, 1680.

wohl die Windsheimer als auch die Kulmbacher Werkstätten die trichterförmige Zone meist durchbrochen aus. Eine Ausnahme bildet die Windsheimer Spitalkirchenkanzel mit einer geschlossenen kuppelförmigen Konsolzone in der Art der steinernen Kanzelbrust am Rothenfelser Predigtstuhl von 1616 (Kreis Main-Spessart).

Generell formten die Windsheimer Schnitzer Spangen aus band- oder beschlagwerkartigen Strukturen, die Kulmbacher aus darmartigen knorpeligen Gebilden. Im Gegensatz zu den bekannten zeitgenössischen mainfränkischen Kanzelanlagen kommt den Rippen trotz ihrer schmückenden Ausgestaltung Tragefunktion zu.

Als gängige Brustzonenlösung darf innerhalb des Betriebes die offene Konsole in Form einer Volutenkrone gelten. Sie wird aus einzelnen Rippenbögen gebildet, die der architektonischen oder figuralen Stütze des Predigtstuhls entsteigen. In mehr oder weniger dekorativ modellierten Schwüngen führen sie schließlich zum äußeren Rand des Kanzelbodens. Zwei Varianten lassen sich im offenen Brustbereich unterscheiden. Eine Spielart bildet die Konsole aus rein ornamental geformten Spangen, eine zweite die aus figuralen Rippenhermen. Bei der ersten Form können sich die Rippen je nach Anbringung entweder dem Kanzelboden zuwenden und so den offenen „leeren" Raum mit einschließen oder der Stützzone zuneigen und den impulsiven Drang der Spangen nach außen tragen. Offene ornamentale Konsolenlösungen findet man an den Kanzeln zu Ergersheim, Uffenheim 1610, Ickelheim und Sommerhausen, aber auch bei den von Johann Georg Brenck gefertigten Predigtstühlen in Neudrossenfeld und Heiligenstadt.

Die Volutenkrone mit Hermenrippen tritt mit einer einzigen Ausnahme - der Friedhofskanzel zu Kulmbach - nur bei den Werken der in Windsheim tätigen Meister Georg Brenck d.Ä. und d. J. auf. Ältestes bekanntes Exemplar innerhalb des Gesamtoeuvres ist die Brustzone der zerstörten Stadtpfarrkirchenkanzel zu Windsheim aus dem Jahre 1600, bei der dem Haupt der Trägerfigur sechs Rippen mit Engelskörpern entsprangen. Einen optischen Eindruck dieser formal dem 16. Jahrhundert verpflichteten Konstruktion vermitteln die Brustzonen der Predigtstühle in Herchsheim (1614), Giebelstadt (um 1615) und Darstadt (1615). Dort wandeln sich die kräftigen geschuppten und blattverzierten Rippenstränge rings um einen Baluster auf mittlerer Höhe zu ätherischen halbfigurigen Engelsgestalten. Sie stützen mit ihren Häuptern, nicht mit den spielerisch in die Höhe ragenden Flügelchen, den Kanzelboden.

Als unumstrittener Höhepunkt im Brenckschen Gesamtwerk darf die Brustzone des Markt Erlbacher Predigtstuhls gelten. An die Stelle gleichförmiger Engelsgestalten sind mit Attributen ausgestattete, differenziert gestaltete Tugendfiguren getreten. Jede für sich geformt - individuell agierend.

Korpus, Kanzelrumpf und Brüstung

Grundrissformen

Trotz der großen Vielfalt möglicher Grundrissformen[6] haben die Mitglieder der Schnitzerfamilie Brenck ihre Kanzelbecher ausschließlich aus dem seit der Gotik bis zum 18. Jahrhundert üblichen Polygon konstruiert. Bevorzugte geometrische Form der Windsheimer Werkstatt ist das gleichseitige Sechseck, das je nach Auswahl des figürlichen Programms vier (Ergersheim, Pfaffenhofen, Giebelstadt, Darstadt und Windsheim) oder fünf Schauseiten (Uffenheim, Herchsheim, Markt Erlbach, urspr. Sommerhausen und evtl. Ellwangen) aufweisen kann. Beide Lösungen sind unter Ausklammerung einiger problematischer Beispiele[7] gleich stark im Werkkomplex vertreten.

Der Kulmbacher Betrieb, vor allem unter der Führung Johann Georg Brencks, wählte beinahe ausschließlich das Oktogon als Grundform. Möglicherweise lag die Vorliebe für diese Struktur an der obligatorischen Dekoration des Kanzelbechers mit dem Evangelistenprogramm inklusive der Salvatorgestalt. Als Repräsentanten der 5/8 - Lösung sind die Kanzelbecher von Untersteinach[8], die Spitalkanzel zu Kulmbach, die Predigtstühle aus Obernsees, Neudrossenfeld und Bayreuth St. Johannis (Alladorf) zu nennen.

87

Aufrissgestaltung und Dekoration

Hauptstück der ganzen Kanzelanlage ist der Becher oder Korpus, der durch unterschiedlich kombinierte Profile, Leisten oder Gesimse in mehrere, meist drei oder vier horizontale Streifen unterteilt wird. Zuunterst beginnt die sogenannte Sockelzone, die ornamental oder skulptural verziert sein kann. In manchen Fällen folgt sie erst einem einleitenden Sockelfries, der nicht selten einer durchlaufenden Inschrift als Präsentationsfläche dient. Kern des Bechers und Träger wichtiger ikonographischer Inhalte ist das Hauptfeld, das die höchste Ausdehnung am gesamten Korpus besitzt. Es wird meist durch vertikale architektonische Elemente in einzelne Felder oder Flächen gegliedert. Eine Muschelnische, in der die Figuren des Bechers zur Aufstellung kommen, gehört für viele Exemplare auch noch in der zweiten Hälfte des 17. Jahrhunderts zum Standardrepertoire. Den Abschluss des Kanzelbechers formt ein Gebälk, das in seinem Fries wiederum figürlichen oder ornamentalen Schmuck, mitunter auch eine Inschrift aufweisen kann. Oft wird das kräftige gestufte Gesims von einer vorkragenden Holzauflage bekrönt (z.B. in Giebelstadt, Eckersdorf, Heiligenstadt).

Innerhalb des Gesamtoeuvres lassen sich ausschließlich Kanzelbecher mit figürlicher Dekoration, das heißt mit stehenden oder sitzenden Skulpturen am Brüstungsfeld dokumentieren.[9] Streng architekturgebunden werden die Figuren in einer Rundbogennische - an den Windsheimer Exemplaren mit dem im 17. Jahrhundert beliebten Muschelschmuck präsentiert.[10] Der Traditionalismus bezüglich architektonischer Gestaltungsmerkmale sowie ein repetierender Formkanon ermöglichen eine übergreifende systematische Darstellung aller Kanzelbecher in vier großen Gruppen. Die übrigen Exemplare, die sich nicht in die Systematik eingliedern ließen, sind als Varianten, Misch- oder Sonderformen zu betrachten (Ergersheim, Uffenheim, Windsheim Spitalkirche, Külsheim 1623, Ellwangen). Während die Fassadengestaltung der Windsheimer Werke drei Gruppierungen zuließen, musste für die Kanzeln des Kulmbacher Betriebes nur ein einziger Typus neu definiert werden. Als wesentliche Kriterien für die Zuordnung einer Kanzel zu einem festen Typ galten

Markt Erlbach, Evang.-Luth. Pfarrkirche St. Kilian, Korpus mit Evangelist Markus, 1621.

die horizontale Einteilung des Bechers, die Ausformung charakteristischer Nischen in bestimmte Zonen und die Art der architektonischen Instrumentierung des Kanzelbechers. Unerheblich blieb, ob es sich hierbei um eine gewundene, weinlaubumrankte Säule oder ein glattschaftiges Exemplar handelte. Für eine typologische Einordnung blieben alle variablen Elemente wie Profilkombinationen, ornamentale Dekoration, figürliches Programm sowie Text und Ausformung von Inschriften bedeutungslos.

Den Anfang der typologischen Reihe Typ I (siehe Tafel VI) bilden die prächtigen, repräsentativen Kanzelgestaltungen von Markt Erlbach und Sommerhausen. Sie waren auf dem Höhepunkt der Windsheimer Werkstatt in den zwanziger Jahren des 17. Jahrhunderts entstanden. Mit ihren umfangreichen, architektonischen Details, zahlreichen Figuren und aufwendigen Dekorationsmotiven führen sie einen großen Formenschatz vor Augen. Beide Kanzelbecher weisen eine vierzonige Aufrissgestaltung aus Sockelstreifen, Sockelzone, Hauptfeld und Gebälk sowie eine doppelte Instrumentierung im Bildfeld des Korpus auf. Charakteristikum der Sockelzone ist ein queroblonges, in die Grundfläche eingetieftes Feld, das an den Schmalseiten halbkreisförmig schließt. Für die Gliederung des Hauptfeldes sorgt eine halbrund geformte Muschelnische, in deren Vertiefung die Evangelistenfiguren sitzen. Vertikale Tendenzen kommen am Becher an der durchlaufenden Eckverkröpfung zum Tragen. Das Vorkragen von Sockelfries und Sockelzone ermöglicht den Säulen der Hauptzone eine freie Aufstellung. Entscheidend für den repräsentativen Kanzeltyp bleibt die Hinterlegung der Stütze mit einer weiteren untergeordneten Instrumentierung. Durch diese Gestaltung erreicht der Korpus innerhalb seines architektonischen Gefüges maximale Räumlichkeit. Gewisse konstruktive Analogien mit der Flankengliederung eines Portals aus der Formenlehre *Etlicher Architectischer Portalen, Epitapien, Caminen vnd Schweyffen...* von Jakob Guckeisen und Veit Eck aus dem Jahre 1596 sind trotz Divergenzen nicht zu leugnen.[11]

Die zweite Gruppe Typ II (siehe Tafel VI) wird primär von den Predigtstühlen in Herchsheim, Giebelstadt und Darstadt gebildet, die zwischen 1614 und 1615 für die benachbarten Kirchen der Familie Zobel mit großen formalen und figuralen Übereinstimmungen gefertigt worden waren. Zu den wesentlichen Merkmalen zählt die dreizonige horizontale Aufrissgestaltung, die durch den Verzicht auf den unteren Sockelstreifen entstand. Einleitendes Element ist demnach die breite Sockelzone, die durch kleine friesartig angeordnete Rundbogennischen mit Propheten gegliedert wird. Jeweils drei der Vertiefungen entfallen auf eine Brüs-

Georg Brenck d.Ä., Giebelstadt, Evang. Kirche, Kanzel, um 1615.

tungsseite, ein Bogen ziert das Säulenpiedestal. Am Predigtstuhl in der Jakobikirche zu Sangerhausen (zweite Hälfte 16. Jahrhundert) ist diese Besonderheit gleichfalls in Kombination mit den sitzenden Evangelisten im Hauptfeld vorgebildet. Statt der zweifachen Instrumentierung im Eckbereich hat man bei der zweiten Kanzelgruppe die Säule - in Herchsheim und Giebelstadt verwandte der Schnitzer kannelierte Exemplare, Darstadt weist glatte Säulenschäfte auf - an den Korpus gezogen und mit ihm verbunden. Ergebnis ist ein kompakter, geschlossener Becher ohne das beim ersten Typus vorliegende Höchstmaß an Binnenräumlichkeit. Vermutlich gleichfalls dieser Gruppe zugehörig war die 1616 entstandene, heute nur noch fragmentarisch erhaltene Kanzel aus Neustadt/ Aisch. Nach Schnizzers Beschreibung (1707/8.127) schmückten den einleitenden Sockel 12 kleine Prophetenfiguren, während eine Widmungsinschrift am Fries des Bechers das Opus nach oben hin abschloss.

Während die zwei ersten Gruppierungen ausschließlich Predigtstühle der Windsheimer Werkstatt zusammenfassen, können in die dritte Gruppe Typ III (siehe Tafel VI) unter Berücksichtigung kleiner Variationen auch Arbeiten der Kulmbacher Schnitzer integriert werden. Repräsentanten des Modells sind die einfach gestalteten Predigtstühle in Ickelheim, Buchheim 1611, Pfaffenhofen, Kasendorf 1678/79 und Kulmbach (St. Nikolai), die auch in ihrer Gesamtgestaltung partiell stark handwerkliche Züge tragen. Für alle Arbeiten ist der schlichte dreizonige Aufriss und die ausschließliche Verwendung von untergeordneten Stützenformen kennzeichnend. Dabei wurde die Dreizonigkeit vom zweiten Typus übernommen, auf die feste Gliederung des Sockelbereiches, der an den Windsheimer Beispielen breiter ausfällt als an den Kulmbacher Exemplaren, mit Rundbogennischen verzichtet. Je nach geschmacklichem Empfinden konnte nun der Streifen in Ickelheim mit Engels- und Frauenköpfchen, in Kasendorf und Kulmbach mit Knorpelwerk verziert werden. Flache Pilaster sorgen bei allen Beispielen für die Vertikalgliederung. Unterschiede zwischen den einzelnen Arbeiten sind maßgeblich am Becherabschluss zu konstatieren. Während die Kulmbacher Arbeiten eine durchgängige Eckverkröpfung aufweisen, bleibt in Ickelheim das ganze Gebälk, in Buchheim und Pfaffenhofen das bekrönende Gesims ohne Vorsprung. Durch die sparsame Instrumentierung hat man bei allen Predigtstühlen die im Werk vorhandene potentielle Plastizität auf ein Minimum reduziert. Der mitunter festliche Eindruck der Arbeiten beruht trotz einfacher Sprache auf der skulpturalen und ornamentalen Dekoration.

Typ IV (siehe Tafel VI) stellt die gebräuchlichste Korpusform innerhalb der Kulmbacher Werkstatt dar. Auffällige Kennzeichen dieser Gruppierung sind eine dreizonige Horizontalgliederung des Kanzelbechers und die freistehende Ecksäuleninstrumentierung im Hauptfeld, die bereits im Sockel durch den Einsatz einer Konsole vorbereitet wird. Der Verzicht auf eine zweifache Instrumentierung mag in

Ickelheim, Evang. Pfarrkirche, Kanzel, 1611.

der häufigen Verwendung gewundener Weinstocksäulen liegen, die eine weitere Stütze aus dekorativen Zwecken überflüssig macht. Innerhalb dieses festgelegten Typus ließen sich zwei Variationsformen konstatieren. Bei der ersten handelt es sich um diejenigen Kanzelarchitekturen, bei denen das einleitende Gesims trotz nachfolgender Eckverkröpfung unverkröpft, also durchlaufend, bleibt. Dazu zählen die Predigtstühle von Heiligenstadt, Eckersdorf, Neudrossenfeld, Bayreuth St. Johannis (Alladorf) und vermutlich auch die Kanzel der Spitalkirche zu Kulmbach. Bei der zweiten Variante verweist bereits das erste Profil des Kanzelbechers auf die vorkragende Ecklösung im Hauptfeld des Korpus. Zu dieser Gruppierung gehören die Predigtstühle in Untersteinach, Hallstadt und Obernsees. Bei den meisten Beispielen dient eine Rundbogennische der Aufstellung von Figuren. Sockelzone und Anschlussfries sind unterschiedlich mit Ornamenten oder Beschriftungen verziert.

Untersteinach, Evang.-Luth. Pfarrkirche, Kanzel, um 1651.

Schalldeckel und Schalldach

Der Schalldeckel fand in der Gotik nur selten Anwendung. Ab dem 16. Jahrhundert ist er vermutlich aus akustischen Erwägungen bei einer ab diesem Zeitpunkt fest sitzenden Gemeinde bis zum Beginn des 20. Jahrhunderts häufig, aber nicht zwingend. Für gewöhnlich wiederholt der Grundriss des Schalldeckels in größerem Maßstab die im Becher anklingende Polygonform. Diese Kompositionsweise lässt sich schon an Kanzeln der Gotik nachweisen. Meist unterliegt das Schalldeckelgefüge einem zweiteiligen Prinzip. Basis des Aufbaus bildet die architektonische Konstruktion, die sich im Aufriss als profilgerahmte Frieszone darstellt. Durch diesen Bereich erfolgt die Befestigung des Deckels entweder über Eck oder mit einer ganzen Seite an der Wand des Kirchengebäudes oder des Retabels. Den zweiten Teil des Deckelkomplexes bildet der Aufsatz, die Bekrönung, die Kuppel oder das Dach der Anlage, dessen Gestaltungsmodus breiten Raum für Variationen lässt.

Innerhalb der Brenckschen Werkstätten wurde ein kronenartiger Aufbau bevorzugt, dessen einzelne Rippen die Ecken des Bechers betonen. Er kann geschlossen oder offen ausgeführt werden. Die Mehrzahl der Kanzeln aus dem Kulmbacher und dem Windsheimer Betrieb sind mit einer originalen Deckelkonstruktion ausgestattet. Nur insgesamt vier Exemplare - die Predigtstühle zu Ickelheim, Ellwangen, Untersteinach und der Kulmbacher Spitalkirche - haben vermutlich

Georg Brenck d.Ä.,
Uffenheim, Evang.
Spitalkirche, Kanzel,
1610.

aufgrund späterer restauratorischer Modifikationen ihre Bedachung verloren. Vorausgeschickt sei, dass der Schalldeckel im Gegensatz zu der sich stetig wiederholenden Korpusform eine markante Entwicklung während des 17. Jahrhunderts durchläuft. Analog zu diesen Veränderungen sind zwischen den Bedachungen der Windsheimer und der Kulmbacher Werkstätten die größten Unterschiede zu konstatieren.

Einteilige einfache Schalldeckelkonstruktionen, die sicherlich das Ergebnis einer späteren Purifizierung darstellen, finden sich an den Predigtstühlen zu Buchheim und Pfaffenhofen aus dem Windsheimer Betrieb. In beiden Fällen besteht die Bedachung der Kanzeln ausschließlich aus der architektonischen Basis des Aufbaus in Form eines sechseckig gebrochenen Gefüges mit weit vorkragender Abschlussleiste und hexagonaler Vertiefung auf der Unterseite. Die übrigen Schalldeckelanlagen sind den zweiteiligen Konstruktionen zuzurechnen. Analog zur Brustdisposition der Kanzel kann bei den Schalldeckelbauten zwischen einer offenen und einer geschlossenen Bedachung unterschieden werden. Unentbehrlicher Bestandteil für die offene Variante ist eine aus mehreren geschwungenen Rippen geformte kelchförmige Kronenkonstruktion mit geringerem Durchmesser als die architektonische Basis. Bei mittiger Platzierung des Aufbaus bleibt ein Deckelrand, dessen Ecken je nach Belieben beispielsweise mit Figuren, die Seiten mit Blendgiebeln dekoriert werden können.

Die offene Lösung ist im Werkkomplex des Windsheimer Betriebes nur ein einziges Mal, an der 1610 errichteten Uffenheimer Kanzel, nachzuweisen. Dort trägt die unverkröpfte architektonische Basis ein durchbrochenes Ensemble aus Schneckenrippen, das am Zenit eine thronende Gottvaterfigur präsentiert. Innerhalb des Kulmbacher Gesamtoeuvres wurde der Werkstatttradition folgend, nachweislich drei Mal, und zwar in Hallstadt, in Kasendorf und in der Nikolaikirche zu Kulmbach, auf diese Gestaltungsform zurückgegriffen. Abweichend von der frühen Uffenheimer Lösung bestehen die Spangen aus Ohrmuschelwerk, im Friesbereich wurden die Ecken des Polygons mit Konsolen versehen und das Abschlussgesims verkröpft.[12]

Geschlossene Lösungen über unverkröpfter architektonischer Basis, die sich aus einem kuppelförmigen Aufbau mit aufgeblendeter Rippenkrone zusammensetzen, sind ausschließlich an den Windsheimer Arbeiten von Ergersheim, Giebelstadt, Darstadt, Sommerhausen und Windsheim (Spitalkirche) anzutreffen. Auch die zerstörte Rothenburger Kanzel folgte wahrscheinlich, glaubt man der erhaltenen Zeichnung, diesem Typus.

Ein Unikum innerhalb des Werkkomplexes ist die dreiteilige Schalldeckelkonzeption der ursprünglich für die Ansbacher Johanniskirche geschaffenen Kanzel

zu Markt Erlbach. Zwischen die hexagonale friesartige Basis und den kuppelförmigen Aufbau mit Rippenkrone
wurde eine offene Laternenkonstrukti-
on geschoben. Sie erscheint mit dem
gleichen, im Durchmesser verringerten
Grundriss des Deckels weit zurückgesetzt als von Säulen getragene Laterne.
Zahlreiche vollplastische Figuren finden einmal auf dem massiven polygonalen Sockel unter den Bogenlaibun-
gen, d.h zwischen den giebelförmig
überspannten Interkolumnien Aufstellung. Zum anderen bieten die über
den Stützen zu breiten Standflächen
ausgebildeten Gesimse ausreichend
Platz für Engelchen mit Leidenswerkzeugen. Für die Betonung der Basis-
ecken sorgen Figuren bekrönte Piedestale, die mittels C-förmiger Schwünge
an den Sockel des Baldachins gebunden sind. Durch die gezielte Positi-
onierung der freien Figuren über den
Gelenken und Kanten der Konstruktion und das stufenförmige Emporstei-
gen exakt gesetzter architektonischer

Markt Erlbach,
Evang.-Luth. Pfarrkir-
che St. Kilian, Schall-
deckel, 1621.

Komponenten entsteht ein pyramidaler turmartiger Aufbau, der filigrane durchbrochene Elemente neben geschlossene kompakte Flächen platziert. Der Schalldeckel des verlorenen Windsheimer Predigtstuhls (1600) muss einer ähnlichen
architektonischen Anlage gefolgt sein. Henle konstatierte in ihrem Aufsatz über
die Entwicklung der süddeutschen Kanzeltypen des 17. Jahrhunderts (1934.314):
„Der Schalldeckel [von Markt Erlbach, Anm.d.A.] zeigt eine bisher in Franken
nicht beobachtete Form". Auch nach einer Sichtung aller fränkischen Kunstin-
ventare lässt sich ihre Schlussfolgerung nicht revidieren. Dagegen gehört die hohe prächtige Form der Bedachung in Schlesien[13] und vor allem in Sachsen und
Sachsen-Anhalt bis weit in das 17. Jahrhundert auch auf ungewöhnlichem Grundriss zur üblichen Ausgestaltung. Enge formale Bezüge mit dem fränkischen Opus
besitzt zum Beispiel die Deckelanlage in der Gardelegener Marienkirche von
1605. Noch prächtiger wirkt die runde Deckelkonstruktion des Predigtstuhls in
der Moritzkirche zu Halle (1604), die der Bildhauer Valentin Silbermann aus Leipzig schuf. Auch das Oeuvre des norddeutschen Bildhauers Ludwig Münstermann (um 1575-1637/38) weist z.B. an der ehemaligen Taufe zu Varel von 1618
(jetzt Oldenburg Landesmus.) und am Predigtstuhl in Rodenkirchen von 1631
vergleichbare mehrgeschossige Bedachungen auf.

Kulmbach, Evang. Stadtpfarrkirche St. Petri, Historische Aufnahme der Kanzel von 1645, um 1876.

Einen markanten Wendepunkt in der Schalldeckelgestaltung der Familie setzt der leider zerstörte hölzerne Schalldeckel zu St. Petri in Kulmbach. Er war von Johann Georg Schlehendorn und Johann Brenck 1645 für die frei im Raum stehende Kanzel Wolf Kellers aus dem 16. Jahrhundert errichtet worden. Es handelte sich um einen kuppelförmigen Aufbau, der ohne Rücksicht auf architektonische Strukturen über und über, an den Fronten und an der Unterseite der architektonischen Basis mit einzelnen Wolkenelementen und Engelsköpfchen verblendet war. Zwei im Kontrapost modellierte Engelsgestalten in bodenlanger Gewandung von nervös zittrigem Faltencharakter stützten jeweils mit ihren äußeren nach oben geführten Armen den Aufbau. Auf dem Scheitelpunkt des Deckels thronte, von Engelchen begleitet, die heilige Dreifaltigkeit - Gottvater, Gottsohn und die schwebende Taube als Symbol des Hl. Geistes. Mit dieser Konstruktion gelang den Bildhauern die völlige Lösung und die totale Negation der architektonischen Form. Frei und unabhängig von struktiven Elementen wurden die Figuren auf dem pyramidalen Wolkenkonglomerat präsentiert. Im ganzen Oeuvre fand das barocke Prinzip nie mehr zu solch konsequenter Durchführung. Außergewöhnlich ist der Versuch, Korpus und Schalldeckel durch die Standfiguren enger aneinander zu binden. Generell werden nach Mayer (1932.107) erst gegen Ende des 17. Jahrhunderts häufiger zunächst stehende, dann schwebende Engelsgestalten neben der Rückwand angebracht.

Woher nahmen die Bildhauer Anregungen für diese ungewöhnliche Schalldeckellösung? Im fränkischen Raum ließen sich einige Beispiele ausfindig machen, bei denen der Schalldeckel auf seitlich am Becherrand positionierten Figuren auflag. Bleibt das Kulmbacher Opus unberücksichtigt, datiert das älteste Exemplar der Region - es befindet sich in der Kreuzerhebungskirche zu Klosterkreuzberg (B.-A. Neustadt a.d. Saale) - um 1690. Mayer (1932.60. u. 107), die sich im Zusammenhang mit ihrer Dissertation über „Deutsche Barockkanzeln" einen großen Überblick über die vorherrschenden stilistischen Gestaltungsmodi verschaffen konnte, führte als erstes ihr bekanntes Beispiel den Schalldeckel zu St. Ulrich in Augsburg, eine zu dieser Zeit in Deutschland singuläre Schöpfung Hans Deglers (1564-1632/33) aus dem Jahre 1608 auf.[14] Auf der auskragenden Brüstung des Kanzelbechers hatte Degler seitlich der Kanzelrückwand weibliche Karyatiden in langen flatternden Gewändern aufgestellt. Sie stützen mit ihren parallel nach oben geführten Armen den Rand und die Unterseite des überdimensioniert wirkenden Deckels. Weder die Becherkonstruktion noch der wuchtige Schalldeckel sind im Entferntesten mit den Kanzelbauten aus Windsheim oder Kulmbach zu vergleichen. Allein die zwei Frauengestalten als Stützen des Deckels fanden zum Teil bis hin zu ihrer charakteristischen Bekleidung Nachahmung. Feuchtmayr (1922) zufolge hatte Degler selbst Anregungen aus dem im 18. Jh. entfernten Kanzelaufbau der Jesuitenkirche St. Michael in München empfangen. Ein Kanzelentwurf für das Gotteshaus aus dem Jahre 1593, das stilistisch Friedrich Sustris (um 1540-1599) zuzuordnen ist, zeigt einen stützenlosen Predigtstuhl mit rückseitig am Becherrand positionierten Engelsfiguren. Sie tragen einen Schalldeckel, der dem Degleraufbau in Augsburg in der Gesamtdisposition verblüffend ähnlich sieht.[15] Ob Johann Brenck oder Schlehendorn die Kunst des süddeutschen Raumes aus eigener Anschauung kannten, lässt sich quellenkundlich nicht belegen. Vielleicht hatte auch der Architekt Abraham Schade für die Schalldeckelkonstruktion der Kulmbacher Petrikirche den Entwurf geliefert. Befremdend bleibt allerdings, warum nur die Stützfiguren des Deckels, nicht aber der gesamte Aufbau vorbildhaft gewirkt haben sollte. Möglicherweise muss von einem heute verlorenen, bisher nicht zu lokalisierenden Deckelarchetyp ausgegangen werden, der sowohl zwei seitlich platzierte Karyatidenskulpturen als auch einen kegelförmigen Aufbau aus Wolken und Engelsköpfchen samt einer bekrönenden Figurengruppe aufzuweisen hatte.

Die von Johann Georg Brenck gefertigten Schalldeckellösungen bedeuten in gewisser Weise einen Rückschritt. Der Bildhauer besann sich auf die traditionellen Formen der Windsheimer Werkstatt und machte für seine Bedachung die feste, streng gegliederte architektonische Basis obligat. Reminiszenzen an das innovative Opus des Vaters in Kulmbach finden sich nur noch in den Bekrönungen der Anlagen. So hatte der Bildhauer für den Heiligenstädter Deckel einmal eine architektonische sechsfach gebrochene Basis mit Eckkonsolen und verkröpftem Abschluss entworfen. Zum anderen den kuppelartigen polygonalen Aufbau in analoger Manier der Kulmbacher Arbeit mit Wolkenformationen belegt, auf dem Gipfel der Konstruktion die skulpturale Szenerie der Dreifaltigkeit arrangiert. Am

Hans Georg Brenck, Heiligenstadt, Evang.-Luth. Pfarrkirche, Schalldeckel, 1680.

Deckelrand sitzende Engelchen mit Leidenswerkzeugen übernehmen wiederum die Betonung der Gelenkstellen, so dass eine Spannung aus den negierenden Tendenzen des Aufbaus und den die Architektur akzentuierenden Bestrebungen der Basis entsteht. Von ähnlicher Machart dürfte die Deckelanlage der Pfarrkirche zu Bindlach und möglicherweise auch in Obernsees gewesen sein.

Weit entfernt von der Kulmbacher Konstruktion sind die übrigen Schalldeckel des Schnitzers. In Eckersdorf, Neudrossenfeld und Limmersdorf dominiert über der mit Konsolen betonten Basis ein gut sichtbarer, klar formulierter kuppelartiger und geschlossener Aufbau. Er dient als Bühne für das skulptural inszenierte Geschehen am Deckel, das mitunter von Gestalten oder Ornamenten über den Ecken und den Seiten der Anlage begleitet wird. Wolkengebilde treten nur in rahmender Funktion mit klar begrenzten Umrissen und in gezielter Anordnung auf. Den alles umhüllenden, verschleiernden Charakter, den sie am Petrideckel besaßen, tragen sie an keinem anderen Opus mehr zur Schau.

Treppe und Portal

Seit dem 16. und 17. Jahrhundert werden die vormals oft unauffälligen Treppenanlagen in den Kanzelaufbau einbezogen und ab dem letzten Jahrzehnt des 16. Jahrhunderts teilweise durch ein Portal geschlossen. Die meisten Predigtstühle der Schnitzerfamilie sind mit einfachen, geradlinigen, scheinbar freischwebenden Treppenanlagen ausgestattet, die den Prediger vom Niveau des Gotteshauses auf die erhöhte Standfläche des Predigtortes geleiten. Je nach Aufstellungssituation sind die Stiegenläufe ein- oder beidseitig, bis auf Höhe des Becherfrieses (z.B. Giebelstadt), meist sogar bis zum Abschlussgesims verblendet. Gelegentlich sorgt ein Antrittspfeiler an Stelle einer aufwendigen Portallösung für die Betonung der Eingangssituation (z.B. Darstadt, Obernsees). In Buchheim und in der Spitalkirche zu Windsheim forderten die beengten räumlichen Verhältnisse den Umbruch des Treppenverlaufes um 90°. Die übrigen Kanzelbecher in Herchsheim, Giebelstadt, Pfaffenhofen, Darstadt, Uffenheim, Ellwangen, aber auch in Untersteinach und Hallstadt und sogar in Kasendorf mit seiner ungewöhnlichen Korpusform sind entweder von rechts, von links oder von der Rückseite aus durch eine gerade Stiege zu erreichen. Je nach Länge des Treppenlaufes sind die Brüstungsflächen durch ein, zwei oder drei dem Steigungswinkel angepasste profilierte Rautenfelder ohne separierende Instrumentierung gegliedert. Für die Füllung der parallelogrammförmigen Flächen wählte Georg Brenck d.Ä. in Herchsheim und Giebelstadt, Georg Brenck d.J. in Windsheim Engelskopfappliken. Szenische Reliefs bleiben den bedeutenden Anlagen in Windsheim, Rothenburg, Markt Erlbach und Sommerhausen vorbehalten. Knorpelwerksdekor gehört zur bevorzugten Ornamentform Johann Georg Brencks. Er zierte damit nicht nur den Predigtstuhl in Kasendorf, sondern auch die Werke in Heiligenstadt und Kulmbach St. Nikolai.

Einen prächtigen Treppenzugang, der von einem Portal eingeleitet wird, weisen vier der Kanzeln im ganzen Werkkomplex der Familie auf. Zwei weitere Beispiele, die frühesten im ganzen Oeuvre (Bad Windsheim 1600 und Rothenburg 1604), sind leider unwiederbringlich verloren und nur noch aus schriftlichen Quellen bekannt. Die zwei erhaltenen Anlagen aus Markt Erlbach (1621) und in Sommerhausen (1620/21) entstanden auf dem schöpferischen Höhepunkt der Windsheimer Werkstatt; erstgenannte Arbeit unter Mithilfe Georg Brencks d.J., letztgenanntes Werk unter seiner hauptsächlichen Führung. Innerhalb des Kulmbacher Oeuvres ließen sich nur zwei Beispiele von Portalanlagen eruieren, beides Arbeiten Johann Georg Brencks, dem Enkel des Werkstattbegründers. Weder die Treppenkonstruktion in der Friedhofskirche zu Kulmbach (Zuschreibung) noch diejenige in Heiligenstadt können in Aufbau, Formenreichtum und Dekoration mit den vier frühen Windsheimer Stücken konkurrieren. Erstes erhaltenes Werk mit vollständiger Portalsituation ist der für Ansbach gefertigte Predigtstuhl, der im 18. Jh. nach Markt Erlbach verkauft worden war. Den Beginn des Treppenlaufes markiert das Portal, das aus seitlichen schlanken, von hohen Piedestalen untersockelten Säulen besteht, die einen abschließenden Segmentbogen tragen. Zwischen den Säulen unterhalb des Bogens sitzt eine halbrund schließende Tür, die durch ihren gleichfalls runden Abschluss in die Gebälkszone einschneidet. Die nach außen gewandte Türfläche wird durch Profilierungen in zwei Felder - im unteren Bereich ein hochrechteckiges, im oberen Teil eine Rundbogenform - gegliedert. Sockelfronten, Säulenschäfte, Frieselemente und Tympanonfeld bieten ausreichend Raum für figurale und ornamentale Applikationen, die Spiegelflächen der Türen erlauben die Dekoration mit szenischen Reliefs, das Bogenelement nimmt zusätzlichen Schmuck auf. Ähnlich konstruiert ist die Kanzelportalanlage der Erfurter Kaufmannskirche, die 1598 durch die Hände der Bildschnitzerfamilie Fridemann entstand. Brenck hatte nur anstatt eines durchlaufenden Gebälks einen Segmentbogen auf die zwei rahmenden schlanken Säulen gelegt.

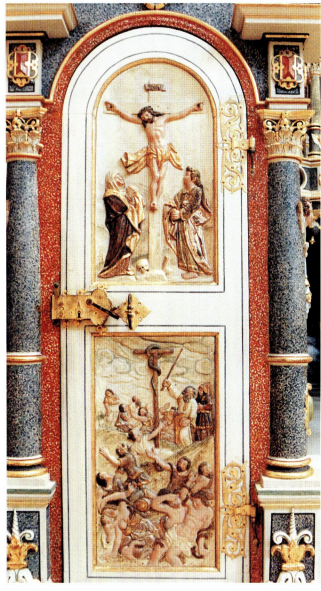

Markt Erlbach, Evang.-Luth. Pfarrkirche St. Kilian, Portalanlage der Kanzel, 1621.

Der Treppenlauf, der geradlinig von der Portalanlage im Chor aus auf den Predigtstuhl führt, wurde beidseitig in Höhe des Kanzelbechers verblendet. Zwei querrechteckige Vertiefungen, die sich in ihrer parallelogrammartigen Ausformung dem Winkel der Treppensteigung anpassen, gliedern die langen Flächen in breit gerahmte Kompartimente mit szenischen Reliefs.

Die Treppenanlage des Sommerhausener Predigtstuhls dürfte vor den gravierenden Umbaumaßnahmen ähnlich wie Markt Erlbach konzipiert gewesen sein.

Dass die Stiege ursprünglich von links und nicht von rechts, wie sie heute platziert ist, den Prediger zum Becher führte, geht aus dem Steigungswinkel und der kompositorischen Anordnung der szenischen Reliefs hervor, die auf zwei Tafeln die Geschichte von Jakobs Traum erzählen. Sie wurden bei der Wiederverwendung im neuen Kirchengebäude um 90° gedreht und völlig widersinnig hochrechteckig in den oberen Abschnitt der Treppenverblendung integriert. Da die erhöhte Anordnung des Kanzelbechers eine Verlängerung des Zugangs samt Brüstungszone forderte, waren 1739/40 nicht nur die „LaubWerck" Ornamente, sondern die gesamte einseitige Verblendung samt eingetieften Felderungen und das auf der Fensterseite des Kirchengebäudes liegende hölzerne Geländer angefertigt worden. Eine Folge dieser Maßnahme ist die auffällige Verschiebung der unteren Becherprofilierung und des „anschließenden" unteren Treppengesimses ohne harmonische Anbindung beider Kanzelelemente. Ob der Portalaufbau schon bei der Erstaufrichtung mit einem großflächigen Sockel unterfangen war, ist nicht bekannt. Sicher ist, dass die Wiedererrichtung im neugebauten Kirchengebäude nicht nur einen Seitenwechsel, sondern auch die Drehung der Türanlage um 90° zur Folge hatte. So muss der Prediger nach dem Durchschreiten des Eingangs vor dem Besteigen der Kanzel einen Richtungswechsel vornehmen.

Zusammenfassung

Die überlieferte Zeichnung des verlorenen Rothenburger Predigtstuhls zu St. Jakob und die Beschreibungen der ersten archivalisch gesicherten, aber zerstörten Kanzelbauten der Brenckwerkstatt zu Windsheim (1600) und Rothenburg (1604) lassen schließen, dass bereits mit den frühen Anlagen Georg Brencks d.Ä. ein fester, im Detail jedoch variabler Grundtypus definiert worden war. Es handelt sich bei allen gesicherten und zugeschriebenen Arbeiten ohne Ausnahme um Holzwerke, die in ihrer Gestaltung maßgebliche zeittypische Charakteristika vereinen. Innerhalb dieses vorgegebenen stilistischen Rahmens fand die Werkstatt zu einer eigenen signifikanten Ausdrucksform, die zweifellos von sächsischen – niedersächsischen Lösungen profitierte. Generell hatten die einzelnen Mitglieder der Schnitzerfamilie ihre Werke breit und lagernd angelegt, was als signifikantes Wesensmerkmal vorbarocker Kanzelarchitekturen gilt. Einmal wurde damit die Vertikalität gotischer Kanzeln überwunden. Zum anderen zeigt sich, dass der Schnitzer die steil und schlank angelegten vorbildhaften Kanzelbecher aus Leipzig und Erfurt weiterentwickelt und in einen moderneren Formkanon übertragen hatte. Durch eine gleichbleibende Proportionierung, die sowohl Sockelzone und Hauptfeld wie auch Brustzonenhöhe und Höhe der Trägerfigur zueinander in Relation setzt, entsteht ein harmonischer Eindruck, der allen Werken zu Grunde liegt.

Bei einem Überblick über das vollständige Kanzeloeuvre der Familie wird deutlich, dass sich die Arbeiten des Enkels Hans Georg Brenck nicht allzu weit von den Werken Georg Brencks d.Ä. entfernt haben, obgleich zwischen den Entstehungsdaten eine Zeitspanne von 60 bis annähernd 100 Jahre liegt. Ohne zusätzliche fremde Einflüsse war es dem jüngeren Kulmbacher Vertreter theoretisch möglich, seine Kanzelanlagen aus den Arbeiten seines Vaters, seines Großvaters und seines Onkels zu entwickeln. Durch den Verzicht auf eine vierte Zone, den Einsatz zeitgenössischer Ornamente und die Instrumentierung mit gewundenen Säulen hatte er einen neuen Typ geschaffen. Der Grund für die künstlerische Stagnation liegt nicht ausschließlich an dem mangelnden Erfindungsreichtum oder dem starken Traditionalismus des Schnitzers. Auch die Kanzelforschung konstatierte bei den Kanzeln aus dem 17. Jahrhundert - sicherlich aufgrund des Dreißigjährigen Krieges - nur eine geringfügige Wandlung von Form und Bilderkreis. Bis kurz vor dem Jahrhundertwechsel griff man auf ältere, lang etablierte Typen zurück. Erst dann lassen sich Ansätze für neue Formen dokumentieren, die im 18. Jahrhundert ihre vollständige Ausbildung erfahren.[16] Obwohl Hans Georg Brenck bis in die 90er Jahre des Jahrhunderts in Kulmbach tätig ist, vollzieht sich in seinem Schaffen der letzte Schritt, der den Übergang zum Barock markiert, nicht mehr.

Die größten Unterschiede zwischen der Windsheimer und der Kulmbacher Werkstatt lassen sich bei der Schalldeckelgestaltung konstatieren. Eine gedankliche Gegenüberstellung der jeweils singulären Schalldeckelkonstruktionen zu Markt Erlbach und Kulmbach mag Differenzen und Entwicklungstendenzen veranschaulichen. Für die Bedachung des mittelfränkischen Predigtstuhls, der über dem bilderlosen Fries einen hohen laternenartigen Aufbau trägt, hatten die hohen, figurenreichen Schalldeckelaufbauten aus dem ehemaligen Königreich und der Provinz Sachsen Pate gestanden. Für das Kulmbacher Opus, das sich als von Engeln getragene, pyramidale Wolkensäule präsentiert, konnten keine konkreten Vorbilder ausfindig gemacht werden. Alle bekannten regionalen Beispiele stammen aus späterer Zeit, die Exemplare aus Oberfranken dürften demnach von der ehemals prächtigen, bis zum 19. Jahrhundert zugänglichen Kulmbacher Anlage abhängig sein. Das Abstützen einer Deckelanlage durch Karyatidenfiguren stammt aus dem süddeutschen Raum und ist auf den Schalldeckel Hans Deglers in St. Ulrich zu Augsburg von 1608 zurückzuführen. Durch das vollständige Verschleiern des Konstruktionsgerüstes mittels einzelner Wolkenplatten und Engelsköpfe stellt das Kulmbacher Opus im Vergleich mit dem Markt Erlbacher Werk eine völlig konträre Formation dar. Zwischen diesen beiden Polen bewegen sich die Deckelkonstruktionen Hans Georg Brencks. Er greift einmal auf die streng gegliederte architektonische Basis aus der Windsheimer Werkstatt zurück, bestückt aber, in Erinnerung an das innovative Opus des Vaters, die Bedachung mit Wolkenkonglomeraten und Figurenszenerien.

Welche Rolle muss nun der Schnitzerfamilie aufgrund ihrer Kanzelbaukunst zuerkannt werden? Vergleiche mit der zu dieser Zeit bedeutenden mainfränkischen Kanzelbaukunst aber auch mit weiteren Exemplaren der Region zeigen, dass die Arbeiten der Windsheimer Schnitzerfamilie abseits höfischer Kultur in Franken eine eigene geschlossene Gruppe bilden. Sie setzen sich gerade aufgrund ihrer häufig gewählten einfigurigen Stützenlösung von den niederländisch beeinflussten unterfränkischen Predigtstühlen ab. Im Rahmen seiner Dissertation über die Kanzel hatte Poscharsky (1963.191-199) bereits konstatiert, dass Georg Brenck d.Ä. den Typus der lutherischen Renaissancekanzel im süddeutschen Raum eingeführt hat. Berührungen mit dieser Kanzelbaukunst waren auf der Wanderschaft des Schreiners und Schnitzers in den sächsischen und niedersächsischen Kulturraum erfolgt. Vor 1590 konnte Georg Brenck d.Ä. in Leipzig sowohl die Einzelaufstellung von Figuren an Kanzelbechern als auch die turmartigen Schalldeckelaufbauten bewundern. Sogar eine sogenannte Moseskanzel, die den gleichen Stützprinzipien wie an den Brenckschen Anlagen folgt, ließ sich in der Stadt nachweisen. Inspirationen für eine dreizonige Aufrissgestaltung mit Bogennischen, für die schlichte Profilgestaltung und die Bereicherung durch schmückende applizierte Einzelmotive waren der Kanzelbaukunst der Erfurter Schnitzerfamilie Fridemann zu entnehmen. Mit der Portalanlage des Predigtstuhls in der Kaufmannskirche scheinen die Zugänge von Sommerhausen und Markt Erlbach verwandt. Aufgrund dieser Erfahrungen schuf Georg Brenck d.Ä. die frühesten Moseskanzeln der Region. Mit der Schalldeckelanlage zu Markt Erlbach war eine für den fränkischen Raum singuläre Anlage entstanden, die allerdings ohne Nachfolge blieb. Woher die künstlerischen Anregungen für die Schalldeckelkonstruktion der Kulmbacher Petrikirche stammen, konnte nur für die Karyatidenengel ermittelt werden. Aufgrund des heutigen Denkmälerbestandes scheint es, als hätten Johann Brenck und Hans Georg Schlehendorn die im Süddeutschen erstmals aufgetretene Untersockelung des Deckels durch flankierende Figuren in die markgräflichen Lande gebracht. Kombiniert mit einem pyramidalen Wolkenturm gehört das 1645 errichtete Opus zu den frühen Bedachungen, die bereits jegliche Tektonik negieren. Das Werk fand in unmittelbarer Nähe eine Reihe von Nachfolgern.[17]

1   Wichtige Beiträge zur Erforschung der Kanzel lieferten Rademacher (1921); Reimers (1922); Feddersen (1924); Mayer (1932); Henle (1933) u. (1934); Wiesenhütter (1934); Steinmül-ler (1940); Poscharsky (1963) u. (1965); Kienzl (1986); Halbauer (1997); Rieser (1990). Vgl. auch entsprechende Lexikaartikel. Zu den spezifischen Lösungen der Brenckfamilie vgl. Christine Schweikert: „Gott zu Ehren und der Kirchen zur Zierde...". Studien zu Leben und Werk der fränkischen Schreiner- und Bildschnitzerfamilie Brenck im 17. Jh. Phil. Diss, Er-langen (in Druck).

2   LKAN PfA Trumsdorf T-R3 Rechnungen 1679/80 Außgab Gebäude u. Flickwerk/Kanzel u. Nr. 193 Kanzelgeding mit Heinrich Heubner v. 31.1.1679.

3   Der Terminus („Principalstücke") geht auf den Kirchenbautheoretiker und Stadtbaumeister Joseph Furttenbach (1591-1667) in Ulm zurück und wurde für den Altar, die Kanzel, den Taufstein und die Orgel verwandt. Vgl. Buchholz (1928.15).

4   Bereits 1873 hatte Meurer (1873.23) in seiner Publikation über die Kanzel darauf hinge-wiesen, dass in Sachsen die Mosesgestalt häufiger anzutreffen ist.

5   Einziges unsicheres Beispiel ist die Johann Georg Brenck zugeschriebene Kanzel der Fried-hofskirche in Kulmbach. Hier wirkt der Abschluss unterhalb der Konsole durch eine Trau-be schlüssig. Archivalische Funde über die spätere Veränderung des Werkes liegen nicht vor.

6   Prinzipiell bieten sich für die Gestaltung eines Predigtstuhls runde, rechteckige, quadrati-sche und polygonale Formen an. Rechteckige Grundrisse weisen bevorzugt mittelalterliche Kanzeln der Toskana auf. Auf queroblonge Rechtecke mit drei vorkragenden Seiten (sog. Schiffsbrückenkanzeln) stößt man häufig in Norddeutschland. Runde Grundrisse sind be-vorzugt an steinernen Kanzeln nachzuweisen. Bekanntes Beispiel ist die Kanzel der Tor-gauer Schlosskapelle von 1544.

7   In Ickelheim sind nur noch drei Seiten eines wohl ehemals sechsseitigen Bechers vorhan-den. Der Korpus von Buchheim basiert auf einer Sechseckform, die heute nur drei Seiten präsentiert. Die vierte Front ist der Wand zugekehrt. Auch der Predigtstuhl von Külsheim ist ein Fragment. Es existieren noch drei Brüstungsseiten des vermutlich sechsseitigen Bechers. Die vierte Figur wurde an der Verblendung des Treppenlaufs positioniert.

8   Eine Seite wurde allerdings nachträglich zugefügt.

9   Die von Funk (1938) mit Georg Brenck d.Ä. in Verbindung gebrachten reinen Schreiner-kanzeln weisen nicht genügend spezifische Details auf, um sie sicher der Brenckschen Werkstatt in Windsheim zuweisen zu können. Da in der fränkischen Reichsstadt zahlreiche weitere Schreinerbetriebe ansässig waren, könnten die Arbeiten auch von einem der an-deren Handwerker ausgeführt worden sein.

10 Es gibt drei Ausnahmen mit hochrechteckigen Nischen: die Kanzeln in Pfaffenhofen, in der Kulmbacher Spitalkirche und in Hallstadt.

11 Vgl. die Publikation des Blattes in Ausst.-Kat. Renaissance im deutschen Südwesten Bd. I (1986.127.Abb.B6).

12 Nur unter Vorbehalt kann der Deckel aus Bayreuth/ St. Johannis in die Gruppe der offenen Aufbauten eingegliedert werden. Vermutlich hat man die durchgehend an den Ecken ver-kröpfte architektonische Basis erst bei Wiedererrichtung des Opus in Alladorf mit den pral-len Spangen aus der Brustzone des Kanzelbechers bestückt.

13 Vgl. die von Friedrich Gross gefertigte Kanzel der Breslauer Magdalenenkirche (1579-80) und ihre Nachfolgewerke.

14 Zur Deglerkanzel und der Schalldeckelkonstruktion vgl. Mayer (1932.60-61.Abb.Taf.6); Henle (1934.325-328); auch Rieser (1990.28-29).

15 Vgl. dazu die Ausführungen Mayers (1932.61); Rieser (1990.66-68); im Nachlass Hans Krumpers befand sich ein wohl Sustris zuzuschreibender Entwurf, der eine analoge Schall-deckellösung vorführte.

16 Abgerundete, abgeschrägte Ecken führen nach und nach zu geschwungenen oder ge-schweiften Becherformen. Durch das unauflösliche Verschmelzen von Ornament und Ar-

chitektur entstehen anstelle von einzelnen Schauseiten allansichtige, in sich bewegte Werke, die sich nicht selten zum festen Bestandteil eines einheitlich geplanten Innenraumsystems wandeln.

17 Zum Beispiel in der Spitalkirche zu Hof 1693 von Johann Nikolaus Knoll, in der Evang. Pfarrkirche zu Schnabelwaid 1703 von Bernhard Häußler, sowie in der Evang. Pfarrkirche zu Mistelgau 1718 von Johann Caspar Fischer.

Ikonographische Überlegungen

Nach der Reformation war die Kanzel für den protestantischen Kirchenraum zum wichtigsten Einrichtungsgegenstand geworden. Luther, der im Gegensatz zu den strengen kalvinistischen Glaubensvertretern nicht prinzipiell bilderfeindlich eingestellt war, hatte nach einer zögerlichen Phase neutralen Verhaltens den Wert der Bilder bei richtiger Auswahl für pädagogische Aussagen erkannt und zielgerichtet zu nutzen gewusst. So erhielten Kanzeln häufig eine prachtvolle Ausgestaltung analog zu ihrer Wertschätzung, die ihr aus der wachsenden Bedeutung des Wortes im Luthertum zugefallen war.

Dass die Zusammenstellung einzelner Themen nicht willkürlich nach vorwiegend dekorativen Gesichtspunkten erfolgte, konnte Peter Poscharsky (1963) bestätigen, der in seiner ikonographischen Abhandlung über die Kanzel allgemein, aber auch speziell bezüglich der Predigtstühle Georg Brencks d.Ä. der Frage nach einem inneren Zusammenhang nachgegangen war. Analog zu den additiv getrennten, architektonischen Elementen hatte man im Laufe der Zeit für die Ausgestaltung des Fußes, des Bechers, der Tür, des Treppenzugangs und für die Dekoration des Schalldeckels bevorzugte Themen gefunden, die sich häufig auch inhaltlich an der Funktionalität des jeweiligen Gliedes orientierten. Durch zahlreiche Skulpturen und Szenerien wurde sowohl an den Kanzeln das Kernthema des Protestantismus „Sünde und Gnade" als auch die Erlösungsbotschaft programmatisch figuriert.[1] In traditionellen typologischen Gegenüberstellungen erfuhr der Gläubige von dem mosaischen Zustand im Alten Testament und der Verheißungserfüllung durch den Kreuzestod Christi im Neuen Testament. Er bekam nicht nur den triumphierenden Sieg des wahren Glaubens, sondern auch den Weg zur eigenen Seligkeit vor Augen geführt.

Die insgesamt 30 Predigtstühle, die mit der Schnitzerfamilie und ihrem engeren Umkreis in Zusammenhang gebracht werden können, entstanden überwiegend für evangelisch-lutherische Kirchenräume. Vier Ausnahmen sind zu verzeichnen: A) der 1615 von Georg Brenck d.Ä. errichtete Predigtstuhl für das katholische Gotteshaus zu Darstadt, der ebenso wie das protestantische Pendant zu Giebelstadt Prophetenfiguren und Evangelisten am Korpus, Tugenden und eine Gnadenstuhlgruppe am Schalldeckel aufweist. Ob in Darstadt an Stelle des balusterförmigen Fußes ehedem eine Mosesfigur stand, ist nicht bekannt. B) die um 1625 wohl vor allem von Georg Brenck d.J. für die Schlosskapelle in Ellwangen gefertigte Kanzel mit den vier Evangelisten und dem Salvator am Korpus. Die einstige Stütze und der Schalldeckel fehlen. C) die 1664 von Hans Georg Schlehendorn und Johann Brenck geschaffene Kanzel für die Stadtpfarrkirche zu Kronach, die im Aufbau gänzlich verloren ist. D) der von Schlehendorn 1669 fertiggestellte Predigtstuhl zu Hallstadt, dessen Schalldeckel entweder ein Engel oder eine Marienfigur bekrönte. Von dem ursprünglichen Skulpturenprogramm hat sich bis auf einige Engelsköpfchen nichts erhalten. Die wenigen Anhaltspunkte erlauben es leider nicht, über die Kompromissfähigkeit der Schnitzerfamilie bezüglich des katholischen Kultus zu spekulieren. Schneider (1999.88) sprach im Kontext mit den Zobelschen Kanzeln (Herchsheim, Darstadt, Giebelstadt) der Brenckfamilie von einer konfessionsübergreifenden Programmatik.

Im Folgenden werden die Predigtstühle der Schnitzerfamilie exemplarisch hinsichtlich ihrer ikonographischen Vorlieben untersucht.[2] Als Hilfestellung bei der Ermittlung inhaltlicher Bezüge dienten zwei protestantische Einweihungspredigten. Den älteren Predigttext formulierte Magister und Superintendent Johann Neser. Er trug ihn 1604 nach Errichtung der Rothenburger Kanzel durch Georg Brenck d.Ä. in der dortigen Pfarrkirche St. Jakob vor. Die zweite Predigt stammt aus der Feder des limpurgischen Pfarrers Magister Hieronymus Theodoricus. Sie wurde am 17.6.1621 bei *auffrichtung deß newerbawten Predigstuls* durch Georg Brenck d.Ä. und d.J. in der Bartholomäuskirche zu Sommerhausen rezitiert.[3]

Kanzelstützen

Georg Brenck d.Ä., Giebelstadt, Evang. Kirche, Moses als Kanzelträger, um 1615.

Als Kanzelfüße der Windsheimer Schnitzerwerkstatt fanden immer wieder figurale Einzelstützen Verwendung. Zur herkömmlichen Figur innerhalb des Betriebes wurde bei sieben von neun mit Stützfiguren ausgestatteten Predigtstühlen ein stehender Moses als Verkörperung des Gesetzes, als Verkünder des göttlichen Willens und als Repräsentant des Alten Testamentes.[4] Ikonographisch stehen die erhaltenen Gestalten in der Tradition mittelalterlicher Darstellungsmodi. Moses tritt als alter, bärtiger Mann mit langem Unterkleid und reich drapiertem Mantel auf. Als wichtigstes Attribut präsentiert er bei allen Kanzeln der Werkstatt die zweiteiligen, rundbogig schließenden Gesetzestafeln mit dem auf unterschiedliche Weise notierten Dekalog. Einen wundersamen Stab besitzt nur die Mosesfigur zu Markt Erlbach, ehedem auch die Trageskulptur der Rothenburger Kanzel.

Moses bildet nicht nur das architektonische, sondern auch in der geläufigen Bedeutung nach Joh. 1,17 *(Denn das Gesetz ist durch Mose gegeben; die Gnade und Wahrheit ist durch Jesus Christus geworden)* das inhaltliche Fundament des Predigtstuhles. Im Zusammenhang mit einem Evangelistenprogramm am Kanzelbecher werden mehrere Inhalte zum Ausdruck gebracht: Das Evangelium ruht auf dem Gesetz ebenso wie die lutherische Predigt des Evangeliums auf dem Gesetz basiert - der Heilsweg, einst in der Erfüllung des Gesetzes zu suchen, liegt nun in der frohen Botschaft des Evangeliums verborgen. Neser führte 1604 in seiner Rothenburger Einweihungspredigt weitere plausible Argumente für die Wahl der Mosesgestalt als Kanzelträger an. Nicht, weil man ihn mit Füßen treten solle, sondern einmal, weil

Moses mit seinen fünf Büchern den Anfang der Heiligen Schrift bildet. Zum anderen sind seine Weissagungen *Ursprung/ Brunn und Quel* aller Prophezeihungen über Leben und Wirken Christi. Jesus selbst hat die fundamentale Rolle Moses als Propheten durch den Ausspruch *Wann ihr Mosi glaubetet/ so glaubet ihr auch mir/ dann von mir hat er gezeuget unnd geschrieben* (Joh. 5,46) bestätigt. Entscheidend für die Wahl von Moses als Tragfigur sei seine maßgebliche Aufgabe als Bekehrer gewesen. Indem er dem Gläubigen gleich einem Spiegel die Gesetzestafeln und somit seine sündigen Abweichungen vor Augen führte, gibt Moses nach Röm. 3,20 (*Denn durch das Gesetz kommt Erkenntnis der*

Sünde) den Menschen die Möglichkeit, ihre Fehler zu erkennen und zu bereuen. Zur Unterstützung einer schnellen Erkenntnis trägt Moses den Stab, der das Gewissen des Sünders so lange schlägt, bis dieser wehmütig in Christus seine Zuflucht sucht. Die Stationen, die der Mensch von der Erkenntnis über die Reue bis zur Rückkehr durchlaufen muss, fasste Neser mit der 7. Strophe des reformatorischen Liedes *Es ist das Heil uns kommen her* treffend zusammen: *Die Sünde würdt durchs Gesetz erkanndt/ und schlegt das Gewissen nider/ Das Evangelium kompt zu hand/ unnd sterckt den Sünder wider.*

Brustzone

Die Brustzone ist bei den Kanzelarchitekturen der Brencks nur begrenzt Träger einer eigenen Ikonographie. An den Predigtstühlen zu Windsheim (1600), Giebelstadt (1614), Herchsheim (1615) und Darstadt (1615) wird beispielsweise die Rippenkrone aus Engelhermen gebildet. Sie stützen als dienstbare Geister wie Atlanten mit ihren ausgebreiteten Flügeln den Kanzelbecher. Am Predigtstuhl der Kulmbacher Nikolaikirche und in Ergersheim (1603) wurden kleine Engelsköpfchen den Knorpelwerksrippen aufgesetzt. Als „liebliche Angesichter" konnten auch sie Bedeutungsträger sein: als Vorbilder im Gotteslob, als Schutz und Begleitung für den Menschen oder als Zeugen. Inhaltlich komplexer gibt sich die Brust der Markt Erlbacher Kanzel, die aus sechs allegorischen Tugendfiguren mit ihren Attributen gebildet wird. Einmal handelt es sich um die Tugendtrias aus Spes, Caritas und Fides, die als Gnadengeschenke Gottes zu den theologischen oder himmlischen Tugenden gerechnet werden.[5] Darüber hinaus erscheinen die weltlichen oder moralischen Tugenden: Patientia, Justitia sowie Fortitudo mit der zerbrochenen Säule. Eingebunden in die christliche Lehre sind die Tugendfiguren, laut Haebler (1957.119), auch als Waffen zu verstehen, „mit denen Christus die Seinen ausgestattet hat, damit sie den Kampf bestehen können, der ihnen verordnet ist".

Korpus

Die Anbringung von ikonographisch relevantem Skulpturenschmuck am Kanzelbecher folgt im ganzen Oeuvre der Brenckfamilie den gleichen strengen Kriterien. Während zahlreiche Kanzelbecher des 16. und 17. Jahrhunderts mit reliefierten szenischen Erzählungen aus dem Bilderkreis des Alten und des Neuen Testaments dekoriert worden waren, beschränkten sich die fränkischen Schnitzer ausschließlich auf eine bereits in der Gotik nachweisbare Figurenanbringung in den Korpusnischen. Die Feldertrennung übernehmen analog dem von Poscharsky (1963.113) entwickelten Schmucktypus „B" Säulen, Pilaster oder Hermen.[6] Unter diesen gliederungstechnischen Voraussetzungen bringen die Statuetten am Becher für gewöhnlich den Grundgedanken von Niederschrift, Verbreitung und Ausdeutung der Lehre zum Ausdruck. Prägnante Träger dieser Aussage sind Propheten, Evangelisten und Apostel. Aus formalen Gründen, die mit der konstruktionsbedingten Seitenzahl des Bechers zusammenhängen, werden an den Predigtstühlen ergänzend Christus Salvator, Petrus, Paulus, Moses, Johannes d.T. oder Patronatsheilige hinzugefügt.

Für die Ausgestaltung des Kanzelhauptfeldes hatten sich die Mitglieder der Bildhauerfamilie, angefangen bei dem ersten nachweisbaren Opus in Windsheim (1600) bis zum letzten erhaltenen Predigtstuhl in Obernsees (1688/89) bzw. Lehenthal (1694/95), durchgehend für die vier Evangelisten entschieden. Da sich seit dem Anbeginn der Kanzelbaukunst bis in unsere Zeit die Evangelistenfolge als sinnvoller Schmuck am Predigtstuhl nachweisen lässt, kann von einem Standardprogramm gesprochen werden. Die gleichförmige kanonische Reihung der Figuren im Gesamtoeuvre der Familie lässt vermuten, dass die wenigen Beispiele, die sich nicht dieser Ordnung beugen, das Ergebnis eines späteren Eingriffes darstellen.[7] Zu gegebenem Anlass wurde das Figurenprogramm um ein oder zwei Figuren erweitert. In manchen Fällen, vor allem an den Kulmbacher Arbeiten, erleichtern die unter den Skulpturen aufgemalten Namen eine Identifikation.

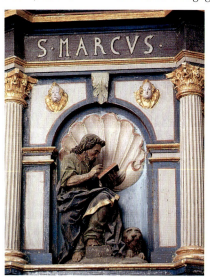

Georg Brenck d.Ä., Giebelstadt, Evang. Kirche, Evangelist Markus von der Kanzel, um 1615.

Ausschließlich auf die Windsheimer Werkstätten bleibt die Anbringung der sitzenden Evangelisten am Kanzelbecher beschränkt. Die Kanzeln in Herchsheim (1614), Giebelstadt (um 1615), Darstadt (1615), Sommerhausen (1620/21), Markt Erlbach (Ansbach) (1621) und Ellwangen (um 1625) gehören zu dieser Gruppierung. Als Unterbrechung der strengen Reihung dient in Herchsheim eine im Mittelfeld positionierte sitzende Gottvaterfigur. In Markt Erlbach wurde das Programm durch den stehenden Paulus „dem erwählten Gefäß und Werkzeug Christi"[8] im letzten Feld des Kanzelbechers erweitert. Das aufgeschlagene Buch in seiner Hand betont seine Rolle als Verfasser. In Sommerhausen war das letzte Feld dem schon im Mittelalter beliebten

Täufer als Vorläufer Christi, als Mittler zwischen Altem und Neuem Testament vorbehalten. Die Standfigur im härenen Gewand wurde später auf der Treppenbrüstung nahe dem letzten Kanzelfeld positioniert. Johannes weist auf das Lamm, in übertragenem Sinne auf Christus hin. Mit seinen Worten *Sihe/ das ist Gottes Lamm/ welches der Welt Sünde tregt* hat er, so schildert es Theodoricus (1621), die ausführlichen Erzählungen der Evangelisten auf einen Nenner gebracht.

Die Evangelisten sind in ihrer zeitlos antikisierenden Gewandung, ausgestattet mit Federkiel und Buch nach antikem Vorbild als Autoren aufgefasst. Profilansichtig, im Halbprofil und vereinzelt frontal werden die Autoren einmal bei ihrer schreibenden Tätigkeit wiedergegeben, ein andermal wie sie sinnend oder lauschend den Worten des Predigers im Kanzelkorb folgen. Nur die Matthäusfiguren unterbrechen ihren Schreibvorgang, um ihre Feder in das vom Engel gereichte Gefäß zu tauchen. Ihre Bücher werden dabei hochkant auf dem linken Knie abgestützt, offen unter den linken Arm geklemmt oder mit der Handfläche vor die Brust gehoben. Stets begleiten die Figuren ihre vier Symbole, die sich auf die Visionen des Ezechiel (Ezechiel 1,5 ff.) und die Apokalypse (Offb. 4,6 ff.) zurückführen lassen. Durch Hieronymus und Gregor I. haben die vier Wesen eine feste und bis heute verbindliche Zuordnung zu den Evangelisten erhalten. Sie sind entweder rechts oder links der Gestalt, oft beziehungslos, aber in Blickrichtung zu Füßen der Figur beigeordnet. In Begleitung der Matthäusfigur ist häufiger der Engel als der Mensch anzutreffen. Attributive Abweichungen konnten nicht konstatiert werden.

Zahlreicher innerhalb des Gesamtwerkes sind die stehenden Evangelistenfiguren, die im repräsentativen Typus frontal auf den Betrachter hin ausgerichtet wurden. Bei den Windsheimer Werken lässt sich zuweilen eine Erweiterung um den triumphierenden Salvator Mundi im Mittelfeld des Kanzelbechers nachweisen, an den Kanzeln der Kulmbacher Werkstatt ist die Figur obligat. Christus hat für gewöhnlich seine rechte Hand segnend erhoben, in seiner linken präsentiert er die Weltkugel mit dem Kreuz als Zeichen seiner Herrschaft. Die Beliebtheit des Salvators im reformatorischen Bildkreis erklärt Legner (LCI 1994) mit den Forderungen Luthers, Christus nicht als zornigen, strafenden Richter, „sondern freundlich, lockend und süß" zu zeigen. Als Auferstandenen zeigt ihn die Kanzel der Kulmbacher Friedhofskirche. Dort ist er rechter „Zweck und Scopus [Absicht Anm. d. A.] der gantzen heyligen göttlichen Schrifft."[9] Er verkörpert die Überwindung von Tod und Verderben, die Vergebung der Sünde, die Erfüllung der Verheißung und die Errettung der Menschheit.

Analog zu den sitzenden Reihen wurden auch die stehenden Evangelisten generell antikisch gekleidet und mit den

Sommerhausen, Evang.-Luth. Pfarrkirche St. Bartholomäus, Johannes d. T. von der Kanzel, 1620/21.

Georg Brenck d.Ä., Uffenheim, Evang. Spitalkirche, Evangelist Lukas von der Kanzel, 1610.

Ellwangen, Kath.
Schlosskapelle,
Salvator von der
Kanzel, um
1625/27.

Symbolen ausgestattet. Das Symbol des Matthäus tritt an einigen der Kulmbacher Arbeiten nur noch als Halbfigur neben der Schulter des Evangelisten auf. Mit wenigen Ausnahmen tragen alle vier Figuren in den linken Händen geschlossene oder offene Bücher. Ihre Wiedergabe als Ganzfigurenbildnis und nicht als Brustbild verdanken sie nach Neser (1604.15) der Leistung, beinahe alles über Jesus festgehalten zu haben, was zum rechten Glauben, *zu unser Seelen seeligkeit nutzlich* und notwendig ist.

Eine sinnvolle thematische Ergänzung durch zusätzlichen Skulpturenschmuck in der Sockel- und der Frieszone des Kanzelbechers erhalten nur einige reiche Exemplare des Windsheimer Betriebes. Die geläufigste Erweiterung des Autorenprogramms ist die Beifügung von Prophetenfiguren als Zeugen des Alten Bundes, als Vorbilder einer eifrigen Wortverkündigung und als typologischer Verweis auf die Evangelisten. Hierarchisch unter den Evangelisten stehend, sind sie an den Kanzelbechern in der Sockelzone des Korpus angeordnet. An den Predigtstühlen der Zobelkirchen (Herchsheim, Giebelstadt, Darstadt), einst auch an der Rothenburger Kanzel füllt eine Reihe von kleinen Prophetenfigürchen die bandartig angeordneten Bogennischen. Sie sind als stehende Figürchen frontal oder profilansichtig konzipiert und meist mit Attributen oder Büchern ausgestattet. Bei den repräsentativen Predigtstühlen zu Markt Erlbach oder Sommerhausen beschränkten sich die Schnitzer auf die Wiedergabe der vier großen Propheten, die sich in ihrer Vierzahl für eine Zuordnung zu den Evangelisten als besonders geeignet erwiesen.[10] Jesaja, Jeremias, Ezechiel und Daniel wurden auf jeder Brüstungsfläche als einzelne liegende Figuren konzipiert. In Markt Erlbach wurde die Reihe durch David erweitert, in Sommerhausen trat Moses an die fünfte Brüstungsfläche. Der Rothenburger Predigtstuhl war außerdem, und das ist einzigartig im ganzen Werkkomplex, mit einer dritten figuralen Zone - den Apostelfigürchen im Fries - ausgestattet. Durch ihre Anbringung im Gebälk des Korpus wurden einmal formal ihre Überlegenheit gegenüber den Propheten im Sockel, zum anderen die typologischen Beziehungen zwischen Altem und Neuem Testament zum Ausdruck gebracht. In Giebelstadt (1614) ist die Reihe von Brustbildern auf den Schalldeckelfries gerutscht. Die Apostel hatten in ihren Schriften, so erklärt Neser (1604.15-16) ihre Position über den Evangelisten, von den Büchern des Matthäus, Markus, Lukas und Johannes profitiert. Zudem repräsentieren sie, wie Poscharsky (1963.49-50) schreibt, die Tradition des Auftrages, in dessen Nachfolge sich auch der im Kanzelkorb befindliche Prediger sieht. Eingeordnet in einen überzeitlichen Heilsplan waren sie als Verkünder der Heilslehre und als Zeugen der messianischen Sendung aufgetreten. Ihr Märtyrertod diente in Rothenburg dem Gläubigen auch als Exempel für Gottes Barmherzigkeit.

Für eine Darlegung der komplexen, christologischen Zusammenhänge zwischen den zahlreichen Einzelfiguren soll zunächst auf Nesers Predigt zurückgegriffen werden. Aus den Schriften der Propheten, Evangelisten und Apostel forme sich, so Neser, der einzige solide unumstößliche Grund des heiligen christlichen Kirchengebäudes, das Christus als Eckstein zusammenhält. Die Propheten des Alten Testaments hätten mit ihren Abhandlungen das Leben und Wirken Jesu von der Geburt bis zu seinem Tod und seinem Leiden vorausgesagt. Während die Evangelisten das Wandeln des Herrn auf Erden niederschrieben, *auff dass ihr glaubet / Jesus sey Christus der Sohn Gottes/ und dass ihr durch den Glauben das Leben habt/ in seinem Namen.* Christus selbst habe zu seinen Erdenzeiten das Evangelium verbreitet, gelehrt und durch Wundertaten bestätigt. Mit seinem Tod wären die alttestamentarischen Prophezeiungen vom erlösenden Messias erfüllt. Das Alte und das Neue Testament, die in der Bibel zusammengeschlossen sind, würden nach Neser den Grund der Kirche Gottes bilden. Paulus sprach bereits: *Ihr seidt erbawet auff den Grund der Apostel unnd Propheten/ da Jesus Christus der Eckstein ist.* Als *Scriptura Sancta & Canonica* sei sie die einzige Lehre, die auf der Kanzel gepredigt und im Schmuck an den Inventaria abgebildet werden soll. Die um den Sockelfries laufende Inschrift *Nach dem Gesetz und Zeugnus/ werden sie das nicht sagen/ so werden sie die Morgenröte nicht haben* (Jes. 8,20) erinnere den Prediger, der über den von Jesus offenbarten Weg den Becher des Predigtstuhles betreten hatte, noch einmal, nur das Wort Gottes, das von ihm erlassene Gesetz und das in der Schrift verfasste Evangelium zu predigen. Abweichungen von der reinen Lehre würden unweigerlich den Redenden selbst und seine Zuhörer in das ewige Verderben und die Verdammnis führen. Denn, so lehrt Neser, weder Gold noch Silber, die einen Predigtstuhl in den köstlichsten königlichen Thron verwandeln, seien von Nutzen, wenn aus seinem Gehäuse schändliche und gotteslästerliche Worte erklingen.

Die Einweihungspredigt von Theodoricus für den Sommerhausener Predigtstuhl im Jahre 1621 basiert auf ähnlichen Gedanken. Der Kanzelbecher zeige, so formuliert es Theodoricus, mit der Darstellung von Propheten, Evangelisten und Aposteln nach Paulus (Eph. 1,20 u. 1.Korinth. 3,10-13) *geistliche Bawleut* und zwar die besten und vornehmsten. Sie haben durch ihr Schreiben, Lehren und Predigen ein immerwährendes geistliches Kirchengebäude, die *Grundsäul* des Glaubens aufgerichtet. Denn bevor die Apostel nach dem Empfang des Heiligen Geistes in die Welt gezogen waren, um ihre Botschaften zu verkünden, hätten sie sich in einigen Artikeln ihrer Lehre abgesprochen, *damit/ wann sie über etlich hundert Meil von einander/ doch in der Lehr einhellig und einmütig zusammen stimmeten.* Theodoricus spielt hier auf einen Pseudo-Augustinischen Sermon des 6. Jahrhunderts an, nach dem die Apostel vor ihrem Abschied das Credo verfasst hatten.[11] An diese Glaubenssätze ist letztendlich die ganze Kirche gebunden. Die vier großen Propheten und Moses in der Sockelzone werden durch den Spruch des Paulus, dem sie alle redlich nachgekommen waren, im Gesims der Kanzel geeint: *Leide willig, tu das Werk eines Predigers des Evangeliums,*

richte dein Amt redlich aus (2.Tim. 4,5).[12] Erst dann beginnt Theodoricus die einzelnen Bauleute des Kirchengebäudes innerhalb des christologischen und heilsgeschichtlichen Geschehens zu charakterisieren. An dieser Stelle sei aufgrund seiner führenden Position unter den Schriftpropheten Jesaja herausgegriffen. Die Relevanz seines Buches gründet in den Berichten vom Leben und Sterben Jesu sowie der Tempelvisionen. Er selbst war nach apokryphen Legenden als Ketzer und Aufrührer von dem König Manasse mit einer Säge hingerichtet worden. Abweichend von dem konventionellen Prophetentypus mit langem Bart hatten ihn die Schnitzer mit dem Werkzeug seines Martyriums an beiden Kanzeln als korpulente, bartlose Gestalt mit Halbglatze dargestellt.

Über der Reihe der Propheten erheben sich die Darstellungen der vier Evangelisten, der *Reichs Cantzler unsers himlischen Ehren Königs Jesu Christi*[13], die in gleicher Art und Weise wie die Propheten ihrem Predigeramt pflichtbewusst nachgekommen waren. Dabei hatte man den Figuren Symbole beigefügt, die Theodoricus nach den einleitenden Texten ihrer Evangelien begründete: Matthäus würde von einem Menschen oder Engel begleitet, weil er sein Buch mit der Menschwerdung Christi einleitete und weil gleich zu Anfang der Engel Joseph im Traum erschienen war. Markus sei der Löwe beigesellt, da er seine Berichte mit Johannes d.T. begann, der wie ein Löwe in der Wüste brüllte. Außerdem hatte er Christus als *den rechten Löwen vom Geschlecht und Stamm Juda* beschrieben, der sowohl den Teufel als auch die Hölle durch seine Auferstehung vernichtete. Lukas, der in seinen Beschreibungen vor allem von der Passion Christi sprach, sei mit dem Ochsen oder Rind abgebildet worden. Und Johannes wäre aufgrund seiner *rechten Adlersaugen*, mit denen er Christus betrachtet hatte, durch den Adler symbolisiert. Darüber hinaus verwiesen die Tiere wiederum auf Christus, der in seiner Person die Einheit der vier Evangelien verkörpert: *Christus ist ein Mensch worden in seiner Empfängnuß unnd Geburt: Ein Ochß in seiner auffopfferung: Ein Löw in seiner Aufferstehung: Ein Adler in seiner Himmelfahrt*. Gleichzeitig solle mit diesen Darstellungen der Prediger erinnert werden *menschlich/ das ist/ freundlich und leutselig* zu sein. Wie ein Löwe solle er *freudig und mutig* sein Amt versehen, wie ein Ochse auf dem Weg zur Opferbank *willig unnd gedultig* sein Leid ertragen, und schließlich wie ein Adler *mit wackern Adlersaugen hinauff gen Himmel sehen*.

Sommerhausen, Evang.-Luth. Pfarrkirche St. Bartholomäus, Prophet Jesaja, 1620/21.

Untersteinach, Evang.-Luth. Pfarrkirche, Evangelist Johannes von der Kanzel, um 1651.

Den Abschluss in der ikonographischen Betrachtung bilden die Schalldeckelanlagen der Predigtstühle. Sie dienen *der Stimm des Predigers/ die dardurch also reflectiert/ unnd zu ruck getriben würdt/ dass sie denselben desto leichter ankompt/ und von Zuhörern desto besser mag vernommen werden* (Neser 1604), d.h. der akustischen Verstärkung der Predigerstimme. Bleibt man bei dem von Neser (1604.8) entwickelten Gedanken der Kanzel als ein geistliches Kirchengebäude, besitzt der Schalldeckel neben seiner praktischen Funktion eine zweite Bestimmung. Er bildet Schutz und Schirm vor *ungewitter oder böse Leut* (Theodoricus 1621).

Je nach Größe und Höhe nutzten die Schnitzer die Konstruktion für die Präsentation eines mehr oder weniger umfangreichen und variationsfähigen Figurenprogramms. Bevorzugtes Thema für die Unterseite des Deckels ist das Abbild der Heilig-Geist-Taube, die unmittelbar über dem Haupt des Predigers schwebt. Sie

Hans Georg Brenck, Heiligenstadt, Evang.-Luth. Pfarrkirche, Schalldeckelunterseite, 1680.

wird als Lichtträger von einer Aureole gerahmt, manchmal auch von Wolken oder von Engelsköpfchen umgeben. Als oberster Regent und Präsident des heiligen Predigtamtes, als Geist der Weisheit, des Verstandes, des Rates, der Stärke, der Erkenntnis und der Gottesfurcht (Jes. 11,1-2) soll die Taube als göttlicher Beistand den Prediger bei der Wahl seiner Worte und der Ausführung seiner Rede unterstützen und inspirieren. Mit wenigen Ausnahmen ist die Taube an den Windsheimer und Kulmbacher Arbeiten obligat. Am Predigtstuhl zu Heiligenstadt wird sie von einer Passage aus dem zweiten Brief des Paulus an Timotheus (4,2) begleitet, die sich unmissverständlich an den Prediger wendet und ihn an seine Verantwortung erinnert: *Predige das Wort, halt an, es sey Zu rechter Zeit, oder Zur UnZeit; [weise zurecht, drohe, ermahne mit aller Geduld und Lehre].* Als erweiterte Darstellung des Heilig-Geist-Gedankens mit identischer inhaltlicher Aussage sind die Bilder der

Trinität zu verstehen. Eine geschnitzte Ausführung der Dreifaltigkeit ist innerhalb der Werkstätten nur an der Unterseite des Sommerhausener Schalldeckels zu dokumentieren. Dort folgt die reliefierte Gruppe dem einstigen Typus von Gottvater und Sohn, auf einer Wolkenbank thronend und von der Taube begleitet. Häufiger ist das Motiv im Gesamtwerk der Brencks am Kanzeldeckel anzutreffen: an den 1600 und 1604

Kulmbach, Evang. Stadtpfarrkirche St. Petri, Reste der Kanzel: links Gottsohn, rechts Gottvater, 1645.

errichteten, leider zerstörten Predigtstühlen zu Windsheim und Rothenburg in unbekannter Darstellungsform. In Kulmbach St. Petri, in Heiligenstadt und in Harsdorf (urspr. Bindlach, jetzt verändert) als abschließende Gruppierung nach dem ursprünglichen „Psalterschema": Vater und Sohn thronen, verbunden durch die Taube, auf einem Berg von Wolken und Engelsköpfchen. Der Sohn zur Rechten des Vaters hält das Kreuz als Zeichen der Passion. Auf der Handfläche des greisen Vaters ruht die Weltkugel mit dem aufgesetzten Kreuz. Nach Exod. 40, 34-38 zeugen die einzelnen Wolkengebilde von der Präsenz Gottes mitten unter den Menschen. Mit der Darstellung der Trinität am Predigtstuhl erhoffte man sich, wie Neser (1604.20) ausführte, *dass der Allmächtige GOTT dem Predigampt seines heiligen Worts wölle trewlich beystehen/ sein Wort erhalten/ tüchtige Prediger desselbigen geben/ durchs gepredigte Wort kräfftiglich würcken/ die Hertzen der Zuhörer in wahrem Glauben zur Seeligkeit erleuchten/ und erhalten* wolle. Nach Theodoricus (1621) versicherte man sich durch die Anbringung der Dreifaltigkeit der Präsenz und Gnade des dreieinigen Gottes, der seine Anwesenheit an den Orten gelobt hatte, an denen seinem Namen ein Gedächtnis gestiftet würde. Hier vollzog man den Gottesdienst im Sinne des Neuen Testaments. Zum anderen bekannte man sich mit der Darstellung laut dem limpurgischen Prediger öffentlich zum richtigen Glauben an die *Lehr von dem einigen Göttlichen Wesen/ in dreyen unterschiedenen Personen* (Theodoricus 1621).

Eine andere Möglichkeit, den Dreifaltigkeitsgedanken schnitzerisch zu vergegenwärtigen, bot sich in der seit dem Mittelalter relevanten bedeutenden Bildschöpfung des Gnadenstuhls.[14] Am Zenit der Deckelkonstruktionen von Darstadt und Giebelstadt hält der sitzende Vater den verstorbenen Sohn auf den Knien. Durch die Opferung des eigenen Sohnes wird dem Betrachter die Barmherzigkeit Gottes vor Augen geführt. Aus diesem figuralen Ensemble ist es dem Gläubigen möglich, Zuversicht zu schöpfen und auf die eigene Vergebung seiner Sünden zu hoffen.[15] Tugendgestalten, die sowohl an lutherischen als auch an katholischen Kanzeln ihre Berechtigung haben,

umrunden die zentrale Szenerie. Dem Trinitätsgedanken nahe steht auch das Motiv der Sonne. Ihre Platzierung an der Unterseite des Schalldeckels in der Spitalkirche zu Windsheim ist singulär im Oeuvre der ganzen Familie.

Nur an zwei Werken des Kulmbacher Betriebes - am Deckel der Petrikirche und in Bindlach (jetzt Harsdorf) - wurden von einzelnen Wolkensegmenten umfangene Engel mit geöffneten Büchern in ihren rechten Händen als Zierde für die Deckelunterseite benutzt. Es ist der Engel der Offenbarung, der durch den Himmel fliegend allen Völkern und Nationen das ewige Evangelium verkündet (Off. 14,7): *Fürchtet Gott/ und gebt im die/ Ehre, den die Zeit/ seines Gerichts/ ist kommen,/ und betet an der den der ge-/ macht hat Himmel/ und Erden, undt/ Meer, und die/ Wasserbrunnen.* Ein einziges Mal haben die Windsheimer Schnitzer die Verklärung Jesu in reliefierter Form auf dem Schalldeckelboden zu Markt Erlbach platziert. Christus wird von einer strahlenden Mandorla als Lichtgestalt gekennzeichnet, von Moses mit seinen Gesetzestafeln und Elia flankiert. Die göttliche

Stimme, die hier Prediger und Gemeinde mahnt *Dies ist mein lieber Sohn, an dem ich Wohlgefallen habe; den sollt ihr hören!* (Mt. 17,5), wird im Blitz- oder Lichtbündel figuriert, das aus dem kreisförmig um den Gottessohn arrangierten Wolkenband ragt. Am unteren Rand der Szenerie erscheinen die drei Apostel Johannes, Jakobus d.Ä. und Petrus. Als Komposition aus beinahe vollplastischen Figuren arrangierte Hans Georg Brenck das gleiche Thema auf den Schalldeckeln von Neudrossenfeld und Limmersdorf. Die Verklärung gehört zu den letzten Episoden aus dem öffentlichen Leben Jesu und wird gemeinhin als „Paradigma der künftigen Auferstehung" und somit als Verweis auf die Erlösung verstanden.

Einzigartig innerhalb des Werkkomplexes sind die zwei Karyatidenengel, die einst den Schalldeckel der Petrikirche zu Kulmbach trugen. Mai (1969.110) zufolge sind Engelspaare nach einer Einweihungsschrift aus Neustädtel im Erzgebirge (2. Chron. 3, 10-14) als Nachbildung der Cherubim zu deuten, die als Kolossalfiguren zur Ausstattung des Salomonischen Tempels verwandt wurden. Im Kontext mit der

Predigtstuhlarchitektur würden sie den Predigtstuhl „als Gnadenstuhl Neuen Testaments" charakterisieren und das „Evangelium als himmlische Botschaft" illustrieren.[16] Die goldfarbene Fassung der Kulmbacher Engel, die sich sowohl auf die Gewandung als auch ihre Haarkalotte erstreckt, bestätigt solche inhaltlichen Bezüge.

Gleichfalls singulären Charakter innerhalb des Oeuvres besitzt die Thematik des Sommerhausener Schalldeckels. Den Scheitelpunkt der Konstruktion nimmt der stehende, richtende Christus der Offenbarung ein. Um ihn spinnt sich ein komplexes inhaltliches Konzept, das Theodoricus (1621) seiner Gemeinde ausführlich erläutert. Die Inschrift am Deckelfries *Selig nun ist/ der da list/ unnd die da hören die Wort der Weissagung/ und behalten/ was darinnen geschrieben ist. Dann die zeit ist nahe* (Offb. 1,3) darf als Ankündigung des nahenden Jüngsten Gerichtes verstanden werden. In enger Anlehnung an den Text des Johannes erscheint Christus am Gipfel der Kuppel zwischen sieben Leuchtern. Sie symbolisieren nach den Ausführungen des Pfarrers die sieben christlichen Gemeinden in Asien, die bereits von den Aposteln bekehrt worden waren. Stellvertretend stünden sie außerdem für alle christlichen Kirchen und Gemeinden, die *das Liecht der wahren Christlichen Lehr unnd seligmachenden Glaubens* von Christus empfangen haben. Durch seinen Hl. Geist sei der Herr bemüht *das Fewr der göttlichen Warheit und Erkanntnuß* am Leben zu erhalten. Zuletzt würden die Lichter jeden Einzelnen mahnen, in seinem Lebenswandel selbst *ein güldener Leuchter* zu sein.

Christus ist in ein langes Gewand gekleidet und mit einem goldenen Gürtel als Symbol der allumfassenden Macht bewehrt, um seine Kirche vor den bösen Mächten zu verteidigen. In seiner rechten Hand hielt er ehedem sieben Sterne als Sinnbilder der sieben Engel, die Vorbilder aller Prediger waren. Sie sollen, so führt Theodoricus an, die Herzen der Zuhörer erleuchten. In seinem Mund trug Christus das zweischneidige Schwert. Es ist das Schwert des Geistes und des Wortes Gottes. Mit seinen zwei Seiten erinnere es an die zwei Lehren der Kirche, an das Gesetz, das die Erkenntnis der Sünden ermöglicht, und an das Evangelium, das den Heilsweg aufzeigt. Damit weder der *leydige Satan* noch der Teufel die Ausführungen des Predigers stören können, fungiert eine Reihe bewaffneter Engel als himmlische Wächter. Sie gehören auch an katholischen Predigtstühlen zum häufigen Deckelschmuck. Unabhängig von ihren skulpturalen Ausführungen stehen Engel mit Leidenswerkzeugen, die zugleich auch Siegeszeichen des Todesüberwinders sind, für die Passion, das Leiden Christi und den Auferstandenen. Sie halten die Zeichen in ihren Händen, die nach Luther alle

Christen in ihr Fleisch und Blut gedruckt haben sollten.[17] Auf göttlichen Befehl formieren sie sich auch, sagt Neser (1604.20-21), zum Schutz und Schirm gegen Ketzer und Tyrannen. Unter der Obhut von Engeln dürfe man also getrost und mit freudigem Herzen verkünden: *Mein Zuversicht/ unnd mein Burg: Mein GOtt auff den ich hoffe.*

Neben Engelsfiguren gehören Evangelisten, Apostel- und Prophetenstatuetten als „Wolke der Zeugen" (Poscharsky 1965.14) zu den geläufigen Motiven für die Ausschmückung eines Kanzeldeckels. In Markt Erlbach sind die Apostel mit Attributen ausgestattet, in Tunika und Pallium gehüllt, und zweireihig auf der Bedachung platziert: einmal über den Ecken des Bechers, einmal unter den Arkaden der aufragenden Laterne. Ebenfalls 12 Apostelfiguren begleiteten die Trinität an der verlorenen Kanzel der Windsheimer Stadtpfarrkirche (1600). Um den formalen und ikonographischen Endpunkt des Aufbaus und die Erfüllung der Erlösungsverheißung zu markieren, wird der Scheitel des Deckels gerne durch eine Christusfigur bekrönt. Der Heiland ist im Oeuvre als triumphieren-

Bad Windsheim, Evang. Spitalkirche, Salvator Mundi von der Kanzel, 1622.

der Sieger mit Fahne (Markt Erlbach 1621, Windsheimer Spitalkanzel 1622, Alladorf 1681) aber auch als thronender Richter mit der Weltkugel in der Hand (Uffenheim) nachzuweisen. Nur ein einziges Mal, am Predigtstuhl zu Ergersheim 1603, wurde der Pelikan als Bekrönung eines Kanzeldeckels gewählt. Er steht im Kontext mit der Pastor bonus Motivik und gehört trotz seines Symbolcharakters für den selbstlosen Opfertod und die Auferstehung Christi zu den seltener verwirklichten Themen.

Das typisch Protestantische an den Predigtstühlen aus der Brenckwerkstatt

Die Reformation hatte nicht nur stilistische Veränderungen oder einen Wertigkeitswandel für die Prinzipalstücke der Kirchenausstattung nach sich gezogen, sondern auch entscheidende Veränderungen in der ikonographischen Ausschmückung einzelner Einrichtungsstücke verursacht.[18] Die Entstehung der Brenckschen Predigtstühle fällt in die Zeit der lutherischen Orthodoxie, in der es längst zu einer Konsolidierung der protestantischen Verhältnisse und zur Ausbildung eigener Programme gekommen war. So verkünden die Kanzeln mit ihrer stark christozentrischen Orientierung bereits das zentrale Anliegen der Reformation - den Sündenfall, die Folgen des Verderbens, die Rechtfertigung des Menschen durch den Opfertod Christi. Jede Szene, jede Figur verweist in Form vertikaler Leitfäden vom Fundament bis zur Bekrönung der Kanzel auf Gottes Sohn, seine Erlösungstat, seine Auferstehung, seinen Triumph und die damit einhergehende Überwindung von Sünde und Tod.[19] Dass die Rechtfertigung allein aus der Gnade Gottes und allein durch den festen Glauben an Christus gegeben werden kann, gehört außerdem zu dem von Luther neu aus der Bibel gewonnenen Glaubensverständnis. Ab 1570 lässt sich an den Predigtstühlen ein Normalprogramm nachweisen[20], das innerhalb des Windsheimer Oeuvres der Rothenburger Predigtstuhl am reinsten verkörperte. Es breitete vor den Augen des Gläubigen die Haupttheiltatsachen nach dem Glaubensbekenntnis aus. Durch Moses, der dem Betrachter quasi als Spiegel den Dekalog vorhielt, konnte der Mensch die eigene Sündhaftigkeit erkennen. Den Weg der tröstlichen Verheißung zeigten die anschließend nach dem zweiten Artikel des Credo am Kanzelaufbau angebrachten Skulpturen und Szenerien. Da die Schnitzer auf szenische Reliefs am Kanzelbecher verzichteten, erscheint das Programm an den fränkischen Arbeiten nie vollständig. Mitunter treten typologisch deutbare Episoden aus dem Alten Testament an die Stelle der neutestamentlichen Geschehnisse: Der Sündenfall und die damit verbundene Abwendung des Menschen von Gott befanden sich an der Portalanlage der Kanzel. Die Geburt Jesu, durch die sich die messianischen Prophezeiungen und somit die Aussicht auf Erlösung zu erfüllen scheinen, schmückte die Kanzeltreppe. Auf den Kreuzestod, durch den die Verderbtheit des Menschen überwunden wird, verwiesen der Gute Hirte, die Pelikandarstellung am Eingangsbereich und die Engel mit den Arma Christi auf der Deckelkonstruktion. Ein neues Leben erhält der Mensch durch die Auferstehung Christi, die ihn auch von den Sünden befreite. Dieses Motiv war wiederum an der Treppenanlage angebracht. Während die Darstellung der Himmelfahrt fehlte, zeigte die Trinität am Schalldeckel, dass Christus „also zur rechten Hand Gottes sitzt".[21] Von seinem Wiederkommen am Jüngsten Tag kündete der Posaune blasende Engel auf der Deckelkonstruktion.

Einen weiteren Kernpunkt lutherischer Theologie bildet die antithetische Gegenüberstellung von „Gesetz und Evangelium". Der Predigtstuhl zu Sommerhausen besitzt beinahe alle wesentlichen Elemente, die in den bekannten Bildkonzeptionen des Themas bei Lucas Cranach d.Ä. zur Formulierung entscheidend waren[22]: Moses mit seinen Gesetzestafeln und Jesaja, die in der Reihe der Prophetenfiguren erscheinen, der Sündenfall am Portal und das Jüngste Gericht, das am Deckel inszeniert wurde; die Täuferfigur ehedem am Kanzelkorpus, die eherne Schlange und die Kreuzigungsszene an der Eingangssituation sowie der sieghafte Christus als Kanzelstütze. Ein Hinweis auf die Geburt des Messias und die Verkündigung an die Hirten fehlt jedoch. Es soll hier nicht behauptet werden - gerade weil die Sinnbezüge des Sommerhausener Figurenschmuckes von Theodoricus erläutert worden waren - Cranachs bildhafte Umsetzung des Gedankens hätte für den ikonographischen Entwurf der Kanzel als Vorbild gedient. Dafür ließen sich aussagekräftigere Beispiele anführen.[23] Von Interesse scheint vielmehr die Tatsache, dass der Kanzelschmuck Kernthemen der reformierten Lehre abbildet. Sie machen den Predigtstuhl von Sommerhausen zu einem fränkischen Paradebeispiel lutherischer Kanzelbaukunst des 17. Jahrhunderts.

In den Szenerien und den Statuetten der Brenckschen Kanzel hat der Prediger auch die Inhalte seiner Predigt vor Augen, deren einzige Offenbarungsquelle die Bibel darstellt. Sie kreisen um das „Evangelium von Christus" und wiederum um das Gesetz, das Verderben und die anschließende Vergebung.[24] Mit den Inschriften, die sich am Kanzelbecher und am Schalldeckel von Windsheim, Rothenburg, Uffenheim, Ickelheim oder Herchsheim befinden, wird der Prediger außerdem erinnert, die einzig wahre Lehre zu verkünden und das ist - ganz im Sinne des neuen Bekenntnisses - alleine das Wort Gottes.[25] Andere Inschriften richten sich unmittelbar an den Betrachter, um einen festen, starken Glauben im Menschen zu entzünden. Denn er ist nach lutherischem Verständnis „sein Leben, seine Gerechtigkeit und sein Heil".[26] Der Prediger war letzten Endes mit seiner zentralen Stellung in das Programm einbezogen. Er übernahm die Funktion eines Vermittlers zwischen dem bereits Vergangenen, das am Korpus, an der Treppe und am Portal dargestellt worden war, und dem Zukünftigen, das in den Figuren des Schalldeckels seinen Ausdruck fand. Seine Aufgabe war es, den Gläubigen durch seine Reden auf das Himmelreich und die Erlösung zu verweisen.

Wagt man einen Überblick über alle Predigtstühle der Brenckschen Familie, ist zu vermerken, dass vor allem die prächtig ausgestalteten Kanzeln der Windsheimer Werkstatt Träger eines komplexen protestantischen Programms sind. Sie wurden nicht für kleine Dorfgotteshäuser, sondern für die Stadtpfarrkirchen zu Bad Windsheim und Rothenburg, für das Ansbacher Gotteshaus St. Johannis (jetzt Markt Erlbach) und die Pfarrkirche in Sommerhausen geschaffen. Die übrigen Kanzeln wiederholen in reduzierter und vereinfachter Form die angesprochene heilsgeschichtliche Aussage. So beschränkten sich die Schnitzer z.B. in Uffenheim auf die Evangelisten und den Salvator am Korpus, auf die Engel und den thronenden Herrscher am Schalldeckel. An den Predigtstühlen zu Buchheim und Pfaffenhofen wurde das Dekor auf ein Minimum an figuraler Ausstattung verkürzt. Während den Korpus die Evangelisten zieren, schwebt unter dem Schalldeckel die Heilig-Geist-Taube. Die Kulmbacher Arbeiten, die erst in der zweiten Hälfte des 17. Jahrhunderts entstanden, kennzeichnet eine starke Simplifizierung der Inhalte. Stereotyp erscheinen aus bildnerischer Konvention die von ihren Wesen begleiteten, stehenden Evangelisten und der Salvator am Korpus des Predigtstuhls. An die Stelle des skulpturalen Kanzelträgers ist vielfach die Säule getreten, die einzig nachweisbare Stützfigur in Engelsgestalt (urspr. in Bayreuth-St. Johannis) ist heute verloren. Auch der Verzicht auf die von Luther so gerne verwandten Inschriften spricht für eine Reduktion des Programms auf einfache Inhalte. Neuerungen lassen sich allerdings im Deckelbereich verzeichnen. Der Engel der Apokalypse ersetzt wenigstens zweimal die obligate Taube an der Unterseite des Schalldeckels. Das Verklärungs- und das Trinitätsmotiv gehören zwar auch zum Motivkreis Georg Brencks d.Ä. und d.J., allerdings wandelte sich die Szene vom Flachrelief auf der Unterseite des Deckels zum plastischen Arrangement auf der Kanzelkuppel. Einzigartig innerhalb des Oeuvres sind einmal die Tempelvision des Jesaja in Eckersdorf, zum anderen die zwei Karyatidenengel am Schalldeckel von Kulmbach St. Petri. Sie sind wohl aufgrund ihrer goldenen Fassung als Cherubim im Zusammenhang mit dem Salomonischen Tempelbau zu verstehen.

1 Als Literaturgrundlage für nachfolgende Überlegungen dienten u.a. Reimers (1922); Buchholz (1928); Mayer (1932); Wiesenhütter (1933); Steinmüller (1940); Haebler (1957); Ausst.-Kat. Frühzeit evang. Kirche (1959.19); Poscharsky (1960); ders. (1963); ders. (1965); Oertel (1974.224-225); Stirm (1977); Sörries (1983); Ausst.-Kat. Reformation in Deutschland (1983); Ausst.-Kat. Luther u. die Folgen für die Kunst (1983); Ausst.-Kat. Kunst der Reformationszeit (1983); Ullmann (Hrsg.) (1983); Kienzl (1986); Rieser (1990); Keller (1991); Poscharsky (1993); Reimers (1993); außerdem die gängigen ikonographischen Lexika.

2 Zu den Inhalten der Portalanlagen, Treppenverblendungen, weiterer Stützlösungen und Inschriften vgl. die Arbeit von Christine Schweikert: „Gott zu Ehren und der Kirchen zur Zierde...". Studien zu Leben und Werk der fränkischen Schreiner- und Bildschnitzerfamilie Brenck im 17. Jh. Phil. Diss., Erlangen (in Druck).

3 Die Drucklegung der Neserpredigt erfolgte bei Georg Gruppenbach in Tübingen 1604; Die Schrift Theodoricus wurde bei Johann Friederich Sartorio in Nürnberg verlegt. Der Predigttext erfuhr auch eine Auswertung bei Poscharsky (1963.193ff.).

4 Windsheim (1600); Ergersheim (1603); Rothenburg/ Tauber (1604); Herchsheim (1614); Giebelstadt (1615); Neustadt/ Aisch (1616); Markt Erlbach (1621). Zu Christus als Kanzelstütze vgl. die Ausführungen bei Christine Schweikert: „Gott zu Ehren und der Kirchen zur Zierde...". Studien zu Leben und Werk der fränkischen Schreiner- und Bildschnitzerfamilie Brenck im 17. Jh. Phil. Diss., Erlangen (in Druck).

5 Vgl. Paulus Röm. 1, 17 und 3, 28. Vgl. Von den guten Werken (Das erste Gebot). In: Luther, Martin: Von christlicher Freiheit (1990.106.108) und das Traktat von der christlichen Freiheit ebenda (1990.533ff.).

6 Über die unterschiedlichen Programme und ihre Anordnung vgl. Poscharsky (1960.54.57-58) und (1963.113). Typus A1 ist reliefverziert und mit architektonischer Instrumentierung an den Ecken ausgestattet. Typ C stellt eine Mischform dar. Er besitzt reliefierte, bemalte oder intarsierte Brüstungsfelder, die von Statuen über Eck getrennt werden.

7 Vgl. dazu Ickelheim mit der Reihenfolge Markus, Matthäus, Johannes (Lukas fehlt); Herchsheim mit der Abfolge Lukas, Matthäus, Christus, Markus und Johannes; die Kanzel der Windsheimer Spitalkirche, deren genaue Reihung anhand der alten Fotografien nicht zu ermitteln ist; Kulmbach, Spitalkirche mit den Figuren Lukas, Markus, Matthäus und Johannes sowie den Predigtstuhl zu Obernsees mit der gleichen Systematik.

8 Vgl. Die Heidelberger Disputation 1518. In: Luther, Martin: Von christlicher Freiheit (1990.71).

9 Zitiert nach Elisabeth Anton, Studien zur Wand- und Deckenmalerei des 16. und 17. Jahrhunderts in protestantischen Kirchen Norddeutschlands. Phil. Diss. München (1977.117). Die Textpassage wurde einer Predigt für die neuerbaute Kirche zu Freudenstadt im Schwarzwald aus dem Jahre 1608 entnommen.

10 Dabei handelt es sich scheinbar um eine typisch protestantische Lösung. Vgl. die Angaben in RDK Bd. VI (1973.Sp.508) mit dem Verweis auf die Kanzel in Rodenkirchen von dem norddeutschen Bildhauer Ludwig Münstermann (um 1575-1637/38).

11 Vgl. Künstle (1928.181-182). Dort findet sich auch die Verteilung der 12 Artikel auf die einzelnen Apostel; A. Katzenellenbogen in: RDK Bd. 1 (1937.Sp.823).

12 Die Textwiedergabe erfolgt hier nicht nach der Inschrift, sondern nach der leichter verständlichen Lutherübersetzung der Bibel.

13 Vgl. wiederum die Ausführungen Theodoricus (1621) II. Das Corpus.

14 Der Terminus Gnadenstuhl ist auf Martin Luthers Übersetzung des Hebräerbriefes (Kap. 9, 5) zurückzuführen. Vgl. Braunfels (1954.XXXV f.) u. Ausst.-Kat. Kunst der Reformationszeit (1983.43).

15 Vgl. Von den guten Werken (Das erste Gebot). In: Luther, Martin: Von christlicher Freiheit (1990.117).

16 Vgl. ausführlicher Mai (1969.110 und Anm. 21).

17 Vgl. Stirm (1977.77).

18 Die Bemühungen, eine eigene Ikonographie auszubilden, schildert Poscharsky (1963.123.148-165).

19 Vgl. dazu das von Ohly (1985.14) gewählte Lutherzitat in der 1. Psalmenvorlesung zu Ps. 11,9. Nach Luther hat zu gelten, „das Christus sej der punkt im Circkel, da der gantze Circkel ausgezogen ist, und auffin sehet, und wer sich nach ime richtet, gehort auch drein. Den er ist das mittel punctlein im Circkel, und alle Historien in der heiligen schrieft, so sie recht angesehen werden, gehen auff Christum" (WA 47, 66, 6-24).

20 Vgl. die Ausführungen Poscharskys (1963.165-181).

21 Vgl. Eine kurze Form des Glaubens. In: Luther, Martin: Von christlicher Freiheit (1990.592);

22 Über Cranachs Gesetz und Evangelium vgl. u.a. Poscharsky (1963.153-165); Ausst.-Kat. Reformation in Deutschland (1983.398 ff); Badstübner (1983.332-333); Ausst.-Kat. Kunst der Reformationszeit (1983.21.357-360); Ausst.-Kat. Luther u.d. Folgen f.d. Kunst (1983.117-118.210-216).

23 Vgl. die Kanzel Ludwig Münstermanns in Rodenkirchen von 1631.

24 Vgl. Luthers Ausführungen im Traktat von der christlichen Freiheit: „Man darf nämlich nicht nur das eine, sondern man muß beide Worte Gottes predigen, ,Neues und Altes aus dem Schatz hervorholen' (Mt. 13,25), sowohl die Stimme des Gesetzes als auch das Wort der Gnade. Die Stimme des Gesetzes muß hervorgeholt werden, um die Menschen zu erschrecken und zur Erkenntnis ihrer Sünden zu führen, und sie damit zur Reue und zum besseren Lebenswandel zu bekehren ... Daher muß auch das Wort der Gnade und der verheißenden Vergebung gepredigt werden, um den Glauben zu lehren und aufzurichten, ohne den Gesetz, Reue, Buße und alles andere vergebens geschehen und gelehrt werden." In: Luther, Martin: Von christlicher Freiheit (1990.556).

25 Traktat von der christlichen Freiheit 1520. In: Luther, Martin: Von christlicher Freiheit (1990.532).

26 Vgl. Von der christlichen Freiheit. In: Luther, Martin: Von christlicher Freiheit (1990.559).

Die Skulptur des 17. Jahrhunderts ist in vielen Fällen keine Plastik von freiem Eigenwert an exponierter Stelle, sondern formaler und inhaltlicher Bestandteil eines architektonischen Ensembles. So bilden dekorative Retabelarchitekturen, skulptierte Predigtstühle, Epitaphien sowie Taufsteine mit zahlreichen Reliefs, Einzelfiguren und Skulpturengruppierungen über 100 Jahre die plastische Hauptdomäne der fränkischen Bildhauerfamilie. Um der Schnitzkunst der Familie gerecht zu werden, ist es notwendig, vor einer kontextfreien Betrachtung der Figur zunächst ihre ursprüngliche Funktion zu ermitteln.[1]

1) Die erhaltenen Arbeiten der Bildschnitzer sind, soweit es sich archivalisch nachweisen ließ, fast ausschließlich kirchliche Auftragsarbeiten. Das heißt, die Werke sind nicht aus einem funktionsfreien „künstlerischen Wollen" heraus mit unbegrenzter Freiheit entstanden, sondern sie haben einen bestimmten Zweck zu erfüllen. Sie sind das Ergebnis eines geplanten, diskutierten und möglicherweise mehrfach veränderten Konzepts, das den Bildhauer schon vor dem eigentlichen Schöpfungsprozess zusammen mit den bestehenden Gegebenheiten im Kirchenraum limitierte.

2) Durch die harmonische Eingliederung der Skulptur in ein strenges architektonisches Gefüge sind Eigenwert und Funktion der Plastik im Voraus determiniert. Die Figur der Windsheimer Werkstatt ist nach mittelalterlichem Modus Standort gebunden, der Architektur bei- bzw. untergeordnet und mit ihrer Raumforderung der vorgegebenen Situation angepasst. Diese Gegebenheiten lassen sich exemplarisch an den prächtigen Retabeln in Ochsenfurt und Frickenhausen, aber auch an den Kanzelaufbauten beobachten. Als primär dienende Kunst beschränkt sich die Skulptur, neben ihrer inhaltlichen Bedeutung, auf die Dekoration der architektonischen Grundebene. In Gestalt von Zwickelengeln, Löwen- und Engelskopfappliken, aber auch

Georg Brenck d.Ä., Frickenhausen, Kath. Pfarrkirche St. Gallus, Hochaltar, Johannes d.T., St. Gallus, St. Sebastian, 1617.

als Nischenfigur wird die Skulptur oder das Relief zur Flächen- oder Raumfüllung. Als Karyatide, Terme oder auch als stützende Mosesfigur zwingt man sie in eine Position, die statische Aufgaben zu erfüllen hat. Dagegen werden Figuren, die an den Schalldeckeln der Kanzeln über Ecken stehen oder einen Giebel bekrönen, zu freien Fortsetzungen architektonisch getragener Richtungstendenzen. Da sich die Skulptur „als stellvertretendes Glied der Architektur" (Henle 1933.7) nur innerhalb des festen Rahmens definiert, bleibt ihre selbständige, freiplastische Entfaltung auf ein Minimum beschränkt. Die gezielte Anordnung der Plastik innerhalb des architektonischen Gefüges degradiert sie zum Verteiler von Bewegungslinien, zum rhythmischen Akzent und oberflächenreichen Kontrast.

Eine Lösung dieser strengen Bindungen ist im Oeuvre des Kulmbacher Betriebes nur teilweise zu beobachten. Bei der Bestückung des Kulmbacher Rathausbrunnens (1660) mit dem Zinsfelder hätte sich die Möglichkeit geboten, eine Figur frei nach statuarischen Prinzipien zu entfalten. Die repräsentative Verpflichtung führte jedoch auch ohne rahmende Architektur zu einer statischen Konzeption der Skulptur mit deutlicher Fassadenwirkung. Dagegen bekrönen einige Schalldeckelanlagen Figurengruppen, die ohne Rücksicht auf die architektonische Struktur des Aufbaus am Deckelzenit agieren (zum Beispiel Eckersdorf 1677).

3) In den meisten Fällen ist die Skulptur der Brenckschen Werkstätten Komponente liturgisch relevanter kirchlicher Inventaria. Folglich hat die Figur neben ihrer schmückenden Aufgabe auch inhaltliche Anforderungen zu befriedigen. Gerade im Protestantismus wird der Aussagekraft der Skulptur bezüglich der Heilslehre mehr Bedeutung beigemessen als der Umsetzung des Ideenguts in eine ansprechende plastische Form.[2] Für Luther war das Bild, wie Stirm (1977.77) erschließen konnte, nur Hilfsmittel, um dem Betrachter die Worte im Dienst des Evangeliums verständlich zu veranschaulichen. Bei Gestaltung einer Szenerie war deshalb die enge und korrekte Bindung an den Bibeltext, die Unterstreichung des Inhalts relevanter als die künstlerische Auffassung oder die neuartige ungewöhnliche Komposition des Themas. Im Gegenteil: Sich wiederholende, eingängige und plakative Motive waren dem Erkennen oder Verstehen der Glaubensaussage sogar dienlicher. Berücksichtigt man diesen Aspekt, lässt sich die oft schematische Wiederholung feststehender Typen - als Beispiel seien hier die Evangelistenreihen an den Predigtstühlen erwähnt - nicht mehr nur vordergründig mit mangelndem Erfindertum erklären. Es handelt sich möglicherweise um ein bewusstes Festhalten an legitimierten Traditionen. Die Darstellung der Evangelisten am Predigtstuhl in ihrer Funktion als Zeugen und Autoren ist primäre Intention - das Material, ihre Individualgestaltung und die qualitative Ausführung jedoch zweitrangig.

Einen wichtigen Bestandteil des Oeuvres bilden Stand- und Sitzfiguren. Sie füllen einfache oder muschelverzierte bogenförmige oder rechteckige Nischen, sind auf den Vor- bzw. Rücksprüngen eines Retabels oder Epitaphs positioniert und bekrönen als obersten Abschluss einen Auszug oder eine Predigtstuhlbedachung. Je nach Anbringungsort und finanzieller Liquidität des Auftraggebers wurden die Skulpturen in variablen Graden plastischer Durchbildung ausgeführt. Die flach reliefierte, auf den Nischengrund applizierte Gestalt ist innerhalb des Werkkomplexes ebenso anzutreffen wie die frei konzipierte, frei aufgestellte oder vor einer Rahmung positionierte Skulptur. Durch die fast obligatorische Bindung der Figur an eine im Kirchenraum befindliche Architektur wirken die teilweise gotisch gereihten Standskulpturen anachronistisch. Ein stilles Repräsentieren, unterstrichen von verhaltenen Bewegungen, sind ihre auffälligen Kennzeichen.

Sitzmotive nutzte vor allem die Windsheimer Werkstatt für die Konzeption kanonischer Evangelistenreihen an den Predigtstühlen in Herchsheim (1614), Giebelstadt (um 1615), Darstadt (1615), Sommerhausen (1620/21), Markt Erlbach (1621) und Ellwangen (um 1625), während im Kulmbacher Oeuvre nur ein einziges Mal Markus und Lukas als profilansichtige Gestalten auf den Giebelsegmenten des Goldkronacher Retabels (1670/71) von Heinrich Heubner thronen. Den vierundzwanzig Windsheimer Figuren liegen vier Sitzvarianten zugrunde, obwohl die zeitliche Differenz zwischen dem ältesten Beispiel von 1614 und dem jüngsten Exemplar von ca. 1625 elf Jahre beträgt. Unabhängig von den ikonographischen Forderungen konnten die entsprechenden Gestaltungsmodi auf jeden Evangelisten übertragen werden. Zu Demonstrationszwecken wurde ein Schema herausgegriffen, dem Markus aus Herchsheim, die Lukasfiguren der Giebelstädter, Darstädter, Sommerhausener und Markt Erlbacher (Ansbach) Kanzel

Georg Brenck d.Ä.,
links: Herchsheim,
Evang. Kirche, Kanzel, Evangelist Markus, um 1614.
rechts: Darstadt,
Kath. Pfarrkirche St. Laurentius, Kanzel,
Evangelist Lukas,
1615.

Markt Erlbach, Evang.-Luth. Pfarrkirche St. Kilian, Philippus, 1621, und graphische Vorlage von Hieronymus Wierix.

unterworfen worden waren. Eine Variation des Themas zeigt die um 90° gedrehte Markusfigur zu Ellwangen.

Durch die nach links erfolgte Ausrichtung des Ober-, des Unterkörpers und der Füße wird der Evangelist zum Großteil profilansichtig wiedergegeben. Seine bildparallele Ausrichtung bindet ihn verstärkt an die Brüstungsfläche des Predigtstuhls. Den rechten Fuß hat die Gestalt im 90° Winkel fest auf den Boden gestellt, während der linke Fuß etwas zurückgenommen wird und nur mit der Fußspitze den Boden berührt. Das aufgeschlagene Evangelium ist in den meisten Fällen mit der nach außen gekehrten Innenseite unter den linken Arm geklemmt oder zum Schreiben auf das linke Bein gelegt. Der rechte Arm vollführt auf Brusthöhe eine ausholende, kreisförmige Bewegung vor dem Körper bzw. wird zum Schreiben genutzt. Als Muster für diese Figurenreihe fungierte bis hin zur Bekleidung und der Bewegungsmotivik eine zentral vor dem Abendmahlstisch platzierte Apostelfigur auf einem Blatt von Wierix nach Marten de Vos.[3] Durch die Beifügung des Symbols, des Evangeliums und einer Schreibfeder hat der Schnitzer die graphisch fixierte Gestalt zum Evangelisten umgedeutet.

Im Verhältnis zur erhaltenen Gesamtzahl an Einzelfiguren erstaunt bei den Standfiguren der beschränkte Fundus an Bewegungsmotiven. Es wurden sowohl aufrechte, frontale Skulpturen mit parallel geführten gestreckten Beinpaaren konzipiert als auch Figuren entworfen, die zwischen Stand- und Spielbein mehr oder weniger deutlich unterscheiden. Häufig wurde ein angewinkeltes Bein geringfügig nach vorne, nach hinten, zur Seite genommen oder in die Luft gezogen. Mehr Bedeutung gewinnt die Bewegung, wenn in Anlehnung an graphische Vorbilder das aktive Bein auf einem Podest platziert wird, während das zweite Bein, einer Säule gleich, für Stabilisation sorgt. Einen Querschnitt an Standmotiven zeigen die Schalldeckelfiguren des Markt Erlbacher Predigtstuhls, die in enger Anlehnung an graphische Vorbilder konzipiert worden waren.[4]

Die Betrachtung der Körperdisposition Brenckscher Figuren wäre unvollständig, würde man die Haltung des Oberkörpers, Kopf- und Armbewegungen ausklammern. Gerade bei den frühen Arbeiten der Windsheimer Werkstatt, aber auch bei einigen Arbeiten Hans Georg Brencks, bleibt der Abschnitt über der Hüfte einer Figur häufig von den Bewegungen der Beine unberührt. Kontrapostische Hüftverschiebungen sind, falls vorhanden gänzlich unter voluminösen Gewanddraperien verborgen oder ausschließlich von geschickt strukturierten Stoffbahnen getragen. Ist der Kopf zudem noch gerade und unbeweglich nach vorne gerichtet, wirkt die Gesamtgestalt statisch und starr (vgl. zum Beispiel die Hl. Katharina aus Frickenhausen). Kaum Milderung erzielen die seitlichen Armbewegungen, die meist durch das Präsentieren eines Attributs oder das Halten von Büchern in wenigen Varianten festgelegt sind. Als Folge lässt sich die Skulptur innerhalb ihres architektonischen Rahmens eher als zweite, dem Grund der Kanzel bzw. des Retabels vorgeblendete reliefierte Ebene wahrnehmen und nicht als tatsächlich dreidimensional durchkonstruierte Plastik.

Auffällige Bewegung zeigen durch das ganze Oeuvre Sebastiansfiguren und die oft analog ausgeführten triumphierenden Auferstandenen. Gewöhnlich werden, um die Ausformung eines klassischen Kontrapost bemüht, das Standbein und das locker zurückgesetzte Spielbein ausgebildet. Die Folge der einseitigen Gewichtsverlagerung ist bekannt: Die Hüfte über dem Standbein verschiebt sich nach oben, der Oberkörper wird leicht aus der Achse genommen und für eine ausgewogene Ponderation die Schulter über dem Spielbein mehr oder weniger ausgeprägt erhöht. Klassisches Ebenmaß erreicht die Schnitzerwerkstatt nicht - die Bewegung bleibt im wahrsten Sinne hölzern, gebrochen und ohne die geschmeidige Eleganz der antiken Vorbilder. Für eine Steigerung des kontrapostischen Schemas sorgt das weite, überkreuzte Zurücksetzen eines Beines. Dann entsteht der Eindruck, die Figur hätte sich nach einer schwungvollen Drehung gerade erst dem Betrachter zugewandt.

Ein größeres Bedürfnis, den Umraum durch den eigenen Körper zu erobern, zeigen allgemein die späteren Arbeiten des Windsheimer Betriebes, die sicherlich unter maßgeblicher Beteiligung Georg Brencks d.J. entstanden waren; außerdem die frühen Arbeiten der Kulmbacher Werkstatt, die vor allem mit Johann Brenck und Hans Georg Schlehendorn verbunden sind. Petrus und die bekrönende Salvatorfigur der Kanzel zu Markt Erlbach haben nicht nur das rechte Bein nach vorne gezogen, sondern auch die ganze Hüfte der Seite nachgeschoben. Für eine ausgleichende Ponderation der Gestalt wird der Oberkörper nach hinten gebogen, was einer begrenzten Eroberung des Umraums und einer Abkehr von der strengen Frontalbildung gleichkommt. Weitere Figuren erreichen gesteigerte Räumlichkeit, indem sich Oberkörper und Schulter gegenläufig zur Beinstellung und Kniehaltung aus der zweidimensionalen Axialität herausordieren. Der Kopf

Georg Brenck d.Ä. u. d.J. (?), Frickenhausen, Kath. Pfarrkirche St. Gallus, ehem. Sebastiansaltar, Hl. Katharina, nach 1617.

der Gestalten folgt dabei entweder der angedeuteten Richtung des aufgestellten Beines oder er orientiert sich durch eine gegenläufige Wendung an der Tendenz von Schulter und Arm. Das höchste Maß an Bewegung bei gleichbleibendem statuarischem Motiv wurde unter anderem in der Matthäusfigur der Untersteinacher Kanzel (um 1651) erreicht. Dennoch bleibt eine Bindung an den Hintergrund, an die Fläche maßgeblich.

Zusammenfassend ist festzuhalten: Die frühen Skulpturen Georg Brencks d.Ä. besitzen mit Ausnahme von Salvator- und Sebastiansfiguren meist eine deckungsgleiche Körper- und Mittelachse. Das Zusammenfallen der beiden Vertikalen erzeugt den charakteristischen säulenhaften und statuarischen Eindruck, der mitunter sowohl an den späteren Arbeiten der Windsheimer als auch der Kulmbacher Werkstatt zu beobachten ist. Der Bewegung, der räumlichen Ausdehnung wird nur gewisser Spielraum zugestanden, das eigentliche freiplastische Umsichgreifen, ein den Holzkern durchbrechendes Erstrecken jedoch verhindert. Fest in die kreisförmige Kontur unter Vermeidung von Binnenräumlichkeit zu einem einheitlichen, kompakten Ganzen ge-

Untersteinach, Evang.-Luth. Pfarrkirche, Kanzel, Evangelist Matthäus, um 1651.

schlossen, bleiben die Figuren allein auf sich bezogen. Sie fungieren als ornamentale, reliefhafte Nischenfüllung mit interessantem Oberflächenreiz. Eine Wandlung vollzieht sich im Körpervolumen. Sind die frühen Figuren von kompakter massiger Gedrungenheit, tragen vor allem die Skulpturen des Frickenhausener Seitenretabels in ihren Proportionen manieristische Schlankheit vor.

Georg Brenck d.J. bevorzugt dagegen in der Fläche als auch in den Raum gebogene und bewegte Körperlinien. Sie umspielen eine nur fiktive Senkrechte und verleihen so der Figur Lebensnähe und Plastizität. Die Erstreckung der Extremitäten sind, bei einer gedachten Vergrößerung des Figurenradius, wiederum einem

festen Umriss einschreibbar, so dass diesbezüglich innerhalb des Oeuvres kein Fortschritt feststellbar ist.

Johann Brenck orientiert sich in der statuarischen Disposition seiner Figuren an den Arbeiten des Bruders. Sowohl in
seinem Oeuvre als auch im Werkkomplex seines Sohnes
sind vermehrt Figuren nachzuweisen, die bei Ausbildung
von Stand- und Spielbein tragende und lastende Kräfte bei
auffälliger Verschiebung der Hüfte durch entsprechende
Gegenreaktion des Oberkörpers auszugleichen suchen. Eine Weiterentwicklung der Figur hin zum pathetisch bewegten, völlig freien Einzelbild gelingt der Kulmbacher Werkstatt jedoch nicht.

Bekleidung und Faltenspiel

Theoretisch könnte die Kleidung sowohl in ihrer Anordnung um den Körper als
auch aufgrund möglicher Binnenstrukturierung eine unglaubliche Vielfalt vor Augen führen. Dennoch lassen sich über lange Zeiträume typische, zum Teil graphisch disponierte Faltenarrangements aufzeigen. Bei einem geraden Saumab-
schluss auf Knöchelhöhe kennzeichnet den unteren Abschnitt des Gewandes gerne eine parallele Anordnung steifer, deutlich profilierter Röhrenfalten. Durch das
strenge Nebeneinander muldenartiger Faltentäler und schlauchförmiger Höhen
entsteht ein abstraktes kannelurenartiges, körperfernes Gepräge, das dem Ge-

oben: Uffenheim,
Evang. Spitalkirche,
Evangelist Markus,
1610.
unten: Fricken-
hausen, Kath. Pfarr-
kirche St. Gallus,
Marienretabel, Maria
in der Sonne, um
1617.

wand die Stofflichkeit raubt und zu einem säulenhaften Eindruck der Gesamtfigur führt. Die Andeutung der Knieschei-
be und des Oberschenkels fungiert bei einigen Figuren als
optische Markierung für den Betrachter, um die unter der
Bekleidung verborgenen Körperstrukturen zu lokalisieren
und geistig zu komplettieren. Gelegentlich wird die strenge
Vertikalität gemildert, indem sich der zum Boden fließende
Stoff oberhalb des Fußristes staut, dachartig aufwölbt oder
umschlägt. Die starren Linien werden so angeschwungen,
geknickt oder gebrochen. In manieristisch übersteigerter
Form findet sich das Faltenmotiv an der Marienfigur im
Hauptgeschoss des Frickenhausener Nebenaltars. Durch die
Festigkeit des Gewandes ist die Bewegung erstarrt, der Stoff
hat sich in scharfe Grate von metallischer Härte gewandelt.
Als Kontrast über dem vertikal gegliederten Untergewand
dient das in unterschiedlichen Varianten um den Körper ge-
schlungene, geraffte bzw. gegürtete Pallium. Es wird über eine oder beide Schultern drapiert und vom Rücken aus auf
die Front der Figur gezogen. Die Fixierung des Gewandes

am Körper erfolgt faltenreich meist erst über der Mittelachse der Figur durch einen Gürtel oder mit der Hand. Entlang des Körperumrisses gleitet der Umhang über den Arm der Figur auf einer Seite in weichen schweren ondulierenden Schwüngen senkrecht zu Boden. Wird der Mantel über den Schulter-Armbereich beziehungsweise unterhalb des Armes nach vorne geführt, entstehen trianguläre tiefe Schüsselfalten, die mit ihren pfeilartigen Spitzen die Schwere und den Zug des Gewandes unterstreichen.

Charakteristisch für beinahe alle stehenden Skulpturen des Windsheimer Betriebes ist die vor der Körpermitte abfallende, wellenförmige Kaskade, deren Beginn vereinzelt eine nach unten offene Tütenform direkt vor der Hüfte markiert. Nach Qualität der Ausführung sind die Gewandschwünge platt an den Körper gedrückt oder mit reichlich Binnenraum zu voluminösen Stoffbahnen ausgeformt. Im Windsheimer Oeuvre kehrt außerdem seitlich oder in der Mitte der Figur häufig ein durch Gürtung verursachter Mantelbausch wieder. Flächige trianguläre Abarbeitungen, rinnenartige Einschnitte und Löffelmulden wandeln ihn zu einem dreidimensionalen Körper von prismatischem Oberflächenreiz. In der Kulmbacher Werkstatt gehört ein vor dem Bauch oder der Scham platziertes Stoffdreieck, das durch stete Substanz fordernde Einschnitte nach unten zu einer schmalen Falte reduziert wird, zu einem bevorzugten Motiv. Eine vergleichbare Formbildung ist auch bei zahlreichen Skulpturen im Beinbereich seitlich entlang der Körperkontur zu beobachten (vgl. zum Beispiel Kulmbach Hochaltar Petrus). Mehrmals sind auf Hüfthöhe tiefe, im Gegensatz zu den Windsheimer Motiven, rund modellierte Schüsselfalten nachzuweisen. Sie werden unter anderem am Guten Hirten aus Kulmbach (vor 1663) durch ösenförmige Einschnitte in ihrer Struktur belebt und bilden ein eigenständiges Ensemble vor dem Körper der Figur.

Bei allen Versuchen, über die Faltenformationen Brenckscher Figuren einen Überblick zu schaffen, darf nicht vergessen werden, dass von vier bzw. fünf Bildschnitzern und ihren unterschiedlichen Mitarbeitern die Rede ist. Die Arbeiten der Windsheimer Werkstatt kennzeichnet generell im Bereich der Faltenanlage eine klare Strukturierung, die durch keine zusätzlich unruhige Oberflächenbehandlung gestört wird. Immer wieder werden bewusst voluminöse, stark gegliederte Partien neben plane, fast faltenfreie Flächen gesetzt. Um Plastizität zu erzeugen, treiben die

Bad Windsheim, Evang. Spitalkirche Hl. Geist, Kanzel, Evangelist Lukas, 1622.

Johann Brenck, Gesees, Evang.-Luth. Pfarrkirche St. Marien, Hochaltar, Christus, 1671-73.

Schnitzer unterschiedlich breite ösen-, schuhlöffel- oder bandförmige Vertiefungen, vereinzelt oder mehrfach nebeneinander, auf gleicher Ebene oder aus verschiedenen Winkeln in die Tiefe des Holzes. Manchmal geht durch das dichte Abarbeiten des Materials der trennende Steg verloren. Dennoch wirkt das Gewand an vielen Stellen wie von geraden oder gebogenen Rinnen durchzogen. Zusätzlich beleben weiche Dellungen mit fließenden Rändern und triianguläre Flächen, die über das Gewand verteilt als Erhebung eine Art zweite Ebene bilden, die Oberfläche des Holzes. Letztere werden erzeugt, indem die Schnitzer diagonal, breit und flächig in den Holzkern vorstoßen. In unterschiedlichen Winkeln und Richtungen nebeneinander gesetzt, manchmal durch weitere Faltenschluchten zerschnitten, ergeben sie harte kristalline prismatische Strukturen, die für viele Windsheimer Arbeiten bezeichnend sind und auf graphische Vorgaben nach Marten de Vos zurückgehen. Besonders eindrücklich lässt sich das beschriebene Faltenspiel aus der Seitenansicht des Windsheimer Markus vom Spitalpredigtstuhl bewundern.

Georg Brenck d.J., Sommerhausen, Evang.-Luth. Pfarrkirche St. Bartholomäus, Kanzel, Evangelist Lukas, 1620/21.

Unter der Hand Georg Brencks d.J. wird das Material einer stärkeren Zerklüftung unterworfen, der Effekt an Plastizität gesteigert. Die Unterschneidungen gewinnen an Tiefe, die Gewandsäume beginnen zu schwingen und der Faltenduktus aus einzelnen strukturierten Akzenten entwickelt sich zu einem fluktuierenden Linienfluss. Die bei Georg d.Ä. noch zahlreichen inselartigen Freiflächen füllt der Sohn mit kleinteiligen Arrangements und zieht sie in die Bewegung mit ein. Aus den zu Bogen geformten Wulsten werden schärfere Kanten, die mit ihrem Lineament sämtliche Stoffpartien gliedern und einen graphischen Charakter verleihen.

Georg Brenck d.Ä., Giebelstadt, Evang. Kirche, Kanzel, Evangelist Lukas, um 1615.

Der exemplarische Vergleich der beiden Lukasfiguren der Giebelstädter (1614/1615) und der Sommerhausener Kanzel (1621) bringt Aufschluss. Bei gleichbleibendem Sitzmotiv, einander fast exakt entsprechender Kleidung beschränken sich die Differenzen zwischen den Skulpturen auf den Grad der plastischen Ausformung, auf eine abweichende Faltencharakterisierung und auf ein stärkeres Streben nach individueller physiognomischer Charakterisierung.

Da die Kulmbacher Arbeiten in der Tradition des Familienbetriebes stehen, bleibt die technische Bearbeitung des Materials bei Johann Brenck identisch: Es finden sich an den Figuren löffel- und ösenförmige Eintriebe zwischen kantig oder rundlich profilierten Faltenstegen, eine breitflächige oder bandartige Abarbeitung des Holzes sowie die übergangslose Dellung des Materials. Unterschneidungen

und Binnenräumlichkeit sind gleichfalls nachzuweisen; und doch ist die Wirkung der Gewänder ganz anders. Hauptgrund dürfte in erster Linie der Verzicht auf die kantigen, prismatisch zersplitterten Tütenfalten sein, die doch wesentlich das Oeuvre der Windsheimer Werkstatt definierten. Darüber hinaus verstärken sich die bei Georg Brenck d.J. beobachteten Tendenzen: die vermehrte, aber feinere Gewandstrukturierung, die Verringerung der „ungegliederten" Freiflächen und die Neigung zu fließenderen Formen und Übergängen.

Der exemplarische Vergleich zwischen dem Kulmbacher Petrus und der Windsheimer Markus- und Lukasfigur der Spitalkanzel vermag die Unterschiede zu konkretisieren. Bezüglich der Faltentiefe und der Materialzerklüftung tritt im Kulmbacher Oeuvre eine Beruhigung ein. Die Gewandstrukturierung verliert die extreme Plastizität, die durch aufgetürmte Stoffmassen und ihre anschließende Zergliederung und Aufsplitterung in Windsheim erreicht worden war. Dafür erhält der Körper der Figur mehr Präsenz und die Oberfläche des Gewandes eine dem stofflichen Charakter des Materials natürliche differenzierte Belebung. Es scheint, als habe die Gewandung an Festigkeit und Steifheit verloren.

An die Stelle streng konturierter und geometrisch begrenzter Abarbeitungen tritt die kontinuierliche Reihung sanfter randloser Mulden und Aufwölbungen. Fließende Übergänge, die spielerisch die verschiedenen, kaum mehr wahrnehmbaren Ebenen der Figur überschreiten, werden geschaffen. Die ehemals deutliche schichtförmige Abtragung des Holzes geschieht nun in minimalisierter Form.

Der nervöse unruhige Faltenduktus der Kulmbacher Kanzelkaryatiden und Retabelengel bleibt im weiteren Oeuvre eine Ausnahmeerscheinung. Durch zahlreiche Faltenbrüche, scharfe Falze und eine kleinteilige, zierliche Strukturierung des Gewebes hatte man dort einen flimmernden Oberflächencharakter erreicht. Generell bemühten sich Johann Brenck und seine Werkstatt stärker als im Windsheimer Betrieb stehende Faltenwülste zu untergliedern. Im weiteren Verlauf des Schaffens gewinnt die Neigung für großflächigere Formen, eine reduzierte Binnengliederung und zunehmende Weichheit des Stoffes an Bedeutung. An die Stelle isolierter Faltenschwerpunkte ist durch das Vermeiden von Winkelungen ein ununterbrochener kontinuierlicher Fluss des Gewandes getreten. Konkret bedeutet das: Eine im Schulterbereich begonnene Linie kann in gebogener Form bis zum Fuß der Figur verlaufen. Bestand an den Werken der Windsheimer Werkstatt mitunter Diskrepanz zwischen Gewandverlauf und Faltenfluss, führt an den Kulmbacher Arbeiten die Parallelisierung der Stoffdraperie und des Faltenduktus zu einem harmonischen Gesamteindruck - die Bewegung der Figur wird deutlich unterstrichen. Ausdrucksträger ist das Gewand jedoch nicht.

Johann Brenck, Melkendorf, Evang. Pfarrkirche, Hochaltar, Petrus, 1664-66.

Über die späten Schnitzarbeiten Hans Georg Brencks, die wohl zum Großteil unter Beteiligung des gleichnamigen Sohnes erfolgte, brauchen nicht allzu viele Worte verloren werden. Zu den Lichtblicken innerhalb des Oeuvres zählen die Rugendorfer Retabelfiguren, die ohne die Mitarbeit des Vaters nicht denkbar sind, und die Kanzelfiguren zu Eckersdorf (1677) und Heiligenstadt (1680). An den Figuren aus seiner Hand verstärkt sich die konstatierte Reduktion an Faltenmomenten. Da auf eine variable Bereicherung der Gewandoberfläche verzichtet wird, ist die plane Fläche nun wieder verstärkt in den Gewändern der Skulpturen nachzuweisen. Die wenigen Motive erschöpfen sich in der Andeutung und der monotonen Reihung vertikaler Faltenzüge. Das Pallium wird meist in weichen Schwüngen auf die Vorderseite des Körpers gezogen und durch einzelne Einschnitte entlang der Stoffbewegung gefältelt. Eine spezifische individuelle Ausformung unterbleibt. Fast scheint es, als wäre Hans Georg Brenck zu den bildnerischen Anfängen seines Großvaters zurückgekehrt, allerdings ohne das Bemühen um Plastizität. Die Gewandstrukturierung wird zur leeren platten Formel. Eine analoge Entwicklung von kunstvollen detailreichen Stoffarrangements hin zu summarischen, simplifizierten Formen ist im Werkkomplex der Familie Kern, genauer bei den Skulpturen des Schnitzers Achilles Kern (1607-1691), zu beobachten.[5]

131

Gewand und Körperlichkeit

Das Oeuvre der Bildschnitzerfamilie bestimmt je nach Generation und Person der Bildhauer ein sich wandelndes, keineswegs kontinuierliches Verhältnis von Körperlichkeit, Körperbewegung und Ausdrucksfunktion des Gewandes. Die frühen Skulpturen aus den Händen Georg Brencks d.Ä. präsentieren sich dem Betrachter nach beinahe mittelalterlichen Prinzipien als reine Gewandfiguren, die ohne die umgebende körperdefinierende Bekleidung jeglicher organischer Substanz entbehren. D.h. Volumen und Präsenz der Skulpturen erzeugen größtenteils zwiebelartig übereinandergeschichtete oder stark gefältelte Gewandpartien. Dem graphischen Wert des Stoffes wird eindeutig ein höherer Stellenwert beigemessen als der Körperlichkeit der Figur. Ein Blick auf die exemplarisch genannten Mosesstützen zu Herchsheim, Giebelstadt und Neustadt/ Aisch sowie die Figuren der Frickenhausener Retabel mag diese Behauptung zweifelsfrei bestätigen. Neben dem unbedeckten Kopf, den freien Händen wird der Körper in seiner Struktur und Masse nur mit wenigen Andeutungen - einem angewinkelten Knie, einem gebogenen Arm - vor Augen geführt. Meist bleibt die Gestalt der Skulptur ganz unter dem übergeworfenen Mantel und dem faltenreich drapierten Untergewand verborgen. Mitunter ist die Figur bemüht, durch das Abstrecken bzw. das kreisförmige vor den Körper Ziehen der Arme den engen Rahmen zu durchbrechen und Plastizität zu erreichen. Die alles umfassende, voluminöse Gewandung wirkt jedoch wie eine schützende Schicht um den Kern der Skulptur - hemmend, begrenzend und umfassend.

Selbst bei den nackt dargestellten Figuren, dem gekreuzigten Christus, Adam oder Sebastian, hat der Schnitzer den eigentlichen, asketisch wirkenden Körper unter einem abstrahierten Gewand aus Rippen- oder Muskelmotiven verborgen. Von Funk (1938.7) als typisches Brenckmerkmal charakterisierte Kugelrippen biegen sich halbrund über den flachen Brustkorb der Figuren. Die Spannung der Bauchdecke verdeutlichen großzügig verlaufende Linien, die das halbrund schließende Bauchfeld in einzelne Kompartimente trennen. Ebenso wie die Faltenpartien stellt das Muskelkleid keine logische Reaktion auf ausgeführte Bewegungen dar, keine Folge einer sich von innen heraus entwickelten Gegebenheit.

Georg Brenck d.Ä, u. d.J. (?), Frickenhausen, Kath. Pfarrkirche St. Gallus, ehem. Sebastiansaltar, nach 1617.

Der Einfluss Georg Brencks d.J. macht sich v.a. in den zwanziger Jahren des 17. Jahrhunderts bemerkbar. Trotz Beibehaltung tradierter Formen sind Veränderungen mit divergierenden Tendenzen zu beobachten. Sie lassen sich nicht allein mit der stilistischen Entwicklung des Vaters begründen. Zum einen wandeln sich die steifen, blockhaften Skulpturen, deren senkrechte Kontur als strenger Rahmen den Körper umfängt, zu in sich bewegten, schönlinigen Gestalten. Sie werden von schwungvoll geschnitzten Stoffdraperien umspielt, die schweren Kleider sind körperbetont eng an die Beine geschmiegt und ersetzen die röhrenförmigen, stilisierten Untergewänder. Aus den abstrakten, metallischen Falten der Frickenhausener Arbeiten sind weiche, schmeichelnde Stoffbahnen geworden. Auch die steifen Mäntel, nun von der strengen Bindung an den Kern der Figur gelöst, beginnen vereinzelt unmotiviert ein betont ornamentales Eigenleben zu entwickeln. Es handelt sich also um Figuren mit homogenen, kontinuierlichen Bewegungen bei betont körperlicher Präsenz. Die-

Georg Brenck d.J., Geißlingen, Evang. Pfarrkirche, Hochaltar, Evangelist Matthäus, 1624.

ser Gruppe sind zum Beispiel die Markt Erlbacher Moses- und Johannesfigur, Matthäus und Christus aus Geißlingen zuzurechnen. Zum anderen ist an einigen Arbeiten eine Steigerung des graphischen Charakters zu verzeichnen, was gleichzeitig aber eine Zurücknahme der plastischen Körperwerte bedingt. Aufgrund der raschen, dichten parallelen Fältelung des Kostüms kommt es zu einer ausgeprägten Zergliederung von Volumen. Es dominiert das zweidimensionale, zeichnerische, struktive Gepräge, das den Figurenkörper nur noch inselartig unter den planen, straffen Gewandpartien erahnen lässt. Diese Tendenzen sind unter anderem an den reliefierten Darstellungen der Sommerhausener Kanzel und am Untergewand der Seifriedsburger Engel zu beobachten.

Das Oeuvre der Kulmbacher Werkstatt zeigt sich bei einem Gesamtüberblick uneinheitlich in der Konzeption. Die frühen Arbeiten Johann Brencks, die gemeinsam mit Hans Georg Schlehendorn entstanden waren, trennt kein brutaler Bruch von den Werken des Windsheimer Betriebes. Ganz im Gegenteil: Der bekrönende Salvator und die Relieffiguren aus den Szenerien des Altenburger Herrschaftsstuhls (1644/45) stehen mit ihren voluminösen faltenreichen Gewandungen – sie erinnern an die wuchtigen Draperien der Reichelschen Kreuzigungsgruppe in Augsburg (1605)[6] – noch immer in der Tradition der Arbeiten von Vater und Bruder.[7] Ihre Nachfolge übernehmen einmal die Johann Brenck zugeschriebenen, noch ganz im Sinne des niederländischen Manierismus empfundenen Skulpturen des Streitberg-Denkmals zu Ahorn aus den 40er Jahren und die zierlich wirkende Trinitätsgruppe der Kulmbacher Petrikirche. Bei der Trinitätsgruppierung ist die Anatomie unter den dünnen Stofflagen, die den Körper umschmeicheln und nachzeichnen, präsent. Durch die flachen, graphischen Bewegungen des Gewebes bleiben Oberkörper, Beinpartien und Hüfte sicht- und greif-

bar. Parallelisierte Faltenmomente verhüllen nicht, sondern betonen die Bewegungen. Die Körperlichkeit ist nun kein auf die Gewandfolie projiziertes abstraktes Muster mehr, sondern tatsächlich unter dem dicht um die menschliche Figur geschlungenen Gewebe zu spüren. Der Mantel als Hintergrund, als Rahmen und Bewegungsbegrenzung bleibt dennoch bestehen. Allerdings wird er so weit und großzügig um den Körper drapiert, dass immer wieder Blicke auf den Figurenkern möglich, der Organismus und die Statur der Gestalt fast vollrund zu erfassen sind. Gemäß dem neuartigen Empfinden des menschlichen Körpers verliert auch der entblößte Oberkörper des Gottessohnes die stark graphische, abstrakte manierierte Oberfläche, die eine in Windsheim geschaffene nackte Brustpartie prägt. Stattdessen werden die anatomischen Strukturen aus leichten Tälern, Buckeln und sanften Dellungen angedeutet, so dass ein natürlicher Eindruck körperlicher Gegebenheiten entsteht. Trotz des Verzichtes auf die Überbetonung der einzelnen anatomischen Strukturen ist das straffe Muskelgewebe über dem Bauch, die Rinne zwischen den Rippenbögen der Brust und die Hüftknochen der Figur deutlich zu spüren.

Mit den Kulmbacher Hochretabelskulpturen gewinnen die Figuren der Werkstatt analog einer ab 1640 zu beobachtenden, bereits barocken Tendenz an Größe, Volumen und Monumentalität. Die manieristische Zartheit der Schalldeckelfiguren verliert sich in der süddeutsch gefärbten schweren Körperlichkeit der repräsentativen stattlichen Gestalten. Die Kulmbacher Apostelfürsten des Hochretabels, deren physiognomische Ausbildung allerdings antiquiert wirkt[8], demonstrieren stellvertretend die beschriebenen Entwicklungstendenzen. Durch ihre Disposition und die Gewanddrapierung erfolgt eine Öffnung der Figur zum Betrachter hin. Aus dem zurückhaltenden geschlossenen in sich Ruhen - es ist den

Ochsenfurter Retabelskulpturen zu Eigen - wird ein bewusstes, wenn auch nur begrenzt dynamisches nach vorne Treten. Zum spezifischen Charakteristikum einer Skulptur des Kulmbacher Betriebes ist das formelhafte Präsentieren der Körperfülle in Form der deutlich unter dem Untergewand wahrnehmbaren Hüfte geworden. Gleichzeitig werden Beine, Arme und Oberkörper der Figuren vorgeführt. Fast scheint es, als hat sich das feine Gewebe wie eine zweite dünne Haut um den Körper geschmiegt und in stetem Fluss jede Nische, jede Ritze gefüllt. Mit wenigen Ausnahmen ziehen sich oben genannte Wesenseigenheiten als markante Gestaltungskriterien durch das gesamte Schaffen der Werkstatt.

Bei den einfachen Schöpfungen Hans Georg Brencks bleibt das Verhältnis zwischen Körper und Gewand gespalten. Immer wieder werden in Anlehnung an das Oeuvre des Vaters Arm- und Beinpartien bewusst partiell präsentiert, manchmal aber noch an der gleichen Figur der Rest der Statur durch Stoffmassen verschleiert. Gerade bei den Werken aus den 80er Jahren des 17. Jahrhunderts verschwindet der in den Nischen meist flach und in die Breite entwickelte Körper der Figur mitunter wieder vollständig unter den kannelurenhaften Gewandpartien. Selbst die aufgesetzte abstrahierte Brustkorbgliederung, ein Spezifikum aus dem Windsheimer Betrieb, tritt an den Salvatorfiguren erneut in Erscheinung. Eine konsequente Entwicklung aus den Vorgaben des Vaters hin zur Barockplastik bleibt, bei der ausschließlichen Erfüllung preiswerter kirchlicher Auftragsarbeiten für kleinere Ortschaften der Gegend, aus.

Hans Georg Brenck, Obernsees, Evang.-Luth. Pfarrkirche St. Jakob, Kanzel, Evangelist Matthäus, 1688/89.

Physiognomie und Haartracht

Die physiognomische Gestaltung im Oeuvre der Schnitzerfamilie ist prägnant, so dass zunächst summarisch auf elementare charakteristische Merkmale eingegangen werden kann. Je nach Werkstattzusammensetzung wird das Gesichtsfeld einer Figur bei gleichbleibender Grundform mehr oder weniger qualitativ strukturiert und plastisch modelliert. Die meisten Figuren besitzen ein längliches, ovales, in der Breite variables Antlitz mit hoher, glatter Stirn. Bei den frühen Arbeiten Georg Brencks d.Ä. – in den Hassfurter Reliefs und bei den Westheimer Retabelfiguren - dominiert eine betonte Kasten- oder Kantform. Sie wird durch entsprechende Anlage der Haar- und Barttracht akzentuiert. Bei den Frickenhausener Arbeiten beherrschen schmale Gesichtsformen, zum Teil von stark manieriertem Charakter, das Oeuvre. Johann Brenck findet schließlich zu Gesichtern mit kräftigen, lebensnahen Formen, während die Skulpturen Hans Georg Brencks gegen Ende des Jahrhunderts zu unnatürlichen, verzerrten Physiognomien stili-

siert sind. Allgemein ist das Kinn, falls es nicht von einem Bart verdeckt ist, unabhängig vom Geschlecht der Gestalt betont plastisch queroval und kugelig modelliert. Zwei Drittel des Gesichtsfeldes nehmen Mund-, Nasen- und Augenpartie ein, während das dritte Drittel der häufig glatten Stirnpartie vorbehalten bleibt. Mitunter finden sich zwischen Augenbraue und Haaransatz Stirnfalten in Form von horizontalen Ritzungen als Altersmerkmal. Einige Skulpturen dominiert in der Seitenansicht eine auffällige Prominenz von Stirn- und oberer Wangenpartie, während das Kinn trotz seiner Ausformung im Gesamtprofil zurückfluchtet. Der Mund ist klein, so dass seine Winkel die Breite der Nasenflügel kaum oder nur geringfügig überschreiten. Charakteristisch ist eine ausgeprägte, harte, senkrecht oder diagonal verlaufende Mund-Nasenfalte, die den Gesichtern einen strengen, ernsten Ausdruck verleiht. Sie formt sich aus einem aufgeworfenen Grat, der durch beidseitige Abarbeitungen entsteht, und tritt sowohl bei Männern als auch bei älteren Frauengestalten und sogar bei den Engelskopfappli-

ken der Windsheimer Werkstatt auf. Die Lippen einer Figur werden gerne betont parallel angelegt, leicht geöffnet, manchmal auch spitz geschürzt. Durch eine rinnenförmige Muldung setzt sich die Unterlippe von dem rundlichen Kinn ab. Aus der schmalen, geraden, gelegentlich höckerig geformten Nase mit stumpfem oder spitzem Abschluss entwickeln sich bevorzugt bei den Männerfiguren wulstige, knorpelig profilierte Augenbrauen. Sie sind über der flachen Nasenwurzel triangulär zusammengezogen. Als auffälliges, markantes Charakteristikum treten sie gratartig dreidimensional aus dem Gesichtsfeld und bekrönen die tiefliegenden großen Augen. Meist wird die aufgemalte Iris von isoliert geschnitte-

nen, sichelförmigen Lidstrichen gerahmt. Ab und an werden parallel halbmondförmige Kerbungen am unteren Lidrand gesetzt, die der Andeutung von Faltenstrukturen dienen.

Je nach Alter und Geschlecht einer Figur werden die Gesichter trotz analoger Grunddisposition variiert. Handelt es sich um männliche Jugendliche, Engelsgestalten oder Frauenfiguren, ist das Gesichtsfeld ohne Altersmerkmale rundlich prall geformt, der Ausdruck mild und weich, und die Haut glatt und plan über die Knochenstruktur des Schädels gespannt.

Das Gesicht kann aber auch, was sich bereits an den Cherubköpfchen der Windsheimer Spitalkanzel andeutet und in den Kulmbacher Engelskopfappliken fortsetzt, bis hin zur birnenförmigen, pausbäckigen Kopfform gesteigert und variiert werden. Die Gesichter älterer, männlicher oder asketischer Gestalten werden in der ganzen Familie mit ausgeprägten hohen Backenknochen gekennzeichnet, die über den muldigen eingefallenen hohlen Wangen sitzen. Die Haut liegt dann, je nach Lebensalter, mehr oder weniger schlaff, unelastisch und ohne Spannkraft über der knöchernen, hageren Schädelform.

Unterschiede in der Gesichtsgestaltung zwischen den Arbeiten Georg Brencks d.Ä. und dem gleichnamigen Sohn sind auf die gesteigerte Qualität der jüngeren Arbeiten zurückzuführen. Auffällig wiederholt sich durch die Generationen bis hin zu den Arbeiten Johann Brencks die schnitzerische Anlage einer Physiognomie. Das Repertoire ist folglich begrenzt: So ist das Gesicht des Markt Erlbacher Moses, des Sommerhausener Kanzelchristus, der Windsheimer und der Ellwanger Matthäusfigur exakt nach den oben beschriebenen Kriterien gestaltet, im Gottvater des Ochsenfurter Hochretabels vorformuliert und in der Vaterfigur der Kulmbacher Trinität von Johann Brenck wiederholt. Wie weit die Bildhauer für die Gesichtsbildung auf stilisierte Typen zurückgriffen, wird bei einem Blick auf den ähnlich geformten Pauluskopf (1595-57) des Magdeburger Kanzelträgers aus den Händen Christoph Kapups[9] oder dem Haupt des ursprünglich aus der Karmeliterkirche St. Anna zu Schongau (um 1618) stammenden Hl. Andreas von Bartholomäus Steinle offensichtlich.[10] Die gleiche Vorgehensweise lässt sich bei anderen Figuren beobachten.

Georg Brenck d.Ä., Ochsenfurt, Kath. Pfarrkirche St. Andreas, Hochaltar, Marienkrönung, Detail Gottvater, 1610-12/13.

Johann Brenck, Hans Georg Schlehendorn, Kulmbach, Evang. Stadtpfarrkirche St. Petri, Hochaltar, Predellaengel, 1645.

An einigen Arbeiten des frühen Kulmbacher Betriebes ist im Gesichtsbereich eine Entwicklung hin zu massigeren Formen zu konstatieren. Die birnenförmigen Engelsköpfchen und auch die jugendlichen Frauen in der Kulmbacher Kreuzabnahme werden vor allem im Wangen- und Unterkieferbereich zunehmend praller. Das ehedem kleine, fest modellierte Kinn formt sich über dem üppigen Doppelkinn unter der stark ausgeprägten Kehlung zu einer halbrunden Vorkragung. Eine Betonung der Mundpartie erfolgt durch die fleischigen, streng parallelisierten Lippen, wobei die Oberlippe an manchen Beispielen auffällige Dreiecksform aufweist. Für die rundlichen Mundwinkel dürfte ein Bohrer verantwortlich gewesen sein, der kreiselnd ins Holz eindrang. Markantes Merkmal des Gesichtes bleibt die kompakte, breite und kurze Nase, deren gerade Wurzel sich mit senkrechter Wand zwischen das große Augenpaar schiebt.

Den Abschluss bildet die glatte und hohe Stirn.

Größere Veränderungen hinsichtlich der Gesichtsanlage lassen sich bei den Figuren Hans Georg Brencks konstatieren. Bei seinen Skulpturen werden die im Werk des Großvaters für eine physiognomische Anlage definierten Strukturierungsmotive durch Verschiebung der organischen Proportionen extrem übersteigert. Im Verlauf seines Schaffens ist, womöglich aufgrund der Beteiligung des namengleichen Sohnes, eine zunehmende Tendenz zu einer Geometrisierung der Physiognomie zu beobachten. Die Gesichter werden beträchtlich gelängt oder gerundet, die Augen als betonte, gerade oder schräg gestellte Querovale übergroß modelliert und mit deutlich hervortretenden, rundlichen Pupillen versehen. Hauptakzent bildet eine keilförmig modellierte Nase, an deren Ende breite, rundlich gedellte Nasenflügel

Hans Georg Brenck, Neudrossenfeld, Evang.-Luth. Pfarrkirche St. Jakobus d.Ä., Kanzel, Evangelist Matthäus, Detail, 1680-83.

wie separat angesetzt wirken. Übermäßig parallelisierte, tellerförmig vorkragende Lippen und das eiförmige, querovale aufgesetzte Kinn verwandeln die Antlitze in groteske unharmonische Masken mit flächenhaften Tendenzen, die plastische Qualitäten und jegliche Natürlichkeit entbehren. Die meist asymmetrische Anlage des Gesichtsfeldes, die vermutlich den Betrachterwinkel berücksichtigt, verstärkt den Eindruck. Bekannter norddeutscher Bildhauer mit einem ausgeprägten Hang zur Verzerrung von Physiognomien ist Ludwig Münstermann (um 1575-1637/38). Die spezifischen Charakteristika Brenckscher Engelsköpfchen - birnenförmige Gesichter mit dicken Augenlidern, aufgeblähten Backen und fleischigem Doppelkinn - sind auch bei den Rothenburger Orgelengeln (1659) Achilles Kerns nachzuweisen.

Im Allgemeinen tragen Brencksche Skulpturen mit ihrem additiv zusammengefügten, musterhaften Mienenspiel selten inneres Befinden und schon gar nicht leidenschaftliches Pathos zur Schau. Das verbindet sie mit den übrigen Arbeiten der Zeit, denn „Adel der Empfindung und wirklich tiefe Beseelung" ist nach den Forschungen Traugott Schulz' (1909.87) selten zu finden. Analog ihrer meist repräsentativen Aufgabe besitzen die einzeln in den Retabeln und an den Kanzeln positionierten Skulpturen eine Art teilnahmsloses, überzeitliches Gepräge, das durch die schematische Wiederholung typischer Charakteristika gefördert wird. Wichtiger als eine subtile Differenzierung seelischer Verfassungszustände und eine individuelle Ausprägung unterschiedlicher Persönlichkeiten scheint das schnelle Erkennen definitiver Typen. Selbst die Grabmalsplastik greift auf feste, im Werkkomplex bereits erprobte Formulierungen zurück.[11]

Die Anlage der Haar- und Bartgestaltung erfolgt schnitztechnisch bei allen Generationen der Familie auf ähnliche Weise. Zunächst hat man einzelne Strähnen in groben, rohen Formen vorstrukturiert. Dann wurden für die Gestaltung eines leicht gewellten oder lockigen Haares in die vorgearbeiteten Partien parallelisierte, wellenförmige oder halbmondartige Kerbungen in unterschiedlicher Stärke, Tiefe und Abstand geschnitten. Dadurch ergeben sich differierende dicke Grate auf verschiedenen Ebenen. Für die Eintiefung an den kreisrund aufgerollten Haarenden kam vermutlich ein Bohrer zum Einsatz.

Johann Brenck, Hans Georg Schlehendorn, Kulmbach, Evang. Stadtpfarrkirche St. Petri, Hochaltar, Gewandengel mit Fackel, 1647-1652/53.

Die strenge, strikte Kerbung wirkt vor allem im Oeuvre des Werkstattbegründers aufgrund verminderter Eigenplastizität des Haares stark stilisiert und von graphischem trockenem Charakter.

In der Gesamtschau des Oeuvres trennen die Arbeiten der Söhne hinsichtlich der Haar- und Bartgestaltung wesentliche Schritte vom Schaffen des Vaters: Johann Brenck war bemüht, die Haare nicht als separat gearbeitete Kalotte über den Kopf zu stülpen, sondern wie bei der Gottvaterfigur des Kulmbacher Schalldeckels durch subtile Abstufungen in der plastischen Ausformung organisch der Schädeldecke entwachsen zu lassen. Die Haare gewinnen allgemein aufgrund der tieferen Einarbeitungen an Masse und Volumen, der graphische Charakter tritt zurück. Zum anderen ist bereits an der Ellwanger Salvatorfigur und den frühen Kulmbacher Arbeiten das Bestreben zu verifizieren, die Haarpracht von der engen räumlichen Bindung an den Schädel zu lösen. Einzelne Haarsträhnen tordieren sich frei in ornamentaler Form in den Umraum. Vorläufer für diese Gestaltungsweise finden sich beispielsweise im Umkreis des schwäbischen Bildhauers Christoph Rodt (um 1575-1634).[12] An den Windsheimer und den Sommerhausener Figuren ist außerdem eine seitliche Entwicklung der Kalotte in die Fläche zu beobachten, die unter anderem bis hin zu den späten Arbeiten Hans Georg Brencks charakteristisch bleibt. Die Spätwerke des Kulmbacher Betriebes kennzeichnet allgemein bei gleichbleibender Technik wiederum eine Simplifizierung. Aufgrund der Kerbenreduktion und der schnellen, flüchtigen Ausarbeitung mit wachsender Stilisierung blieb auch für die finanzschwachen Pfarreien der Gegend ein neues Ausstattungsstück erschwinglich.

Quellen und Einflüsse
Salvator Mundi

Die Salvatorskulpturen des Windsheimer Betriebes u.a. an den Kanzeln in Uffenheim, Sommerhausen und Bad Windsheim verdanken ihre Gestaltung graphischen Impulsen. In ihrer Disposition, der Bekleidung und dem Faltenduktus ähneln sie einmal einer Erlöserdarstellung, die Hieronymus Wierix nach de Vos graphisch verarbeitet hatte.[13] Zum anderen stehen sie trotz Differenzen der reliefierten Salvatorfigur nahe, die Johannes Juncker 1608 für die Aschaffenburger Schlosskapellenkanzel schuf. Die gleiche Vorlage inspirierte die Windsheimer Schnitzer für die Ausarbeitung einiger Johannesfiguren (z.B. Ickelheim), den frühen Kulmbacher Betrieb zur Gestaltung des Unsteinacher Predigtstuhlerlösers, obwohl das Körperverständnis und die Stoffstrukturierung unter Johann Brenck und seinem Gesellen eine Wandlung erfahren hat. Der charakteristische Mantelschwung um die Schulter- Brustpartie findet sich in entgegengesetzter Richtung auf einer Paulusdarstellung Johan Sadelers I nach einer verlorenen Zeichnung von Marten de Vos.[14]

links: Die graphische Vorlage für den Salvator Mundi stammt von Hieronymus Wierix.
rechts: Georg Brenck d.Ä., Uffenheim, Evang. Spitalkirche, Kanzel, Salvator Mundi, 1610.

Zwischen der querformatigen Beschneidungsszene am Kulmbacher Taufstein und der gleichen biblischen hochformatigen Episode, die 1581 von Johan Sadeler I im Rahmen des Zyklus über die Jugend Christi nach Marten de Vos gestochen worden war, bestehen entfernte Verbindungen. Auf Johann Brenck hatte die Komposition, vielleicht auch in einer Reverskopie von Theodorus Galle, innervierend gewirkt, ihn aber nicht zu einer exakten Kopie verpflichtet.[15] Für die kerzentragende Repoussoirfigur hatte Brenck möglicherweise eine Beschneidungsszene aus einer Holzschnittfolge des Marienlebens (1503/04) von Dürer (1471-1528) vor Augen.[16] Maria weckt Erinnerungen an eine weitere de Vos'sche Beschneidungsszene von Jacques de Bie[17] oder an eine vergleichbar geschlossene Figur auf einem an Dürer orientierten Kupferstich Hendrik Goltzius' aus dem Jahre 1594.[18] Strenggenommen setzt die Kulmbacher Szene wohl einfach die unmittelbare Kenntnis des alabasternen Beschneidungsreliefs an der Kalksteintaufe in Eibelstadt (Kr. Würzburg) (1613) voraus.[19] Sie wurde von Bruhns (1923.333) als Erfindung Zacharias Junckers d.Ä. behandelt. Kompositionell, d.h. in der halbkreisförmigen Anordnung um den zentralen Beschneidungstisch und in der Ausbildung der prägnantesten Figurentypen, erscheint sie beinahe identisch mit der Kulmbacher Szene. Brenck reduzierte die Darstellung um einige Figuren, nahm sie aus der ausgeprägten Vogelschau und schob sie stärker zusammen. Bis auf wenige Details verzichtete der Bildhauer auf eine ausführliche Beschreibung des Ortes. Im kastenförmigen Reliefraum wurde das Szenario in den unbestreitbaren Mittelpunkt gerückt. Die malerische Auffassung, wie sie sich bei den Juncker-Reliefs laut Bruhns (1923.334) an den „impressionistisch" in den Fond entschwindenden Figuren beobachten lässt, wurde nicht übernommen.

Johann Brenck, Hans Georg Schlehendorn, Kulmbach, Evang. Stadtpfarrkirche St. Petri, Taufsteinrelief, Beschneidung, 1647.

Kreuzigung

Ein mehrfach, über 10 Jahre lang, im Windsheimer Betrieb gewähltes Kruzifixusmodell (Ipsheim 1614, Neustadt/-Aisch, Frickenhausen Hochaltar, Markt Erlbach, Geißlingen), das im Typus bis in den Kulmbacher Werkkomplex nachklingt, war von Georg Brenck d.Ä. mit geringfügigen Abweichungen aus einem graphischen Blatt gewonnen worden. Schöpfer des Stiches war Ägidius Sadeler II, der sich das Gemälde Hans von Aachens (1552-1615) aus der Münchner Jesuitenkirche zum Vorbild nahm.[20] Brenck d.Ä. entwickelte aus dem leicht geschwungenen Christuskörper einen retrospektiv wirkenden, aufrechten, straff gespannten, kompakten Leib, der nach gotischer Tradition mit drei Nägeln am Kreuzesstamm befestigt wurde. Charakteristika sind ein schlanker, deutlich taillierter aber nicht abgemergelter Körper mit auffälliger Thoraxstrukturierung[21], schräg nach oben geführten Armen, leicht angewinkelten Beine mit ausgearbeiteten Knien und ein auf die rechte Schulter geneigtes Haupt mit Dornenkrone. Beinahe wörtlich nach dem Stich wurde die Lendentuchdrapierung wiedergegeben.

oben: Georg Brenck d.J., Geißlingen, Evang. Pfarrkirche, Hochaltar, Kreuzigungsgruppe, 1624. unten: graphische Vorlage von Ägidius Sadeler II.

Der Windsheimer Betrieb formte nicht nur den Gekreuzigten nach der Vorlage sondern auch die Assistenzfiguren samt ihren Bewegungsmotiven, der Bekleidung und dem Faltenwurf. Die strenge pyramidale Komposition der Dreiergruppe, das fast beziehungslose, stumme und in sich gekehrte Mitempfinden der Skulpturen unterstreicht den hieratischen Charakter der Konstellation. An zentraler Stelle protestantischer Retabel bildet der ans Kreuz geheftete Gottessohn während seines Erlösungsaktes in Begleitung von Maria und Johannes das Kernmotiv der Aufbauten (z.B. Herchsheim, Giebelstadt, Schnabelwaid, 1678). Mit der Abendmahlsdarstellung in der Predella, der Trinität im Auszug, dem Erlöser als Abschluss und den rahmenden Propheten, Aposteln, Evangelisten als Garanten des Glaubens ist der Hauptgehalt der gegebenenfalls erweiterbaren Glaubensaussage verbildlicht. Eine ähnliche Konzentration christolo-

gischer Themen auf die Mittelachse von Retabelanlagen konstatierte Reimers (1993.18) nicht nur für die Aufbauten Ludwig Münstermanns, sondern auch in Dresden an den Arbeiten der Bildhauerfamilie Walther[22] und bei Giovanni Maria Nosseni (1544-1620).

Zu den übrigen Kreuzigungsdarstellungen gehören die Gruppe des Westheimer Retabels (1611), das fast analog konzipierte zugeschriebene Skulpturenensemble in Veitshöchheim, die Hauptgruppe am Herchsheimer und Osthausener Altar, die sicher aus der Brenckwerkstatt hervorgegangene Frickenhausener Hochaltarbekrönung (1617) und die erhaltene Gruppe des Frickenhausener Nebenaltares. Sie alle sind mit Ausnahme des Gekreuzigten einer hochformatigen Graphik Antonie Wierix entnommen, die wohl nach Invention von de Vos eine Kreuzigung vor der Stadtkulisse Jerusalems abbildet.[23] Die geänderte Haltung der Giebelstädter Marienfigur erklärt sich mit einem Blick auf einen zweiten Stich von Raphael Sadeler I nach Marten de Vos.[24] Auch dort wurden die flachen Handteller vor der Brust zum Beten zu-

sammengeführt und das Gewand unter dem linken Unterarm der Gestalt am Körper fixiert.

rechts oben und links unten: Georg Brenck d.Ä. u. d.J. (?) Frickenhausen, Kath. Pfarrkirche St. Gallus, ehem. Sebastiansaltar, Johannes und Maria, nach 1617.
rechts unten: graphische Vorlage von Antonie Wierix.

Trinität

Georg Brenck d. Ä., Herchsheim, Evang. Kirche, Hochaltar, Trinität, um 1615.

Übliche Darstellungsform innerhalb der Schnitzerwerkstätten ist das soge- nannte Psalterschema, das sich bei der häufigen Illustration von Psalteri- en im 12. und 13. Jahrhundert her- ausbildete: Gottvater und Sohn thro- nend mit der Taube in ihrer Mitte. Das Bild wurde sowohl an den Aus- zügen der Retabel in Westheim, in Herchsheim und Giebelstadt abge- bildet, an der Schalldeckelunterseite des Sommerhausener Predigtstuhls platziert, auf die Schalldeckelanla- gen des Kulmbacher, des Heiligen- städter und des Bindlacher Predigt- stuhls (Harsdorf) gesetzt, als auch an den Retabeln zu Kasendorf und Buchau (ehem. Veitlahm, nach 1662) figuriert. Für die älteste Dreifaltigkeitsgruppierung des Gesamtoeuvres am Auszugsrelief des Westheimer Retabels von 1611 ließ sich bisher kein graphisches Musterbild ausfindig machen.[25] Für die Konzeption der Dreifaltigkeit in den Zobelkirchen (Herchsheim und Giebelstadt) nutzte Georg Brenck d.Ä. eine hochformatige Dar- stellung der von Engeln mit Passionsinstrumenten umrundeten Trinität. Er form- te nach dem Blatt die thronende Gruppe von Gottvater, Gottsohn und Hl. Geist, in der Giebelstädter Gestaltung auch noch die Wolkenbank. Die Invention der Komposition geht auf eine Zeichnung Marten de Vos aus dem Jahre 1573 zurück.

Graphische Vorlage von Philips Galle.

Sie lag dem Schnitzer entweder in einem Stich von Philips Galle aus dem Jahre 1574[26] oder in einer Kopie von Petrus Valck I aus dem Jahre 1575[27] vor.[28] Die Umsetzung des Su- jets in Holz ist stark vereinfacht und handwerklich, auch die Faltenstrukturen erschöpfen sich in wenigen tief geschnitz- ten Linien. Das Arrangement am Sommerhausener Predigt- stuhl, das nur geringfügig von den obigen Beispielen diffe- riert, rekurriert sich im Zentralbild auf eine Dreifaltigkeits- komposition des Cremoneser Malers Antoni Maria Viani, 1591 von Johan Sadeler I gestochen.[29]
Nicht ganz unbeachtet sollten die übrigen zeitgenössischen skulpturalen Verarbeitungen des Themas in der näheren Re- gion bleiben. Noch vor den ersten nachweisbaren Umset- zungen durch Georg Brenck d.Ä. hatte sich 1596 Michael Juncker im Auftrag von Stephan Zobel und Cordula Echter (†1595/96) am steinernen Messelhausener Apostelab-

schiedsaltar (Baden) um die plastische Wiedergabe der Dreifaltigkeit bemüht. Nur zwei Jahre später (1598) entstand als das früheste und gleichzeitig das einzig datierte und signierte Werk Hans Junckers der Darstädter Hochaltar, der im Auszug gleichfalls eine Dreifaltigkeitsdarstellung aufweist. Spätestens 1615, als Georg Brenck d.Ä. die Kanzel für das Gotteshaus in Darstadt errichtete, war der Bildhauer mit dem Opus und der Handschrift der Miltenberger Bildhauerfamilie konfrontiert worden. Die in den Rahmen gepressten, simpel gestalteten Trinitätsdarstellungen an den Auszügen der Retabel zu Herchsheim und Giebelstadt (um 1615) lassen vermuten, dass sie von dem analog komponierten, allerdings harmonisch angelegten Thema im Auszug des Darstädter Altaraufsatzes - es folgt aufs Engste der Messelhausener Szene - inspiriert worden waren. Es scheint sogar, als hätte sich der Windsheimer Schnitzer bemüht , entgegen seines sonstigen Faltenmodus den fließenden, parallelisierten Linienduktus der Darstädter Kostüme zu imitieren.

Inspirationen für das freiplastische Trinitätsensemble auf den Schalldeckeln der Kulmbacher Werkstatt scheinen zunächst von Stichen und bestehenden Werken des väterlichen Betriebes ausgegangen zu sein. Körpersprache und Kostümierung erinnern entfernt an die Westheimer Gruppe Georg Brencks d.Ä. Die schwungvolle, um die Rückenpartie geführte, weite und bauschige Mantelpartie der Kulmbacher Gottvaterfigur ist dagegen von einem graphischen Blatt Johan Sadelers I angeregt. Eine vergleichbare Faltendraperie umgibt zum Beispiel die Gottesgestalt aus der „Erschaffung Adams", die nach einer verlorenen Zeichnung Crispin van den Broecks gestochen worden war.[30] Als Anreiz für die Gestaltung der Christusfigur könnte der in Schrägansicht wiedergegebene Gottessohn aus dem bereits erwähnten Sadeler Stich nach Antoni Maria Viani gedient haben. In der Überschau des Gesamtoeuvres zeigt sich die Kulmbacher Dreifaltigkeitsgruppe noch ganz den Figurenidealen des frühen 17. Jahrhunderts verhaftet. Ein Blick auf die Gottvaterfigur (um 1620/21) Hans Spindlers (um 1595) aus dem Stift Kremsmünster bestätigt die Übereinstimmungen im Figurencharakter.[31] Beziehungen zur fränkischen Skulptur verraten analoge Dispositionen des Kulmbacher Gottvaters und der rechts in der Hauptszene des Messelhausener Retabels sitzenden Apostelfigur sowie des am selben Werk thronenden Gottes im Trinitätsrelief. Nur die schwungvolle Kopftorsion der Kulmbacher Figur, die für die wehende Haar- und Barttracht verantwortlich ist, spricht für eine spätere Datierung.

Als unmittelbares stilistisches Vorbild für die Kulmbacher Schalldeckelgruppe muss ein heute verlorenes, vor dem Krieg bereits fragmentiertes Alabasterrelief der Trinität oder Marienkrönung aus der Sammlung des Martin-von-Wagner-Museums der Universität zu Würzburg gelten, das gemeinhin als Rest eines 1610 von Zacharias Juncker d.Ä. errichteten Kreuz- und Brunoretabels der Würzburger Kartause Engelgarten betrachtet wird.[32] Das Relief zeigt, unabhängig von der Autorenfrage, neben den für die Kulmbacher Werkstatt charakteristischen, scheibenförmigen, weichkonturierten Wolkenbildungen und den geschwisterlich ver-

wandten, pausbäckigen Engelsköpfchen die gleiche Zartheit in der Figurenbildung. Darüber hinaus kennzeichnen die Gewänder des Kulmbacher Gottvaters und des Würzburger Christus frappante Übereinstimmungen in der Drapierung und dem Faltenduktus. Beide Male zeigt das kleinteilig strukturierte Gewebe, das dennoch gewisse Schwere aufweist, einen feinen, leicht brüchigen Charakter. In gleicher Weise wird das Material flach abgearbeitet oder es werden ösenförmige Eintriebe gesetzt. Bei dem Kulmbacher Schalldeckelgottvater mit seinem auffallend wehenden Haupt- und Barthaar, der sich seitenverkehrt in einem Hirten am Taufsteinrelief zu St. Petri, später in erster Orientierung noch einmal an der Matthäusfigur der Kanzel zu Untersteinach wiederholt, entschieden sich Johann Brenck und sein Mitarbeiter für einen antikisierenden Kopftypus wie ihn beispielsweise Jeremias Geisselbrunn 1630 an dem Pauluskopf der süddeutsch gefärbten Apostel zu St. Maria-Himmelfahrt in Köln[33] oder der Weilheimer Georg Petel in mächtigeren Dimensionen an dem Brunnenneptun in München realisierte.[34] Unmittelbares Vorbild dürfte aber auch in diesem Fall die segnende, von Engeln und Wolken umgebene Würzburger Gottesfigur in Ovalmedaillon gewesen sein, die, Markert zufolge, gleichfalls als Fragment des Juncker Retabels in Engelgarten zu gelten hat. Von der

Zacharias Juncker d.Ä. (Zuschreibung), Fragment einer Trinität (?), 1610, Martin-von-Wagner-Museum, Würzburg.

Haarbehandlung mit den aufgerollten, gebohrten Lockenenden, der physiognomischen Anlage bis hin zur Schnitztechnik und Gewandstrukturierung lassen sich Parallelen zwischen den Figuren konstatieren. Die Analogien mit den Alabasterreliefs ausschließlich durch eine Verwendung gleicher Kupferstiche zu erklären, reicht hier nicht aus. Johann Brenck muss die Arbeiten, mehr noch den Schnitzstil des Künstlers, persönlich gekannt haben. Vielleicht war er selbst - die Datierung der Stücke wäre dann neu zu überdenken - an den Ausführungen beteiligt.

Bei den schnitzerisch simplen Fassungen des Trinitätsgedanken aus den

unten:
Zacharias Juncker d.Ä. (Zuschreibung), Gottvater, 1610, Martin-von-Wagner-Museum, Würzburg.

Händen Hans Georg Brencks in Heiligenstadt und Bindlach (jetzt Harsdorf) handelt es sich womöglich um schlichte Varianten der Kulmbacher Gruppierung. Konzeptionelle Übereinstimmungen des Gottessohnes mit dem thronenden Christus aus einer Marienkrönung im Auszug des Fritzlarer Hochaltars (1685/86-1695) zu St. Peter von dem westfälischen Bildhauer Heinrich Papen (um 1645-1719) sowie Stephan Jacobi, legen eine Übernahme aus einer Vorlage nahe.[35] Gewisse Bindungen an die de Vos'sche Komposition von 1573 sind außerdem nicht zu leugnen.[36]

Jüngstes Gericht

Bad Windsheim, Evang. Spitalkirche Hl. Geist, urspr. Hl. Kreuzkirche Ansbach, Weltgerichtsretabel, Detail, 1623/24.

Im Gegensatz zu der bisher meist strengen Anlehnung an das Vorbild scheint das figurenreiche Szenario des Jüngsten Gerichtes aus nackten, verdrehten und wild verzerrten Leibern auf der Mitteltafel des Windsheimer Heilig-Geist-Retabels (1623) ein erstaunlich freier Umgang mit der Vorlage zu kennzeichnen. Berührungspunkte bestehen mit einem Stich Johan Sadelers I aus der 12-bildrigen Serie des Apostolischen Glaubensbekenntnisses von 1578-79. Urbild war eine

1578 datierte Brüsseler Zeichnung von Marten de Vos.[37] Einzelne Figuren und Hauptgruppen des Flachreliefs sind aus der graphischen Gesamtkomposition genommen und unabhängig von den räumlichen und örtlichen Vorgaben der Vorlage neu auf der Bildfläche arrangiert. Zu den kopierten Bildelementen gehören u.a. die gering abgewandelten beiden männlichen Rückenansichten auf der linken Seite der Komposition, die frontal präsentierte Frauengestalt, die von hinten durch einen Engel aus dem Grabesschacht gezogen wird. Auf dem Blatt in weite Ferne gerückt, auf der Holztafel in den Vordergrund gezogen sind beispielsweise der mittig positionierte Engel, an dessen rechtem Arm eine langhaarige Frauenfigur hängt, der auf dem Rücken liegende Mann, den ein Teufel auf seinen Schultern auf die Seite des Verderbens schleppt, und die geflügelte satanische Figur knapp neben der

Bildmitte. Unerheblich für die Gerichtsdarstellung waren die den Weltenrichter beidseitig auf Wolkenkumuli flankierenden Apostelgruppen. Sie fanden in der Reliefausführung keine Berücksichtigung. Möglicherweise wurde der Schnitzer für die langhaarige, seitlich blickende Frau und den Mann mit den gefalteten Händen über dem Kopf auf der Seite der Seligen durch ein Jüngstes Gericht von Crispijn de Passe nach de Vos inspiriert.[38] Der richtende Christus auf dem Regenbogen, die fürbittenden Maria und Johannes rechts und links des Weltenrichters und die zum Gericht blasenden Posaunenengel sind frei nach der Graphik ausgeführt.

oben: Bad Windsheim, Evang. Spitalkirche Hl. Geist, urspr. Hl. Kreuzkirche Ansbach, unten: Weltgerichtsretabel, Detail, 1623/24, graphische Vorlage von Johan Sadeler I.

Zu den bedeutenden Szenen des Marienkultes zählt die Krönung der Gottesmutter, die seit dem 14. Jahrhundert häufiger die Mitte von Altarretabeln einnehmen konnte.[39] In dem Gesamtoeuvre des Brenckschen Betriebs ließ sich das Thema fünf Mal als hochreliefierte Version an zentraler Stelle katholischer Altararchitekturen nachweisen. Vier Beispiele (Ochsenfurt, Frickenhausen (2), London, 1638) entfallen auf den Windsheimer Betrieb, ein weiteres Exemplar (Sand am Main, ursprünglich Bamberg, 2. Hälfte 17. Jahrhundert) kann mit dem Kulmbacher Betrieb in Verbindung gebracht werden. Die Bildlösungen der Werkstätten stehen in der Tradition eines Typus, der sich bereits an den Schnitzaltären der Spätgotik etablierte und vor allem im 16. und zu Beginn des 17. Jahrhunderts in der Zeit der Gegenreformation auftrat: Gottvater und Gottsohn, ausgestattet mit den Herrschaftsinsignien (Weltkugel, Zepter, z.T. Tiara als Hinweis auf die Trinität) verleihen der frontal betenden, bereits in himmlische Sphären entrückten Gottesmutter im Beisein der Hl. Geist-Taube die Krone als Zeichen der Verherrlichung.

Georg Brenck d.Ä., Frickenhausen, Kath. Pfarrkirche St. Gallus, Hochaltar, Marienkrönung, 1617.

Aus dem Oeuvre der Zeitgenossen Brencks lassen sich unter anderem folgende bedeutende Beispiele benennen: die reliefierte Marienkrönung am Johannisaltar im Dom zu Trier von Hans Ruprecht Hoffmann (um 1545-1616) um 1593, die als Hochrelief konzipierte, schwungvoll festliche Inszenierung im Hauptfeld des Illertisser Retabels von Christoph Rodt (um 1575-1634) aus dem Jahre 1604, die würdevolle, ruhig konzipierte Krönungsszenerie Michael Kerns am Epitaph des verstorbenen Bischofs Neidhardt von Thüngen (†1599) zu St. Michael in Bamberg etc.[40] Dass sich die Szenen der Brencks nicht aus den aufgeführten Werken der Kollegen, sondern aus anderen Quellen speisen, kann nachfolgend belegt werden. Detailgetreu, beinahe sklavisch rezipierte die Windsheimer Werkstatt für die reliefierten Marienkrönungen im Hauptgeschoss des Frickenhausener und im Auszug des Ochsenfurter Retabels Vorgaben aus einem Stich Johannes Sadelers I. Die Darstellung beruht auf einer Invention Marten de Vos aus dem Jah-

re 1576.[41] Kompositorisch und stilistisch bis hin zum Faltenduktus und Faltencharakter sowie für das auffälligen Muskelspiel der Christusfigur hat sich der Schnitzer am Stich orientiert. Durch das zentrale Altarhalbrund war er gezwungen, die in den Ecken positionierten Engelsköpfchen über die Häupter von Vater und Sohn zu ziehen und ihre Anzahl und Ordnung geringfügig zu verringern bzw. zu variieren. Die perspektivisch dargestellte, fliegende Heilig - Geist - Taube wurde in der skulpturalen Umsetzung flach nach vorne geklappt und wie eine Schalldeckeltaube unteransichtig dargestellt. An die Stelle landschaftlicher Details traten weiche, quellende, die gesamte Relieffläche füllende Wolken. Sie schufen einen oberflächenreichen, aber optisch planen Hintergrund. Obwohl in Ochsenfurt und Frickenhausen die gleiche Vorlage verwendet wurde,

oben: Ochsenfurt, Kath. Pfarrkirche St. Andreas, Hochaltar, Marienkrönung, 1610-12/13, unten: graphische Vorlage von Johan Sadeler I.

lassen sich an beiden Beispielen qualitative Unterschiede konstatieren. Im direkten Vergleich fällt das Frickenhausener Exemplar unter anderem aufgrund der reduzierten Eigenplastizität des Reliefs ab.

Noch strenger konzentrierte sich der Schnitzer am Frickenhausener Retabelfragment auf das Krönungsthema. Aus einem Kupferstich Adriaen Collaerts nach Marten de Vos wurde die Hauptgruppe ausschnitthaft, ohne Umgebung, Grablegungsszene und Engelsfiguren kopiert.[42] Schwung und Frische der gestochenen Komposition wurden ein Opfer des architektonischen Rahmens, der sowohl Gottvater als auch Gottsohn seitlich beschneidet. Für die Krönungsgruppe in Sand am Main war kein spezifisches Vorbild zu benennen. Wie am Londoner Retabel wird das Geschehen in einem ovalen Rahmen des Auszuges in der einfachen Formensprache Hans Georg Brencks erzählt. Für die Konzeption der Szenerie konnte der Schnitzer gedanklich auf den reichen motivischen Schatz der väterlichen und großväterlichen Werkstatt zurückgreifen.

150

1 Anstöße zu diesen Gedanken stammen aus den Arbeiten von Feuchtmayr (1922.19-22); Braun (1923.421 ff.); Brinckmann (1933.148); Henle (1934.314); Pinder (1940.3); Rudolph (1935.1-9); Heimendhal (1942.23-24); Hager/Wagner (1964.VI-VII); Hentschel (1966.13.ff.); Ricke (1973.14); Grosche (1978.53 ff. u. 75); Jürgens (1989.72).

2 Es handelt sich hierbei um ein Charakteristikum von Reformationskunst. Die Gestaltung tritt im Dienst agitatorischer und polemischer Aussage zurück. Besonders gut lassen sich diese Tendenzen im graphischen Bereich beobachten. Vgl. Sörries über das Bild in der Auseinandersetzung (1983.89-107).

3 Hollstein Dutch Vol. XLV (1995.217.Abb.Nr. 632) u. Katalog Vol. XLIV (1996.142).

4 Es wurden zwei graphische Apostelzyklen verwendet: A) 14 Bl. Gestochen von Hieronymus Wierix (†1619), nach Inventionen von Marten de Vos (1532-1603); ab 1578 u.a. von Jacques de Weert und Pieter de Jode vertrieben; B) 13 Bl. Gestochen von Hendrik Goltzius (1558-1617) nach Zeichnungen von de Vos. Vgl. Hollstein Dutch Vol. XLVI (1995.34-37.Abb.Nr. 845/I-858) u. Katalog Vol. XLIV (1996.183-185) und Hollstein Dutch Vol. XLVI (1995.22-28.Abb.Nr.804/I-816/I) u. Katalog Vol. XLIV (1996.178-180) sowie Bartsch Bd. 3 (1980.262-263.Abb.Nr.295(90).296(90)) und Bd. 3 Kommentar (1982.326-333.Abb.Nr.294a-295d).

5 Vgl. die Rothenburger Asaphfigur Kerns aus der Gruppe der elf überlebensgroßen Orgelfiguren von St. Jakob (1659) und die Schnabelwaider oder Neudrossenfelder Figuren Hans Georg Brencks. In der Körperdisposition bleibt Kern jedoch insgesamt zierlicher und feingliedriger. Zu Achilles Kern vgl. u.a. Gradmann (1917.10.140-145); Die Künstlerfamilie Kern (1998.185-194).

6 Peltzer (1919.7-9.Abb.3.4).

7 Leider waren die für den Frühstil der Werkstatt so bedeutungsvollen Klugen und Törichten Jungfrauen des Altenburger Fürstenstuhls während des Forschungszeitraumes nicht zugänglich. Mit ihrer Hilfe hätte geklärt werden können, ob das Grabmal in Kürbitz bei Plauen und die Tugendfiguren des markgräflichen Bettes ursprünglich zu Bayreuth, heute auf der Plassenburg zu Kulmbach, dem Werkkomplex Johann Brencks einzufügen wären.

8 Vgl. den Kopf des Täufers aus dem ehem. Hochaltar des Stiftes Kremsmünster (jetzt Grünau) (1614-1618) von Hans Degler. Dazu Decker (1943.24-25.Abb.68.69).

9 Abb. bei Deneke (1913.Abb.5/6). Nach Meier (1928.176) war neben Sebastian Ertle auch Lulef Bartels an der Ausführung der Kanzel beteiligt.

10 Zohner (1993.Titelblatt u.Abb.139).

11 Vgl. das Gesicht des Zinsfelders (1660), das sich in der Physiognomie des Bindlacher Pfarrers am dortigen Grabstein wiederholt.

12 Vgl. eine Täuferfigur in der Marienkapelle zu Hirschfelden (wohl ursprünglich von einem Johannesretabel aus Edelstetten) um 1630. Miller (1989.42.Abb.41).

13 Hollstein Dutch Vol. XLV (1995.234.Abb.Nr.697) u. Katalog Vol. XLIV (1996.155).

14 Bartsch Netherlandish Artists Bd. 70/1 (1999.134.Abb.Nr.120).

15 Hollstein Dutch Vol.XLV (1995.108.Abb.Nr.260) u. Katalog Vol.XLIV (1996.64-65).

16 Ausst.Kat. Von Dürer bis Tiepolo (1980.40.Abb.Nr.29) u. Ausst.-Kat. Dürers Verwandlung (1981/82.Abb.91).

17 Hollstein Vol. XLV (1995.115.Abb.Nr.279/I) u. Katalog Vol.XLIV (1996.71).

18 Ausst.-Kat. Dürers Verwandlung (1981/82.Abb.92).

19 Bruhns (1923.332-335); Hures/ Schiller (1994.13 m.Abb.).

20 Bartsch Bd. 72/1 (1997.85. u. Abb.Nr.054.S3). Vgl. Hollstein Vol. LV (2001.78-79.Abb.Nr.1) und eine anonyme Kopie ohne Assistenzfiguren. Vgl. The New Hollstein German Vol. 1 (1996.75.Abb.25a). Die Vermutung Bruhns (1923.437), die Kreuzigungsszenen wären nach dem letzten Bild einer Passionsfolge angelegt, die Christoph Schwartz entworfen und Johann Sadeler gestochen hatte, ist somit hinfällig.

21 Es handelt sich, um eine anatomische Übertreibung, die in den graphischen Vorlagen Hendrik Goltzius (1558-1617), Johan Sadelers und Antonie Wierix auftritt, aber auch auch an Figuren des westfälischen Bildhauers Gerhard Gröninger (1582-1652) nachzuweisen ist.

22 Vgl. z.B. den Retabelbau Christoph Walthers zu Penig (1564) mit den Themen Abendmahl, Kreuzigung, Auferstehung, Gott Vater und Auferstandener in der vertikalen Retabelachse. Vgl. Haendcke (1903.28).

23 Hollstein Dutch Vol. XLV (1995.223.Abb.Nr.654/I) u. Katalog Vol. XLIV (1996.146).

24 Hollstein Dutch Vol. XLV (1995.221.Abb.Nr.647) u. Katalog Vol. XLIV (1996.144).

25 Allerdings wirken die Thronenden aufgrund ihrer erhobenen Arme wie einer Marienkrönung Marten de Vos' oder Johannes Stradanus entnommen. Johann Sadeler I hatte für die Verbreitung der Komposition gesorgt. Vgl. z.B. Hollstein Dutch Vol. XXII (1980.116.Abb.Nr.159) u. (1980.136.Abb.Nr.308).

26 Bartsch Nr. 56 (1987.205.Abb.Nr.0.53); New Hollstein Dutch Philips Galle P. II (2001.134-135.Abb.222).

27 Hollstein Dutch Vol. XXXII (1988.8.Abb.Nr.1).

28 Vgl. auch Hollstein Dutch Vol. XLV (1995.229.Abb.Nr.680) u. Katalog Vol.XLIV (1996.151).

29 Hollstein Dutch Vol. XXII (1980.130.Abb.Nr. 261) u. Katalog Vol. XXI (1980.123).

30 Die Illustration ist unter anderem Bestandteil des 1585 von Gerard de Jode publizierten Sammelbandes „Thesaurus Sacrarum Historiarum Veteris et Novi testamenti", der über dreihundert Blätter von unterschiedlichen niederländischen Künstlern vereinigt. Bartsch Bd. 70/1 (1999.6.Abb.Nr.003 S2).

31 Sauermost (1988.43). Zu Spindler Decker (1943.25); Groiss II (1979.93).

32 Diese These vertrat Emil Markert in den fünfziger Jahren des 20. Jhs. 10 Jahre später gliederte Schuster (1965.180) im Zusammenhang mit ihren Untersuchungen zu Georg Schweigger das Fragment wiederum aus dem Oeuvre Junckers aus. Das Werk gehört zu den Kriegsverlusten aus dem Jahre 1945.

33 Weirauch (1973.Abb.120).

34 Müller/ Schädler (1964.33.Kat.48.Abb.43); Schädler/ Lieb/ Müller (1973.110-111.Abb.91-93); Schädler (1985.56.Abb.78-80); Sauermost (1988.157.Abb.143).

35 Buchenthal (1995.83-84.Abb.8.78-80).

36 Hollstein Dutch Vol. XLV (1995.229.Abb.Nr.680) u. Katalog Vol. XLIV (1996.151).

37 Hollstein Dutch Vol. XLVI (1995.45.Abb.Nr. 877) u. Katalog Vol. XLIV (1996.189.190).

38 Hollstein Dutch Vol. XLV (1995.208.Abb.Nr. 613/I) u. Katalog Vol. XLIV (1996.136).

39 Über christliche Themen in druckgraphischen Folgen vgl. Ausst.Kat. Von Dürer bis Tiepolo (1980.8-19); über die Darstellung der Himmelfahrt und der Krönung Mariens in der Diözese Würzburg zur Zeit Julius Echters vgl. Schneider (1999.156-161).

40 Balke (1916.57.Taf.XV.Abb.30); Miller (1989.8.16); Bruhns (1923.119.396-397).

41 Hollstein Dutch Vol. XXII (1980.137.Abb.Nr. 309), Katalog Vol. XXI (1980.136) und Vol. XLV (1995.241 Abb.Nr. 721) und Katalog Bd. XLIV (1996.161).

42 Die Komposition ist revers von Raphael Sadeler gestochen worden und hat sich unter anderem in Coburg erhalten. Hollstein Dutch Vol. XLV (1995.240.Abb.Nr.720) u. Vol. XLIV (1996.161).

Ausblick

Die Bildschnitzerfamilie Brenck, die über hundert Jahre in vier Generationen fünf Bildschnitzer hervorbrachte, zählt nach den vorliegenden Forschungsergebnissen zu den produktivsten Bildhauerfamilien Frankens während des 17. Jahrhunderts. Mit ihren vielfigurigen Kanzel- und Retabelarchitekturen, ihren reich ornamentierten Epitaphien und Taufsteinen versorgten sie nicht nur die kleineren Kirchen im engeren Radius um den jeweiligen Werkstattsitz. Ungeachtet ihrer protestantischen Konfession zählten sie das Würzburger Domkapitel, das Bamberger Domstift, die Markgrafen in Ansbach und Bayreuth und bedeutende Adelsfamilien der Region zu ihren Auftraggebern. Sogar über die Landesgrenzen hinaus sind Werke in Baden-Württemberg und in Thüringen nachzuweisen. Zwei Quellen, die schon Brinckmann (1933.145) neben dem „Drang nach naturalistischer Revision der Formen" für die Skulptur des frühen 17. Jahrhunderts als entscheidend konstatierte, waren auch für die skulpturale Formensprache der fränkischen Bildschnitzerwerkstatt stilprägend: einmal das Nachwirken heimischer Traditionen in Form gotisierender Tendenzen; zum anderen niederländische, romanisierende Einflüsse, die vor allem durch Druckgraphik vermittelt worden waren. Erstere sind nicht nur im gotischen Höhenstreben der flachen, auf geradem Grundriss entwickelten Altarbauten zu Ochsenfurt und Frickenhausen, in der gotischen Reihung von überzeitlich repräsentierenden Heiligen (Frickenhausen, Rugendorf) zu fassen. Auch die Einzelskulpturen verraten ältere heimische Traditionen: unter anderem in ihrer blockhaft geschlossenen Anlage, der zweidimensionalen Figurenentwicklung, in der stilisierten Haar- und Bartbehandlung, dem Faltenduktus und der Dominanz des Kostüms.

Zweiter stilbestimmender Faktor war die italianisierende, niederländische Reproduktionsgraphik. Musste Gradmann (1917.81) den Kunsthistoriker noch animieren, zuerst nach den möglichen Stichvorlagen zu suchen, bevor man die Wanderschaft eines Bildhauers nach Italien oder in andere Länder konstatierte, ist die Kenntnis vom ausgiebigen Gebrauch druckgraphischer Vorlagen in den Werkstätten längst keine wissenschaftliche Novität mehr. Auch bei der fränkischen Schnitzerfamilie Brenck bilden Kupferstiche und Holzschnitte sowohl für die Konzeption einer Einzelfigur als auch bei Anlage szenischer Darstellungen elementare Requisiten im Schöpfungsprozess. Vor allem die Figuren der Windsheimer Werkstattmitglieder sind, wenngleich es Bruhns (1923) nie so explizit und unumstößlich formulierte, in ihren Bewegungsmotiven und der Gewandorganisation stark an Vorlagen gebunden, teilweise sogar bis zum Faltenduktus und -charakter Rezeptionskunst. Es scheint, als hätte der Stil der Graphik die Schnitzsprache Georg Brencks d.Ä. und d.J. determiniert und keine Verknüpfung der graphischen Vorgabe mit der eigenen „maniera" stattgefunden. Erst im Oeuvre Johann Brencks erfolgte mit dem väterlichen Formenschatz als Grundlage und den stilistischen Bezügen zu Zacharias Juncker d.Ä. die freie Verwendung der Vorlagen. Seine Skulpturen und Szenerien wirken nur noch gelegentlich ausschnitthaft einer Graphik verpflichtet und im Detail von Stichen inspiriert.

Vorzugsweise dienten den Brencks Arbeiten der niederländischen manieristischen Kupferstecher wie Crispijn de Passe (1565-1637), der Familien Wierix, Collaert und Galle als Inspiration. Darüber hinaus kopierten sie Blätter des bravourösen Haarlemer Stechers und Verlegers Hendrik Goltzius (1558-1617). Stildominierend erwiesen sich vor allem Graphiken aus der zweiten Hälfte des 16. Jahrhunderts, die von der aus Brüssel stammenden Familie Sadeler nach dem bedeutendsten Antwerpener Maler Marten de Vos (1532-1603) gestochen worden waren. Seltener erfolgte der Rückgriff auf graphische Arbeiten deutscher Manieristen wie Hans von Aachen (1552-1615), Bartholomäus Spranger (1646-1611) oder die sonst gerne zitierte, populäre Frankfurter Bibelausgabe von 1560/61 und 1564, die Jost Amman (1539-1591) und Virgil Solis (1514-1562) illustrierten. Invention und plastische Umsetzung eines Motivs konnten durchaus vierzig, fünfzig oder sogar hundert Jahre voneinander trennen.

Neben den von Brinckmann (1933) genannten Wurzeln der Kunst führte die wohl konfessionsgebundene Wandererfahrung Georg Brencks d.Ä. in Braunschweig, Leipzig und Erfurt zu einer eigenen, in weiten Teilen für die Söhne verbindlichen Ausdrucksweise. Für Johann Brenck, der zu Beginn der 20er Jahre seine Ausbildung beendet hatte, dürfte stilistisch, neben Zacharias Juncker d.Ä., vermutlich der süddeutsche, schwäbische Raum, genauer Augsburg, bedeutsam gewesen sein. Die Stadt stand damals kurz vor einem kulturellen Höhepunkt und avancierte nach dem Dreißigjährigen Krieg zur führenden Kulturmetropole in Deutschland. Vor allem Brencks schwere, barocke Apostelfürsten am Kulmbacher Petriretabel sind in ihrem Gewand-Körperverhältnis, der Flächenverbundenheit und in den knittrigen kantigen Faltenformationen Figuren aus dem oberbayerischen Bildschnitzerzentrum Weilheim [z.B. von Hans Spindler (um 1595), Hans Degler (1564-1632/33), Bartholomäus Steinle (um 1580-1628/29)] nahestehend. In ihren Körpervolumina und ihrer monumentalen Wirkung erscheinen sie dem frühbarocken Oeuvre Hans Reichles (um 1570-1642) verwandt.

Die fränkische Schnitzerwerkstatt war mit ihrem künstlerischen Beitrag nicht in der Lage der deutschen Plastik zwischen Spätrenaissance und Barock richtungsweisende Impulse zu liefern. Die Schüler und Gesellen der Familie sicherten in Franken zwar eine Nachfolge, aber auch sie blieben ausschließlich für die nähere Umgebung relevant und ohne Strahlungskraft für die Nation. Aufgrund der fast flächendeckenden Versorgung weiter Teile Frankens und des charakteristischen Sprachkolorits der Werke muss der Familie Brenck dennoch eine große regionale Bedeutung zuerkannt werden. Unter dem Einfluss romanisierenden, niederländischen Formenguts hatten die Schnitzer auf Basis heimischer spätgotischer Traditionen einen eigenen Stil mit barocken Zügen ausgeprägt. Auch im Ornamentbereich - dem Roll- und Beschlagwerk des Windsheimer Betriebs, dem Schweif- und Knorpelwerk an den Kulmbacher Arbeiten - sind graphisch beeinflusste, aber eigenständige Lösungen zu beobachten. Johann Brenck, Hans Georg Brenck und Hans Georg Schlehendorn hatten ab der Jahrhundertmitte maß-

geblich für die weite Verbreitung und die Langlebigkeit des barocken Knorpelwerks in Oberfranken gesorgt.

Aufgrund der Wandererfahrung Georg Brencks d.Ä. in Mitteldeutschland gebührt
den in Spätrenaissancemanier konstruierten Kanzelarchitekturen der Familie – sie
zeigen sich von den steinernen, bedeutenden mainfränkischen Kanzellösungen
unabhängig - eine einzigartige Stellung innerhalb der fränkischen Kunstgeschichte. Der mehrstöckige, figurenreiche Schalldeckelaufbau zu Markt Erlbach
stellt ein Unikum dar, die von Mosesfiguren untersockelten Kanzelarchitekturen
gelten auch nach erneuten Recherchen als die frühesten Beispiele innerhalb der
Region.

Stilistisch, typologisch und detailmotivisch orientierte man sich generell an einem
nordeuropäischen, dekorativen Stil, bei dem der prächtige Gesamteindruck eines
Werkes vor der Einzelfigur dominiert. Die in diesem Sinne konzipierten, monumentalen Retabel zu Ochsenfurt und Frickenhausen bilden einzigartige Zeugnisse der fränkischen Holzschnitzkunst aus dem 1. Viertel des 17. Jahrhunderts. Der
von Johann Brenck und Schlehendorn skulptural ausgestaltete Hochaltar zu
Kulmbach ordnet sich außerdem in die Reihe der Gründungsbauten süddeut-
scher barocker Altarbaukunst. Auf die innovative Form der Kulmbacher Schall-
deckellösung war bereits ausführlich hingewiesen worden.

Für die Einordnung des Oeuvres in die fränkische Kunstgeschichte ist ein skulp-
turaler Vergleich mit den Werken bedeutender Bildhauer der Region relevant. Zu
den großen Familienbetrieben des Landes, die über mehrere Generationen Franken und das Hohenloher Land mit ihren Arbeiten versorgten, gehört die aus dem
Steinmetzhandwerk hervorgegangene, protestantische Bildhauerfamilie Kern aus
Württemberg. Eine Gegenüberstellung der Windsheimer Arbeiten und des Opus'
Michael Kerns (1580-1649) zeigt bei Kern ein größeres Bemühen in der Detail-
wiedergabe und eine höhere Durcharbeitung von Gewand- und Gesichtsstruktu-
ren. Auch Bruhns (1923.427) hatte die Arbeiten der Brenckwerkstatt als „trocke-
ner, steifer" empfunden, obwohl er einiges durchaus den Werken Kerns als eben-
bürtig erachtete. Dagegen können die Kulmbacher Alabasterarbeiten - man
blicke zum Beispiel auf die Taufszene des Schöntaler Retabels von 1630 und
die ähnlich konzipierte Kulmbacher Darstellung 1647 vom dortigen Taufstein -
nebeneinander bestehen. Einige Formulierungen Kerns in der Gewandgestaltung
und der Figurenkonzeption sind erst in den frühen Arbeiten Johann Brencks in
vergleichbarer Weise nachzuweisen und belegen den retrospektiven Charakter
der Kulmbacher Werkstatt. Mit dem künstlerischen Rang Leonhard Kerns (1588-
1662), der als „einer der erfolgreichsten und bedeutendsten Bildschnitzer seiner
Zeit" (Maué 1997.35) gilt, kann sich weder die Windsheimer noch die Kulmbacher Werkstatt messen. Die anatomisch präzise Körperbehandlung seiner Skulpturen, der kontinuierliche, harmonische Bewegungsfluss und die innere Aus-
drucksfähigkeit sind in entsprechender Weise an keinem der zweckgebundenen
Werkstücke aus dem Brenckbetrieb nachzuweisen. Konkurrenzfähig zeigen sich
die Arbeiten Johann Brencks im Vergleich mit dem Oeuvre Achilles Kerns (1607-

1691), dessen Schaffen erst um die Jahrhundertmitte fassbar wird. Brencks Einzelfiguren erreichen am Kulmbacher Hochaltar, allerdings bei geringerer Bewegungsfähigkeit und reduzierter Torsionsfreude, mehr als die zierlichen, schmalen Gestalten Kerns barocke Schwere und Repräsentativität.

Die Übertragung aller relevanten größeren Aufgaben in den Städten des Markgrafentums Brandenburg-Bayreuth an den Kulmbacher Betrieb lassen Johann Brenck und Hans Georg Schlehendorn zunächst ranggleich mit dem Würzburger Hofbildhauer Johann Philipp Preuss (1605- ca.1687) erscheinen. Da die Bedeutung der Bischofsstadt Würzburg als Kunstraum die der kleinen markgräflichen, protestantischen Residenzstädte übertraf, muss natürlich auch Preuss' Geltung insgesamt höher eingeschätzt werden. Er ist in der zweiten Hälfte des 17. Jahrhunderts auf dem plastischen Sektor in Würzburg die beherrschende Persönlichkeit, in seiner Relevanz, wie Kempter (1925.1) formulierte, Antonio Petrini (1624-1701) im Baumetier und Oswald Onghers (1628-1706) in der Malerei gleichgestellt. Aufgrund seiner unbestreitbaren Leistung, den „kunstvollen, bewegungsreichen Spätmanierismus zu einer blockhaften, aber natürlichen Körperschwere" Kossatz (1999.381) unter Reduktion von Bewegung und Faltenmomente gewandelt zu haben, gehört er zusammen mit Justus Glesker (um 1620-1681) und Georg Schweigger (1613-1690) zu den Pionieren der Barockbildhauerei in Franken. An diese Leistung können Johann Brenck und seine Werkstatt nicht anknüpfen. Zwar tragen die Apostelfürsten des Kulmbacher Hochaltares in ihrer ruhigen, statuarischen Konzeption, in ihrer engkonturierten Monumentalität und Schwere barocken Charakter vor. Doch verhindern das Ausbleiben neuer Impulse und das Absinken der Kunst in eine handwerkliche Formwiederholung eine konsequente Weiterentwicklung des Begonnenen. Dennoch vertritt die Kulmbacher Bildhauerwerkstatt um die Jahrhundertmitte eine barockisierende Schnitzkunst auf hohem Niveau in Oberfranken. Erst um 1700, nachdem auch Hans Georg Brenck in Kulmbach verstorben war, lässt sich in dieser Region von Hochbarock sprechen.

Abkürzungsverzeichnis

AdfH	Aus der fränkischen Heimat. Beilage der Bayerischen Rundschau Kulmbach
AE Bamberg	Archiv des Erzbistums Bamberg
Anm.	Anmerkung
Art.	Artikel
Ausst.-Kat.	Ausstellungskatalog
Bl.	Blatt
Cr., Crz.	Kreuzer
d.	denarius = Pfennig
d.Ä.	der Ältere
d.J.	der Jüngere
DA	Diözesanarchiv
Domkapitelprk.	Domkapitelprotokoll
Fasz.	Faszikel
Fl., fl.	Florin (Gulden)
fol.	folio
FT	Fränkischer Tag
Gem.	Gemeinde
GNM	Germanisches Nationalmuseum Nürnberg
Gr.	Groschen
Hist.Ver.	Historischer Verein
KBA	Kirchenbucharchiv
Kgl.	Königlich
Kr.	Kreis
Kr.	Kreuzer
lb.	libra = Pfund
LCI	Lexikon der christlichen Ikonographie
Lit.	Literatur
LKAN	Landeskirchliches Archiv Nürnberg
MIO	Reichsstadtmuseum im Ochsenhof (Bad Windsheim)
MJfGK	Mainfränkisches Jahrbuch für Geschichte und Kunst
o.J.	ohne Jahr
o.P.	ohne Paginierung
pag.	pagina
PfA	Pfarrarchiv
r	recto
RDK	Reallexikon zur deutschen Kunstgeschichte
Reg.Bez.	Regierungsbezirk
Rep.	Repetitorium
Rthlr.	Reichstaler

Rtsprk.	Ratsprotokoll
SGO	Schreinergesellenordnung
SO	Schreinerordnung
Sra	Sümmra
StA	Staatsarchiv
StadtA	Stadtarchiv
Supint.	Superintendentur/Superintendent
T.	Tomus
Tl.	Taler
v	verso
V.	Vers
VB	Vorbayerisch
Vikariatsprk.	Vikariatsprotokoll
WA	Martin Luther, Werke Kritische Gesamtausgabe, Weimar 1883 ff.
WDGBl	Würzburger Diözesangeschichtsblätter
Wiss. Beil.	Wissenschaftliche Beilage
WZ	Windsheimer Zeitung
X., Xr.	Kreuzer

Der Werkkatalog umfasst in erster Linie die Exponate der Ausstellung, die einen kleinen, aber repräsentativen Überblick über das umfangreiche Schaffen der Bildschnitzerfamilie Brenck vermitteln. Die Stücke sind in wesentlichen Punkten inventarisierend erfasst und - soweit möglich - durch quellenkundliche Analysen für die Werkstatt gesichert. In der „Vergleichenden Betrachtung" wurden Bezüge zum übrigen Schaffen der Familie hergestellt und die Position des Stückes innerhalb des Gesamtoeuvres bestimmt. Einordnungen in übergreifende kunsthistorische Zusammenhänge erfolgten generell im laufenden Text. Für eine bessere Nutzbarkeit erhielt der Katalog eine alphabetische Ordnung, die wiederum einer chronologischen Systematik unterliegt. Kursiv gedruckte Passagen kennzeichnen Zitate aus Originalquellen und Büchern bis Ende des 19. Jahrhunderts, die als Primärquellen dienten. Die Groß- und Kleinschreibung folgt heutigen Regeln. Der Übersichtlichkeit halber wurden bei den Literaturangaben weder die Textstellen aus den beiden monographischen Arbeiten von Funk (1938) und Sitzmann (1938) noch einschlägige, leicht auffindbare Schriften (Kirchenführer, Monographien) genannt. Abbildungshinweise im Katalogteil verweisen auf weitere Aufnahmen im Buch.

Engel ohne Attribut

ANSBACH

(Reg.Bez. Mittelfranken)

Markgrafenmuseum

11 Figuren, um 1615

4 Evangelisten, Auferstehungschristus, 2 Passionsengel,
4 weibliche Tugendfiguren

Künstler

Georg Brenck d.Ä. unter Beteiligung Georg Brencks d.J.(?)
(Zuschreibung)

Material:

Lindenholz, vollplastisch geschnitzt.

Maße (Auswahl):

Evangelist Matthäus H 63 cm, B 29 cm, T 20 cm; Evangelist Markus H 65
cm, B 26 cm, T 15,5 cm; Engel ohne Attribut H 43,6 cm, B 28,6 cm; T 11,4
cm; Engel mit Geißelsäule H 65 cm, B 32,5 cm, T 16,8 cm; Auferstehungschristus H 60 cm, B 29 cm, T 16,8 cm; Tugend Caritas H 66 cm, B
29 cm, T 18 cm.

Beschreibung:

Vollrund geschnitzte Standfiguren auf runden Sockeln.

4 Evangelisten und Auferstehungschristus:

Nach den traditionellen Vorgaben der Werkstatt geschnitzt.

2 Passionsengel:

Engel mit Geißelsäule: Kindliche Gestalt in knielangem gegürteten Kleidchen auf rundem Sockel; in der Körperachse und mit
der Schulter leicht schräg nach hinten rechts orientiert; der Kopf
mit dem pausbäckigen Antlitz und der kurzlockigen Haarkalotte im Gegenzug nach links gewandt; mit dem linken Arm
umfasst die Figur knapp unter dem Kapitell eine glattschäftige
Säule, in der Rechten hielt sie ursprünglich Geißel und Rute.
Engel ohne Attribut: Im Typus dem Geißelsäulenengel entsprechend; das Gewicht der Figur ruht auf dem rechten Standbein;
den Körper verhüllt partiell ein Tuch, das faltenreich um die
Hüften verläuft und die linke Schulter bedeckt; der linke Arm ist
nach vorne geführt, der rechte seitlich nach oben erhoben.

Evangelist Markus

4 weibliche Tugendfiguren:

Die vier Tugenden, drei christliche - Fides (Glaube), Caritas (Liebe), Spes (Hoffnung) - und eine
Kardinaltugend - Justitia (Gerechtigkeit), als weibliche Allegorien geschildert.
Beispiel Caritas: Weibliche Figur im Schrittmotiv mit rechter ausschwingender Hüfte; zu ihrer

Caritas (Liebe)

rechten Seite unter ihrer schützenden Hand ein stehendes Kind im Profil, das mit einem locker drapierten Tuch spärlich bekleidet ist; das Gesicht des Kindes ist dem Betrachter zugewandt; mit der linken Hand stützt die Tugendfigur in Brusthöhe ein zweites, bewegtes, nacktes Kind in Rückansicht; Caritas selbst trägt ein locker um die Schulter fallendes zweiteiliges Gewand, das unterhalb der Brust gegürtet ist; über dem linken Bein liegt eine plastisch aufgeworfene Stoffpartie des Mantels.

Vergleichende Betrachtung:

Die vier Evangelisten, vier Tugendfiguren, zwei Engelsgestalten und ein Auferstehungschristus von unbekannter Provenienz schmückten wahrscheinlich ursprünglich ein Retabel- oder ein Epitaphgehäuse. Der architektonische Rahmen ging durch widrige Umstände im Laufe der Zeit verloren. Spekulationen über eine Figurenanordnung sind ohne weitere Kenntnisse der Rahmenkonstruktion müßig. Sicherlich hat aber der Auferstandene den Aufbau bekrönt. Gestaltung, Schnitztechnik und Farbfassung der Skulpturen sprechen einmal für die Entstehung in einer Werkstatt, zum anderen für einen gemeinsamen Kontext. Eine vergleichende Betrachtung der Figuren mit den erhaltenen Beispielen der Brenckwerkstatt führt zu einer Bestätigung der Zuschreibung. Für jede der stehenden Evangelistenfiguren lassen sich eine Reihe weiterer analog konzipierter Beispiele u.a. aus Uffenheim, Ickelheim, Custenlohr und gelegentlich auch Windsheim benennen. Über die identischen motivischen Anlagen hinaus ließen sich physiognomische Parallelen beispielsweise zwischen dem Auferstehungschristus und der separaten Ochsenfurter Salvatorfigur aufzeigen. Die zwei wuchtigen, pausbäckigen Engelsfiguren, von denen einer die Geißelsäule hält, der andere seine Attribute verloren hat, verkörpern den Typus des rundlich modellierten kindlichen Engels, der in großer Anzahl den Schalldeckel in Markt Erlbach bevölkern. Der runde Schädel, das kleine, abgesetzt modellierte Kinn, das sich durch die Neigung des Kopfes zum deutlichen Doppelkinn formt und die Nasen-Augen-Partie finden sich beispielsweise an dem Markt Erlbacher Engel mit dem Essigschwamm wieder. Die gleiche muldenförmige Stoffcharakterisierung, die das Tuch des attributlosen Engels strukturiert, ist am Ochsenfurter Auferstandenen nachzuweisen. Für die vier weiblichen Tugendfiguren, die nach dem Restaurierungsbericht einen Teil des Ensembles bilden, können im Werk der Windsheimer Schnitzer keine exakten Parallelen aufgespürt werden. Es mag an der Verwendung graphischer Vorlagen liegen, dass die Figuren als Gesamtes in ihren Bewegungsmotiven und dem Faltenduktus innerhalb des Oeuvres ungewöhnlich wirken. Die Tugenden wurden nach ei-

Auferstehungschristus

nem mehrteiligen Kupferstichzyklus mit Tugend- und Laster-darstellungen von Jacob Matham (1571-1631) konzipiert, der Schöpfungen von Hendrik Goltzius (1558-1617) berücksichtig-te.[1] Caritas stellt eine identische Übernahmen der Graphik in Holz dar. Ein Verlust an Schwung und Dynamik im Bereich der wild, aber reizvoll flatternden Gewänder sowie der manieriert übersteigerten Körperbewegung lässt sich an den hölzernen, doch verhalten bewegten Figuren nicht leugnen. Für diese Be-ruhigung ist wohl auch der ehemalige architektonische Kon-text der Figuren verantwortlich zu machen. Letztendlich erlau-ben die Gesichter der Skulpturen, die sich in der Frickenhause-ner Marienfigur und den halbfigurigen Tugenden am Markt Erl-bacher Kanzelbecher wiederfinden, Bezüge zur Windsheimer Schnitzerwerkstatt herzustellen. Erst dann wird man auf die glei-che unscharfe weiche Körperkonturierung, die knochenlose Be-handlung der Extremitäten und die Haarstrukturierung auf-merksam.

Nachdem sich die Figuren problemlos in das Oeuvre der Werk-statt einordnen lassen, bleibt noch die Frage der Datierung zu

Caritas (Graphische Vorlage)

erörtern. Der Auferstandene verrät nicht allzu viel von seiner Entstehungszeit, hingegen lassen sich die Ansbacher Evangelisten besonders gut mit den Evangelistenfiguren zwischen 1610 und 1617 in Verbindung bringen. Die Engel mit den Leidenswerkzeugen orientieren sich an den 1621 entstandenen Figuren der Markt Erlbacher Kanzel. Eine zeitliche Einordnung um 1615 berücksichtigt sowohl die engen Bezüge zu den Ochsenfurter Figuren, als auch die Nähe zu den Tugendfiguren des Markt Erlbacher Predigtstuhls. Aufgrund ihrer Ausarbeitungsqualität sind die Skulpturen u.a. mit den Uffenheimer Exemplaren auf eine Stu-fe zu stellen und Georg Brenck d.Ä. zuzuweisen. Die stilisti-schen Bezüge der Engelchen zu den Markt Erlbacher Figuren lassen auf eine Beteiligung Georg Brencks d.J. schließen. Leider sind die Hände der Tugendfiguren mitunter in ihren Proportio-nen vergriffen.

Standort:

Der ehemalige architektonische Kontext ist nicht bekannt. Die Stücke gehörten vermutlich in eine der Ansbacher Kirchen. Sie werden jetzt im Markgrafenmuseum Ansbach präsentiert.

Veränderungen/Restaurierungen:

1989/90 übernahm Matthias Schwenkenbecher in Nördlingen die kon-servierende Restaurierung der Stücke. Die Figuren zeigten vor den Maß-nahmen eine starke Verschmutzung durch Staub und Taubenexkremente, Spuren eines älteren Anobienbefalls, starke Fassungsschäden bis hin zu Fehlstellen in der Bemalung. Da der Holzkern der Figuren vor dem Schnitzen nicht entfernt wurde, waren auffällige Schrumpfschäden, die wiederum die Fassung beeinträchtigten, festzustellen. Die Stücke wurden gereinigt, geleimt, sparsam gekittet, die Fassung gesichert und mit Aquarell

Engel mit Geißelsäule

retuschiert. Die Lüsterpartien und der Bereich mit den aufgemalten Ornamenten wurden mit einer dünnen Firnisschicht überzogen. Prophylaktisch erfolgte eine Holzwurmbehandlung.

Erhaltungszustand:

Fehlstellen und Ausbrüche an den Figuren wurden nicht ergänzt, sondern belassen. Bei einem Großteil der Figuren fehlen Finger, sind Brüche am Sockel, am Gewand oder Bestoßungen an den Füßen zu verzeichnen. Die Tugendfiguren zeigen auffällige Kernholzrisse. Anstückungen sind verloren. Die Engel besitzen Aussparungen für die inzwischen verlorenen Flügel. Ein Teil der Attribute ging verloren.

Farbfassung:

Vor der Restaurierung zeigte sich die Fassung stark schadhaft. Die Evangelisten und die vier Tugendfiguren tragen Gewänder mit originaler Bleiweißfassung über einer Grundierung. Goldfarbene Gewandsäume und Zierelemente setzen Akzente. Unterschiedlich polychromiert wurde das Innenfutter der Evangelisten. An der Matthäusfigur hat der Maler die Ärmelpartien mit einer dekorativen Musterbemalung bereichert. Die Tuchdraperie des attributlosen Engels und das Schamtuch des Auferstandenen sind vergoldet, der zweite Engel trägt ein mattgrünes Kleid. Sein Attribut, die Geißelsäule, ist rotmarmoriert. Für das Inkarnat der Figuren wählte man einen hellen weißlichen Farbton.

Stichvorlagen:

Die vier Tugendfiguren wurden nach einem mehrteiligen Kupferstichzyklus mit Tugend- und Lasterdarstellungen von Jacob Matham (1571-1631) geschaffen.

Literatur:

Untersuchungs- und Restaurierungsbericht Dokumentation Matthias Schwenkenbecher Nördlingen 1989/90. Zuschreibung durch Herrn Bürger (Markgrafenmuseum Ansbach).

links: Ansbach, Evangelist Matthäus
rechts: Georg Brenck d.Ä., Uffenheim,
Evangelist Matthäus,1610

Kreuzigung mit Stiftern

ANSBACH
(Reg.Bez. Mittelfranken)

Markgrafenmuseum

2 Reliefs, um 1615
Kreuzigung mit Stiftern,
Darbringung Jesu im Tempel

Künstler
Georg Brenck d.Ä. unter Beteiligung
Georg Brencks d.J.(?) (Zuschreibung)

Material:
Lindenholz.

Maße:
H 108,5 cm, B 95 cm.

Beschreibung:

Kreuzigung:
Votivrelief - Kreuzigung mit drei Stiftern an der unteren Bildleiste; im Zentrum vor Wolkenhintergrund, flankiert von Sonne und Mond, Christus im Dreinageltypus mit deutlich ausschwingender Hüfte, geneigtem Haupt und geschlossenen Augen; beide Enden des diagonal vor dem Schoß gekreuzten Lendentuchs reich bewegt; seitlich von Christus und zu seinen Füßen insgesamt drei Kinderengel; am vorderen Bildrand knien die betenden Verstorbenen in zeitgenössischer bürgerlicher Tracht; rechts von Christus auf einem Kissen eine männliche bärtige Figur in Wams und Pluderhose mit Mantel und Degen; der zylinderförmige Hut liegt auf dem Boden; gegenüber zwei Frauen in weiten, faltig gereihten Röcken mit kurzem Mäntelchen, Halskrause und Haube; als Hintergrund die flache Architekturkulisse Jerusalems.

Darbringung Jesu im Tempel:
Halbrund angelegtes Innenraumbild; durch einen Baldachin, Säulen und den rückwärtigen Bogen mit geschlossenem Vorhang als Tempelkulisse charakterisiert; das Geschehen im vorderen Bildteil um einen schräg nach hinten in den Raum ragenden Tischaltar auf Stufen gruppiert; Maria kniet rechts im Bild, in den Händen eine rundliche Voliere mit den beiden Opfertauben; der stehende Joseph hinter ihr öffnet den Käfig; links hinter dem Altar Simeon in reichem priesterlichen Gewand; er hält das nackte Kind auf einem Tuch in seinen Armen lobpreisend über den Altar; eine frontale männliche Figur an der Schmalseite des Tisches präsentiert mit verhüllten Händen die geöffnete Schrift; eine Gruppe von männlichen und weiblichen Figuren begleitet das Geschehen; zwei Kerzenträger gelten als Verweis auf das Fest der Reinigung Mariens.

Vergleichende Betrachtung:
Ganz allgemein spricht für eine Autorenschaft Georg Brencks d.Ä. die halbrunde Konzeption der beiden reliefierten Szenerien, die möglicherweise übereinander im Zentrum eines Aufbaus saßen. Vor allem die Darbringung im Tempel verweist in ihren schlichten Gesichtstypen mit der

ausgeprägten Nasolabialfalte u.a. auf die frühen handwerklichen Arbeiten des Schnitzers in Hassfurt (1606). Besonders hervorstechend sind die weiblichen von Tüchern umhüllten Frauengesichter, die sich beispielsweise mit den Physiognomien der Westheimer Maria, der Verkündigungsmaria des Frickenhausener Marienretabels und der Maria im Heidelberger Himmelfahrtsrelief in Verbindung bringen lassen. Die Figur hinter Simeon erinnert an die Darstellung des Johannes aus dem Frickenhausener Sebastianretabel. Keinen Zweifel an der Identität der künstlerischen Handschrift lässt die feine graphische Haargestaltung der Figuren, die vor allem in den Jahren zwischen 1610 und 1620 einen ausgeprägt stilisierten Charakter trägt. Die Fältelung der Vorhangstoffe erinnert an die strenge Hassfurter Parallelisierung der Linien. Leichter fällt die Integration der Kreuzigungsdarstellung, die sich von dem erstgenannten Beispiel durch eine feinere, plastischere Detailbearbeitung abhebt. Der Hintergrund wird wie an der Marienkrönung von Frickenhausen größtenteils von bandartigen, in die Tiefe gestaffelten Wolkenformationen analogen Charakters eingenommen. Eine ähnliche versatzstückhafte flache Stadtkulisse schmückt das kompositorisch gleichartig angelegte kleine Stifterrelief des Neustädter Predigtstuhls, dessen Stifter ebenfalls auf voluminösen Kissen mit zipfeligen Eckquasten knien. Ohne Frage stehen die Ansbacher Verstorbenen den Figurenreihen zugeschriebener Adelsepitaphe (Giebelstadt, Irmelshausen) nahe. Sie lassen sich aber mit Hilfe anderer Arbeiten der Werkstatt zuordnen. So verkörpern die Frauengestalten den gleichen jugendlichen Typus wie die Maria des Heidelberger Pfingstreliefs, während der männliche Verstorbene geschwisterhaft dem ersten sitzenden Apostel in der rechten Bildhälfte und der isolierten Figur des Ochsenfurter Auferstandenen gleicht. Der Gekreuzigte weicht durch seine Orientierung an einer graphischen Vorlage von üblichen Darstellungen der Werkstatt ab. Der schlanke Körper, die schmale Taille, die Ausbildung des abstrakten Brustmusters, der steife Hüftschwung und die Behandlung des Schamtuchs stellen ihn in den Kreis der Windsheimer Arbeiten. Eine Zusammengehörigkeit beider Reliefs gründet sich neben der Stilistik auf die identische Basisleiste und die gleiche Farbfassung. Analogien mit den 11 Ansbacher Einzelfiguren in der Faltengestaltung, der Physiognomie, der schnitzerischen Ausführung und der farblichen Wirkung führen zu einer entsprechenden Datierung um 1615 und lassen einen größeren gemeinsamen Kontext vermuten. Die Szenerie der Tempeldarbringung fügt sich nach dem Lukastext *Herr, nun läßt du deinen Diener in Frieden fahren, wie du gesagt hast; denn meine Augen haben seinen Heiland gesehen* (Luk 2,29-30) in den ikonographischen Rahmen eines Gedächtnismals. Die betonte Platzierung des Altartisches in der Mitte der Szenerie kann als Hinweis auf den Opfertod Christi verstanden werden, der in der Kreuzigung auf der zweiten Relieftafel bildhaften Ausdruck findet. Dem gleichen Themenkreis zugehörig sind die beiden Engel mit den Passionsinstrumenten. Der Auferstandene als möglicher Abschluss des Aufbaus macht dem Verstorbenen, dessen Eigenschaften in den Tugenden verkörpert sind, Hoffnung auf eigene

Darbringung Jesu im Tempel

Erlösung. Als Begleitfiguren der Szenerien hatten eventuell die vier Evangelisten am Gehäuse einen Platz.

Standort:

Die Provenienz sowie der ursprüngliche Kontext sind nicht bekannt. Es handelt sich vermutlich um Überreste eines Epitaphs, das ehedem in einem der Ansbacher Gotteshäuser stand. Jetzt werden die Stücke im Markgrafenmuseum Ansbach präsentiert.

Inschrift:

Unter der Stiftertafel ist auf eine Sockelleiste die Inschrift aufgemalt: *Das Blut Jesu Christi Seines Sons, Machet Uns Rein Von Aller Sünden; 1.Jh. 1,7.* Der gleiche Bibelvers war auch auf der Ickelheimer Gedenktafel beigefügt worden. Über dem Kruzifix befinden sich die geschnitzten Buchstaben *INRI.*

Veränderungen/Restaurierungen:

Beide Darstellungen waren ehemals rundbogig gerahmt. Vor der Restaurierung 1986 durch den Nördlinger Restaurator Matthias Schwenkenbecher zeigten sich die Tafeln stark verschmutzt. Die Fassung löste sich großräumig vom Untergrund. Bei beiden Tafeln wurde der Staub entfernt, die Oberflächen gereinigt, sich lösende Fassungsreste befestigt. Risse wurden ausgespänt, Fehlstellen an den Figuren gekittet und ein prophylaktischer Holzschutz ausgeführt.

Erhaltungszustand:

Die Relieftafeln sind aus mehreren verleimten Lindenholztafeln geschaffen, die zusätzlich mit Leisten zusammengehalten werden. Vor der Grundierung waren über die Fugen Pergamentstückchen aus alten Büchern aufgelegt worden. Beide Tafeln weisen Risse auf. Am Kreuzigungsrelief fehlen Dornen der Krone, Quasten an den Kissen, der Arm des Engels zur Linken Jesu. An der Darbringungsszene sind die Kerzen zweier Figuren abgebrochen.

Farbfassung:

Die großflächige Polierweißfassung liegt über einer Grundierung aus Leim-Kreide. Retuschen wurden auf den weißfarbigen Stellen mit Deckweiß, auf glänzenden Partien mit Ölfarbe und bei goldenen Stellen mit Muschelgold ausgeführt. Bei beiden Reliefs dominieren drei Farbtöne. Hintergrund, Gewänder und der Gekreuzigte sind matt weiß. Die verstorbenen Stifter heben sich durch ihre schwarze Kleidung ab. Auf der Tempelszene wurden einzelne Gewandpartien in dunklen rötlichen und grünlichen Tönen gefasst. Gewandsäume, Profile, das Lendentuch Christi, Teile der Engelflügel, Sonne und partiell der Mond sind vergoldet. Das Inkarnat der Figuren ist hell. Bei den Haarkalotten wurde zwischen Grau, Hell- und Dunkelbraun differenziert.

Auftraggeber:

Das Epitaph ist für einen Mann geschaffen worden, der zweimal verheiratet war.

Stichvorlagen:

Der Gekreuzigte und die flankierenden Engelsfiguren lassen sich auf ein Gemälde des venezianischen Tizianschülers Jacopo Negrettis d.J., gen. Palma (1544-1628), und seine graphische Darstellung durch Raphael Sadeler I zurückführen.[2] Das Blatt war Vorbild für das Gemälde am Sommerhausener Retabel von 1609 und für die Ickelheimer Gedenktafel aus dem Jahre 1611. Einige Figuren aus der Darbringungsszene sind möglicherweise von einem Blatt aus einem 12-teiligen Jugend-Christi-Zyklus inspiriert worden, den Johan Sadeler I (1550-1600) 1579-1582 nach Vorgaben von Marten de Vos (1532-1603) geschaffen hatte.[3]

Literatur:

Untersuchungs- und Restaurierungsbericht Matthias Schwenkenbecher Nördlingen 1989/90; Restaurierungsbericht von Matthias Schwenkenbecher Nördlingen v. 28.8.1986.

BAD WINDSHEIM

(Kr. Neustadt/Aisch - Bad Windsheim)

Evang.-Luth. Spitalkirche Hl. Geist
ursp. Friedhofskirche Hl. Kreuz zu Ansbach

Hochaltar, 1623/24

Künstler
Georg Brenck d.Ä und Georg Brenck d.J.

Material:
Holz.
Maße:
H 465 cm, B 265 cm.

Abb. S.147, 148

Weltgerichtsaltar

Beschreibung:

Zweigeschossiges Retabel über querrechteckiger Predella; im Aufbau dem Frickenhausener Marien- und dem Geißlinger Hochretabel verwandt; die Predella selbst durch mehrteiliges, unverkröpftes Gesims abgeschlossen, die ausschwingenden Seiten zur Schrifttafel umfunktioniert; in der zentral eingetieften, queroblongen Nische ältere reliefierte Abendmahlsszene, sekundär verwendet; seitlich rapportartige Vegetabilornamentik; das Hauptgeschoss obligatorisch (zentral erhöhter Bogen, niedrige Seitenflanken) nach den Vorbildern der großen Frickenhausener und Ochsenfurter Altararchitekturen aufgebaut; in der bogenförmigen, profilierten Mittelnische die reliefierte Darstellung des Jüngsten Gerichts als zweistreifige Komposition; auf dem Regenbogen, von einer Gloriole umstrahlt, die richtende Maiestas Domini in Begleitung der Fürbitterin Maria und dem Täufer Johannes; darunter zwei Posaune blasende Engel, die Toten weckend; in der unteren Bildhälfte sich öffnende Gräber, aus denen die nackten Toten von Engeln oder Teufeln gezogen werden; in der Bildmitte der Seelenwäger Michael mit einem Kreuz; links eine dicht gedrängte Menschengruppe der Seligen auf dem Weg ins Paradies, rechts der Hölleneingang, in den die Verdammten von zahlreichen Teufeln geschleppt, getrieben und getragen werden; der Geschossabschluss des Stockwerks im Gegensatz zu Frickenhausen als Gebälk ausgebildet und über den Vorlagen verkröpft; als Schmuck der Bogenzwickel plastische Engelsköpfchen; die hohen, glatten Piedestale der Seitenachsen an Stelle von Reliefs mit biblischen Versen geziert; vor den Rundbogennischen zwischen glattschäftigen, korinthischen Vollsäulen mit Engelskopfschmuck die untersockelten Figuren von Adam und Eva mit bedeckter Scham; beide Figuren im Standmotiv nach dem Sommerhausener Sündenfallrelief leicht variiert disponiert; die Nischen möglicherweise wie in Geißlingen ursprünglich offen gestaltet und deshalb nur mit einer blattgeschmückten Scheitelkonsole dekoriert; auf dem Fries der Flanken Engelsköpfe und Blütenmotive; das zweite Geschoss eine Rundbogenädikula auf kontinuierlichem, seitlich zurückgestuftem Sockelstreifen in der Art des Frickenhausener Retabelfragments; in der Mittelnische, flankiert von einfachen Vorlagen mit Fruchtschnurdekor, die Standfigur des segnenden Auferstandenen mit Siegesbanner; über dem auskragenden Kämpfergesims der breite Bogenabschluss mit dekorativer Volutenleiste; an den Seiten des Stockwerks Volutenwangen aus großen, blattbelegten Rollen, von Beschlagwerkstegen zusammengehalten.

Vergleichende Betrachtung:

Unbeantwortet bleibt die Frage, ob spätere Veränderungen zu dem schlichten, sparsam dekorierten Aufbau geführt haben, oder ob es an der Auftragsvergabe durch eine Privatperson lag. Die Kosten für das Epitaphretabel trug vermutlich die Stifterin Barbara Greiß, eine geb. Knauer aus Kitzingen (†1628).[4] Sie hatte den Aufbau *zum Seeligen und besten Andencken* ihres Mannes, des Kurfürstlichen und Brandenburgischen Rats und Ansbacher Lehenprobst Samuel Greiß, zusammen mit den Erben errichten lassen. Mustergültig lässt sich anhand des architektonischen Gehäuses und seiner Binnengliederung die Arbeitsweise der Werkstatt verfolgen. Hier hat der Schnitzer gleiche oder leicht variierte Formenelemente zu einer neuen Gesamtkonstruktion zusammengefügt. Im Figürlichen steht das Opus ganz unter dem Einfluss des Sommerhausener Predigtstuhles. So wiederholen sich im Weltgericht die Gesichtstypen und die mitunter unglückliche Figurenproportionierung aus dem Relief der Ehernen Schlange. Adam und Eva in den Seitennischen des Aufbaus sind die dreidimensionale, variierte Umsetzung aus dem Sommerhausener Sündenfallrelief des Portals. Ungewöhnlich erscheint die Figur des Adam. Wie ein forcierter Versuch, endlich die Begrenzung der Nische zu sprengen, hat der Schnitzer an dem Figurenkörper gleichzeitig Drehung und Biegung verbunden. Die Feingliedrigkeit und der schlanke Körperbau des Stammvaters sind Charakteristika der Skulpturen am Frickenhausener Sebastianretabel. Gleichfalls nach den motivischen Vorgaben des Frickenhausener Marienretabels sind die fliegenden, von wirbelnden Gewändern umhüllten reliefierten Engelsfiguren gestaltet. Sie haben am Weltgerichtsrelief ihren artifiziellen Charakter abgelegt und wie bei den Markt Erlbacher (Ansbach) Figuren an Fleisch und Volumen gewonnen. Besonders gelungen wirkt der harmonisch proportionierte Auferstandene, der in einen wild bewegten Mantel gehüllt ist. Physiognomisch im Sommerhausener Kanzelchristus verankert, weist er mit

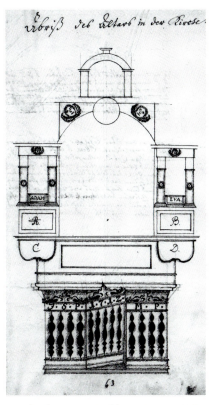

Altarabriss aus: Onoldum in Requie, 1742, pag. 63, Nürnberg Staatsarchiv

seiner Gesichtsgliederung auf die Kulmbacher Arbeiten voraus. Am Windsheimer (Ansbach) Weltgerichtsretabel ist eine Zunahme an Bewegungsmomenten zu konstatieren, ein vermehrtes Bedürfnis der Figuren, den Umraum zu erschließen. Georg Brenck d.J. muss folglich hauptsächlich für die Schöpfung in Anspruch genommen werden. Ikonographisch kreist das Retabelprogramm in verkürzter Form um die für den Verstorbenen relevante protestantische Erlösungsbotschaft. Nach Luthers Empfehlung ist das Programm antithetisch aufgebaut. Die rahmenden Flankenfiguren von Adam und Eva, die als Stammeltern der Menschheit das Verderben brachten, verweisen typologisch auf das zentrale Relief des Jüngsten Gerichts und den bekrönenden Salvator. Durch den Tod und die Auferstehung des Messias wird also dem wahren Gläubigen die von Gott verheißene Erlösung, das ewige Leben und das Himmelreich zuteil.

Standort:
Der Altar entstand für die Heiligkreuzkirche in Ansbach (vgl. die Zeichnungen im Onoldum in Requie). Im 19. Jh. nahm man ihn aufgrund eines geänderten Stilempfindens aus dem Kirchengebäude. Nach seiner Aufbewahrung in der Sammlung des Historischen Vereins für Mittelfranken wurde er 1931 von der Stadt Windsheim gekauft und war bis zu seinem erneuten Abbruch im Chor der Spitalkirche zu besichtigen.

Signatur:
In der Mitte des unteren Randes am Weltgerichtsrelief auf einem Stein mit dem GB-Zeichen aus zwei verbundenen Großbuchstaben und der Jahreszahl 1623 bezeichnet.

Inschrift:
Am Retabel befinden sich neben den namentlich bezeichneten Sockeln des Stammelternpaares mehrere goldfarben aufgemalte Inschriften. Die Frontflächen der Figurenpiedestale wurden mit Zitaten aus den Korintherbriefen verziert. Unter Adam ist zu lesen: *Richtet nicht vor der zeit biß der Herr komme/ welcher auch würd Anß Liecht bringen, was/ im finstern verborgen ist, und den Rath der/ Hertzen offenbaren. Alß denn wirdt einem Je/ glichem von Gott Lob widerfahren./ 1.Cor.4.5.* Unter Eva hat man angebracht: *Wir müßen alle offenbar werden für den/ Richterstuel Christi, Auff das ein Jeglicher/ Empfange, Nachdeme Er gehandelt hat, bey/ Leibs Leben, Es sey Guet oder böße./ 2.Cor.5.10.* Unterhalb der Sockel befinden sich in der Predellazone zwei weitere Flächen, die mit den Lebensdaten der Verstorbenen beschriftet worden sind. Unter der Adamsfigur ist zu lesen: *Herr Samuel Greyß zweyer Chur: unnd fürsten des/ Hochlöblichen Haußes Brandenburg, Geheimer Rath, Auch Le/ hen probst Alhier zu Onoltzbach, Stirbt in Christo Seelig zu/ franckfurth an der Oder, den 21. Augusti, Anno 1616./ Seines Alters 59. Jahr, 4. Monat, und 22. Tag. Als er/ Eben in des Hochlöblichen Chur: und fürstl. Haußes Brandbg./ Angelegenen Sachen Nacher Berlin Abgesandt, und im Wieder Rück/ weg gewesen. Zu dessen Seeligen und besten Andencken,/ Seine hinderlassene Wittib und Erben, diß Altarta/ fel Im 1624.Jahr Aufrichten lassen.* Unter Eva hat man folgende Inschrift notiert: *Im Jahr nach Christi Unsers Heilands und seligmach/ ers geburt 1628. den 16. Octobris starb die Geehrte und Viel/ tugendreiche Fraw Barbara des Edlen und Vesten Herrn/ Samuel Greysen Chur: und f.f. Brdbg. Rhats auch Lehen/ Probsts alhir seeligen hinterlassne Wittib, ein geborne Knawerin/ von Kitzingen Ihres Alters 67. Jahr, 11. Monat, 12. tag., deren hatt/ sie in Christlicher freundlicher Ehe mit Ihrem Herrn gelebt 36./ Jahr: und 13. Jhar im Wittbenstand. Gott Verleihe/ Ihr eine frölice aufferstehung durch Jesum/ Christum Amen.* Zitiert nach M.S. Priester (LKAN Nr. 154*, fol. 18v).

Veränderungen/Restaurierungen:
1712 wurde der Aufbau mit einem Gitter umgeben, das an der linken Seite das Monogramm J.S.P., mittig die Jahreszahl und rechts die Abkürzung M.P. trug. Durch den Abbruch des Retabels im 19. Jh. gingen Stücke verloren. Die Figuren von Adam und Eva wurden in die Sammlung Figdor nach Wien verkauft und am originalen Holzrahmen durch Gipskopien ersetzt. Ihr heutiger Aufbewahrungsort ließ sich nicht eruieren. Die leere Nische der Predella, die vermutlich ursprünglich ein Abendmahl zierte, füllte man durch eine gotische Schnitzarbeit. Auf den leeren Gesimsen der Seiten standen eventuell weitere Skulpturen. Sicherlich war das Retabel einst reicher dekoriert. Nach dem Ankauf 1931/32 führte man eine Restaurierung durch.

Farbfassung:
Die schwarze Bemalung des Gehäuses sowie der rötlich dominierende Ton des Reliefs dürften nach Angaben des bayerischen Inventarwerks ursprünglich sein. Die hell gehaltenen Säulen sowie der Hautton von Adam und Eva bilden einen auffälligen Kontrast zu dem dunklen Gehäuse. Die ornamentalen Bildungen und die Profile sind goldfarben, der Mantel des Auferstandenen rot.

Mitarbeiter:
Neben Georg Brenck d.Ä. und d.J. lassen sich in der Werkstatt zwischen 1622 und 1623 drei Gesellen nach-

weisen: Hans Albrecht aus Nürnberg, Georg Friedrich Stiegler aus der Oberpfalz und Franz Fleischhauer aus Zerbst. Auch Johann Brenck war zu diesem Zeitpunkt in Windsheim anwesend.

Stichvorlagen:

Eine einzelne konkrete Vorlage für die Darstellung des Jüngsten Gerichts konnte nicht ermittelt werden. Berührungspunkte bestehen mit einem Stich Johan Sadelers I (1550-1600) aus der 12 Bilder umfassenden Serie des Apostolischen Glaubensbekenntnisses von 1578-79. Als Vorlage diente eine Brüsseler Zeichnung Marten de Vos (1532-1603) aus dem Jahre 1578.[5] Vielleicht ließ sich Brenck für die langhaarige, seitlich blickende Frau und den Mann links daneben auf der Seite der Seligen durch ein Jüngstes Gericht von Crispijn de Passe nach de Vos inspirieren.[6] Der richtende Christus auf dem Regenbogen, die fürbittenden Maria und Johannes rechts und links des Weltenrichters und die zum Gericht blasenden Posaunenengel wirken wie frei nach der Graphik ausgeführt. Den triumphierenden Christus entnahm der Schnitzer einer Auferstehungsszene aus einer Passionsreihe, die Hieronymus Wierix nach den Kompositionen von Marten de Vos geschaffen hatte. Aus dem gleichen Zyklus entstammten auch die Vorlagen für die Passionsszenen des Ochsenfurter und des Frickenhausener Hochretabels. Das Material wurde graphisch in der Wierixwerkstatt wiederholt.[7] Das Stammelternpaar könnte eine Variation des nach Goltzius (1558-1617) konzipierten Sommerhausener Reliefs am Kanzelportal sein.[8]

Literatur/Quellen (Auswahl):

PfA Windsheim Nr. 437 Restaurierung des Brenckaltars in der Spitalkirche zu Windsheim; StA Nürnberg Nr. 174: Ansbacher Oberamtsakt, Rep. 165 a. Matthias Salomo Priester: Onoldum in Requie: Beschreibung derer sämtlicher Grabschriften auf dem all dießen Gotts-Acker zum h. Creuz genannt, 1742, pag. 63, 64, 103; vgl. LKAN Nr. 154*. Matthias Salomo Priester: Beschreibung und Verzeichnung derer Monumentorum Sepulchralium als im Hauptwerk dieser Sammlung der zweite Teil meines Onoldi in Requie, 1746, fol. 18r, 18v, 334v.; Ausst.-Kat. Reichsstädte in Franken (1987. 163f. m. Abb.)

Verdammung der Menschen beim Jüngsten Gericht, Detail aus dem Windsheimer Altarretabel

BAD WINDSHEIM

(Kr. Neustadt/ Aisch - Bad Windsheim)

Evang.-Luth. Spitalkirche Hl. Geist

Kanzel, 1622

Künstler

Georg Brenck d.J. und Johann Brenck

Material:

Dunkel gebeiztes und sparsam vergoldetes Lindenholz.

Maße (Auswahl):

Matthäus: H 51 cm, B 21, 5 cm, T 18 cm; Markus: H 50 cm, B 22 cm, T 16,5 cm; Lukas: H 51 cm, B 22,5 cm, T 13 cm; Johannes: H 50,5 cm, B 22 cm, T 16,5 cm; Christus: H 62 cm, B 27 cm, T 18 cm.

Abb. S.115, 128, 130

Kanzel der Spitalkirche

Beschreibung:

Reich ornamentierter, aus dem Sechseck konstruierter Predigtstuhl auf Balustersäule, durch Rückwand mit dem kuppelförmigen Schalldeckel verbunden; Zugang von rechts durch eine im 90° Winkel gebrochene Treppenanlage mit Engelsköpfen im Zentrum der rautenförmigen Vertiefungen; auf sechseckigem hölzernen Sockel toskanischer Baluster mit großblättrigem Akanthusdekor am Schaft; die kelchförmig geschlossene Brustzone mit sechs gliedernden Schneckenrippen; von den Rippen ursprünglich mehrteilige, gedrechselte Spindeln abhängend (heute verloren); unter den verkröpften Ecken des Bechers Spindeltropfen (noch drei erhalten), unter den Seiten giebelartige, ornamentierte Blenden; vierzoniger, an den Ecken verkröpfter Korpus mit vier Schauseiten, im Aufriss vom Uffenheimer Kanzelbecher mit seinen rahmenden Inschriftenstreifen abgeleitet; die eingetiefte Nischenform des Sockels in Markt Erlbach und Sommerhausen vorgebildet; als Nischenfüllung differenziert gestaltete pralle Engelsköpfchen, ihre Flügel mit

Volutenschwüngen verwoben; auf den Kropfkanten füllige Cherubsköpfchen; das Hauptfeld bis auf die Instrumentierung auch im Programm (vier stehende Evangelisten vor Muschelnischen) den obligaten Vorgaben unterworfen; vor den Becherecken eine ionische Termeninstrumentierung mit Frauenköpfchen; in der Gestaltung Lösungen Wendel Dietterlins (1550/51-1599) nahestehend; die Zwickelflächen der Brüstungsseiten mit plastischem Schweifwerk und abstrakten Ornamentformen (Tuch- und Volutenmotiven) geschmückt; Korpus und Schalldeckel durch eine geohrte hochrechteckige Dorsale mit Stiftungsvers und schmucklosem Inschriftstreifen verbunden; in den Ohren Engelsappliken, an den Seiten der Rahmung Rollwerkleisten; als Bedachung nach Sommerhausener Vorbild sechseckiger, unverkröpfter Schalldeckel mit Rippenkuppel; die Unterseiten der Bedachung wie in Markt Erlbach mit dekorativen Festons verziert, unter den Ecken schlanke Abhänger; im Fond des Deckels ein reliefiertes Sonnengesicht; als Friesschmuck lockige Engelsköpfchen mit weit gespreizten Federschwingen, die Ecken mit aufgerollten Blattbildungen verblendet; über der architektonischen Deckelbasis reiche medaillonartige Giebelakroterien mit Wappenkartuschen im Zentrum, von einer Spindel überhöht; tropfenförmige Spindelaufsätze auch auf den Volutenspangen des Deckels; die einzelnen Kuppelsegmente mit applizierten Cherubsköpfen gefüllt; am Deckelzenit über einem Piedestal Christus als Triumphator mit Reichsapfel und Siegesbanner.

Evangelist Johannes

Evangelist Matthäus

Vergleichende Betrachtung:

Der sowohl urkundlich als auch durch die Stiftungsinschrift für die Werkstatt Georg Brencks gesicherte Predigtstuhl orientiert sich mit der vierteiligen Zonengliederung und den queroblongen Vertiefungen im Sockelbereich an dem repräsentativen Kanzeltypus von Markt Erlbach (Ansbach) und Sommerhausen. Da die zweifache Eckinstrumentierung zugunsten einer untergeordneten Stützenform aufgegeben wurde, entstand eine Mischform. Der enge Anschluss des Termenpilasters an den Kanzelbecher hat statt der additiven optischen Einzelerfassung ein kontinuierliches Seherlebnis frühbarocken Charakters zur Folge. Qualitativ führt das Windsheimer Figurenprogramm das hohe Stilniveau der Sommerhausener Arbeiten fort, wobei die Figuren aufgrund der bauschigen Gewänder an Volumen gewonnen haben. Lukas gilt als klassischer Repräsentant der charakteristischen Werkstattformationen. Dagegen verleihen Johannes oder

Markus mit ihren Bewegungen, der Biegung ihrer Körperachse einem gewachsenen Bedürfnis nach Erschließung des Umraums Ausdruck. Die Entstehung des Werkstückes unter entscheidender Einflussnahme Georg Brencks d.J. ist demnach Voraussetzung. Ähnliche Beobachtungen sind im Ornamentalbereich zu konstatieren: An die Stelle zahlreicher, flacher Appliken sind wenige größere Vegetabilensembles getreten, aus denen sich einzelne Formationen plastisch aus der Ebene schrauben. Das Schweifwerk und die ellipsenförmigen Voluten gelten als Vorstufen des im Kulmbacher Oeuvre reichlich verwendeten barocken Knorpelwerks. Auch die großen voluminösen Engelsköpfchen im Sockelbereich des Bechers zeigen bereits die charakteristische Birnenform der Engelskopfmodelle Johann und Hans Georg Brencks.

Archivalischer Nachweis:

Der Windsheimer Chronist Manasse Flentsch notierte unter dem 26. Juni 1622, dass der *Predigstul in der Spitalkirchen auffgericht* worden war. Verantwortlich für das Werk zeigte sich *Geörg Brenck Bildhauer*. Die Einweihung mit musikalischer Umrahmung übernahm der seit 1619 amtierende Hospitalpfarrer Magister Johann Müller. Die am Dorsale des Predigtstuhls angebrachte Inschrift bestätigt, dass das Opus 1622 errichtet worden war und das Produkt eines *Windsheimisch Bezaleel*[9] ist, der *Georg Brenck mit Namen* hieß.

Standort:

Die Kanzel stand mit einer Brüstungsseite im Langhaus des Kirchengebäudes an der südöstlichen eingezogenen Chorbogenwand. Der Zugang erfolgte durch eine winkelig gebrochene Treppenanlage vom Kirchenschiff aus.

Inschrift:

Den Sockelstreifen umläuft der Vers: *So Euch Jemand Evangelium Pre-/ diget Anders, Denn Das Ihr/ Empfangen habt, Der Sey/ verflucht zum. GALATEN 1. Cap.* Auf dem Fries ist zu lesen: *Wer Euch höret, der höret mich/ Wer Euch verachtet, Der verachtet mich/ Wer aber mich verachtet, der verachtet den/ Der mich Gesandt hat. Lucce: 10 Cap.* Die Rücktafel kündet von den Auftraggebern, dem ausführenden Künstler und den Einweihungsfeierlichkeiten: *IOHANNES MÜLLER/ 1622/. Die Cantzel New Gebawet ist/ Zu Lob dem Herren Jesu Christ/ darauf das Göttlich Wort zu lehrn/ zu beten und viel zu bekehrn/ Ein Windtsheimisch Bezaleet (!) / Künstlich gemacht hat die Cantzel/ Georg Brenck mit Namen Gott zu ehrn/ Auf anordnung der Spittal Herrn/ Herrn Melchior Brodtsorgs und Ioachim/ Andree: Gott gabs ihnen in Sinn/ Tausent sechshundert zwanzig zwey/ man zählt an der Spittal Kirchwey/ Iohann Müller sie weyhen thet/ durch Gottes Wort und durchs gebet/ GOTT GEB das sie stets bleibe REIN/ Nichts hör denn GOTTES WORT ALLEIN.* Am Schalldeckelinnenrand verläuft ein Heilig-Geist-Hymnus.

Wappen:

Die Mitte der Blendenzentren füllen am Schalldeckel unterschiedliche Wappen. Bei dem Schild mit der Adlerdekoration handelt es sich vermutlich um das Windsheimer Stadtwappen.

Erhaltungszustand:

Brüche und Bestoßungen v.a. bei den Fingern und den Füßen der Einzelskulpturen. Beschädigungen am Adler des Johannes. Das architektonische Gehäuse hat vor allem dekorative Verluste zu verzeichnen: Es fehlen die ehemals abhängenden Spindeln, die aufwendig geschnitzten Blenden, einige Eckkugeln im Brustbereich und blattverzierte Abhänger der Schalldeckelunterseite.

Farbfassung:

Die Kanzel und die Figuren sind heute holzansichtig.

Mitarbeiter:

Die reichere und detailliertere Schnitzarbeit ist sicherlich dem dominierenden Einfluss Georg Brencks d. J. zu verdanken. Als Lehrlinge waren vermutlich Johann Brenck und Hans Fueger am Kanzelbau beteiligt. Möglicherweise hatten auch die Gesellen Hans Fleser aus Frankfurt und Hans Albrecht aus Nürnberg zur Vollendung des Predigtstuhles beigetragen.

Stichvorlagen:

Für Christus vgl. die Angaben zum Kanzelträger von Sommerhausen.

Literatur/Quellen (Auswahl):

LKAN Nr. 576 Edmund Ries: Findbuch zum Archiv des ev.-luth. Pfarramtes St. Kilian in Windsheim (1957); Flentsch (1650.81); Dienst (1682.203r); Bruhns (1923.429.441-442.564); Estermann m. Abb. (1989.121); Saur (1996.107); Ausst.-Kat. Reichsstädte in Franken (1987.164).

BAD WINDSHEIM

(Kr. Neustadt/ Aisch - Bad Windsheim)

Evang.-Luth. Spitalkirche Hl. Geist

Grabstein, 1635,
Maria Barbara von Reitzenstein († 6.9.1634)

Künstler
Georg Brenck d.J. und Johann Brenck

Material:
Stein.

Grabstein 1635

Beschreibung:
Hochrechteckiger Stein mit breiter, umlaufender Inschriftenleiste und eingetieftem Bildfeld; in den zwei oberen Dritteln der Vertiefung zunächst eine zweizeilige Inschrift, dann zwei große Rollwerk gerahmte Wappenschilde derer von Reitzenstein mit Helm, Helmzier und Helmdecken; die Schilder gegengleich mit Schrägbalken verziert; darunter zwei kleinere Wappenschilde (Beberstadt-Rahen) in Rollwerkrahmen.

Vergleichende Betrachtung
Die 19jährige Tochter des hochfürstlichen bayreuthischen Jägermeisters und Amtmanns von Hoheneck, Jobst Kemat von Reitzenstein, wurde am 9. September 1634 in der Spitalkirche bestattet. Laut der nachweisbaren Monogrammierung des Steines gelten Georg Brenck [GB] und sein Bruder Johann Brenck [IB] als Schöpfer. Sie hatten 1634 auch den Grabstein des Bruders Johann Christian von Reitzenstein (†5.10.1634) und den 1635 bezeichneten Stein für Georg Wilhelm von Lentersheim (†27.12.1632) gefertigt. Für die Steinarbeiten sind vor allem die Söhne des Werkstattgründers in Anspruch zu nehmen, da Georg Brenck d.Ä. 1634 wohl altersschwach

um eine Spitalpfründe bat. Funk (1938.43) sprach die eigentliche Ausführung Johann Brenck zu, während das Monogramm des Bruders ausschließlich auf seine Rolle als Werkstattoberhaupt hinweise. Stilistische Beweise für diese These gibt es nicht. Bei dem Grabstein handelt es sich um eines der wenigen nachweisbaren Steinerzeugnisse aus dem Windsheimer Betrieb.

Standort:
Die drei Grabsteine befanden sich im Kircheninneren ursprünglich als Grabplatten auf dem Boden. Sie wurden später an der Chorwand eingemauert und Ende des 20. Jhs. aus dem Mauerverbund genommen.

Signatur:
Der Stein ist zweimal deutlich signiert. Links unten im Bildfeld das GB - Monogramm aus zwei verbundenen Großbuchstaben. Rechts eine Kombination aus den Buchstaben IB. In der Mitte die Jahreszahl 1635.

Inschrift:
Auf dem Steinrand: *AO 1634 DEN 6. SEPTE[MBER]. IST IN GOTT/ SELIG VERSCHIEDEN DIE WOLEDLE V[ND] VIELTVGENTHAFTE IVNGFRAV MARIA BARBARA/ [VON] REITZENSTEIN IHRES ALTERS/ 16. IAHR. 6. WOCHEN.3.TAG DERE[N] GOTT EIN FRÖLICHE AVFERSTEHVNG VERLEIHE AMEN.* Im oberen Bildfeld: *Ich bin ein Glied auf deine[m] Leib./ Des tröst ich mich von hertzen.etc*

Erhaltungszustand:
Bestoßungen an den Rändern.

Literatur:
StadtA Windsheim Chronik Flentsch A 2a (1950.162); Bruhns (1923.429.445); Saur (1996.107).

Grabstein für Johann Christian
von Reitzenstein (†5.10.1634)

BAYREUTH

(Reg.Bez. Oberfranken)

Ev.-Luth. Stadtkirche Hl. Dreifaltigkeit
(ehem. St. Maria Magdalena)

Verzierungen für das Orgelwerk
(Engelsfiguren), 1653/54

Künstler
Johann Brenck und Hans Georg Schlehendorn

Material:
Holz.

Abb. S.26, 76

Engel von der Orgel

Beschreibung:
Engelspaar:
Zwei im Standmotiv gegengleich konzipierte, zur Mitte tordierte ganzfigurige Engel in dekorativ geschlitzten Kleidern und mit großen Flügelschwingen; ursprünglich mit ihren Händen das markgräfliche Wappen an der Orgel präsentierend; das innere Bein jeweils als Spielbein ausgebildet und entblößt, das äußere Bein säulenhaft unter dem langen Gewand verborgen; das lockige Haupt als Kontrapunkt zur mittig zentrierten Armbewegung weit nach außen gedreht.

David:
Frontal ausgerichtete, gekrönte Standfigur in Tunika, Brustpanzer und wadenhohen Stiefeln; um die Schulter ein vor der Brust geschlossener capeartiger Mantel; die Strenge durch das Ausstellen des rechten Beines und die seitlich schwingenden Tütenfalten des Rockes gemildert; in den parallel nach vorne geführten Händen ehedem die attributive Harfe; zeitgenössische Haar- und Barttracht.

Vergleichende Betrachtung:
Die Beschreibung des Kirchenbaues und seiner Innenausstattung durch Superintendent Hagen während des 18. Jahrhunderts und die gute Quellenlage ermöglichen es, einige Angaben zum Opus zu machen. Nur kurz nach endgültiger Vollendung des Kulmbacher Hochaltares waren auf ausdrücklichen Wunsch des Markgrafen Johann Brenck und Hans Georg Schlehendorn für einen neuen fürstlichen Auftrag nach Bayreuth beordert worden. Der figurale und ornamentale Schmuck des Orgelwerkes sollte für das 1657 wenig später zu St. Petri in Kulmbach geplante Musikinstrument vorbildhaft werden. Die Orgel der Bayreuther Stadtpfarrkirche bestand aus einem 18-registrigen Ober- bzw. Hauptwerk und einem Rückpositiv von 9 Registern, deren Disposition eine ausführliche Abhandlung bei Hagen (18.Jh.106-107) erfahren hat. Auf der mittleren Erhöhung des Hauptwerkes präsentierten zwei große Gewandengel das neue markgräfliche

brandenburgische Wappen mit sieben Helmen. Ein vergleichbares Figurenensemble befindet sich noch heute auf dem Hochaltar zu St. Petri. Für die optische Verbreiterung des Gehäuses sorgten Blendflügel, deren ornamentale Grundform Knorpelwerk gewesen sein dürfte. Als Dekoration des Rückpositivs prangte über dem *Cymbel-Stern* ein in Holz geschnitztes und farblich reich gefasstes Bildnis des Markgrafen Christian - eine vereinfachte, spiegelverkehrte Variante der reliefierten, markgräflichen Büste an der Retabelpredella in Kulmbach. Nach dem Entwurf der Bildhauer hielten es zwei Engel. Laut Vertragstext wurde es in ein 5 Schuh breites und 2 Schuh langes *Hengwerk* integriert, das vier gleichfalls hängende Rosen zierten. Die mittlere Erhebung des kleineren Werkes, das gleichfalls Wangenelemente besaß, schmückte ein Bild des König Davids mit Harfe. Die Skulptur des Königs, ursprünglich von Kinderengeln begleitet, erinnert frappant an die Brunnenfigur des Kulmbacher Zinsfelders. Für Hauptwerk und Rückpositiv hatten die Bildhauer Zierraten, Gesprenge, Engelsköpfchen und Pyramiden angefertigt, deren Aussehen im Vertrag nicht genauer festgelegt ist. Insgesamt präsentierte sich das ganze Gehäuse des Instrumentes *von so künstlicher Schnitzarbeit und so reich mit Gold überzogen, dass es allerdings als ein künstlich und kostbares Werck zu admiriren* war (Hagen 18.Jh.108). Die Wurzeln des erhaltenen bzw. fotografisch dokumentierten figürlichen Bestandes liegen in den Werken aus den 1640er und 1650er Jahren, u.a. den Kulmbacher Schalldeckel- und Retabelarbeiten und den vorbildhaften Stücken Zacharias Junckers d.Ä. (Engelsfiguren). Im Vergleich mit den Kulmbacher Hochaltarskulpturen sind trotz der hohen Qualität Vereinfachungen zu spüren. Sie äußern sich in verminderter Binnenräumlichkeit, dem Verzicht auf aufwendige Details und in einer sparsameren Ausarbeitung der Faltenlagen. An die Stelle von knittrigen, flimmernden Gewändern treten egalisierte Partien mit einem weicheren, fließenden Habitus.

Archivalischer Nachweis:
Pfarrarchiv z.T. im Stadtarchiv Bayreuth, Abrechnung als Markgrafenstiftung im LKAN unter den Superintendenturen aufbewahrt.
Im Februar 1653 war das bereits Mai/Juni 1652 bei dem Kulmbacher Orgelmacher Matthias Tretscher in Auftrag gegebene neue Orgelwerk *guten Theils verferttiget, von dem Orgelmacher anhero gebracht worden und nunmehro volgend erhoben und aufgerichtet.* Für die schnelle Vollendung der Arbeiten ließ Markgraf Christian März 1653 in einem Schreiben an den Kulmbacher Kastner *die zu Culmbach sich auffhaldente beeden Bildhawher* anfordern. Kurze Zeit später erschienen Brenck und Schlehendorn in der Residenzstadt. Am 19. März des Jahres lagen auf Wunsch des Auftraggebers bereits ein Abriss und die schriftlichen Forderungen *vor innvermelte specificirte und zur alhießig bayreuthischem Orgelwerck gehörige Bildthauer Arbeit* in Höhe von 256 Rthlr. vor. Zuvor hatte man die beiden Bildhauer mit der lokalen Situation, den Gegebenheiten der Planung sowie den Vorstellungen des Markgrafen vertraut gemacht. Am 22. März 1653 erfolgte auf Befehl der fürstlichen Hofdirektoren und Räte nach ausgiebigen Verhandlungen über abweichende Preisvorstellungen der Vertragsschluss mit beiden Bildhauern. Für die Anfertigung zahlreicher figuraler und ornamentaler Schnitzarbeiten hatte man den Bildhauern 200 fl. in mehreren Abschlagszahlungen zuzüglich 20 Rthlr. Leihkauf und Zehrungskosten, die sie sofort bar empfangen sollten, versprochen. Vier Linden aus dem Limmersdorfer Wald stellte der Markgraf bereit. Ebenso waren die Transportkosten für die fertigen Stücke von ihm zu bestreiten. März 1654 waren die vertraglich geforderten Schnitzereien großteils vollendet. Am 16. März 1654 hatte man, die Ausgaben für die Zehrungskosten der Bildhauer verraten es, *die meisten Zierathen und Bilder an dem newen Orgelwerck* befestigt. Im Mai und im Juni des Jahres trugen eine Frau *etliche Bildhauers Arbeit*, ein Bote *6 Stück Zierathen* von Kulmbach nach Bayreuth, so dass in den Folgemonaten noch das eine oder andere Schnitzwerk am Instrument angebracht wurde. Tatkräftige Unterstützung erfuhren die Bildhauer bei diesen Arbeiten durch den Schreiner Hans Schwarz. Die letzte Zahlung an Brenck und Schlehendorn erfolgte am 3. Juli, vermutlich 1654, als man sie mit einem Nachschuss von 30 fl. für außerhalb des Gedinges ausgeführte, nicht näher erläuterte Arbeiten entlohnte. Da man aufgrund des Auftraggebers eine separate Abrechnung für den kompletten Orgelbau führte, fand das Vorhaben in den Kirchenrechnungen kaum Niederschlag. Zweimal, 1653 und 1654, musste man für das Orgelwerk selbst dürres Holz erwerben.

Standort:

Das Musikinstrument befand sich nach einer unpublizierten Beschreibung der Stadtkirche Bayreuth durch Superintendent Friedrich Kaspar Hagen (1681-1741) *zu Ende der Kirchen, ex opposito des Altars oder gegen denen Kirch=thürnen zu* auf einer gesondert errichteten Orgelempore im Westen des Gebäudes. Die Engel des Aufbaus schmücken heute den Eingangsbereich des Bayreuther Stadtmuseums.

Maße:

Hauptwerk: Wappen: H 4$^{1}/_{2}$ Schuh, B 4 Schuhe; Engel H 4 Schuhe; Blindflügel H 9 Schuh, B 3 Schuh; Rückpositiv: Blindflügel H 5 Schuh, B 1$^{1}/_{2}$ Schuh; das Porträtbildnis des Markgrafen wurde von Hofmann (1901.115.Anm.153) als hochreliefierter „lebensgroßer Kopf" bezeichnet.

Wappen:

Oben am Orgelwerk - eine genauere Lokalisation ist aufgrund der Zerstörung der Arbeit nicht mehr möglich - befand sich das von zwei Engeln präsentierte neue hochfürstliche markgräfliche Wappen mit sieben Helmen.

Veränderungen/Restaurierungen:

Größere Veränderungsmaßnahmen waren unter der Regentschaft des Markgrafen Christian Friedrich Carl Alexander 1774 ff geplant. Im 19. Jh. ersetzte man das barocke Gehäuse durch einen gotisierenden Aufbau.

Erhaltungszustand:

Von den ursprünglichen Verzierungen des Brenck-Schlehendornschen Gehäuses haben sich die Engel und das Wappen erhalten. Das Reliefbildnis des Markgrafen war zu Beginn des 20. Jhs. Exponat der Sammlung Carl Gießel jun. in Bayreuth. Sitzmann (1919/20.200) führte das Porträt - nun zu den Sammlungen des Historischen Vereins zu Bayreuth gehörig - noch als einzig überkommenen Rest der ehemaligen Orgelverzierung auf. Seit 1945 ist das Stück verloren. Um weitere Reste handelt es sich bei den zwei Wappen haltenden Engeln. Das dazugehörige markgräfliche Schild schmückt heute die Fürstengruft der Schlosskapelle. Der David ist verschollen.

Farbfassung:

Obwohl Heinrich Wanderer zwei geschnitzte Dekorationsstücke als Probe fasste oder vergoldete und auch der Kulmbacher Maler Friedrich Schmidt *wegen Staffierung deß Orgelwercks beschrieben worden* war, ließ man die anfallenden Arbeiten durch den aus Marktredwitz gebürtigen Maler Matthäus Meyer ausführen. In seinem Anschlag vom 29.1.1655 hatte Meyer 60 Buch Gold und die Aufstellung eines Gerüstes auf Kosten des Auftraggebers gefordert. Am 31.1. waren sich Auftraggeber und Künstler bei einer Entlohnung von 260 Rthlr. und 15 Rthlr. Trinkgeld und Zehrung einig geworden. Der Markgraf versprach die Kosten für Gold und die notwendigen Farben zu tragen. Am 10. Mai 1655 erfolgte die Aufrichtung eines Gerüstes durch Zimmermeister und Gesellen. Im August wurden die Schreiner Hans Wolf d.Ä. und d.J. für das Abnehmen und Anbringen von Figuren und Ornamenten bezahlt. Ende Oktober 1655 entfernte man das Gerüst. Laut eines gesonderten Kontraktes v. 20.9.1655 hatte Meyer die Wand hinter der Orgel mit einem von Engeln begleiteten Vorhangmotiv geschmückt und die Singempore nach Stichen Merians mit sechs Historienbildern auf Leinwand in Öl geziert.

Auftraggeber/Finanzierung:

Nach dem einleitenden Vertragstext für die Produktion der zum Orgelwerk benötigten Bildhauerarbeit hatte der *durchleuchtigst hochgeborne Fürst und Herr, Herr Christian Marggraff zu Brandenburg, zu Magdeburg, in Preußen etc. Herzog, Burggraff zu Nürnbberg, Fürst zu Halberstadt und Minden, unser gnedigster Fürst und Herr* gnädig verfügt, ein neues Orgelwerk für die Bayreuther Stadtpfarrkirche fertigen zu lassen. Die Finanzierung des insgesamt 2656 fl. teuren Instrumentes erfolgte nach ähnlichem Muster wie für das Petriretabel zu Kulmbach. Knapp über 2233 fl. erbrachten die *zu diesem Werck* aus den unterschiedlichen Hauptmannschaften und Ämtern des Fürstentums *erhobenen Straffgelder*. Für eine Gesamtsumme von mehr als 2865 fl. sorgten zusätzliche Sammlungen bei den adeligen und den gemeinen Bediensteten des fürstlichen Hofstaates, bei den Personen im Stall, der fürstlichen Kanzlei und der Jägerei. Gelder, die an die Stadt gefallen waren, wurden ebenfalls für das Projekt herangezogen. 5 fl. hat man von einem größeren Legat, das 1653 von einer Apothekerin dem Gotteshaus zugedacht worden war, abgezweigt. Zwischenzeitlich traten dennoch Finanzierungsprobleme auf, wie ein Brief an den Markgrafen vom 13.2.1655 belegt. Nach vierjähriger Bautätigkeit verzeichnete man letztendlich ein Plus

Davidfigur verloren, ehemalige Figur der Orgel

von etwas mehr als 208 fl. Das Geld wurde laut Kostenaufstellung 1656 des Rentamtes unter einem entsprechenden Einnahmeeintrag verbucht.

Literatur/Quellen (Auswahl):

LKAN Supint. Nr. 29 Bayreuth Nr. 101 Beschreibung der Stadtkirche durch Supint. Hagen, S. 106ff; LKAN Supint. Nr. 29 Bayreuth Nr. 101a das in allhiesige Pfarrkirche verfertigte neue Orgelwerk 1650/1655; Nr. 128 Orgelreparatur 1774-1845; StadtA Bayreuth R 12 Gotteshausrechnung 1650- 1656 und VB 22387 Reparatur des Orgelwerkes und die Erweiterung des Chores in der Stadtkirche (mit Plan) 1571 - 1781; Heinritz (1823.43.46); Hofmann (1901.82.115.119-120.Anm.153); Hofmann (1902.19 m. Abb.).

CUSTENLOHR

(Stadt Uffenheim, Kr. Neustadt/ Aisch)

Ev. Pfarrkirche (ehem. St. Jakob)

Matthäus und Johannes, um 1615

Künstler

Georg Brenck d.Ä. (Zuschreibung)

Material:
Holz.

Evangelist Matthäus

Beschreibung:

Die Evangelisten nach dem obligaten Typus (Ickelheim) in der Werkstatt konzipiert, d.h. als frontale, bewegungsarme Standfiguren mit abwechselnd verteilter Stand- und Spielbeingestaltung auf rundlichen Sockeln in idealisierter Gewandung; der Engel vor dem rechten Bein des Matthäus im Oeuvre bereits verwendet; die Johannesfigur in der Anlage beispielsweise mit dem Ickelheimer und dem Johannes vom Frickenhausener Nebenretabel identisch.

Vergleichende Betrachtung:

Die Provenienz und der ursprüngliche Zusammenhang der Matthäus- und Johannesfigur in Custenlohr sind ungeklärt. Die beiden Skulpturen lassen sich aufgrund der kopienhaften Übereinstimmungen mit den übrigen Figurenreihen der Werkstatt, die zwischen 1610 und kurz nach 1617 datieren, Georg Brenck d.Ä. zuordnen. Durch die stetige, jahrelange Wiederholung einmal festgelegter Schemata ist es problematisch, den Zeitraum weiter einzugrenzen. Mit einer Datierung um 1615 ist das zweite Jahrzehnt des 17. Jahrhunderts abgedeckt. Besonders viele Übereinstimmungspunkte weisen die Custenloher Skulpturen mit den museal präsentierten, undatierten Evangelisten des größeren Figurenensemble in Ansbach auf.

Standort:

Ramisch (1966.72) zufolge waren die Figuren in den 60er Jahren Bestandteil des Orgelprospekts. Inzwischen sind sie vor der Orgelempore über dem Hauptgesims des Retabels aus dem 17. Jh. platziert. Vom Betrachter aus links Matthäus, rechts die Johannesfigur.

Veränderungen/Restaurierungen:

1692 hatte man das Gotteshaus renoviert.[10] 1742 wurde das vorhandene Altärchen aus Ansbach, laut Ramisch (1966.72) aus Unterschwaningen, erworben. Auf der Rückseite des Aufbaus berichten Inschriften von der Verzierung des Aufsatzes 1684 und einer weiteren Renovierung im Jahre 1849. Bei einer Restaurierung des Gotteshauses 1971/72 wurde das alte Altarbild in den architektonischen Rahmen integriert. 1996 erneuerte man die Vergoldung.[11]

Farbfassung:

Matthäus trägt über einem roten Kleid ein rosafarbenes, blau gesäumtes Gewand. Der Mantel hat die gleiche Farbe. Das begleitende Engelchen ist in einen grünen Rock und ein rotes Oberteil gewandet. Die Tunika von Johannes ist grün mit weißem Saum, der Mantel rot gefasst, blau umsäumt und mit gelblichem Innenfutter charakterisiert. Die Haare sind dunkel gehalten.

Auftraggeber:

Von 1607 bis 1611 amtierte Paul Jachstein als Pfarrer. Er starb an der Pest. 1612-1614 besetzte Johann Christoph Lohbauer die Pfarrei. Sein Nachfolger wurde Johann Moritz (Mauritius). Er blieb bis zu seinem Tod 1632 in der Gemeinde tätig.

Literatur/Quellen (Auswahl):

Edmund Ries: Findbuch des ev.-luth. Pfarrarchivs Ermetzhofen m. Custenlohr, 1956; KBA Regensburg 244-2 Matrikel 1689-1712, fol. 352r; Festschrift zur 400-Jahrfeier der St. Jakobus-Kirche zu Custenlohr 1598-1998 (1998.12-14.23.36 m. Abb.).

Evangelist Johannes

ELLWANGEN

(Ostalbkreis)

Kath. Schlosskapelle St. Wendelin

Kanzel, um 1625/1627

Künstler
Georg Brenck d.J.

Material:
Holz.

Maße:
Höhe der Evangelisten 45 cm.

Abb. S.108

Evangelist Matthäus

Beschreibung:

Stützenloser, aus dem Sechseck entwickelter, dekorativer Kanzelbecher mit fünf ausgebildeten Brüstungsseiten und schlichtem, gefeldertem Zugang von links; an Stelle des ehemaligen Kanzelträgers am Becherunterboden ein Rosettenmotiv; der Korpus aufgrund des fehlenden, abschließenden Sockelgesimses nicht konsequent dreizonig aufgerissen, folglich von der üblichen Konstruktion abweichend; über kräftiger, verkröpfter Basisleiste die glatte Sockelzone mit den aufgemalten Namen der Evangelisten, von Eckvorlagen mit geschnitztem, schablonenhaftem Schreinerornament gerahmt; von jeder Vorlage aus ein breiter geschuppter Ornamentstreifen bogenförmig in das Hauptfeld des Korpus führend; auf Basishöhe der Instrumentierung das Band dekorativ um einen Stab gewickelt; als alternativer Horizontalakzent die vorkragende Leistenkombination der Muschelnische unterfangend; in den Nischen die kanonisch aufgereihten, sitzenden Evangelisten, zentral durch eine stehende Salvatorfigur, die den Uffenheimer Christus variiert, unterbrochen: Matthäus motivisch eine Kombination aus den sonst gängigen Matthäus- und Lukasfiguren; auch Markus, Lukas und Johannes motivisch den Figuren der Zobelkanzeln folgend; seitlich der Nische über dem Kämpfer quadratisches Edelsteinmotiv; die figurierten Felder durch eine kräftige Eckinstrumentierung in Form korinthischer Volutenpilaster mit Schuppen- und Diamantdekor separiert; als Abschluss unverkröpftes Gebälk mit Zahnschnittleiste über dem Fries; der Fries selbst mit flachem Schnitzwerk; an den Ecken aufgeblendete Vorlagen mit Diamantschmuck, den Eindruck einer Verkröpfung erzeugend.

Vergleichende Betrachtung:

Der Ellwanger Predigtstuhl stellt innerhalb der Brenckschen Kanzelarchitekturen aufgrund seiner unklaren Aufrissgliederung einen Sonderfall dar. Zweifel an der Provenienz aus dem Windsheimer Betrieb bestehen aber nicht, denn das Opus fügt sich nicht nur durch die Monogrammierung plausibel in das Oeuvre der Werkstatt ein. Die etwas flau gestaltete schreinertypische Ornamentierung an den Eckvorlagen und im Fries des Kanzelbechers erinnert an das Dekorum des Uffenheimer Predigtstuhls (1610). In der Wertigkeit der Instrumentierung lassen sich die Volutenpilaster am Kanzelbecher der untergeordneten Stützenform des Windsheimer Spitalkanzelkorpus (1622) zur Seite stellen. Ähnliche Stützsysteme fanden beispielsweise am Ochsenfurter (1610-1612/13) und am Geißlinger Retabel (1624) Verwendung. Der Zahnschnitt ist, wenn auch selten anzutreffen, ebenfalls im Werkkomplex (z.B. in Ickelheim) verankert. Für eine Datierung sind die Einzelskulpturen relevant. Auf ihre motivische Abhängigkeit von den sitzenden Figurenreihen der Kanzeln für die Kirchen der Familie von Zobel (z.B. Giebelstadt) wurde bereits hingewiesen. Im Detail ist eine subtilere physiognomische Durchbildung und eine differenziertere Gewandbearbeitung vorherrschend - sie ist an den Sommerhausener aber auch Windsheimer Kanzelskulpturen Georg Brencks d.J. nachzuweisen. Möglicherweise wurde der Bildschnitzer bei den Ausführungen von seinem Vater unterstützt. So weist das charakteristische Gesicht der Matthäusfigur sowohl auf den Ochsenfurter Paulus und den reliefierten Andreas Georg Brencks d.Ä. zurück, als auch auf die von Georg Brenck d.J. gefertigte Markusfigur der Windsheimer Spitalkirche, den Sommerhausener Kanzelträger oder den dortigen Matthäus. Die Zartheit und Fragilität der Körper offenbaren Beziehungen zu den Frickenhausener Figuren des Sebastianretabels (nach 1617) beziehungsweise zu den großen Seifriedsburger Engeln (1625). Die kleinteilige, graphische Durchfurchung der Gewänder hat Parallelen an den reliefierten Darstellungen am Sommerhausener Predigtstuhl. Eben-

so lassen sich die einzelnen, von der Haarkalotte gelösten Strähnen am dortigen Täufer und der richtenden Christusskulptur belegen. Eine Datierung um 1625/ 1627 schließt einmal die Verbindungen zu Sommerhausen, Windsheim und Seifriedsburg ein, zum anderen nimmt sie Rücksicht auf die 1627 datierten, erhaltenen Reste in Thüngen.

Evangelist Johannes

Standort:

Die Kanzel lehnt sich an einen südlichen Wandpfeiler.

Signatur:

Das Monogramm aus den vollständig verbundenen Großbuchstaben GB befindet sich am Piedestal des Adlers.

Inschrift:

Im Sockel des Bechers unter den Figurennischen wurden in großen, schattierten Goldlettern die Namen der Figuren aufgemalt: *S MATTHAEVS, S MARCVS, CHRS SAL. MVNDI, S LVCA, S IOANNES.*

Veränderungen/Restaurierungen:

1720-1727 wurde die Kapelle barock ausgestaltet. Möglicherweise hatte man zu diesem Zeitpunkt den Predigtstuhl seiner ehemaligen Stütze und der Konsolzone beraubt sowie den Kanzelbecher an dem Wandpfeiler des Gotteshauses befestigt und mit einem neuen Aufgang versehen. Der noch heute sichtbare Stützansatz am Kanzelboden wurde mit einer Rosette kaschiert.

Erhaltungszustand:

Neben der Muschelnische der Lukasfigur fehlt eine Diamantapplike.

Farbfassung:

Die Figuren besaßen ursprünglich eine Farbfassung, die sich noch heute in den Gesichtern erkennen lässt. Das Gehäuse der Kanzel ist holzansichtig, Ornamente, Profile, Inschriften und die Gewandsäume der Figuren sind sparsam vergoldet. Die Figuren selbst wurden vermutlich für einen harmonischen Gesamteindruck des Innenraumes während des 18. Jhs. monochrom weiß gefasst.

Auftraggeber:

Die Ausgestaltung der Kapelle und die Anschaffung der Kanzel erfolgten sicherlich unter dem Fürstpropst Johann Jakob Blarer von Wartensee (1621-1654). Möglicherweise waren Kontakte zum Würzburger Domstift für die Verleihung des Auftrages verantwortlich.

Mitarbeiter:

1624 waren Andreas Hornberger von Blaufelden und Hans Geisler aus Schweinfurt als Gesellen in der Werkstatt angestellt. 1626 beschäftigte der Betrieb Johannes Herz v. Michelstadt, 1627 Gabriel Hennenberg v. Geißlingen. Aufgrund der Formensprache dürfte Georg Brenck d.J. als führender Meister anzusprechen sein.

Stichvorlagen:

Für die Evangelistenfiguren mag der Schnitzer Anregungen aus zwei Serien sitzender Evangelisten von Johan Wierix (um 1549- nach 1615) nach Marten de Vos (1532-1603) empfangen haben.[12] Die erste Blattreihe war Teil des Thesaurus von 1585. Eine direkte Übernahme lässt sich nicht belegen. Die segnende Christusfigur folgt einer Graphik, die zu einem 14-blättrigen Zyklus mit Christus, Paulus und den Aposteln von Hieronymus Wierix (1553? –1619) nach Marten de Vos gehört.[13] Sogar die fliegenden Haarsträhnen der Vorlage wurden in der Umsetzung berücksichtigt.

Literatur (Auswahl):

Anselm Grupp: „...damit in ganz Germania gebrangt..." Untersuchungen zur Ellwanger Schlosskapelle der Spätrenaissance. Sonderdruck aus dem Ellwanger Jahrbuch 1995-1996 Bd. 36, S. 243-249 m. Abb.

links: Ellwangen, Evangelist Lukas
rechts: Georg Brenck d.Ä., Giebelstadt, Evangelist Johannes, um 1615

FRICKENHAUSEN/ MAIN

(Kr. Würzburg)

Kath. Pfarrkirche St. Gallus

Retabelfragment (?), Relief Marienkrönung, um 1617

Künstler
Georg Brenck d.Ä. (Zuschreibung)

Material:
Holz.
Maße:
H 180, B 120 cm.

Marienkrönung

Beschreibung:

Hölzerner rundbogiger Ädikularahmen mit Engelskopfdekor in der verkröpften Sockelzone; in der Konstruktion dem Auszug des Frickenhausener Marienretabels verwandt; der gesamte Bereich vom Sockel bis zum abschließenden Gebälk an den Seiten zurückgestuft, nach oben zunehmend verjüngt und mit einem bis zur Hälfte kannelierten Stab profiliert; im eingetieften Zentrum an Stelle der untersockelten Einzelfigur ein rundbogiges Hochrelief mit einer Marienkrönung; der gekrönte Christus greift mit der rechten Hand an die Krone, in der linken das senkrecht aufragende Zepter; Gottvater mit Tiara bekrönt, in frontaler Ausrichtung; mit der rechten Hand hält er den Kronenrand, die linke ruht auf dem Reichsapfel; Maria in Orantenhaltung; unter dem umhüllenden Mantel kommt das gegürtete Untergewand zum Vorschein; an den Seiten weibliche Termenpilaster; der verjüngte geschuppte Schaft durch eine schildförmige Fläche mit Blütendekor unterbrochen; auf das aufgerollte Schaftende stützen sich die Brustbüsten der Frauengestalten; für den Abschluss sorgt ein breiter Halbrundbogen mit drei großen geflügelten Engelsköpfchen auf der Bogenstirn und flammenförmigen Blättern über der Verkröpfung; über dem zurückgestuften Kämpfergesims der Ädikula nadelartige Obelisken auf zierlichen Füßen mit flammenförmiger Spitze; über dem Scheitelpunkt des Bogenrunds ein flaches Kreuz.

Vergleichende Betrachtung:

Die Unkenntnis über die ursprüngliche Provenienz des Werkes lässt Fragen über den ehemaligen Kontext schwer beantworten.[14] Sowohl aus formalen Gründen als auch aufgrund eindeutiger Parallelen mit dem Auszug des Frickenhausener Marienretabels und dem Aufsatz des Windsheimer Weltgerichtsaltars scheint es sich um den erhaltenen Abschluss eines mehrstöckigen Retabel- oder Epitaphaufbaus zu handeln. Für eine Entstehung in zeitlicher Nähe der

Frickenhausener Retabelbauten sprechen stilistische Kongruenzen. Die Termen erscheinen, als hätte man die Rippen einer Kanzelkonsole (z.B. Giebelstadt) in die Fläche gedrückt. Die Engelsköpfchen der Bogenstirn finden sich in vergleichbarer Modellierung am Krönungsrelief des Hochretabels von 1617 wieder. Bei der Marienphysiognomie mit der auffällig fluchtenden Nasen-Stirn-Linie werden Gedanken an den Johannes der Markt Erlbacher Kanzel wach. In der Ausführung wirkt die Maria des Reliefs feiner, harmonischer proportioniert als die großformatige Variante am Hochretabel. Mit ihren symmetrischen Zügen, der schmalen, ovalen Gesichtsform, dem kleinen Mund, der zierlichen Nase und dem ovalen Kinn wiederholt die Figur die typischen Merkmale, die in der Brenckwerkstatt ein Frauengesicht charakterisieren. Auch die Struktur der Haarsträhnen sowie die beinahe gliederlosen Hände sprechen für die Anfertigung des Stückes in der nahe gelegenen Reichsstadt Windsheim. Motivische Grundlage für die Marienkrönung bildete ein Kupferstich Adriaen Collaerts, der eine Vorlage von Marten de Vos (1532-1603) wiedergibt. Die Komposition ist revers von Raphael Sadeler (1584-1632) gestochen worden und hat sich unter anderem in Coburg erhalten.[15]

Marienkrönung (Detail)
und graphische Vorlage

Standort:
Provenienz unbekannt. In der Literatur wird über eine Zugehörigkeit zur Frickenhausener Valentinskapelle spekuliert. Die Kapelle wurde aber erst 1699 von Valentin Zang gestiftet. Heute hängt das Relief an der Nordwand der Galluskirche unter der Empore.

Erhaltungszustand:
Auf der linken Seite fehlt ein Stück der Basisleiste.

Farbfassung:
Die Rahmung wurde kleinteilig in Brauntönen marmoriert. Profil und Dekor sowie die Umhänge der Reliefgestalten sind goldfarben. Das rote, mattfarbene Untergewand Marias bildet einen farbigen Akzent, in der von grau-blauen Wolken umgebenen Figurengruppe.

Literatur/Quellen (Auswahl):
DA Würzburg, Abschrift der Chronik der denkwürdigsten Begebenheiten vom dritten Jahrhundert nach Christi bis zum Jahre 1842. Frickenhausen am Main (maschinenschriftl. Abschrift als Kopie); A. Hohmann: Dorfchronik von Frickenhausen. 2. Aufl. Ochsenfurt: Weltz (1952.11-12.15); Realschematismus der Diözese Würzburg (1991.43); Josef Bätz: Katholische Pfarrkirche Sankt Gallus in Frickenhausen am Main. Hrsg. Kath. Pfarramt Frickenhausen/Main. Ochsenfurt (1997.14 m. Abb.); Schneider (1999.158.209.Anm.1329 m.Abb.).

GESEES
(Kr. Bayreuth)

Ev. Pfarrkirche (ehem. Wallfahrtskirche St. Marien zum Gesees)

Vortragekreuz, 1680

Künstler
Hans Georg Brenck (Zuschreibung)

Material:
Holz.

Maße:
H 93 cm, B 63,5 cm.

Vortragekreuz

Beschreibung:
Qualitativ hochwertigere Kopie des Kasendorfer Kruzifixes von 1679; in der typischen Sprache der späteren Kulmbacher Werkstatt; zusätzlich durch den gut proportionierten Gekreuzigten bereichert; auf die Kreuzesarme mit beinahe waagerechten genagelten Armen appliziert; das Haupt nach rechts geneigt, beide Beine angewinkelt, der rechte Fuß über dem linken mit einem Nagel fixiert; das in schräge Falten gelegte Lendentuch horizontal um die Scham geschlungen und über der rechten Hüfte auffällig geknotet.

Vergleichende Betrachtung

Das Geseeser Stück ist aufgrund seiner Ähnlichkeit mit dem Kasendorfer und dem Schnabelwaider Vortragekreuz sicher aus dem Kulmbacher Betrieb hervorgegangen. Die typischen Engelsköpfe bestätigen die Zuweisung. In der Ornamentik besitzt es die feinste Modellierung.

Archivalischer Nachweis:
48½ Cr. sind im Rechnungsjahr 1679/80 *bey Liefferung deß neüen Kirch: und Leichencreüzes [...] verzehrt worden.*

Standort:
Das Vortragekreuz wird an der nördlichen Chorseite aufbewahrt.

Inschrift:
Ein querovales Schild am Nodus der Kreuzesstange trägt die eingearbeitete Jahreszahl *1680*. Auf dem senkrechten Kreuzesstamm befindet sich der Titulus *I.N.R.I.*

Veränderungen/Restaurierungen:
1844 befand sich eines der Leichenkreuze im Gotteshaus zu Gesees in sehr schlechtem Zustand. Der Bayreuther Maler Hohe schlug eine Ausbesserung des Werkes durch einen Bildhauer sowie die anschließende Vergoldung und Fassungserneuerung mit Ölfarben vor.

Farbfassung:
Ornamente und Flügel des Vortragekreuzes sind überwiegend vergoldet. Für eine Verstärkung des plastischen Eindrucks sorgen dunkelfarbige Akzente in tiefem Blauschwarz. Die Haarkalotten der Engelsköpfchen wurden einheitlich braun gefasst. Das Inkarnat der Gesichter ist kräftig.

Auftraggeber:
Die Stelle nach Pfarrer Gaßner besetzte Magister Georg Friedrich Fischer, der am 25.2.1677 in Gesees seine Antrittspredigt hielt. Da sich keine Auszahlung des Bildhauers in den Rechnungen nachweisen ließ, könnte das Stück möglicherweise in das Gotteshaus gestiftet worden sein. Genaueres ist nicht bekannt.

Literatur/Quellen (Auswahl):
LKAN PfA Gesees R 4 Kirchenrechnung 1679/80; Nr. 281 Stiftungsbauten überhaupt Baureparaturen an den Stiftungsgebäuden in Gesees 1838-1857, darin: Brief der Kirchenverwaltung an das Kgl. Landgericht Bayreuth v. 15.7.1844; Rechnung von Maler Hohe v. 6.6.1844, Kostenanschlag über Vergolden und Anstreichen v. Maler Hohe v. 16.7.1844.

Hans Georg Brenck, Schnabelwaid, Vortragekreuz, 1672

HASSFURT

(Kr. Haßberge)

Kath. Ritterkapelle St. Maria (jetzt kath. Pfarrkirche St. Kilian, Kolonat und Totnan)

Altar (Relief Anbetung der Könige und Flucht nach Ägypten), 1605/6

Relief Flucht nach Ägypten

Künstler

Georg Brenck d.Ä.

Material:
Holz.

Maße:
Anbetung der Hl. Drei Könige und Flucht nach Ägypten H 60 cm, B 80 cm.

Abb. S.14

Beschreibung:

Von dem ursprünglichen Retabel sind sechs Reliefs mit Szenen aus dem Marienleben (Verkündigung, Heimsuchung, Geburt Christi u. Anbetung der Hirten, Beschneidung, Anbetung der drei Könige, Flucht nach Ägypten) erhalten.

Anbetung:

Die gekrönte Gottesmutter am linken Bildrand auf einem stufig erhöhten Thron; auf ihrem Schoß das Kind, den drei Königen zugewandt; neben dem Thron frontal zum Betrachter orientiert Joseph; von rechts die prächtig gekleideten Magier kommend; der greise, barhäuptige König mit langem Bart vor den Stufen des Thrones adorierend auf den Knien, seine Gaben darbietend; der zweite König mittleren Alters mit Krone, Schwert und Mantel ausgestattet neben Joseph in vergleichbarer Position platziert; in seiner linken Hand ein muschelförmiger Pokal mit gemünztem Gold; der jüngste, gekrönte König herbeieilend; über dem Geschehen der geschweifte Stern am Himmel; die Szene zur Hälfte von prächtiger Architekturkulisse mit Arkadenbögen hinterfangen; in zwei Köpfen angedeutet Ochs und Esel.

Flucht nach Ägypten:

Auf vorderer Bildebene Maria frontal auf dem Esel sitzend, in ihrer Rechten das fest gewickelte Kind, in ihrer linken Hand eine Flasche; links Joseph in Reisekleidung mit Stab, den Esel führend und Maria zugewandt; im Mittelgrund die Szene flankierende Bäume mit stilisiertem Laubwerk; sie geben den Blick auf die vergoldete Stadt Sotine oder Bethlehem frei.

Vergleichende Betrachtung:

Das ehemalige Hochretabel der Ritterkapelle entstand im Zuge einer Erneuerungsphase unter dem Würzburger Fürstbischof Julius Echter (1573-1617). Eugen Kainz, der sowohl Archivalien als auch den verlorenen Riss des Retabels vorliegen hatte, beschrieb den Gesamtaufbau als „venetianisch" bedingte, gestaffelte Portalkonstruktion, bei der die Kassette als Schmuckdekor dominierte. Die erhaltenen, querrechteckigen, hochreliefierten Tafeln in zwei unterschiedlichen Größen und die drei archivalisch belegten Hauptszenen von Tod, Himmelfahrt und Krönung Mariens lassen vor dem Auge einen dreigeschossigen, hochragenden Aufbau in der Art der Ochsenfurter und Frickenhausener Retabel entstehen. Zentrales Thema war das Marienleben. Die zwei großen Tafeln - Anbetung und Flucht - dürften sich ursprünglich nach dem Ochsenfurter Modell in der Predella des Retabels befunden haben, die übrigen Szenen in den Sockelzonen der Seitenachsen. Weniger plausibel scheint Kainz´ These, die sechs querformatigen Reliefs wären „offenbar zu je dreien in den Flanken senkrecht gereiht" gewesen. In erster Linie sprechen die charakteristischen Figuren und die streng wirkenden Physiognomien mit ausgeprägten Nasolabialfalten für eine sichere Zuweisung an Georg Brenck d.Ä. Die in Hassfurt vorgestellten Kopftypen wiederholen sich bei späteren Arbeiten: U.a. hat der kniende König der Anbetung im Westheimer Johannes ein Pendant. Bezüge zu den Ochsenfurter und Frickenhausener Arbeiten stellt die thronende Maria der Verkündigung her. Sie fungierte trotz ihrer kräftigen Formensprache und den überlängten Händen als Vorbild für die Marien der dortigen Krönungsszenen. Das Gesicht der Josephsfigur aus der Beschneidung wird Grundlage für das Antlitz der Kiliansfigur in Frickenhausen, die übrigen männlichen Begleitfiguren zeigen Übereinstimmungen mit den Einzelskulpturen des Täufers, Sebastians und St. Gallus´ aus dem Hochaltar des dortigen Gotteshauses. Die beispielhafte Reihe formensprachlicher Parallelen ließe sich beliebig verlängern. Die Hassfurter Relieftafeln repräsentieren zusammen mit der Mosesfigur in Rothenburg (1604) den bisher wenig greifbaren Frühstil Georg Brencks d.Ä., der mitunter auch an den schlichten Werken nach 1610 zu verfolgen ist. Die Szenen wurden malerisch narrativ in den kastenförmigen Gehäusen ausgebreitet. „Wie man ein modernes Wohnhaus zu bauen hat, was für Stühle in den Stuben wackerer Bürgersleute stehen, die Silhouette der Thronssessellehne, die Lambrequins am Betthimmel, der fürstliche Bankettbecher und die Kindersaugflasche, die besten Hut- und Stiefelmarken der Saison, die auf der letzten Weihnachtsmesse käuflich waren, das alles zeigt uns bilderbogenhaft ein Mann, dessen Phantasie sich an kleinstädtischem Wohlbehagen nährt" (Kainz 1935.69). Kompakte, massige Figuren mit kantigen Schädelformen und strenger Mimik sind in körpernegierende, zerklüftete Gewänder gehüllt, die völlig ihre Stofflichkeit verloren haben. Bar großer Gefühlsregungen agieren die handwerklichen Figürchen friesartig aufgereiht vor planem Fond. Gelegentlich offenbaren sich an den überproportionierten Extremitäten der Figuren und in der räumlich ungeklärten Gesamtkomposition die Grenzen der Schnitztechnik. Schon Kainz bemerkte: „Auch sonst ist manches in der Formbildung nicht dazu angetan, raffaelitische Schönheitsmomente dem Bildzusammenhange einzufügen". Es ist zu vermuten, dass die Zentralreliefs des Aufbaus wie in Ochsenfurt oder Frickenhausen höhere Qualität besaßen.

Archivalischer Nachweis:
Über die Altäre der Ritterkapelle vgl. die Akten des Hist. Ver. im StA Würzburg [Angaben bei Schneider (1999.264)], Akt Kapellenbau im Diözesanarchiv Würzburg, PfA Hassfurt Gotteshausrechnungen. Am 21.8.1605 berichteten Bürgermeister und Rat zu Hassfurt dem Würzburger Fürstbischof, dass nur noch die Aufrichtung und Renovierung der Altäre anstünde. Einem ungedruckten Manuskript (4) im Bischöflichen Diözesanarchiv Würzburg zufolge war der *hohe altar in bemalter capellen* [Ritterkapelle St. Maria, Anm.d.A] *auch von neuem gemacht worden, costet 500 fl*. Er besetzte die Stelle des ehemaligen Gnadenaltares, der weiter nördlich gerückt worden war.

Der Visitationsbericht von 1612 bezeichnete das bildreiche Chorretabel *in honorem B. Mariae Virginis* als *groß und schön*. Es besaß die Holz geschnitzten Szenen *mysteria assumptionis, coronationis, obdormitionis d. Virginis und andere* und hatte 1606 angeblich 600 fl. Unkosten verursacht. Laut Kehl (1948.236) wurde in den Gotteshausrechnungen von 1606 ein *Windsheimer* erwähnt, der vermutlich mit Georg Brenck d.Ä. zu identifizieren ist.

Standort:

Ursprünglich erhob sich der Aufbau im Chor der Ritterkapelle. 1912 schmückten die Reliefs von Verkündigung, Heimsuchung, Geburt und Beschneidung die Predella des neugotischen Aufbaus, während die Anbetung der Könige und die Flucht nach Ägypten am Antependium des Retabels saßen. 1992 integrierte man die vier erstgenannten Arbeiten in die Staffel des neu errichteten Chorretabels. Die zwei größeren, weiß gefassten Reliefs sind heute an der nördlichen Seitenschiffswand des Gotteshauses befestigt.

Veränderungen/Restaurierungen:

Dem „Vereine zur Restaurierung der Ritterkapelle" war der „äußerst plumpe und zopfige" Hochaltar des frühen 17. Jhs., „den zwar guter Wille, aber eine verkehrte Kunstanschauung an die Stelle des früheren prachtvollen gothischen Hochaltars setzte" mit ihren idealgotischen Vorstellungen ein Dorn im Auge. Das Retabel war bei der Regotisierung der Kapelle 1859-64 unter Karl Alexander von Heideloff (1788-1865) abgebrochen und 1878-1882 durch einen Neubau des Bildhauers Josef Metzger aus Hechingen (1846-1925) nach einem Entwurf Heideloffs ersetzt worden. Die Reliefs des alten Aufbaus übertrug man in die Pfarrkirche und fügte sie nach dreijähriger Lagerung am Kirchenspeicher 1883-1889 in ein neugotisches Retabel von Metzger, das die Stelle eines barocken Aufbaus von 1699 (Bildhauer Kaspar Brandt, Schreiner Elias Piller, Maler Oswald Müller) einnahm. Im Gesprenge befanden sich über den gotischen Frankenaposteln drei weitere Skulpturen (Sebastian, Johannes, Joseph), die möglicherweise zum ehemaligen Retabel Brencks gehörten (das publizierte Foto lässt diesbezüglich keine Thesen zu). 1962 wurde der Altaraufsatz entfernt. Bei der letzten Restaurierung 1990-92 kombinierte man erneut die farbig gefassten Reliefs (Verkündigung, Heimsuchung, Geburt und Beschneidung) mit den Tilman Riemenschneider zugeschriebenen Frankenaposteln zu einem Retabelprogramm. Das neu geschaffene Gehäuse ist ein Werk des Würzburger Bildhauers Ernst Singer.

Erhaltungszustand:

Die zentralen Reliefdarstellungen des ursprünglichen Aufbaus von Tod, Himmelfahrt und Krönung Mariens sind verloren.

Farbfassung:

Anbetungs- und Fluchtszene sind nach Schmitt (1994.9) in einer barockisierenden, weißen Fassung mit Goldakzenten von 1930 gehalten.

Mitarbeiter:

1606 begann Georg Brenck d.J. seine Lehre in der väterlichen Werkstatt.

Literatur (Auswahl):

Die Marianische Ritterkapelle (Templum s. Sacellum Marianum Equestre) in Hassfurt in ihrem gegenwärtigen Zustande und in ihrer Wiederherstellung. Hrsg. Verein zur Restaurierung der Ritterkapelle. Bamberg: Fr. Humann (1857.bes.8); R. Reiniger: Die Marien- oder Ritterkapelle zu Haßfurt. Ein Beitrag zur Baugeschichte derselben. In: Archiv des histor. Vereins v. Unterfranken u. Aschaffenburg, Bd. 15, H. 1 (1860.1-42.bes.38.41); R. Reiniger: Actenstücke zur Baugeschichte der Marien-oder Ritterkapelle zu Haßfurt. In: Archiv des histor. Vereins v. Unterfranken u. Aschaffenburg, Bd. 15, H. 2/3 (1861.260-294.bes.284); Josef Kehl: Die Ritterkapelle zu Haßfurt. Ein Beitrag zur Baugeschichte mit 5 Bildern. In: Frankenbund Werkblatt Juni/ Juli H. 6/7 (1929.104-119); Georg Kainz: Der Kunstwert der Ritterkapelle. In: Frankenbund Werkblatt Juni/Juli H. 6/7 (1929.120-130); Eugen Kainz: Die Innenausstattung der Ritterkapelle im Wechsel der Zeiten. In: 700 Jahre Stadt Haßfurt, 500 Jahre Ritterkapelle, 400 Jahre Lateinschule. Festschrift zur Jubelfeier (1935.63-74.bes.66.67.68.74.Anm.8); Josef Kehl: Chronik von Haßfurt. Die Geschichte eines fränkischen Landstädtchens. Würzburg: Ferdinand Schöningh (1948.224-237.bes.236); Josef Kehl: Die Marienkapelle in Haßfurt. 500 Jahre (1965.10-11.14); Hanswernfried Muth: St. Kilian Haßfurt. Gedächtnisschrift zur Innenerneuerung der Kath. Stadtpfarrkirche (o.J.5.9-10.15); Hermann Hoffmann: Vier Archivalien (1611-1614) über Julius-Echter-Bauten außerhalb Würzburgs. In: WDGBl 37/38 (1975.687-745.bes.717); Kath. Pfarrkirche St. Kilian in Haßfurt am Main. Zur Altarweihe am 24. Mai 1992. Hrsg. Kath. Pfarramt St. Kilian Haßfurt (1992.bes.47.57-59.62ff.85-89); Reinhold Schmitt u.a.: Katholische Kirchen in Hassfurt. Schnell, Kunstführer Nr. 417, 4. völlig überarb. Aufl. Regensburg: Schnell & Steiner 1994; Schneider (1999.4.9.13-14.20-21.140.158.203.Anm. 898.264).

Fotografien/Abbildungen:

Bei einem Retabelriss im Würzburger Diözesanarchiv (Akt Kapellenbau Haßfurt) dürfte es sich um den Hochaltarentwurf gehandelt haben. Die Zeichnung ging 1945 verloren; die Integration der figürlichen Reste in den neugotischen Aufbau zeigt die Schrift Kath. Pfarrkirche St. Kilian in Haßfurt/Main. Altarweihe (1992.98); Abbildungen aller Reliefs bei Schneider (1999.140).

HEILIGENSTADT

(Kr. Bamberg)

Ev. Pfarrkirche (ehem. St. Veit und Michael)

Altarverzierungen, 1678 u. 1680
Zwei Engel, ein Engelskopf, Ornamente 1678,
zwei Zwickelengelsköpfe 1680

Künstler
Hans Georg Brenck und Sohn

Giebelengel

Material:
Holz.

Maße:
Engel mit Lorbeerkranz: (Flügel nicht befestigt) H ohne Flügel 94 cm, B max. 92 cm; Engel mit Palmwedel: H mit
Flügel 120 cm, B ca. 79 cm.

Beschreibung:
Die Figuren Reste eines ehemals strenglinigen, einachsigen Retabels mit zentralem halbrund ge-
rahmten Gemälde im Zentrum (nur noch in Fotografien dokumentiert); in den Zwickelflächen
des Hauptgeschosses urspr. die 1680 eingefügten, profilansichtigen Engelsköpfe Hans Georg
Brencks; 1678 der Fries mit Ornamenten bereichert; Bekrönung durch einen gesprengten Giebel, auf dessen steilen Schenkeln die 1678 von Hans Georg Brenck gefertigten sitzenden Gewandengel; in der aufgebrochenen Mitte des Tympanons ein mit Cherubskopf und Ziermotiv
dekorierter Sockel; darauf ursprünglich, begleitet von Flammenkugeln, das Streitbergwappen
von 1662; die zwei Giebelengel im Oberkörper leicht nach vorne gebeugt mit weiten Flügelschwingen ausgestattet; jeweils das der Mitte zugewandte entblößte Bein senkrecht über das Gesims hängend, das äußere Bein angewinkelt entlang des Giebelschenkels geführt; um die Figur
auszuponderieren die inneren Arme an dem Wappen aufgestützt, in den nach außen gewand-
ten Händen Palmzweig und Lorbeerkranz; der Engel m. Kranz in einen langen Rock und ein
gegürtetes Überkleid mit aufgekrempelten Ärmeln und V-förmigem Revers gewandet; der Engel
mit Palmzweig über dem Rock in ein Oberteil gehüllt, das die linke Seite des Oberkörpers frei
lässt.

Vergleichende Betrachtung:
Hans Georg Brencks Leistung beschränkte sich am Retabel zu Heiligenstadt auf die nachträgliche, zwischen 1678 und 1680 durchgeführte Ausstattung des bestehenden Retabels mit neuen
Skulpturen und Dekorationselementen. Im April 1678 hatte der Bildhauer zunächst die beiden
großen Gewandengel geliefert, die rechts und links des Aufbaus mit überhängendem Bein auf
den Giebelschenkeln zu sitzen kamen, um auf das zentrale Wappen der Stifterfamilie hinzu-

weisen. Gleichzeitig mit den Giebelengeln waren auch ein Engelsköpfchen und Ornamente für die Dekoration der Piedestalfront im Tympanonfeld des Retabels entstanden. Auf dem zweigeteilten Sockel erhob sich das hölzerne Streitbergwappen, das 1662 durch einen Bamberger Bildhauer gefertigt worden war. Die Basis hat sich vollständig erhalten. 1680 schuf Hans Georg Brenck noch zwei Seraphimköpfe in Profilansicht für die Zwickelflächen über dem Gemälde des Hauptgeschosses. Mit ihren Blicken waren sie ehemals zur Mitte hin orientiert. Die gleichzeitige Entstehung mit dem Schnabelwaider Retabel begründet die enge Verbindung zu den Heiligenstädter Stücken. In der Stilstufe, der einfachen schnitzerischen Detailausführung, im Sitzmotiv, in der Kostümierung, der Faltenmodellierung und der Haargestaltung zeigen sich die Gewandengel der beiden Werke aufs nächste verwandt. Mit ihrer attributiven Ausstattung von Lorbeerkranz und Palmwedel, den dekorativen Gewandschleifen knüpfen sie an die Rugendorfer Figuren an.

Archivalischer Nachweis:
Pfarrarchiv Heiligenstadt zum Forschungszeitpunkt vor Ort. Dezember 1661 errichtete der Schreiner Wendelin Schickart mit Gesellen für 36 Rthlr. mehr als 27 Talern Leihkauf und 2 Sra. Korn einen hölzernen Hauptaltar für die evang.-luth. Kirche zu Heiligstadt. Die Erweiterungs- und Modernisierungsarbeiten des Werkes ab den 70er Jahren des 17. Jhs. lagen in den Händen des Kulmbacher Bildhauers Hans Georg Brenck. Am 23. April 1678, nicht ganz ein Jahr später, war der Bildhauer nach erfolgreichem Arbeitsabschluss mit 8 Rthlr. für die Anfertigung zweier Engel, eines Engelskopfes und ornamentaler Verzierungen *so auff das Altar kommen* ausbezahlt worden. Den Transport der Bildhauerarbeiten von Kulmbach nach Heiligenstadt am 20. und 21. April des Jahres übernahm der Schuster Hans Hoffman. Tags darauf erfolgte die Befestigung der Engel am Altar mit Hilfe des Heiligenstädter Schreiners Hans Schmitt. Erst im folgenden Rechnungsband 1680 erhielt der Bildhauer 1 fl. 1 lb. und 20 d. für die Herstellung zweier Engelsköpfe. Sie waren für die Zwickelflächen über dem Gemälde des Altares gedacht. Anhand der Zehrungskosten ist zu erkennen, dass ein Bauer, Johann Georg Brenck und sein Sohn am 18. Mai 1681 wiederum Bilder, angeblich für die Kanzel und den Altar nach Heiligenstadt brachten. Kurz zuvor hatten erst Bildhauer und Schreiner Engel auf den Altar gesetzt.

Standort:
Der Altar von 1660/61- ursprünglich Hauptaltar- war für eine Aufstellung im Chor konzipiert worden. 1804, als man eine Orgel aus der säkularisierten Dominikanerkirche in Bamberg erwarb, wurde der frühbarocke Aufbau für eine neue Empore an die nördliche Chorbogenwand versetzt. Seit diesem Zeitpunkt fungierte das Retabel als Monument der sich um die hiesige Kirche verdient gemachten, ehemaligen Patronatsfamilie von Streitberg. Bei der letzten umfassenden Renovierung im Jahre 1988 entfernte man das Retabel. Figuren- und Ornamentreste wurden auf dem Dachboden des Pfarrhauses einlagert.

Veränderungen/Restaurierungen:
1891 erfolgte unter dem Nürnberger Architekten Eyrich eine Wiederherstellung der Kirche und ihrer Ausstattungsstücke, bei der das Bestreben bestand, den geschlossenen Charakter des Kircheninneren zu wahren. Der alte Altar samt Gemälde wurde unter Beibehaltung der spezifischen Fassung von Pfannmüller aus Nürnberg restauriert, die Vergoldungen erneuert.

Erhaltungszustand:
Die Reste des ehemaligen Hauptaltars befanden sich seit der letzten großen Renovierung 1987-1988 auf dem Dachboden des Pfarrhauses von Heiligenstadt, notdürftig u.a. durch Plastikfolien vor Wetter- und Schmutzeinflüssen geschützt. 2001 wurden die Stücke nach Bad Windsheim (Fränkisches Freilandmuseum) verbracht und aufgrund ihres schlechten Erhaltungszustandes 2002 (starker Holzwurmbefall, Fassungsschäden, Bestoßungen, Brüche) restauriert.

Farbfassung:
Die Fass- und Vergoldungsarbeiten an den von Brenck geschaffenen Engeln und Verzierungen übernahm 1678 der Kunstmaler Conrad Fuchs aus Bayreuth. Für die zusätzliche Bemalung der Orgel und der Orgelempore erhielt er insgesamt 66 fl. der vertraglich vereinbarten Summe von 55 Tl. 1713 hatte die Stiftung mit dem Maler Georg Christoph Kolb u.a. vereinbart, den Altar zu renovieren, außerdem die Leisten zu vergolden und neu zu grundieren. Detaillierte Aussagen über die jetzige Farbigkeit sind aufgrund der starken Verschmutzung der Objekte generell schwierig. Alle Flügel sind vergoldet. Die Flügelspitzen der Engelsapplike am Wappensockel als auch der großen Engelsfiguren wurden mit kräftigen Farbakzenten in Rot und Grün bereichert. Goldfarben sind außerdem alle Haarkalotten und die Übergewänder der großen Giebelengel. An den Gewandumschlägen bzw. am Innenfutter der Bekleidung treten noch einmal kräftige Farben (rot und blau) auf. Es überwiegt auch im Inkar-

nat eine helle Farbigkeit.

Auftraggeber/Finanzierung:
Für die Errichtung des Retabels waren 1661/1662 zahlreiche freiwillige Verehrungen (135 fl. 6 Batzen und 15 d.) eingegangen, die nach den Kirchengemeindeteilen und *Extra Parochiam* getrennt in dem Rechnungsbuch notiert worden waren. Als Brenck seine Verzierungen anbrachte, besetzte Magister Laurentius Crusius die Pfarrei, der 1674 von Posseck aus nach Heiligenstadt kam und die Arbeit seines Bruders Johannes Crusius fortsetzte.

Mitarbeiter:
Als Mitarbeiter stand Hans Georg Brenck vermutlich der namentlich nicht bekannte Sohn zur Verfügung.

Literatur/Quellen (Auswahl):
PfA Heiligenstadt R-2 Rechnungen der Kirchenstiftung 1624-1625, 1629, 1634, 1653-1662, bes. 1654/55, 1658/59, 1661/1662; R-6 1678-1687; Nr. 24 Pfarrbeschreibung (1840.10-11.85.86-88); Nr. 27 Pfarrbeschreibung (1864.35-37); Nr. 28 Material zur Pfarrbeschreibung 1656-1945; Nr. 31 Material zur Pfarrbeschreibung 1924-1945, Verzeichnis der kirchlichen Kunst v. 29.3.1923; Nr. 263 Baupflichtigkeit 1655-1909, Specification derer Uncosten, so auf den Altar in die Kirchen nacher Heilingstadt gehörig zu bezahlen sindt; Nr. 268 Baureparaturen an der Pfarrkirche 1865-1873; Nr. 269 Baureparaturen an der Pfarrkirche 1875-1884, Schriftstück m. Übersicht zu einem Programm für die Renovierung im Innern der Kirche zu Heiligenstadt; Nr. 271 Restaurationsarbeiten an der Kirche, Kostenvoranschläge 1882-1889; Nr. 272 Restauration der Kirche 1890-1891; Nr. 275 Sammelakt Bauwesen Kirche 1656-1817; August Sieghardt: Die Pfarrkirche in Heiligenstadt. Die Ruhestätte der Ritter von Streitberg. In: Beilage zum Wiesent-Boten Nr. 58 v. 9.3.1935; W. Preiss: Barocke Kostbarkeiten in Heiligenstadt. In: Fränkische Blätter f. Geschichtsforschung u. Heimatpflege (Wiss. Beil. FT Bamberg) Nr. 15 v. 29.7.1950, S. 60; Alfons Finger: Die Pfarrkirche von Heiligenstadt, ein Museum wertvoller Kunstdenkmäler. In: AdfH Nr. 8, August 1958; Konrad Eberlein: Chronik der Pfarrei Heiligenstadt (Kreis Ebermannstadt) 1656-1706. In: Archiv für Geschichte von Oberfranken Bd. 50, (1970.355-366) u. Konrad Eberlein: Führer durch die Evang.-Luth. Pfarrkirche zu Heiligenstadt Oberfranken. Bonn 1972; „Kirchenrenovierung Bewährungsprobe für Ökumene" In: Fränkischer Tag, Nr. 227 v. 1.10.1988, S. 35; Poscharsky (1993.200 m. Abb.); Dieter Zöberlein: St. Veit und St. Michael in Heiligenstadt. In: Fränkische Schweiz Nr. 4, Jg. 1988, S. 2-9; Dieter Zöberlein: Gemeindechronik Markt Heiligenstadt i. Ofr. Heiligenstadt (1995.He 1977.He 189.He 190); Dieter Zöberlein: Evang.-Luth. Pfarrkirche Heiligenstadt. Schnell Kunstführer, München (1996.11.12); Saur (1996.107); „Die evangelische Kirche St. Veit-Michael am Ende der Renovierung. Mühsame „Wiedergeburt"". In: Nordbayerischer Kurier v. 29.9.1998.

Giebelengel

Hans Georg Brenck, Schnabelwaid, Giebelengel,1678

HEILSBRONN

(Kr. Ansbach)

ehem. Zisterzienserkloster, jetzt ev.-luth. Pfarrkirche

Epitaph für Markgraf Georg Friedrich von Brandenburg-Bayreuth (1556-1603), 1615

(zum Teil zerstört)

Künstler

Georg Brenck d.Ä.

Material:
Die Gemälde sind in Öl auf Holz ausgeführt. Der Rahmen inkl. Wappen war aus Holz.

Maße:
Das Epitaph besaß eine Höhe von 33 Fuß.

Kupferstich aus Hockers „Heilsbronnischem Antiquitätenschatz", 1731.

Beschreibung:

Dreiachsiges, zweigeschossiges, sich im Aufbau nach oben verjüngendes Hängeepitaph; seitliche Blenden aus reich gewandeten Engelsfiguren mit gekreuzten Armen; filigran durchbrochener Beschlagwerkunterhang mit Tuchdraperien, Fruchtgehängen, Blattwerk und Engelsköpfchen durchsetzt; das Hauptgeschoss durch verkröpfte mehrteilige Gesimse horizontal in Sockel, Hauptfeld und Gebälk gegliedert; vertikale Gliederung durch marmorierte, glattschäftige, korinthische Säulen, an den Seiten auf Piedestalen, in der Mitte auf Blattkonsolen in Volutenform; zwischen den dekorierten Säulen drei hochrechteckige Tafelgemälde; jeweils durch zwei Türen mit Wappenmalereien auf den Innenseiten der Flügel verschließbar: in der Mitte das Bildnis des Markgrafen Georg Friedrich (1556-1603), zu seiner Rechten die erste Gattin Elisabeth (1540-1578), Tochter des Markgrafen Hans von Brandenburg-Küstrin, zu seiner Linken die zweite Ehefrau Sophia, Tochter des Herzogs Wilhelm von Braunschweig-Lüneburg (1563-1639); im Sockel zu den Bildern entsprechende, querrechteckige Inschriftennischen mit Halbrundabschluss; die Zwickelflächen mit Engelsköpfchen, die Langseiten mit Diamanten dekoriert; das ganze Stockwerk durch ein weit in den Raum gezogenes Gebälk mit Engelskopffries geschlossen und an den Seitenachsen durch Volutenkonsolen verklammert; in der Mitte des Gebälks ein applizierter Engelskopf mit ausgebreiteten Schwingen; über den Gebälksverkröpfungen der Seiten spitze Zierobelisken; im zweiten Geschoss drei prächtige Wappenschilde, gegenüber dem Hauptstockwerk zurückgesetzt; allein in der Mittelachse zwei glattschäftige, korinthische Säulen erneut durch Gebälk mit Engelskopffries abgeschlossen; nur in der Mitte der Horizontalabschluss aufgrund der Nischenform aufgekröpft und bis auf das Gesims fragmentiert; als Bekrönung des Aufbaus zentral ein dreiviertelkreisförmiges, von halbfigurigen Engeln gehaltenes Medaillon in Beschlagwerkrahmen mit der Devise des Markgrafen; über den Seiten große Dietterlinsche C-Voluten mit Obelisken auf dem Rücken der Schwünge, seitlich am Fries des Stockwerkes ansetzend.

Vergleichende Betrachtung:

Das Epitaph war laut Muck „zwei Jahrhunderte lang ein Gegenstand der Bewunderung". Die architektonische Konzeption und der ornamentale Schmuck zeigen das Repertoire vorausgegangener und nachfolgender Arbeiten der Brenckwerkstatt. Die dreizonige Horizontalgliederung des Hauptgeschosses (querrechteckige Nischen zwischen Konsolen oder pilasterartigen Vorkragungen, Freisäulen im Figurenfeld, verkröpftes Abschlussgebälk) erinnert an die Aufrissgestaltung der späteren Predigtstühle in Sommerhausen, Markt Erlbach oder Windsheim. Möglicherweise besaß aber bereits eine der vor 1615 entstandenen, verlorenen Kanzeln eine vergleichbare Lösung. Bestimmte Detailformen des Epitaphs lassen sich immer wieder im Oeuvre der Windsheimer Werkstatt nachweisen. So wurden die C-förmigen Voluten in den Seitenachsen des Heilsbronner Unterhangs in der Brustzone der Uffenheimer (1610) und Ickelheimer (1611) Kanzeln verwendet. Für die Gliederung des dekorativen Bereiches unter dem Sockel des Aufbaus konnte sich der Schnitzer auf die Predellagestaltung des Westheimer Retabels berufen. Dort sorgen gleichfalls Konsolen und seitliche Abhänger für eine Akzentuierung. Bei der Ausformung der großen Volutenschwünge am Abschlussgesims in Heilsbronn boten das Ochsenfurter Retabel und der ähnlich konzipierte Frickenhausener Hochaltar analoge Lösungen an. Beide Werke zieren darüber hinaus Blattkonsolen, Säulenschäfte mit Dekor und Vegetabilabhänger. Rahmenformen aus rollwerkartigen Ornamenten mit blattverzierten Voluten sind an den Blenden des Ickelheimer Predigtstuhls und in den Giebeln des Sommerhausener Schalldeckels nachzuweisen. Das Epitaph war, wie die prächtigen Retabelarchitekturen der Werkstatt, als flache Schreinerarchitektur auf gerader Grundrisslinie entworfen worden. Die maximal mögliche Räumlichkeit des Aufbaus bestimmten die vorgezogenen Säulen des Hauptgeschosses. Bedingt durch die gleichwertige Nebeneinanderordnung der Gemälde hatte der Schnitzer im Gegensatz zu den Altaraufbauten das Hauptgeschoss durch ein horizontales Gebälk abgeschlossen. Auf eine Erhöhung der Mitte war verzichtet worden.

Archivalischer Nachweis:

Es müssen Rechnungen des Klosters vorgelegen haben, die Stillfried (1877) und Muck (1879.522-525) die ausführliche Wiedergabe von Informationen zur Anschaffung des Werkes ermöglichten. Am 24.4.1603 war der 64-jährige Markgraf in Ansbach verstorben und sein Leichnam nach Heilsbronn verbracht worden. Muck wusste zu berichten, dass 10 Jahre nach dem Ableben des Markgrafen 1613/14 die drei lebensgroßen Ölgemälde des Markgrafen und seiner beiden Gemahlinnen von dem Ansbacher Hofmaler Andreas Riehl d.J. aus Schlesien gefertigt worden waren. Nach seinem Tod übernahm sein Sohn Leonhard die Vollendung. 1615 entlohnte die Klosterstiftung Georg Brenck aus Windsheim für das Schnitzwerk des Monuments mit 402 fl., während Riehl für die Ölbilder und die Fassung des architektonischen Rahmens 608 fl. erhielt. Für die Befestigung der sechs Flügel am Aufbau durch Bänder und Schlösser war der Uhrmacher Lorenz Mörser, der bereits 1600 am Windsheimer Predigtstuhl mit Brenck zusammengearbeitet hatte, gewonnen worden. Zeitweise hatten sich die Handwerker wohl vor Ort aufgehalten. Die Gesamtkosten für den Aufbau betrugen inklusive Zehrung und Naturalentlohnung 1076 fl. 3 Ort und 24 d. Aus einem Briefwechsel des Abtes Meelführer mit dem Bürgermeister und dem Rat der Stadt Windsheim lässt sich schließen, dass der Schnitzer - er hatte am 15. Mai 1617 dem Abt eigenhändig einen Brief übergeben - wohl auch noch später in Heilsbronn tätig war.

Standort:

Das Opus befand sich nach Muck (1879.524-525) ursprünglich an einer Quermauer im Mittelschiff des Kirchengebäudes. Sie wurde allerdings Mitte des 19. Jhs. entfernt und das Epitaph auseinander genommen. Die erhaltenen Bilder und Wappen sind an der Außenwand des nördlichen Seitenschiffs angebracht.

Inschrift:

Im dreiviertelkreisförmigen zentralen Aufsatz des Epitaphs war der Wahlspruch des Markgrafen zu lesen *Si Deus/ pro Nobis quis/ Contra Nos* (Wenn Gott für uns ist, wer kann gegen uns sein). In den drei Feldern des Sockelstreifens, die auf dem Kupferstich leer wiedergegeben sind, befanden sich laut Muck (1879.523) folgende Inschriften: unter der Mittelfigur *Der durchlauchtig hochgeboren Fürst und Herr, Herr Georg Friedrich, Markgraf zu Brandenburg etc. ist geboren den 7. April 1539 zu Onolzbach, starb daselbst Anno 1603 den 26. April, wird anhero geführt und beigesetzt den 14. Juni.* Unter der Figur, die sich vom Betrachter aus links befand *Die durchlauchtig hochgeboren Fürstin und Frau, Frau Elisabeth, geborne Markgräfin zu Brandenburg, kam auf die Welt Anno 1540 den 29. Aug., vermählt sich zu Herrn Georg Friedrich, Markgrafen etc. Anno 1558 den 26. 10bris, starb in einem Dorf bei Warsau in Polen Anno 1578 den 8. Martii, zu Königsberg in Preußen im Thumb begraben den 28. Martii.* Unter der Figur, die auf der gegenüberliegenden Seite zu sehen war *Die durchlauchtig hochgeboren Fürstin und Frau, Frau Sophia, Markgräfin zu Brandenburg, geborene Herzogin von Braunschweig-Lüneburg, kam auf die Welt Anno 1563 den 8bris, wurde Ihr Fürstl. Durchleuchtigkeit vermählt und das Beilager zu Dresden gehalten Anno 1579 den 3. Maii.* Der Orden des Markgrafen zeigt um das Bildnis des polnischen Königs die Schrift: *Stephan D.G. Rex Poloniae.* Auf der Mütze in der rechten Hand des Markgrafen sind drei verschlungene Buchstaben *G.F.S* zu sehen, die sich nach Muck (1879.524) wohl als Georgius Fridericus Serenissimus auflösen lassen.

Wappen:

Über dem Bild des Markgrafen der 12teilige Wappenschild des Hauses von Brandenburg, über Elisabeth ein ähnliches Wappen in 15teiliger Form. Sie war eine geb. Markgräfin von Brandenburg-Küstrin. Das Wappen über der Markgräfin Sophia ist das der Herzöge von Braunschweig-Lüneburg.

Veränderungen/Restaurierungen:

Bis 1858 konnte das Werk in der Klosterkirche bewundert werden. Während der großen Renovierungsphase 1851-1866, die im Sinne einer Reromanisierung nach Plänen Friedrich von Gärtners durchgeführt worden war, entfernte man die Zwischenwand, an der sich das Epitaph befand. Der hölzerne Rahmen wurde zerlegt und in das Bayerische Nationalmuseum nach München verbracht. Die Gemälde und die Wappen verblieben vor Ort. Im Depot des Museums hatten sich zunächst noch Bruchstücke (Engelsköpfe und Kapitelle) befunden. Sie ließen sich aber weder von Bruhns (1923.548) noch in jüngerer Zeit (Anfrage an Dr. Peter Volk) nachweisen.

Erhaltungszustand:

Zerstört. Die Gemälde und die hölzernen Wappen befinden sich noch in Heilsbronn.

Farbfassung:

Die drei lebensgroßen Gemälde in Öl im Zentrum des Aufbaus schuf 1614 der Ansbacher Hofmaler Andreas Riehl d.J. aus Schlesien. Die Vollendung übernahm nach seinem Ableben der Sohn Leonhard. 1851 wurden sie bei einer Renovierung ausschließlich abgewaschen. Auf den Innenseiten der sechs Türflügel befanden sich Wappenmalereien Riehls. Die Außenseiten erhielten 1771 eine entstellende Leimfarbenbemalung und der Holzaufbau eine bunte Kolorierung mit kräftigen Goldakzenten.

Auftraggeber:

Der Anstoß für die Herstellung des Epitaphs war von den nachfolgenden Markgrafen Christian und Joachim Ernst erfolgt, die nach dem Tod Georg Friedrichs, Markgraf zu Brandenburg und Herzog in Preußen, mit den Fürstentümern Bayreuth und Ansbach betraut worden waren. Das Monument sollte an den verstorbenen Markgrafen und seine beiden Gemahlinnen erinnern, wobei Sophia zum Zeitpunkt der Herstellung noch am Leben war. Sie verstarb erst 1639 in Nürnberg. Die Kosten für den Aufbau trug die Klosterstiftung.

Mitarbeiter:

1615 hatte Christoff Hofmann in der Werkstatt seine Bildschnitzerlehre angetreten.

Stichvorlagen:

Dem Bildnis des Markgrafen lag ein Kupferstich aus dem Jahre 1603 zugrunde, der sich im StA Nürnberg erhalten hat. Vgl. die Abbildung eines Kupferstiches aus dem Staatsarchiv Nürnberg bei Schuhmann (1980.117).

Literatur/Quellen (Auswahl):

GNM Nürnberg Rep. II/33 Fasz. II, 2f.; Rudolf Stillfried: Kloster Heilsbronn. Ein Beitrag zu den hohenzollerischen Forschungen. Berlin 1877; Georg Muck: Geschichte von Kloster Heilsbronn von der Urzeit bis zur Neuzeit. Bd. 1 v. 3 Bd. Nördlingen: C.H. Beck (1879/ Neudruck Neustadt/Aisch 1993.522-525); Hofmann (1901.82-83); Thieme-Becker (1910.580); Wilhelm Funk: Kloster Heilsbronn. In: Die Heimat (Neustadt/ Aisch) Nr. 27 v. 28.6.1932; Schuhmann (1980.106.112); Bosl (1983.92); Adolf Mörtel: Das Münster zu Heilsbronn. Kurzführer. St. Marien - und Jakobuskirche. Hrsg. Evang. - Luth. Pfarramt Heilsbronn 1990; Saur (1996.107); Paul Geißendörfer/ Daniela Nieden: Münster Heilsbronn. Lindenberg: Josef Fink (1997.6).

Fotografien/Abbildungen:

Abbildung des Werkes in Hockers „Heilsbronnischem Antiquitätenschatz" (1731.20.Abb.Taf.XV); Wiedergabe aus dem Hockerschen Werk z.B. bei Funk (1938.Abb.24)

ICKELHEIM

(Stadt Bad Windsheim, Kr. Neustadt/ Aisch - Bad Windsheim)

Ev. Pfarrkirche (ehem. St. Georg)

Kanzel, 1611

Künstler
Georg Brenck d.Ä.

Material:
Holz.
Maße:
Markus: H 36 cm, B 18,5 cm, T 9 cm.

Abb. S.90

Evangelist Markus

Beschreibung:

Aus dem Sechseck entworfene, dreizonige Kanzel mit einfacher Pilastergliederung und Figurenprogramm im Hauptfeld; durch den Einbau in die Mittelachse des Hochretabels der Stütze, des Schalldeckels, dreier Brüstungsfelder und des Kanzelfußes beraubt; fragmentarisch erhaltene, offene Brustzone mit Beschlagwerkrippen aus einzelnen kombinierten C-Schwüngen, die sich in der Gestaltungsweise an der Uffenheimer Konsolzone orientieren; an der Unterkante des Bechers flache Blenden aus symmetrisch konzipierten Volutenmotiven mit zentralem Löwenkopfmedaillon; der Kanzelbecher dreizonig mit toskanischer Pilastergliederung über gebrochenen Konsolen mit Akanthusdekor; der Sockel mit Engels- und Frauenköpfchen geziert; im Hauptfeld die üblichen Bogennischen, in den Zwickelflächen Löwenkopfmedaillons; von dem Evangelistenprogramm die drei halbreliefierten, möglicherweise in ihrer ursprünglichen Reihung veränderten Figuren (Markus, Matthäus, Johannes) auf vorgezogenen Standflächen erhalten; motivisch u.a. den Uffenheimer Figuren verpflichtet; nur Johannes ohne Vorbild aufrecht stehend disponiert; das abschließende Korpusgebälk unverkröpft mit Inschriftenfries; unter dem vorspringenden Karnies erstmalig ein Zahnschnitt; auf der Becherfront am Architrav das Wappen der Deutschordenskommende Virnsberg.

Vergleichende Betrachtung:

Der Ickelheimer Predigtstuhl wurde bereits von Funk (1938.17) dem Oeuvre Brencks zugerechnet, obwohl das Werk damals weder durch eine Signatur noch durch einen schriftlichen Beleg für die Windsheimer Werkstatt gesichert war. Inzwischen gelang der archivalische Beweis. Eine Identifizierung des Bildschnitzers zu Windsheim mit dem damals in der Reichsstadt nachweisbaren Schnitzer Georg Brenck d.Ä. darf problemlos vollzogen werden. Aufbau, Dekor und die Gestaltung der Figuren lassen sich unter anderem mit der monogrammierten Uffenheimer Kanzel von 1610 in Verbindung bringen. Georg Brenck d.Ä. hatte sicherlich, als einziger Bildschnitzer der näheren Umgebung, die Kirche des Windsheimer Nachbarortes mit einem figürlichen Holzwerk ausgestattet. Der Predigtstuhl gehört durch die kompakte Becherform mit reduzierter Binnenräumlichkeit zu den schlichten Modellen der Werkstatt, obwohl die Konsolzone durch die kontrastierende Anordnung von Geraden und Bögen, durch die Divergenz von Fluktuation und Erstarrung zu einem äußerst reizvollen Gebilde umfunktioniert worden war. Für die Konzeption der Evangelisten hat der Bildschnitzer ungeniert auch in der physiognomischen Charakterisierung auf die Uffenheimer Formationen zurückgegriffen. Die Ickelheimer Skulpturen erreichen nicht dieselbe figurenimmanente Plastizität, allerdings setzen sie sich von den kantigen, fast vierschrötigen Köpfen der Westheimer Skulpturen durch eine feinere zierliche Formgebung ab. Erstaunen erregt das bärtige, rundliche Gesicht des Johannes, pflegen sonst die Evangelisten des Betriebes mit Ausnahme von Westheim nach der gängigen Ikonographie stets jugendlich, bartlos wiedergegeben zu werden.

Archivalischer Nachweis:
PfA jetzt im LKAN. Die Gedenktafel an der Südwand der Kirche berichtet von der Errichtung der Kanzel und der Emporen im Jahre 1611 (vgl. die Inschrift unter Ickelheim, Gedenktafel). Weitere Auskünfte erteilen die Gotteshausrechnungen der Pfarrei. Die Auftragserteilung für die Anfertigung eines Predigtstuhles erfolgte nach Notation in den Rechnungen zwischen dem 2.2.1609 und dem 2.2.1610. 3 fl. für Zehrung und 7 Maß Wein mussten unter den Ausgaben verbucht werden, als die Heiligenpfleger und der Bildschnitzer während des Vertragsschlusses bei dem Pfarrer gespeist und getrunken hatten. Noch im gleichen Jahr wurden 1 fl. Leihkauf an die Frau des Schnitzers, ein ½ fl. Trinkgeld für den Knecht ausbezahlt, während der Schnitzer ein weiteres Mal Zehrungskosten in Höhe von 7 lb. verursachte. Für die Herstellung der Kanzel wurden dem *Bildtschnitzer zue Windtsheim* - er wird namentlich nicht genauer aufgeführt - 208 fl. (CCVIII?) ausbezahlt. Zwei Tage nahmen die Aufrichtungsarbeiten in Anspruch. Nach Abschluss feierte man die Niderfallen, die mit über 5 fl. zu Buche schlug. Weitere Ausgaben verzeichnet der Rechnungsband des folgenden Jahres (Lichtmeß 1610 bis Lichtmeß 1611): Für *etliche Arbeit zum Predigstul* waren Georg Brenck d.Ä. noch einmal 8 fl. Lohn, seinem Lehrjungen - wohl Clas Ströbel - mehr als 1 lb. Trinkgeld überreicht worden. Zudem waren Zehrungskosten angefallen, *als der Predig Stuel ist verfettiget (!) worden* und als Maler und Bildhauer endgültig ausbezahlt worden waren.

Standort:
Ursprünglich befand sich die Kanzel am Chorbogen gegenüber der Sakristei. Bei Verlängerung einer Empore im Jahre 1802 wurde der Predigtstuhl unter Pfarrer Kästner transloziert und mit dem 1744, wohl von Johann Friedrich Maucher errichteten Retabel zu einem Kanzelaltar verschmolzen.

Inschriften:
Der bekrönende Fries des Kanzelbechers trägt einen Vers, der durch den Verlust einer Seite nur noch teilweise erhalten ist: *[Nach dem Gesetz und] Zeugnis werden sie das nicht sagen, so werden sie die Morgenröthe nicht haben. Esa[ja] 8.*

Veränderungen/Restaurierungen:
1802 erfolgte die architektonische Verbindung von Kanzel und Altar (vgl. Standort). Dem Einbau fielen drei der ursprünglich sechs Kanzelbrüstungsseiten, u.a. das Feld mit der Lukasfigur zum Opfer. Pläne des Konsistoriums von 1884 die Kanzelaltarlösung rückgängig zu machen fanden aufgrund fehlender finanzieller Mittel keine Verwirklichung. Restaurierungen der Kirche wurden u.a. 1874, 1891, 1907 und 1987 durchgeführt.

Farbfassung:
1610 wurde der *Maler zue Windtsheim* wohl Daniel Schultz mit 4 fl. bezahlt, weil er die Skulpturen für die Kanzel bemalt hatte. 1 lb. 20 d. nahm sein Geselle als Trinkgeld in Empfang. 1874 führte der Vergolder Andreas Frenz eine Renovierung von Kanzel und Altar unter Leitung von Professor Eberlein aus Nürnberg durch (vgl. die Inschrift auf der Rückseite des Retabels: *Renoviert von Andr. Frenz in Nürnberg Octobr. 1874*). Die Kanzel erhielt die heute noch farblich aktuelle Marmorierung in Ocker mit roten Adern. Goldene Profile, schimmerndes Dekor sowie die glänzende Gewandung und die Haartracht der Evangelisten kontrastieren zu dem kräftigen Blau der Nischen.

Auftraggeber/Finanzierung:
Zum Zeitpunkt der Predigtstuhlerrichtung amtierte, wie auf der Gedenktafel zu lesen ist, der evangelische Pfarrer Johann(es) Landes(ius), der auf Geheiß des Ansbachischen Konsistoriums 1601 von Kirchfarnbach nach Ickelheim gekommen war. Der Predigtstuhl war wohl zum Teil durch Spendengelder finanziert worden, da man laut Gotteshausrechnung 1609/10 für 7 lb. und 16 d. speiste, *als man wegen der Porkirchen undt Predigstuel hat Gelt eingenommen.*

Literatur/Quellen (Auswahl):

LKAN PfA Ickelheim R 1 Kirchenrechnung 1593-1611; Nr. 54 Pfarrbeschreibung 1833-1843 (mit Nachträgen bis 1914); Nr. 56 Pfarrbeschreibung (1914.6ff.94); Nr. 149 Baupflicht und Bauunterhalt der Kultusgebäude 1761-1868; Nr. 159 Kirchenverschönerung 1860-1936; Nr. 160 Kanzel, Kirchenfenster, Altar 1884-1899; Die Kunstschätze der Ickelheimer Kirche in: WZ v. 18.10.1952; Meißner (1977.63); Meißner II (1987.184 m.Abb.); Helmut Schemm, Werner Spieler [u.a.]: Festschrift zur Wiederweihe der St. Georgs - Kirche zu Ickelheim am 23. Oktober 1988 (1988.5-6.22); Jürgen Henkel: Ickelheim. Eine Chronik. 1250 Jahre Ickelheim. Hrsg. vom Festausschuss zur 1250-Jahr-Feier (1991.116.157 m.Abb.).

ICKELHEIM

(Stadt Bad Windsheim,
Kr. Neustadt/ Aisch - Bad Windsheim)

Ev. Pfarrkirche (ehem. St. Georg)

Gedenktafel, 1611

Künstler
Georg Brenck d.Ä.

Material:
Holz.

Gedenktafel

Beschreibung:
Einfache, querrechteckige Holztafel mit dreieckigem Giebelaufsatz über profiliertem Gebälk; die Tafel durch zwei vertiefte Felderungen gegliedert; im größeren, oberen Abschnitt ein Gemälde mit dem Gekreuzigten, von zwei Engelchen begleitet; unter dem Kreuz fünf männliche Figuren, die Stifter mit ihren Wappen, in Dreiviertelansicht; in dem zweiten schmalen Feld die Stifterinschrift; an den Seiten bis zum Architrav je eine ausgesägte flache Leiste mit Voluten und Schnecken, die eine bewegte Umrisslinie bilden; im Giebel ein Frauenkopf mit Tuchdraperie, an die Uffenheimer Kanzelappliken erinnernd.

Vergleichende Betrachtung:
Die seitlich angesetzten Rollwerkleisten und die Profilabfolge am bekrönenden Dreiecksgiebel gehören zum Repertoire des Bildschnitzers, so dass die Grundform der Tafel sicherlich in seiner Werkstatt ausgesägt worden war.

Archivalischer Nachweis:

PfA im LKAN. 2½ fl. wurden *dem Bildtschnitzer zue Windtsheim für ein Epitaphium in die Kirchen zu machen* bezahlt. Ein gleichzeitig nicht mit Namen erwähnter Maler zu Windsheim, wohl Daniel Schultz, erhielt einmal über einen Gulden, *als er ein Epitaphium in die Kirchen gemacht* hatte, zum anderen 6 fl., als er das von Georg Brenck d.Ä. gefertigte Stück bemalte. Das Epitaph wurde auf Kosten der Kirchenstiftung aus Windsheim abgeholt und dem Malergesellen ein Verehrungsgeld von etwas mehr als 1 lb. ausbezahlt.

Standort:

Das Epitaph hängt an der Südwand des Gotteshauses.

Inschrift:

Im Fries der Tafel ist folgende Inschrift aufgemalt: *Das bluet Jesu Christi Macht uns Rein von allen sünden. 1.Johan: 1. Cap.* Unter dem querrechteckigen Gemälde steht: *Unnser keiner Lebet im selber, und Keinr (!) stirbt sich selber. Leben wir, so leben wir dem Hern. Sterben wir so/ sterben wir dem Herrn. Darumb wir leben oder sterben, so sind wir des Herrn. Röm: 14.* Auf weißer Grundfläche im unteren Drittel der Tafel wurde die Stiftung vermerkt: *Als im sechshündert eilfften Jar/ Herr Johan Landes Pfarher war./ Herr MELCHOR Küpfer schultheiß frey/ Darzüe der Heilgenpfleger dreij./ Als Rochüs Fischer Michel Lang,/ und Michel Schatz da gieng im schwang/ Gotts Wort, und ward neu gemacht mit fleiß./ Die Cantzl und Porkirch, Gott zu Preis.*

Farbfassung:

Die Grundfarbe der Tafel bildet eine unruhige rötlichbraune Marmorierung. Die Profilleisten sind weiß, golden und blau. Das Inschriftenfeld zeigt einen weißen Fond.

Mitarbeiter:

Vgl. den Eintrag unter der Kanzel.

Stichvorlagen:

Der Gekreuzigte und die flankierenden Engelsfiguren lassen sich auf ein Gemälde des venezianischen Tizianschülers Jacopo Negrettis d.J., gen. Palma (1544-1628), und seine graphische Darstellung durch Raphael Sadeler I (1561-1632) zurückführen.[16]

Literatur/Quellen (Auswahl):

LKAN PfA Ickelheim R 1 Kirchenrechnung 1593-1611, bes. 1611/1612; Nr.56 Pfarrbeschreibung (1914.96-97); Estermann II (1967); Jürgen Henkel: Ickelheim. Eine Chronik. 1250 Jahre Ickelheim. Hrsg. vom Festausschuss zur 1250-Jahr-Feier (1991.100 m. Abb.).

Kreuzigung, graphische Vorlage.
Vgl. Ansbach, Kreuzigung mit Stiftern.

KASENDORF

(Kr. Kulmbach)

Ev. Pfarrkirche (ehem. Johannes d.T.)

Vortragekreuz, 1679

Künstler
Hans Georg Brenck oder Umkreis (Zuschreibung)

Material:
Holz.

Vortragekreuz

Beschreibung:
Hölzernes Kreuz; die vier Kreuzesarme aus Knorpelwerkvoluten und frontal- bzw. profilansichtigen Engelsköpfchen um ein Zentrum mit gefüllter Blütenapplikation gruppiert; vier zackenförmige, spitze Strahlen in jeder Diagonale; das Kreuz steckt auf einem schlanken Stab, der mit einem zweireihigen Blattkranz und einem nodusartigen Knauf abschließt; auf dem Nodus ein Blütenmotiv als Grund für eine querovale Inschrifttafel mit der Jahreszahl 1679; an den Seiten kleine kreisförmige Rosetten.

Vergleichende Betrachtung:
Die charakteristische Formensprache des Stückes stellt eine Zuschreibung an Hans Georg Brenck, beziehungsweise an die spätere Kulmbacher Werkstatt nicht in Frage. Innerhalb des Oeuvres lassen sich vergleichbare Stücke aufführen. Möglicherweise ist das Werk zusammen mit dem Kanzelauftrag entstanden.

Standort:
Das 1679 bezeichnete Kruzifix war zeitweise in der Sakristei aufbewahrt worden. Jetzt sind zwei Kreuze rechts und links des Eingangs vor der südlichen Langhauswand platziert.

Inschrift:
Dat. *1679* auf der Rückseite *JHS*.

Veränderungen/Restaurierungen:
Im Rahmen der 1953/54 durchgeführten Restaurierung wurde das Vortragekreuze durch F. Wiedl ergänzt, versilbert und vergoldet.

Erhaltungszustand:
Fassungsschäden an den Engelsköpfchen.

Farbfassung:
Beide Kreuzkörper sind vergoldet, die mittlere Blüte versilbert; die Engelsköpfchen und der Christuskörper inkarnatfarben gefasst mit braunen Haaren.

Literatur/Quellen (Auswahl):
PfA Kasendorf Nr. 102 Pfarrbeschreibung (1914.36); Nr. 474 Kirchenrenovierung, Zusammenstellung der Rechnungsabschriften, Rechnung für das Pfarramt Kasendorf von F. Wiedl; Gerd Schmucker: Die Kirche in Kasendorf. In: AdfH Nr. 4 1978; Markt Kasendorf in Vergangenheit und Gegenwart. Zum 700jährigen Bestehen ihrer Heimatgemeinde. Hrsg. v. Markt Kasendorf (1986.76).

KIRCHLEUS

(Stadt Kulmbach, Kr. Kulmbach)

Ev. Pfarrkirche (ehem. St. Maria Magdalena)

Vortragekreuz, 1659

Künstler
Kulmbacher Arbeit in der Art des Andreas Müller

Material:
Holz.

Vortragekreuz

Beschreibung:

Vortragekreuz mit Strahlenglorie, vom Stab durch einen nodusförmigen Knauf und eine Kugel getrennt; die Kreuzesarme aus einer Vielzahl gestaffelter Wolkenkompartimente gebildet; im Zentrum querovaler Schild mit den Großbuchstaben *GIVG*; auf drei Seiten von Engelsköpfchen umgeben; am unteren Kreuzesstamm der von zwei Cherubsköpfchen flankierte Gekreuzigte in der Art des Rugendorfer Christus mit steil nach oben geführten Armen, das Haupt zur rechten Schulter geneigt, das Lendentuch über der linken Hüfte geknotet; Christus vom geschlitzten Titulus mit der Aufschrift *INRI* bekrönt; über den Querbalken die Trinität, vom Betrachter aus links der thronende Sohn, rechts der greise Gottvater; auf dem senkrechten Kreuzesarm die flache unteransichtige Taube, gleichfalls von einem Engelsköpfchen überhöht.

Vergleichende Betrachtung:

Das beliebte Schalldeckelthema der Trinität wurde auf das Vortragekreuz transponiert und mit dem Gekreuzigten sinnfällig zu einer abbreviierten Erlösungsbotschaft verknüpft. Sie wurde für jeden sichtbar bei Beerdigungsprozessionen vorangetragen. Aufgrund der charakteristischen, pausbäckigen Engelsköpfchen und der typischen Wolkenformationen ist das Werk stilistisch zweifelsfrei dem Kulmbacher Betrieb zuzuordnen. Die größten Entsprechungen finden sich am Baiersdorfer Retabel (1676) des ehemaligen Schlehendorn-Schülers Andreas Müller.

Archivalischer Nachweis:
Kirchenbuch (Kirchenbucharchiv Regensburg); *Den 27 Augusti ao 1659 haben Ihre Hochwohl Edl Gestreng Georg Dieterich von Guttenberg Eltester deß Geschlechts Kerleußer Linie und Patronus der Kirchen etc ein schön zierlich geschnitzt und gantz verguldetes Creutz mit dem verguldeten Crucifix und über dem (!) demselben mit den Bildern der H. dreyen Personen der dreyeinigen Gottheit, zu hiesiger Kirchen verehrt, so beedes Gott zu Ehren und zur Zierd in der Kirchen daran auch zum Begrebnißen zugebrauchen; der liebe Gott wolle solche Mildigkeit Sr. Gestreng mit Zeitlich (?) und einigen Seegen reichlich vergelten.*

Inschrift: :
Im querovalen Zentrum des Kruzifixes befinden sich die Großbuchstaben *GIVG*. Handelt es sich hierbei um die korrekte Monogrammierung? Sonst ließen sich die Buchstaben in den Stifternamen *Georg Dieterich von Gutten-*

berg auflösen. Über der Inschrift ist das Stück mit der Jahreszahl *1659* bezeichnet. Über dem Gekreuzigten befindet sich der Titulus mit *INRI*.

Farbfassung:

Der Gekreuzigte, Gewänder, Stoffdraperien und Engelsflügel sind vergoldet. Die Wolken und der Nodus sind blau gefasst.

Literatur/Quellen (Auswahl):

KBA Regensburg, Pfarrei Kirchleus, Kirchenbuch 260-1, fol.83v; Gebessler (1958.64); Mages AdfH (1972 m. Abb.); Meißner (1982.52-52); Manfred Voigt: Kirchleus. Die Geschichte eines kleinen Dorfes. Hrsg. Evang.-Luth. Kirchengemeinde u.a. Kulmbach (1998.35 m. Abb.).

KULMBACH

(Reg.bez. Oberfranken)

Ev. Stadtpfarrkirche St. Petri

Umarbeitung der Kanzel und Kanzeldeckel, 1645

Künstler

Johann Brenck und Hans Georg Schlehendorn

Karyatidenengel

Material:

Kanzelkorpus samt Stütze und Treppenanlage sind aus Stein, die ehem. Aufbauten dürften nach archivalischen Quellen aus Lindenholz bestanden haben. Für welche Arbeiten Brenck Alabaster benötigte, ist nicht bekannt.

Maße:

Gottvaterfigur H 71,5 cm; Gottsohn H 72 cm; Karyatidenengel an der nördlichen Chorwand inklusive Sockel H 114 cm, an der südlichen Wand H 116 cm.

Abb. S.25, 67, 94, 112, 113, 134

Beschreibung:

Nach Auswertung der Zahlungsvorgänge in den Kirchenrechnungsbüchern zu St. Petri handelt es sich bei der Umarbeitung der Kanzel und der Anfertigung eines neuen Schalldeckels um die erste nachweisbare Arbeit der Bildhauer Johann Brenck und Hans Georg Schlehendorn in Kulmbach. Sie ist laut Sitzmann das Schlüsselwerk der Bildhauer, das „Figurentyp, Faltenstil und Haarbehandlung zeigt". Fotografien, die vor der Purifizierung im 19. Jahrhundert aufgenommen worden sind, lassen den steinernen Predigtstuhl mit dem Schalldeckel des 17. Jahrhunderts noch in situ erkennen:

kreisrunder Kanzelbecher mit hoher figurenverzierter Brüstung über muschelförmiger Konsolzone auf Perlstab geschnürter Balustersäule mit Akanthusdekor; Zugang durch spindelförmige, reich dekorierte Treppenanlage mit Christus Salvator und den 12 Aposteln, von acht Säulen gestützt; am Korpus vier in kanonischer Folge gearbeitete Evangelisten vor architektonischer Nischenmalerei mit Muschelkonche; auf dem abschließenden Gebälk des Bechers seitlich des Zugangs zwei große Karyatidenengel über niedrig profiliertem Sockel; sie trugen über ihren Köpfen den mächtigen, kegelförmigen Schalldeckel; dieser mit Hilfe zahlreicher, schichtartig aufgeblendeter Wolkengebilde, Engelchen und Engelsköpfchen in eine himmlische Sphäre verwandelt; die Wolkengebilde von unregelmäßig plastischem, wellenförmigem Umriss; das Innere der Formation schraubt sich wie bei Knorpelwerksvoluten aus der Bildebene; auf der Spitze des Aufsatzes die Heilige Dreifaltigkeit im Psalterschema: Gottvater rechts, Gottsohn links urspr. auf seinen Schultern das Kreuz; vor strahlenumsäumter Wolkengloriole die schwebende Hl. Geist-Taube; im Fond des Deckels fliegender Engel der Offenbarung mit Buch.

Karyatiden:

Standfiguren in bodenlangen, geschlitzten Kleidern u. hüftlangen, mantelartigen Obergewändern mit kurzen, mehrfach gekrempelten Ärmeln, V-Ausschnitt und breitem Revers; die metallisch scharfen Faltenlagen der Kostüme in zittrig, nervös vibrierender Handschrift; die Skulpturen ursprünglich spiegelbildlich im Kontrapost angelegt: das innere Bein unter reich gefälteltem Gewand als stabilisierendes Standbein, das äußere, nackt aus dem Kleid hervortretend, entspannt aus der Körperachse nach vorne gezogen; über die nach oben gestreckten, äußeren Arme ehedem die Schubkraft des Schalldeckels, rein optisch, zum steinernen Unterbau der Kanzel abgeleitet; der zweite Arm ohne zusätzliche Funktion entweder dicht an die entsprechende Körperseite gelegt oder schwungvoll diagonal quer über den ganzen Körper geführt und durch einen Griff in die abgleitende Stoffpartie fixiert; die Gesichter m. länglichen Nasen, sanft gewölbten Brauenbögen, ovalen Augen unter sichelförmigen Liddeckeln alterslos auf kräftigen Hälsen; der kleine Mund leicht geöffnet, die parallel geführten Lippen charakteristisch geschürzt; auffällig das Dreiecksmotiv der Oberlippe; die wild gelockten Haarpartien stark ornamentalisiert; einzelne, dicke, kompakte Strähnen spiralförmig in den Umraum gedreht.

Gottvater:

Schlanke, gutmütige Gestalt in antikisierender Bekleidung mit bodenlangem, gegürtetem Kleid und voluminösem Umhang; in Seitenansicht auf Wolkenbank thronend; zwischen den Füßen lockiges Engelsköpfchen; im Typus mit der segnenden Gottesdarstellung im Auszug des Kulmbacher Hochaltars vergleichbar, in den Kulmbacher Taufsteinreliefs und dem Untersteinacher Matthäus wiederholt; der Kopf mit wallender Haar- und Barttracht zur Front hin gedreht und geneigt; auf der hohlen Hand des linken Armes die Weltkugel, die Rechte segnend erhoben; das Gesicht länglich, hager, asketisch; die Wangen unterhalb der Knochen und zu Seiten der schmalen Nase eingetieft; schlitzartig geöffnete, vorstehende Augen in kreisförmigen Höhlen; das lockige Haupthaar als geschlossene Masse straff aus dem Gesicht genommen und weit über die Schulter fließend.

Gottsohn:

Christus von feingliedriger, schlanker Statur, mit geöffneter Beinstellung auf Wolkenkonglomerat thronend; die nackten Füße frei in der Luft schwebend; die kräftigen Arme angewinkelt, auf unterschiedlichen Höhen weit auseinander genommen, um den ehemals vorhandenen Kreuzesstamm ohne realen Griff oder Druck zu umfassen; aufrecht getragener Kopf; der Körper bis auf das Lendentuch nackt, von einem geknöpften Mantel mit flachem breiten Kragen umgeben; über der Beinpartie ausgeprägte Schüsselfalten; unter dem Gewand spürbar die beiden Knie; die entblößte Brust nur verhalten strukturiert; zu Füßen ein gelocktes Engelsköpfchen; Christus im Gesichtstypus asketisch; die Nase gerade, die Augen halb geschlossen, der Mund leicht geöffnet und von schmalen Lippen gerahmt; das Haar lang und lockig, weit über die Schulter abfallend.

Kinderengel:

U.a. auf den Wolken reitendes Engelchen in Seitenansicht, einst mit ausgestreckten Ärmchen auf die Trinität verweisend; Engelspaar in inniger Pose, sich an den Händen fassend, und fliegender Engel mit Buch; als dralle, nicht muskulär gestaltete Kleinkinderkörper mit fülligen Einzelformen angelegt; nackte Figuren mit quelligen Armen und Beinchen, ringförmige Speckfalten an den Fesseln, „Abschnürungen" an den Handgelenken und Kerbungen im Bauch-Hüftebereich; weiche, mehrfach zusammengeschobene Fleischpartien an den Oberschenkeln beschreiben die fleischige, kindliche Körperkonstitution; an den scheinbar knochenlosen Händen kleine Finger, nicht alle einzeln gearbeitet; in der Anlage der Gesichter den Karyatidengestalten verwandt; das Gefieder der Flügel als längliche, blattförmige, überlappende Schuppen charakterisiert; einer Art abschließenden Flügelreihe entwachsend.

Engelskopf:

Köpfchen mit weit gespreizten Flügeln, wohl urspr. an der Treppenbrüstung der Kanzel; charakteristische, physiognomische Anlage mit pausbäckigem, ovalem Gesicht über kurzem, kräftigem Hals; die Nase mit breitem Sattel, der Mund herzförmig mit fleischigen Lippen; der wild flatternde Haarkranz in feine, wellige Strähnen gegliedert; über der Stirn ein kräftig toupierter Schopf.

Zu den verdingten Aufgaben der Bildhauer gehörte die Anfertigung eines neuen hölzernen Schalldeckels und die zeitgemäße Umarbeitung der vorhandenen, steinernen Kanzel Wolf Kellers aus dem 16. Jahrhundert. Durch einen hölzernen Gebälksaufsatz wurden die Korpusproportionen gestreckt. Den Handlauf der Treppe erhöhte man mit einem Engelskopf verzierten Streifen, dem Becher wurden Freisäulen auf Konsolen mit Knorpelwerkdekor beigefügt. Anhand stilistischer Gegebenheiten lässt sich nachvollziehen, dass Brenck und Schlehendorn auch maßgeblich Veränderungen an den steinernen Skulpturen vornahmen. So sind die stark bewegten Manteldraperien der Evangelisten und einige Gewandpartien an den Apostelfiguren auf die Bildhauer zurückzuführen. Auch in die Physiognomien und die Haargestaltung wurde nachbessernd eingegriffen. Ganz aus den Händen der Kulmbacher Bildhauer stammt der 1645 neu angefertigte, heute zerstörte Schalldeckel in Form eines Wolkenkegels. Durch die massive Kumulation einzelner unterschiedlich geformter Wolkenkompartimente rund um den Deckel wurden sämtliche architektonische Strukturen verschleiert und negiert, die Illusion eines atektonischen, himmlischen Gefildes perfektioniert. Die Bekrönung des Aufsatzes bildete die überzeitliche Trinitätsgruppe, mit deren Präsenz man auf göttlichen Beistand hoffte. Zu ihren Füßen wiesen beidseitig auf Wolken reitende Kinderengel mit ausgestreckten Ärmchen auf die thronenden Gestalten. Unterhalb der Dreifaltigkeitsdarstellung befanden sich zwei Putti, die sich einander in

Sitzender Engel

inniger Zuwendung an den Händen gefasst hatten. Über dem Prediger schwebte der Engel der Offenbarung. Er verkündete den Völkern und Nationen durch den aufgeschlagenen Text (Off.14,7) das ewige Evangelium. Ohne zusätzliches architektonisches Vermittlerstück schienen die Karyatidenengel - den kolossalen Cherubim des Salomonischen Tempels gleich - den schweren Aufsatz auf ihren Köpfen zu balancieren. Die tatsächliche konstruktive Gestaltung lässt sich auf den alten Fotografien nicht erkennen. Es ist jedoch anzunehmen, dass Befestigung und Verankerung des Deckels durch eine Seilanlage über das Kirchengewölbe erfolgten.

Durch den Abbruch der Kanzel im 19. Jahrhundert wurden die Figurengruppen auseinander gerissen und ihres eigentlichen Kontextes beraubt. Sie sind heute, soweit erhalten, als Einzelskulpturen über die Räume des Dekanats verteilt. Aufgrund der feinen schnitzerischen Ausführung gehören die Kulmbacher Schalldeckelfiguren, obwohl einem älteren Figurenideal verpflichtet, zu den Glanzleistungen der Werkstatt. Es sind feingliedrige Gestalten, deren Körper unter den teilweise eng angeschmiegten Stoffdraperien spürbar bleiben. Die Mäntel hüllen sich schützend wie eine zweite Schale um die Körper. Besonders bei der Gottvaterfigur verschafft die Manteldraperie der zerbrechlich wirkenden Gestalt Volumen und Ausdruck, verleiht ihren zurückhaltenden Bewegungen Kraft und Dynamik. Dem Betrachter wird durch die Binnenräumlichkeit zwischen den Gewandschalen ein Erfassen des Figurenkerns ermöglicht. Insgesamt bleiben die Gestalten und ihre Bewegungen in eine feste Kontur eingeschlossen. An den Karyatiden wird offensichtlich, wie schwer es den Schnitzern fiel sich von einer frontalen Präsentation zu lösen. Obwohl die Figuren in ihrer Funktion als Schalldeckelträger von mehreren Seiten sichtbar waren, besitzen sie eine deutlich ausgebildete Vorderseite. Sie wirken statisch, mittels seitlich abfließender Stoffpartien stabilisiert und durch vertikale Faltenensembles fixiert. Bei der Strukturierung der Gewandpartien zeigten die Schnitzer allgemein eine breite Palette: kräftige, rinnenartige Vertiefungen, streifenförmige Abarbeitungen, tiefverschattete Faltentäler in Schüsselform sowie flachgratige Faltenbrüche. Innerhalb des Oeuvres singulär bleibt die knittrig kristalline, metallisch verhärtete Oberflächenstruktur der Karyatiden, die das Auge mit ihrer unsteten Oberfläche beinahe reizüberflutet. Schnitzerisch wird der Eindruck durch eine intensive Durcharbeitung des Materials erreicht. Das Gewand ist von zahlreichen Höhen und Tiefen durchsetzt, die von rundlich geformten Stegen getrennt werden.

Vergleichende Betrachtung:

Als unmittelbar stilistisches Vorbild für die Kulmbacher Schalldeckelgruppe muss ein heute verlorenes, vor dem Krieg bereits fragmentiertes Alabasterrelief der Trinität oder Marienkrönung aus der Sammlung des Martin-von-Wagner-Museums der Universität zu Würzburg gelten. Es wurde in der Literatur mit Zacharias d.Ä. in Verbindung gebracht.[17] Für das Haupt des Gottvaters dürfte die segnende, von Engeln und Wolken umgebene Würzburger Gottesfigur in Ovalmedaillon vorbildhaft gewesen sein. Sie hat Markert zufolge als Fragment eines Juncker Retabels in Engelgarten zu gelten.[18] Die von Karyatiden getragene Schalldeckelkonstruktion von Johann

Brenck und Hans Georg Schlehendorn wurde nach heutigem Forschungsstand 1645 erstmals in Franken verwendet. Bekanntes Beispiel aus dem Süddeutschen Raum ist der von Engeln gestützte Kanzeldeckel der St. Ulrichkirche in Augsburg, den 1608 Hans Degler schuf.[19] Allerdings wurden in Kulmbach weder der Becheraufbau noch die Schalldeckelkonstruktion berücksichtigt.[20]

Archivalischer Nachweis:

Pfarrarchiv im Dekanat. Mit dem Bildhauer *Hannß Brencken* und seinem Gesellen *Hanns Geörg Schleedorn*, die beide aus Coburg anreisten, schlossen die Stadt und die Kirchenverwaltung einen Vertrag über Erneuerungsarbeiten am Predigtstuhl der Petrikirche. Das Werk war 1576 im Zuge der Wiederaufbaumaßnahmen nach dem Bundesständischen Krieg von dem Maler und Bildhauer Wolf Keller für 60 fl. geschaffen worden. Aufgabe der Bildhauer war es, die steinerne Kanzel *darauff der Salvator neben den 4. Evangelisten und 12. Aposteln gehauen, in ein andern beßern Form und Art zu bringen.* Aus dürrem Lindenholz sollte ein Deckel oder Himmel angefertigt werden, *welchen zween wohlproportionirte Engel tragen uf die Art alß ein Gewülcken darinnen die Dreyfaltigkeit sizend, und der heyl: Geist oben mit Stralen erscheinet uf fünfft halb Schuh hoch, nebens den darzue gehörigen Engeln und Engelsköpffen in Wolcken.* Brenck und Schlehendorn erhielten 1645 für diese Arbeiten in unterschiedlichen Teilzahlungen nach Vereinbarung laut eines nicht mehr erhaltenen Gedingzettels insgesamt 200 fl. Die ersten Ausgaben für die Kanzel wurden am 12. Februar 1645 verzeichnet, die letzte Summe am 24. Dezember des gleichen Jahres ausgezahlt. Für eine Fuhre, mit der Brenck das nötige Lindenholz und Alabaster aus Coburg nach Kulmbach schaffte, wurden ihm im Juli 3.fl.2.ort. und 25.d. zugestanden. Im September beseitigt der Knecht des Kirchners Schutt und Steine, die sich während der Modernisierung des Korpus unter der Kanzel angesammelt hat. Zu diesem Zeitpunkt waren vermutlich die Steinarbeiten abgeschlossen. Am 12. September 1645 wird der alte, hölzerne, von Clas Streckenranft gefertigte Schalldeckel mit Engelsverzierung der Kanzel abgehoben. Für die Anbringung des neuen Himmels erfolgte am 30. September 1645 die Aufstellung eines Gerüstes, das bis zum 19. Dezember in der Kirche verblieb. Ausgaben für Band- und Brettnägel von Oktober bis zum 12. Dezember belegen, dass man in diesen Monaten mit der Aufrichtung des Deckels und einer neuen Kanzelstiege beschäftigt war. Von der Stiftung wurden auch die Kosten für 128 Pfund Eisen, 5½ Pfund Blei, für Stangen, Nägel, Schrauben, die der Schlosser Peter Arnoldt benötigte, übernommen. Maler, Bildhauer, Schreiner und Schlosser sowie alle übrigen Personen, die bei *Verfertigung deß Predigstuels geholffen* hatten, feierten am 12. Dezember 1645 den Abschluss der Arbeiten mit einem gemeinsamen Mahl bei Georg Scheuben. Am 17. April 1647 brachte der Stadtzimmermeister erneut ein Gerüst an der Kanzel an. Mit dessen Hilfe wurde der Predigtstuhl von den Handwerkern und *den beeden Bildhawern und ihren Gesellen [...] von oben biß unten auß abgeseübert.*

Standort:

Die Kanzel befand sich ursprünglich frei im Raum auf der Südseite des Kirchenschiffes. Für die Errichtung des neugotischen Nachfolgestücks war der Zugang von der neuen Sakristei aus entscheidend, so dass man den Predigtstuhl an der südwestlichen Chorbogenwand platzierte.

Inschrift:

Auf dem friesartigen Abschluss des steinernen Kanzelkorpus wurde in schattierten goldfarbenen Großbuchstaben von links nach rechts aufgemalt: *S. MATTHAEV...; S. MARCVS., S. LVCAS., S. IOHANNES.* Die äußeren Leisten der Treppenstufe zieren die eingemeißelten Namen der jeweils darüber positionierten Figuren. Von links nach rechts ist trotz Zerstörung auf den einzelnen Stufen zu lesen: *CHRISTVS SALV..., S PETRVS. S ANDREAS., S IACOB MAI: S IOHANNES, S PH...AES, S: T...S MATTHEV..etc.* Der ursprünglich an der Schalldeckelunterseite befestigte Engel hält ein aufgeschlagenes Buch auf dessen Seiten in schwarzer Schrift, jetzt nur noch schwer zu erkennen, V. 7 aus Kap. 14 der Off. geschrieben steht: *Fürchtet Gott/ und gebt jm die/ Ehre, den die Zeit/ seines Gerichts/ ist kommen,/ und betet an den der ge-/macht hat Himmel/ und Erden, undt/ Meer, und die/ Wasserbrunnen.*

Veränderungen/Restaurierungen:

Die Apostel an der Kanzel waren bereits 1601 von Dionysius Alt ausgebessert worden, nachdem sie Kinder zerbrochen hatten. 1672 folgten die ersten Reparaturen an der überarbeiteten Kanzel. Der Sohn Johann Brencks *Hans Geörg Brencken, Bildthauern* wurde am 6. April mit 27. Crz. bezahlt, als er unter anderem zerbrochene Ornamente an der Kanzel reparierte und wieder anleimte. 1878/79 entfernte man die Kanzel im Zuge der Kirchenerneuerung als künstliches *Roccoco-Stück* aus der Kirche. Eine Zwischenlagerung erfolgte auf einem Grundstück an der Kalten Marter. In demontiertem Zustand bewahrte man sie anschließend unsachgemäß zwanzig Jahre auf dem Bauhof auf. Aus dieser Zeit stammen vermutlich die gravierenden Schäden am Korpus. Von den ursprünglich 12 ganzfigurigen Aposteln an der Treppenbrüstung sind vier nur noch als Halbfiguren erhalten. 1910 fand das Stück im Luitpoldmuseum Kulmbach einen Platz, bis es 1986 in das neue Landschaftsmuseum Obermain auf der Plassenburg überführt wurde. Vermutlich hat man bereits beim Abbruch der Kanzel die Zutaten aus dem

17. Jh. (korinthisierende Freisäulen, Konsolen, Gebälksaufsatz, Treppenfries) beseitigt. In den Räumen des Dekanats (Kapitelsaal, Amts- und Wohnräume) wurden die Reste des Kanzeldeckels (Gottvater und Sohn, Engelsköpfe und Engelsfiguren, schwebender Engel mit aufgeschlagenem Buch) verteilt. Die ehemaligen Karyatidenengel verblieben auf der westlichen Emporenbrüstung in der Kirche. Heute sind sie an der nördlichen und südlichen Chorwand angebracht. Von den ursprünglich fünf an der Brüstung der Treppe befindlichen Engelsköpfen sind vier verloren. Die neue gotisierende Kanzel aus Eiche entstand nach Plänen des Kreisbaurates Frank durch den Bayreuther Bildhauer Behringer. Dort fand auch die ehemalige Heilig Geist Taube der Dreifaltigkeitsgruppe aus dem 17. Jh. Verwendung.

Erhaltungszustand:

Gottvater und Gottsohn sind aufgrund ihrer ehemals allansichtigen Anbringungen zum Teil auch auf ihren Rückseiten ausgearbeitet. Um die Figuren aus einem größeren Verband zu lösen, wurden die Wolken, auf denen sie beide thronten, abgesägt. Das Kreuz, das Christus vor dem Körper auf seiner linken Schulter trug, ist vermutlich verloren. Die Zehen am linken Fuß Gottvaters sind ergänzt. Fotografien aus dem Nachlass Sitzmanns (StadtA Kulmbach) belegen, dass vor 1938 auch noch kleinere Engelsköpfchen mit Wolken und die ehemals am Kanzelkorpus befindlichen Konsolen vorhanden waren. Vermutlich sind sie im Laufe der Zeit verloren gegangen. Die Karyatidenengel besaßen ursprünglich große Flügelschwingen, die heute ebenfalls fehlen.

Farbfassung:

Ob die ursprüngliche Bemalung der Kanzel aus dem 16. Jh. von Wolf Keller stammt, ist nicht bekannt. Stettberger (in Ausst.-Kat. Wolf Keller 1996.38) vermag Ähnlichkeiten zwischen dem gemalten Engel, dem Attribut des Matthäus, mit der gemeißelten Figur des Johannes erkennen. 1601 wurde das Werk samt Schalldeckel von Wolf Alt bemalt und vergoldet. 1645 bezahlte man dem aus Buttstädt gebürtigen Maler Friedrich Schmidt für die Fassung des *untern steinern Corpore sambt den zweyen Engeln und dem obern Werckh oder Himmel* in unterschiedlichen Raten einmal über 32. fl., das andere Mal über 34 fl. In dem Preis nicht mit inbegriffen war das Gold, das der Kanzler Urban Caspar von Feilitzsch, wie es vertraglich festgelegt war, extra besorgte. Für den Kanzelkorpus hatte man 14 Buch geschlagenes Feingold im Wert von über 30. fl., für den Deckel 10 Buch Gold im Wert von ca. 21 fl. verbraucht. Das Gold war von Hans Löhner im Oktober und November 1645 aus Nürnberg geholt worden. Ausbesserungen an der Kanzelfassung führte 1686 der Maler Johann Friedrich Gebisch aus. Für das Jahr 1860 liegen ein Kostenvoranschlag des Vergolders J.V. Kotschenreuther aus Zeyern und des Bayreuther Bildhauers und Vergolders Behringer vor. 1909 wurde von Johann Will die Restaurierung und Instandsetzung der noch erhaltenen, figürlichen Kanzelreste (Engel, tragende Engelfiguren, Gottvater u. Christusgruppe) vorgeschlagen und in den folgenden Jahren durchgeführt. Der steinerne Unterbau zeigt heute noch Spuren einer Bemalung. Die hölzernen Figuren Brencks und Schlehendorns sind durchgehend mit goldfarbenen Gewändern und Mänteln bekleidet. Während die Haarkalotte der Karyatiden und sämtlicher Engelsköpfe ebenfalls vergoldet sind, trägt Gottvater eine graue, Christus eine dunkelbraune Haar- und Barttracht. Das Inkarnat der Skulpturen ist hell, bei den Engelsgestalten ins Rosafarbene gehend. Im Gesichtsbereich wirken gerötete Wangenpartien und rote Lippen akzentuierend. Für die Wolkengebilde wählte man Blaugrau in unterschiedlichen Nuancierungen. Durch Weißhöhungen wurde die plastische Wirkung gesteigert.

Auftraggeber/Finanzierung:

Für die Renovierung der Petrikirche und die Erneuerung des Predigtstuhls hatte man durch *gebührliches Ansprechen und christliche Erinnerung* von der öffentlichen Kanzel aus zahlreiche Gemeindemitglieder zum Spenden aufgefordert. Die Legate wurden von dem 1. Pfarrer, dem General- und Spezialsuperintendenten Dr. Christoph Althofer in den Jahren 1644 und 1645 eingenommen und entsprechend weitergeleitet. Wie unter den Einnahmen zu ersehen, haben 1644 zahlreiche Adelige und Bürger mit einer Gesamtsumme von 129.fl. und 18.kr. zur Finanzierung der Kanzel beigetragen, u.a. Juncker Christoph Adam von Varel und seine Schwiegermutter, der Landschaftsobereinnehmer Garbriel Deschner, der Bürgermeister und Rat der Stadt sowie auch eine christliche Person, die nicht genannt werden wollte - 1645 erhält man eine weitere beachtliche Summe - die Einnahmen betragen insgesamt 179.fl. 18.Kr.- durch das großzügige Legat der Jungfrau Anna Cecilia von Wallenfels in Höhe von 50 fl. sowie der Beisteuerung von 60 fl. Zinsgeld, die der Fürstliche Brandenburgische Geheime Rat, Lehenprobst und promovierte Jurist Herr Georg Ritterhausen zur Verfügung stellte. Zusätzlich verwandte man das sog. Strolinzkische Legat von 50 fl., das im August in Bayreuth ausgezahlt worden war, und eine Summe von 25 fl., welche aus dem Verkauf von Malz an den damaligen Bürgermeister Hans Wolf Kellner 1645 stammte. Einem Vergleich verdankte man weitere 60.fl., die Heinrich Reinschmied dem Rat verehrte und die zur Hälfte für die Finanzierung des Predigtstuhls vorgesehen waren. Bürgermeister Friedrich Fugman erklärte sich außerdem bereit, die jährlich aus der Stadtkammer an ihn entrichteten und an das Siechhaus und die armen Schüler weitergeleiteten Zinsen, teilweise zur Verfügung zu stellen. Die von dem Fürstlich Brandenburgischen Amtmann zu Schauenstein, Christoph von Thüna auf Hohenstein, legierten 25 fl. wurden erst 1653 bezahlt.

Mitarbeiter:

Neben Johann Brenck und Hans Georg Schlehendorn waren bei den Arbeiten namentlich nicht bezeichnete Gesellen beschäftigt.

Engelsköpfchen

Literatur/Quellen (Auswahl):

PfA Kulmbach Gotteshausrechnungen R 10 1644-1650, R 11 1651-1656, R 14 1668-1674, R 24 1686; Nr. 121 Pfarrbeschreibung (1835.14); Nr. 129 Pfarrbeschreibung 1915; Nr. 658 Erneuerung des Daches, des Altares und des Innenanstrichs 1878-1941; Nr. 686 Instandsetzung des Innern der Kirche [Ausmalung, Windfang, Pläne hierzu] 1909-1911; Nr. 687 Instandsetzung des Innern der Kirche 1873-1881; StadtA Kulmbach Nr. 25 Rtsprk. 1644-1648, Einträge v. 25.9., 6.11.1645 u. 25.9.1648; Nr. 371-31/20 Schriftwechsel und Fotokopien von Urkunden der Kirchengeschichte Kulmbachs; Ein Gang in die St. Petrikirche Kulmbach zu Hochaltar, Taufstein und Gedächtnistafel o.J; Karl Kirchner: Die drei evangelischen Kirchen in Kulmbach. In: Bilder und Erinnerungen aus Oberfranken. Kulmbach (1910.9-10); Wilhelm Flessa: Von der Sankt Petrikirche zu Kulmbach. Geschichtliches über ihren Bau und innere Ausstattung. In: Archiv f. Geschichte u. Altertumskunde von Oberfranken Bd. 25, H. 3 Bayreuth (1914.148.152.153-155); Hans Edelmann: Steinmetzzeichen des Kulmbacher Bildhauers Wolf Keller. In: AdFH Nr. 11 1961; Annerose Sanke: Die Petrikirche in Kulmbach. Zulassungsarbeit der Pädag. Hochschule Bayreuth (1970.40-42.48-49.74 m. Abb.); Wolfgang Mössner: Die Kellersche Steinkanzel. In: 1989 nach Christus. Evangelisch in Kulmbach (1989.8-9 m.Abb.); Ausst.-Kat. Wolf Keller 1996, Wolf Keller- ein Kulmbacher Künstler des 16. Jahrhunderts. Hrsg. Kathol. Kreisbildungswerk Kulmbach e.V. u. Caritasverband für den Landkreis Kulmbach e.V. (1996.12.32-22).

KULMBACH
(Reg.bez. Oberfranken)

Ev. Spitalkirche Hl. Geist

Guter Hirte (Retabelrest), vor 1663

Künstler
Johann Brenck unter Beteiligung Hans Georg Brencks
(Zuschreibung)

Material:
Holz.

Maße:
Guter Hirte H 73 cm, B 34 cm; Wappen H 60 cm.

Guter Hirte

Beschreibung:
Kräftige, frontal ausgerichtete, unbewegliche Gestalt; vor der Brust trägt der bärtige Hirte mit seinen groben Händen bei stabiler Ponderation Stab und das sich zurückwendende Lamm; das
knöchellange Gewand der Skulptur großzügig um Schulter und Körper geschwungen, über den
rechten Arm drapiert und auffällig dekorativ modelliert; vor dem Schoß tiefe parallelisierte
Schüsselfalten, von ösenförmigen Kerbungen durchfurcht; unter den teigigen Gewandmassen
deutlich die kräftigen Beine der Figur spürbar.

Vergleichende Betrachtung:
Die erstmals mit der Kulmbacher Brenckwerkstatt in Verbindung gebrachte Skulptur des Guten Hirten stellt möglicherweise den Rest eines Retabels dar, dessen Aussehen nur noch durch
eine alte Fotografie aus dem 19. Jahrhundert (1885) überliefert ist. Bedingt durch eine Neuaufstellung, den Einbau eines Kanzelbechers im 18. Jahrhundert, die Entfernung der ursprünglichen
Weinstocksäulen und Seitenwangen hatte der Aufbau einige Veränderungen hinnehmen müssen. Das originale Figurenprogramm (mit Ausnahme der Kanzelskulpturen v. H.G. Brenck) und
die einstige Ornamentdekoration waren bis dato längst verloren. Was spricht für eine Zuweisung des Retabels an die Bildhauerwerkstatt in Kulmbach? Es ist nicht einmal nötig, Blendflügel und gewundene Säulen geistig wieder einzufügen, um zu erkennen, dass der Spitalkirchen-
altar exakt den architektonischen Aufbau des einachsigen, eingeschossigen Schnabelwaider Retabels Hans Georg Brencks wiederholt. Archivalische Notizen, die Auskunft über den Entste-
hungszeitpunkt des Werks geben, haben sich nicht erhalten. Genauere Hinweise liefert das
aus dem 17. Jahrhundert stammende Allianzwappen des Bürgermeisters und Gotteshauspfle-

gers Hans Döbner von Lichtenfels. Es befand sich zeitweise am Schalldeckel der Kanzel und ist heute mit reicher Helmzier und Knorpelwerksdekoration separat im südöstlichen Bereich des Kirchengebäudes befestigt. Nach den Ausführungen in der Pfarrbeschreibung von 1835 (PfA Ku Nr. 121, S. 18) handelte es sich möglicherweise um das Wappen des Kanzelstifters. Da der Predigtstuhl nach neuester Erkenntnis erst um 1672 errichtet worden war, Döbner aber bereits 1663 verstarb, muss das heraldische Emblem Bestandteil des Retabels gewesen sein. Altaraufsatz und die vermutlich zugehörige Skulptur wären demnach vor 1663 entstanden. Für eine Einordnung des Guten Hirten in das Brencksche Oeuvre spricht einmal die charakteristische Figurendisposition. Zum anderen weist die Skulptur frappante, physiognomische Parallelen mit dem Geseeser Retabelchristus (1671/72) auf. In der Gewandgestaltung sind trotz niedrigerer Stilstufe Analogien mit dem Marktleugaster (Marienweiher) Philippus (1665/67) Johann Brencks nachweisbar, obwohl der große katholische Heilige durch seine glänzende, glatte Farbfassung und die geschmeidigen Stoffdraperien den mattfarbigen Hirten qualitativ weit in den Hintergrund drängt. Vergleichsbeispiele und zeitliche Einordnung des Stückes plädieren für eine Schöpfung durch Johann Brenck unter Beteiligung seines Sohnes. Aufgrund der verminderten Detailausführung, der schematischen Haartracht, der grob skizzierten Hände und des wenig differenzierten Gesichtes zählt die Skulptur zu den schlichteren Arbeiten der Werkstatt, die dennoch die späten handwerklichen Stücke des Betriebes bei weitem übertreffen.

Standort:
Der ursprüngliche Aufstellungsort ist nicht bekannt. Das Retabel erhob sich nach dem Kirchenneubau im 18. Jh. unterhalb des Triumphbogens im südöstlichen Part des Gebäudes.

Inschrift:
In der Predella waren die Worte 1. Corinther 10.V.16 angebracht. Ein genaues Zitieren ist aufgrund der zerstörten Inschrift nicht mehr möglich.

Wappen:
Das Allianzwappen, im 19. Jh. am Schalldeckel der Kanzel befestigt, zeigt auf der linken Seite einen schwarzen Handschuh auf Goldgrund, rechts eine Adler- oder Greifenklaue und einen Raben über der Helmzier. Es handelt sich um das Wappen des Bürgermeisters und Gotteshauspflegers Hans Döbner von Lichtenfels, das möglicherweise zum Retabel gehörte. Döbners Poträt samt Wappen wurde 1640 in dem Kulmbacher Kirchbuch von St. Petri abgebildet. Der Bürgermeister war 1663 verstorben.

Veränderungen/Restaurierungen:
Vermutlich mit dem Neubau des Gotteshauses 1738-40 unter Johann Georg Hoffmann hatte man aus den bestehenden Ausstattungsstücken einen Kanzelaltar komponiert. Noch im frühen 19. Jh. (1835) bildeten Kanzel und Altar - damals noch mit Seitenflügeln, weißen, gewundenen Säulen mit Weinlaubranken und Engelsfiguren - eine Einheit. 1840 wurden die Säulen vermutlich bei einer Renovierung durch den Burgkunstadter Bildhauer Hetzel durch glattschaftige Exemplare ersetzt und die Wangen entfernt. Obwohl zunächst an eine Wiederverwendung des Altargehäuses gedacht war, entschied man sich 1885, als man die Kanzel vom Retabel trennte, gegen eine Neuaufstellung. Die Mensa des Altares verlegte man in den Chorbereich. Als neuer Altarschmuck diente ein getreppter, hölzerner Aufsatz in Renaissanceformen, bekrönt von einem Kruzifix aus dem Eisenwerk Lauchhammers.

Erhaltungszustand:
Das Retabel wurde April bzw. Mai 1885 abgebrochen. Die Reste befanden sich 1931 auf dem Dachboden der Spitalkirche.

Farbfassung:
Bis 1775 verzichtete man bei Kanzel und Retabel aufgrund fehlender finanzieller Mittel auf eine Neufassung. Nach einer großzügigen Stiftung durch die Spitalinsassen Ott führte der Kulmbacher Hofmaler Sebastian Friedrich Müller die Arbeiten aus. Das Retabel besaß 1835 weiße Säulen, war ausreichend vergoldet und sollte bei einer Erneuerung durch den Bildhauer Hetzel 1840 ähnlich farbig gehalten werden (Kapitelle, Schaftgesimse, die zwei Engelsgestalten und sämtliche Ornamente golden).

Literatur/Quellen (Auswahl):
PfA Kulmbach Nr. 121 Pfarrbeschreibung (1835.18); StadtA Kulmbach Nr. 371-32/2 Die Reparatur der Hos-

pitalkirche 1774-1781; Nr. 371-32/9 Die von den hiesigen Geistlichen beantragte Reparatur und resp. Verschönerung des Altars in der Hospitalkirche dahier 1840; Nr. 371-32/15 Die Restaurierung der Spitalkirche und Anschaffung einer neuen Orgel 1881; Nr. 371-32/21 Anschaffung eines neuen Altars für die Spitalkirche 1917; Franz Pietsch: Zwei außergewöhnliche Menschen: das Stifterehepaar Ott. In: AdfH Nr. 10 Dezember 1964; „Die moderne Technik gibt Spitalkirche wieder ihr ehemaliges Aussehen zurück". In: Bayerische Rundschau v. 9.7.1971, S. 6.; Alfred Schirmer: Die Geschichte der Bürgerhospitalkirche zu Kulmbach. Zulassungsarbeit f. Lehramt an Volksschulen. Päd. Hochschule Bayreuth der Universität Erlangen-Nürnberg (1972.37.42-46.57); Helmuth Meißner: Die Spitalkirche: architektonisches Schmuckstück in Kulmbach. In: Kulmbacher Anzeiger v. 13.2.1986, S. 12.

Fotografien/Abbildungen:

Kulmbach StadtA Aufnahme vor der Renovierung 1885 und nach dem Umbau; beide Abbildungen finden sich in der Bayerischen Rundschau v. 4.7.1990 „Spitalkirche ist 250 Jahre alt", S.7.

MARKT ERLBACH
(Kr. Neustadt/ Aisch - Bad Windsheim)

Ev. Pfarrkirche (ehem. St. Kilian), urspr. Ansbach
Ev. Pfarrkirche St. Johannis

Kanzel, 1621

Künstler
Georg Brenck d.Ä. und d.J.

Material:
Lindenholz.
Maße:
Moses: H 119 cm, B 45 cm, T 32 cm; Markus: H 59 cm, B 35,5 cm, T 22 cm; Matthäus: H 57 cm, B 41 cm, T 22 cm; Lukas: H 58 cm, B 40 cm, T 22,5 cm; Johannes: H 56,5 cm, B 39 cm, T 24 cm; Paulus: H 56,5 cm, B 28 cm, T 20 cm.

Abb. S.84, 88, 93, 97, 105, 124

Auferstandener

Beschreibung:

Aus dem Sechseck konstruierter, figural getragener Predigtstuhl mit Portalanlage und reichem Schalldeckelaufbau.

Fuß/ Brustzone: Stützbereich und Brustzone nach dem Prinzip der Zobelkanzeln (u.a. Giebelstadt) konstruiert; unter dem Becher schlanke, sich im Umriss verjüngende, bärtige Mosesfigur mit Stab; in der rechten Hand auf Brusthöhe die Gesetzestafeln; die Figur analog zum Kanzel- und Schalldeckelgrundriss durch sechseckiges Podest mit Diamantdekor untersockelt; auf dem Schädel hexagonales „Kapitellstück"; ihm entspringen der lanzenförmig angeschnittene Baluster

mit weichlappigem Akanthusdekor und die sechs geschuppten Rippen, die zu differenziert gestalteten, reich gekleideten halbfigurigen Tugenden mutieren; ihre kindlichen Köpfe setzen an
den schmalen Stegen des Kanzelunterbodens an; von links nach rechts: Spes (erhobener Blick,
gekreuzte Arme), Fides (goldener Becher, weiteres Attribut verloren), Caritas (Kind, Apfel), Patientia (gefesselte Hände), Justitia (einst mit Waage, Schwert) und Fortitudo (Säule); an den Ecken
des Bechers kugelförmige, blattverzierte Abhänger, unter den Seiten Blenden aus geflügelten Engelsköpfchen; zwischen den C-förmigen Schwüngen ein zackig gefaltetes Tuch.

Korpus: der Kanzelkörper nach den architektonischen Prinzipien des Uffenheimer Predigtstuhls
vierzonig und mit doppelter Instrumentierung an den Ecken gestaltet; Sockel- und Gebälksfries
undekoriert; in der Sockelzone eingetiefte, querrechteckige Nischen mit Halbrundabschluss
an den Schmalseiten; darin vor geschnitztem und gemaltem Hintergrund die reliefierten liegenden Propheten: Jesaja (Säge), Jeremia (Krug, Joch um den Hals), Ezechiel (auf einen Ziegel-
stein schreibend), Daniel (Zepter, Buch, Löwe), zuletzt David (Krone, Harfe); an den Kröpfkanten applizierte Wappen der Stifter; als Instrumentierung des Hauptfeldes geschuppte, gefelder-
te sich verjüngende Pilaster über den Ecken des Kanzelbechers, im oberen Drittel zu Rosetten
arrangiert; vor den Pilastern freistehende, kannelierte, korinthische Säulen, im unteren glattschäftigen Bereich mit Engelsköpfen dekoriert; in profilierten Muschelnischen die auf Sesseln
thronenden Evangelisten in kanonischer Folge, gegenüber den Figuren der Zobelkanzel variiert und reicher ausgeführt; in dem schmalen Feld der Chorbogenwand stehender Paulus; alle
Zwickelflächen mit Arabesken- bzw. Schweifwerkmotiven verziert.

Portal/ Treppe: auf der ersten Stufe des Anstieges reich geschmücktes rundbogiges Portal mit
glattschäftigen Dreiviertelsäulen auf hohen Piedestalen und Beschlagwerkscharnieren; das Tür-
blatt durch zwei übereinander gestaffelte, profilierte Felder gegliedert; im halbkreisförmigen oberen Abschluss die flach reliefierte Kreuzigung; im hochrechteckigen Feld der unteren Hälfte
die Darstellung der Ehernen Schlange; als Bekrönung ein pyramidal gestaffeltes Ensemble aus
drei Engeln und Wappenkartuschen; der gerade Treppenlauf beidseitig durch einfach profilierte Brüstung in Höhe des Korpus verblendet, harmonisch an den Kanzelbecher angeschlossen;
in den sichtbaren rautenförmigen Einlassungen die reliefierten Darstellungen von Abrahams Opfer und der untersockelten Standfigur Johannes d.T. mit attributiv beigefügtem Lamm vor Land-
schaftshintergrund; auf der gegenüberliegenden Seite im unteren Feld der Traum Jakobs.

Schalldeckel:

Sechseckiger, reich dekorierter Schalldeckel mit kräftigem, an den Ecken vorkragendem Gebälk
und baldachinartigem Aufbau; der Fries des Deckels an den Kröpfkanten mit Edelsteinen, an den
Seiten mit jeweils unterschiedlich komponiertem flachen antikisierendem Rankenwerk aus stilisierten Blattformen, Füllhörnern und Knospen; über den Ecken sechs nach Stichvorlagen konzipierte Apostelfiguren von Edelstein verzierten Piedestalen getragen (v.l.n.r.: Matthäus m. Win-
kelmaß, Thomas m. Buch und Lanze, Jakobus minor m. Walkerstange, Petrus m. Schlüssel, Ju-
das Thaddäus? (Apostel m. Lanze, urspr. m. Buch), Matthias m. Beil; zwischen den einzelnen Fi-
gurensockeln differenziert gestaltete Blenden aus geflügelten Engelsköpfchen (vgl. Korpusblen-
den), großen geschuppten Voluten, weichlappigen Vegetabilmotiven und Pflanzenkelchen;
zurückgestuft ein sechseckiger Unterbau, an seinen Ecken sichelförmig durchbrochene C -
Schwünge mit kugeligem Kandelaberaufsatz; auf dem Unterbau der von sechs glattschäftigen,

verzierten Säulen (Tuchmotive) getragene Baldachin; unter seinen bogenförmigen Arkaden weitere sechs antikisierend gekleidete Apostelfiguren mit Attributen (v.l.n.r.: Jakobus d.Ä. mit Pilgerhut, Andreas mit Kreuz, Simon Zelotes mit Säge, Philippus mit Stabkreuz und Buch, Johannes Ev. mit Giftkelch, Bartholomäus ehedem mit Messer); auf den vorgezogenen Gesimsen der hohen Gebälksstücke sechs dralle Engel in kurzen Röcken oder Tüchern mit Leidenswerkzeugen; dreieckige Giebelchen mit Engelskopfappliken die Interkolumnien zusammenfassend; als Abschluss kuppelige Überwölbung mit sechs Schneckenrippen; auf der bekrönenden, kapitellartigen Konstruktion der triumphierende Christus mit Siegesfahne, in einen vor der Brust geknoteten Mantel gehüllt; im Fond des Deckels eingetieft das hexagonale Relief der Verklärung Christi; an den Ecken des Deckelrands Engelsköpfe, an den Seiten ovale Diamanten; an den Unterseiten der Verkröpfungen blattförmige Abhänger; zwischen den Ecken Festons aus prallen Granatäpfeln, Blättern und aufgebrochenen Schoten.

Vergleichende Betrachtung:

Mit der Kanzel von Markt Erlbach schuf die Brencksche Werkstatt den formal und ikonographisch aufwendigsten Predigtstuhl. Das Werk ist sowohl durch die Rechnungen der Pflegestiftung, als auch durch die zweifache GB - Monogrammierung sicher nach Windsheim zu lokalisieren. Der Korpusaufriss in vier unterschiedlich hohe, horizontale Zonen ist mit dem Sommerhausener Predigtstuhl identisch. Kräftig ausgebildete Horizontalgesimse gliedern den Kanzelbecher in Sockelstreifen, Sockelzone, Hauptfeld und Abschlussstreifen. Die beiden mittleren Bereiche werden durch schlichte Friese optisch zusammengehalten und figural ausgestaltet. Charakteristisch für die Sockelzone ist ein queroblonges, in die Grundfläche eingetieftes Feld, das an den Schmalseiten halbkreisförmig schließt. Zum Gliederungselement des Hauptfeldes wird eine halbrund geformte Muschelnische. Als vertikale Linien dienen die vor einer weiteren untergeordneten Instrumentierung freigestellten Säulen auf ihren hohen Piedestalen. Mit der Auskragung des Gebälks akzentuieren sie die Senkrechte durch alle vier Feldstreifen. Der Korpus erreicht durch diese Gestaltung innerhalb seines architektonischen Gefüges maximale Räumlichkeit. Skulpturale Veränderungen sind zweifelsohne auf den archivalisch nachweisbar beteiligten Sohn zurückzuführen. Neben einer qualitativen Aufwertung, die ab 1621 deutlich nachzuweisen ist und trotz der Beibehaltung tradierter Formen aufgetreten war, entstehen nun Figuren, die, über eine schnitztechnische Verbesserung hinaus, Veränderungen aufweisen. Die Evangelisten durchbrechen mit ihrer Sitzhaltung erstmals die monotone Wiederholung, so dass Markus und Matthäus innerhalb des Oeuvres Singularität zukommt. Mit den Aposteln des Schalldeckels schuf man, wenn auch mit Hilfe von Graphiken, in schwingende Gewänder gehüllte Skulpturen, die mittels Drehung, Arm- und Beinbewegungen Vorstöße in ihren Umraum wagen. Auch in der Gewandbehandlung sind Veränderungen eingetreten. Die Faltenstege sind in ihrem Verlauf flexibler, weicher und biegsamer, der Gewandfluss orientiert sich mehr an tatsächlich körperlichen Gegebenheiten der Figuren. Parallel lassen sich an den Gesichtern, den Gliedmaßen und den Haar-

Evangelist Matthäus

kalotten rundliche, fleischige Formen beobachten, die eine schwammige Umrisslinie bedingen und zum Verlust des stark graphischen Charakters führen. Engelsappliken, die an Volumen zugenommen haben und Tugendfiguren kennzeichnen kindliche Züge. Einige Köpfchen der Schalldeckellaterne zeigen frappante Analogien mit den birnenförmigen Engelsgesichtern des Kulmbacher Betriebes.

Besonders eindrücklich ist die stilistische Wandlung an dem Kanzelträger abzulesen. Aus der steifen, blockhaften Mosesskulptur Giebelstadts ist eine bewegte, schönlinige Gestalt geworden, deren Statur von der schwungvoll geschnitzten Stoffdraperie umspielt wird. Das röhrenförmige, stilisierte Untergewand wurde vom Schnitzer durch ein geknöpftes Kleid ersetzt, das mit seinem schweren Stoff entlang der Beine fast körperbetont nach unten fällt. Auch der steife Mantel, der in Herchsheim ohne Bemühen um Stofflichkeit in wenigen Faltenmustern vor der Mitte des Körpers herabgleitet, hat sich in Markt Erlbach von der starken Umklammerung gelöst und völlig unmotiviert ornamentales Eigenleben entwickelt. Die Unterschiede im Gesichtsbereich beschränken sich dagegen fast ausschließlich auf den Grad der Qualität. So hatte der quadratische Schädel des Giebelstädter Moses in der gelängten, stärker modellierten Form von Markt Erlbach an Prägnanz gewonnen und auch die ehemals stark stilisierte, geschlossene Haar- und Barttracht mittels einer detaillierteren Strukturierung und Differenzierung individuelleren Charakter erlangt. An den bogenförmig geschwungenen, kräftigen Flügeln der Schalldeckelengel lassen sich erstmals - entgegen der Behauptung Bruhns - knorpelige Formationen nachweisen. Gleichzeitig wurde auf die kleinteilige Differenzierung des Gefieders zugunsten eines kompakteren Gesamteindrucks verzichtet.

Archivalischer Nachweis:
Rechnungen der Johannispflege im LKAN. 1621 war die Kanzel für die Ansbacher Johanniskirche vollendet worden. Mit der hohen Summe von 430 fl. entlohnte die Johannispflege *Georg Brenckhen undt seinem Sohn*, deren Zusammenarbeit hier erstmals archivalisch belegt ist. Den beiden Gesellen - vermutlich Wirtz und Kalck - waren insgesamt 34 fl. 2$\frac{1}{2}$ Ort. und 13 d. für Transport und Zehrung zugedacht worden. Sie hatten einmal mit Hilfe des Bürgerknechts Leonhart Schemm die Kanzel von Windsheim nach Ansbach gebracht, ein andermal den hohen Schalldeckelaufbau in die Zollerstadt transportiert. 20 fl. erhielten die Frauen der Schnitzer Leihkauf. Für 18 fl. stellte die Kirchenstiftung den Bildschnitzern bei Aufrichtung der Kanzel Wein zur Verfügung. 14 fl. kostete die Niederfallen nach Abschluss der Arbeiten. Die *Summa Auszgab zu Verfertigung der neuen Cantzell* belief sich insgesamt auf stattliche 1209 fl. 3 Ort. und 6 d. Durch den Schreiner Leonhard Steb wurde der Predigtstuhl von einem sechseckigen, hölzernen Gitter umgeben.

Standort:
Der Predigtstuhl war für die Ansbacher St. Johanniskirche gefertigt worden. 1716/17 hat man das Werk an den markgräflichen Ort Markt Erlbach verkauft. Heute steht die Kanzel am südlichen Chorbogen des Gebäudes und ist vom Chorbereich aus begehbar.

Signatur:
Das eingeschnittene aus zwei Großbuchstaben verbundene Monogramm GB und die aufgemalte Jahreszahl 1621 befinden sich am Sockel des Täuferreliefs. Ein weiteres Mal wurde das Podest eines Schalldeckelengels mit dem GB-Zeichen versehen. Möglicherweise weist auch der Sockel der Andreasfigur Monogramm und Jahreszahl auf.

Inschrift:
Die an der Kanzel befindlichen Renovierungsinschriften (s. Farbfassung) von Hermann Wiedl 1968-1972 übermalt.

Wappen:
Aufschluss über die großzügigen Wohltäter gibt die 1606 in Frankfurt für das Ansbacher Rathaus gedruckte Bibel (StadtA Ansbach), die neben Illuminationen einzelner Textstellen die Wappen der jeweiligen Finanziere aufweist. Dabei handelte es sich durchgehend um Mitglieder des älteren Rates, die ein oder mehrmals als Bürgermeister amtierten.[21] Von links nach dem Täuferrelief beginnend 1. ?, 2. Wolfgang Seubolt, 3. Christoph Weber, 4. Johann Stubenvol, 5. Christian Augustin Rehm; Wappen des Portals: in der Mitte das Markgräflich - Brandenburgische Schild, links: Graf zu Solm-Sonnenwalde, Hofmarschall Heinrich Wilhelms I., rechts: Stadt Ansbach.

Veränderungen/Restaurierungen:

1716, fast hundert Jahre nach Errichtung des Predigtstuhls, verkaufte die Stiftung das ehemals kostspielige Inventar an den markgräflichen Ort Markt Erlbach, der nach einem Brand im 17. Jh. unter Pfarrer Hagen seine Kirche umfassend erneuerte. 40 fl. der geforderten 80 beglich Erlbach nach Beschluss vom 9.11.1716 sofort in bar, die andere Hälfte wurde in jährlichen Beträgen über 10 fl. abbezahlt. November 1716 oder 1717 hatte man die Kanzel schließlich von ihrem ursprünglichen Standort abgebrochen und durch Schreiner mittels Fuhrwerk an den Empfänger geliefert. Vor Nutzung der Kanzel wurde sie mit einem weiteren Aufwand von 191 fl. 25 Ort. und 2 d. repariert. 1902 führte man im Inneren des Gotteshauses größere Maßnahmen durch.

Erhaltungszustand:

An den Figuren Bestoßungen und Brüche. Bei den Putten, Aposteln und Tugenden fehlen z.T. die Attribute. Den Evangelistenfiguren wurden nachträglich echte Federn beigegeben. Die fünfte, stehende Gestalt, von Funk (1934) als Paulus bezeichnet, war ehedem mit einem Schwert ausgestattet. Drei der Engelsblenden an der Korpusunterseite sind im Laufe der Zeit verloren gegangen. Der Auferstandene ehedem noch mit einem Strahlenkranz.

Farbfassung:

Wie aus der Rechnung der Gotteshauspflege hervorgeht, hatte Samuel Regius nach Errichtung der Kanzel 1621 die erste Farbfassung für insgesamt 639 fl. 2 Ort. und einen Heller ausgeführt. Die Erneuerung oder Neubemalung nach dem Erwerb aus Ansbach, übernahm Caspar Tröster 1717. Ursprünglich zeigte das an der Treppe befindliche Relief der Isaakopferung die Inschrift *Caspar Tröster Pinx: Anno 1717.* Von der Renovierung im 19. Jh. zeugt die Notierung *Renovirt H . Schmitz, Fürth 1875* am Stein des Johannesreliefs. Vor dieser Maßnahme waren nachweislich die Kapitelle, die Vasen, die ornamentalen Dekorationen des Schalldeckels und des Schalldeckelgesims vergoldet. Ebenfalls goldfarben waren die Profilierungen der Treppe, die Gewänder von Maria und Johannes über dem Kanzelportal und die dort angebrachten Dekorationen. Aus dem Jahre 1932 liegt in Markt Erlbach von Arthur Geyer ein Kostenvoranschlag für die Instandsetzung des Kircheninneren vor. Er plante die schadhaften Teile der Kanzel zu erneuern, Einzelheiten zu ergänzen und anschließend das Werk original zu fassen. Die Restaurierung der Kanzel zwischen 1968-1972 übernahm die Firma Hermann Wiedl in Nürnberg. Bis dahin hatte sich die Kanzel in einer mattdunkelblauen Marmorierung präsentiert. Profile, Leisten, Sockelfries und die Sockelzone waren weiß gefasst und partiell vergoldet. Die Stützfigur trug ein tiefblaues Gewand mit weißem Mantel und rotem Innenfutter. In der Verklärungsszene der Schalldeckelunterseite war Christus in ein rosefarbenes Gewand gehüllt, die Apostel in grüne, blaue und braunrote Kleider gewandet und mit weißen goldgesäumten Mänteln versehen. Wiedl bemühte sich die Originalfassung wiederherzustellen. Trotzdem zeigen einige Wappen heraldisch falsche Farben. Heute weist die Grundfassung des Kanzelkörpers eine aus verschiedenen Blautönen getupft aufgetragene Marmorierung auf. Die Profilleisten sind alternierend in weiß, rot oder gold gefasst. Ebenfalls vergoldet sind Engelsflügel und einzelne Dekorationselemente. Die Evangelisten und Apostel tragen überwiegend weiße Gewänder oder Umhänge mit rahmendem Goldsaum. Besonders aufwendig wurde die stützende Mosesfigur gefasst, deren Kleid filigrane, vegetabile Muster aufweist.

Auftraggeber/Finanzierung:

Die zahlreichen Wappen am Kanzelbecher weisen das Werk als Stiftung regierender Ansbacher Persönlichkeiten aus (die einzelnen Namen siehe unter der Rubrik Wappen). Als politisches und finanzverwaltendes Gremium hatten die wohlhabenden Personen die ehemalige Hofkirche um ein repräsentatives Ausstattungsstück bereichert. 658 fl. 2 Ort. und 1 Heller entnahm außerdem der Bürgermeister Stubenvol dem Almosenkasten der Kirche und verbuchte es als Einnahme *zur Erbauung deß neuen Predigstuls.*

Mitarbeiter:

Zum ersten Mal werden Georg Brenck d.Ä. und d.J. zusammen in den Quellen als Hersteller eines Werkes genannt. Thomas Wirtz aus Ulm und Martin Kalck aus Ansbach waren seit 1620 als Gesellen in der Werkstatt. Johann Brenck und Hans Fueger besaßen zu diesem Zeitpunkt Lehrjungenstatus. Der erst im Dezember 1621 aufgenommene Geselle Hans Fleser wohnte der Kanzelaufstellung vermutlich noch nicht bei.

Stichvorlagen:

Moses steht einer Paulusfigur nahe, die ein Titelblatt von Johan Sadeler I (1550-1600) nach einer verlorenen Zeichnung Marten de Vos (1532-1603) ziert.[22] Lukas erinnert entfernt an die Evangelistendarstellung aus einer Bildserie von Johan Wierix, ebenfalls nach de Vos; sie wurde für die Ausgabe des Thesaurus 1585 verwendet.[23] Jakobs Traum orientiert sich, wie bereits von Bruhns (1923.440.Anm.950) und Funk (1938.31) konstatiert, an einem Stich von Raphael Sadeler I (1561-1632) nach einem Gemälde Marten de Vos.[24] Ebenfalls auf de Vos ist die Opferung Isaaks zurückzuführen, die ausschnitthaft auf einem graphischen Blatt von A. Wierix basiert[25], während die Haltung des Knaben von einem 1597 von Crispijn de Passe I gestochenen Blatt herrührt.[26] Für die Konzeption der Kreuzigungsgruppe benutzten die Schnitzer einen Stich Aegidius Sadeler II (1568-1629) nach einem Gemälde Hans von Aachens (1552-1615).[27] Die Szenerie der Ehernen Schlange ist eine Gegenkomposition nach einer graphischen Vorlage von Lukas Kilian (1579-1637).[28] Die Transfiguration Christi am Schalldeckelfond wiederholt einer Verklärungskomposition Marten de Vos, von Jacques de Bie übertragen und von Adriaen Collaert gedruckt.[29] Die Apostelfiguren des Schalldeckels sind Kopien und Reversfiguren nach zwei graphischen Zyklen, deren Vorlagen Marten de Vos lieferte: Folge a) von 14 Blättern mit Christus, Paulus und den 12 Aposteln von Hieronymus Wierix[30], b) 13 Blätter mit Christus, Paulus und den Aposteln von Hendrik Goltzius (1558-1617).[31]

Literatur:
LKAN Kirchenstiftung St. Johannis-Ansbach, Johannispflegerechnungen Nr. 1 T IV; Johannispflegerechnungen Nr. 1 T 23-31; Nr. 32 Kirchenbaurechnung der Johannispflege 1717; PfA Markt Erlbach R 3 1700-1725, Kirchenrechnung 1716 und 1717; Nr. 246 Reparaturen- und Verschönerungsarbeiten an der Kirche 1824-1907; Fa. Wiedl Nürnberg: Fotodokumentation zu der Kanzel in Markt Erlbach; Tobias Feuerlein: Geschichtliche Sammlung von Markt Erlbach. In: Die Heimat. Beilage zum Neustädter Anzeigeblatt. Nr. 30 -32, Nr. 34- 40 1930; Holger G. Lang: Evang. - Luth. Pfarrkirche St. Johannis Ansbach. Schnell, Kunstführer Nr. 1626. 1. Aufl. München, Zürich: Schnell & Steiner (1987.5-6); Josef Dettenthaler: Evang. - luth. Pfarrkirche St. Kilian Markt Erlbach. Schnell, Kunstführer Nr. 1824, 1. Aufl. München, Zürich: Schnell & Steiner (1990.9.10-11.18 m.Abb.); Saur (1996.107).

MARKT MARKTLEUGAST
(Kr. Kulmbach)

Kath. Filialkirche St. Bartholomäus und Martin, (urspr. Kath. Pfarr- und Wallfahrtskirche Maria Heimsuchung zu Marienweiher)

Retabelreste (Philippus, Valentin, Gottvater), 1665/67

Künstler
Johann Brenck, Hans Georg Brenck und Hans Georg Schlehendorn

Material:
Holz.

Gottvater als Brustfigur

Beschreibung:
Die Skulpturen werden erstmals mit der Kulmbacher Werkstatt Johann Brencks und Hans Georg Schlehendorns in Verbindung gebracht. Sie waren ursprünglich Bestandteil des Gnadenretabels zu Marienweiher. Den Vorschlägen des Kronacher Malers Sebastian Reibstein (vgl. Farb-

fassung) für die Fassung des Aufbaus verdankt man einige Angaben hinsichtlich Konstruktion und Programm. Aufgrund der Figurenanzahl wäre normalerweise ein dreigeschossiger Aufbau in der Art des protestantischen Kulmbacher Hochaltares denkbar. Ikonographisch bildete das Retabel zu Marienweiher das katholische Gegenstück zu den protestantischen Altären der Werkstatt. Die Predellamitte wurde an Stelle eines Abendmahls von einem verzierten Tabernakel eingenommen. Im Zentrum des Hauptgeschosses exponierte der Schnitzer das verehrungswürdige, gotische Gnadenbild - die Schnitzfigur der Maria, über deren Haupt zwei Engel mit einer goldenen Krone schwebten. Zu Seiten der Gottesmutter, von der Mitte durch gewundene Weinstocksäulen separiert, standen die 8 Schuh großen Franziskanerheiligen Franziskus und Antonius von Padua. Sie bezogen sich auf die seit 1644 in Marienweiher ansässigen Franziskaner, die bis zur Besetzung der Pfarrei mit einem Kleriker 1667 die Pfarrstelle versahen. Ihnen lag die Marienverehrung besonders am Herzen. Am heutigen Aufbau ist Antonius anhand des Christuskindes zu identifizieren. Analog zum Kulmbacher Hochretabel dürfte die Mitte des zweiten Geschosses Gottvater mit Reichsapfel eingenommen haben. Seine Rahmung übernahmen gleichfalls gewundene Weinlaubsäulen. Für die Flanken hatte Brenck die Diözesanpatrone Heinrich und Kunigunde, die thematisch im neugotischen Retabel des Gotteshauses wiederaufgegriffen wurden, figuriert. Mit den Heiligen Philippus und Valentin setzte sich der damalige Fürstbischof Philipp Valentin Voit von Rieneck (1653-1672) ein Denkmal. Die Figuren befanden sich möglicherweise auf den Giebelvoluten des zweiten Geschosses. Wahrscheinlich handelte es sich um Philipp von Kastilien, dessen Legende aufs engste mit den Franziskanerheiligen verknüpft ist. Das hochfürstliche Wappen schmückte entweder den Giebel des ersten Geschosses oder bildete den Abschluss des Aufbaus. Für die Dekoration des Gesamtensembles sorgten Engelsköpfchen und Ornamentappliken.

Von dem ehemaligen Wallfahrtsretabel haben sich in Marktleugast nur noch Reste erhalten. Der heutige Aufbau könnte mit seiner ausgeschwungenen Predella, der Dreiachsigkeit des Hauptgeschosses und der zentralen Säuleninstrumentierung noch an den ursprünglichen Aufbau des 17. Jahrhunderts erinnern. Sicher dem ursprünglichen Retabel zuzurechnen ist der oval gerahmte Gottvater samt einzelnen Wolkenkompartimenten im Auszug des Retabels. Nicht aus dem 18. Jahrhundert sondern aus der gleichen Zeit und somit dem Retabelkontext zugehörig sind die beiden isoliert an der Chorwand präsentierten Figuren. Es handelt sich einmal wohl um den ursprünglich mit Bischofsstab versehenen rätischen Wanderbischof Valentin (7. Jahrhundert). Sein Kult verbreitete sich von Passau aus. Zum anderen dürfte der Hl. Philippus - entweder als jugendlicher Apostel oder in der Gestalt Philipps von Kastilien - dargestellt worden sein. Fehlende Attribute verhindern eine eindeutige Identifizierung. Letzterer würde sich nach seiner Legende ikonographisch hervorragend mit den übrigen ursprünglich am Wallfahrtsretabel vorhandenen Figuren Antonius von Padua und Franziskus verbinden lassen.[32] In Marienweiher wiederholen sich am neugotischen Retabelaufbau die Bistumsheiligen, Franziskus und Antonius von Padua. Brandspuren an den Figuren von Heinrich und Kunigunde ließen bereits früher die Vermutung aufkommen, es handle sich möglicherweise um ältere, später umgearbeitete Skulpturen. Aufgrund der ikonographischen Parallelen mit dem Programm des 17. Jahrhunderts wäre noch einmal separat zu prüfen, ob die präsentierten Figuren (Diözesanheilige, Franziskus und Antonius) tatsächlich einen älteren Kern besitzen.

Hl. Valentin:

Statuarisch aufgefasste, frontal ausgerichtete und streng konturierte ruhige Standfigur in bischöflichem Ornat (Alba, Dalmatik, Pluviale); auf dem Haupt sitzt die verzierte Inful (Mitra); das von einer prächtigen Spange gehaltene Pluviale ist um den linken Oberarm gelegt und faltenreich über das Spielbein gezogen; die rechte Hand unter dem schweren Mantel sprechend erhoben; in der ausgestreckten linken das später zugefügte Schwert (urspr. wahrscheinlich ein Bischofsstab).

Hl. Philippus:

Jugendliche, fest umrissene Standfigur in langer antikisierender Gewandung; das rechte angewinkelte Bein zusätzlich untersockelt, der Oberkörper in angedeuteter Bewegung über der erhöhten linken Hüfte nach rechts gedreht: in der rechten, am Körper anliegenden Hand ein Buch, der linke Arm in schwungvoller Bewegung halbkreisförmig vor das glatte bartlose Gesicht gehoben; über dem glatten Untergewand vor der Brust gekreuzte, kompliziert drapierte Stoffpartie mit ausgeprägten Schüsselfalten vor dem Unterleib.

Vergleichende Beschreibung:

Zahlreiche stilistische Merkmale ordnen die erhaltenen skulptierten Stücke in den Werkkomplex der frühen Kulmbacher Werkstatt. Neben den motivischen Verwandtschaften mit dem Kulmbacher Gott des Hochretabels verweist die Gewandgestaltung auf die Vaterfigur des ehemaligen Kulmbacher Schalldeckels. Werkstattspezifisch ist die Ausgestaltung der weich konturierten Wolkenstücke. Für die beiden Heiligenfiguren existieren keine unmittelbaren Parallelen. Das Standmotiv des Philippus wirkt als hätte es der Bildhauer revers nach dem bekannten Wierixstich entnommen.[33] Demnach könnte der Heilige entsprechend seiner Ikonographie einen Kreuzstab gehalten haben. Die Schüsselfalten erinnern an den Guten Hirten der Kulmbacher Spitalkirche. Physiognomisch schließt sich der jugendliche Heilige mit seiner geraden stumpfen Nase an den Turbanträger aus der Kulmbacher Kreuzabnahme, aber auch an die Predellaengel des Kulmbacher Hochretabels und die Untersteinacher Engelsköpfchen an. Valentin folgt in Haltung und Ausgestaltung traditionellen gotischen Vorgaben.[34] Seine Gewandanlage verbindet ihn mit weiteren Figuren der Werkstatt aus den 60er Jahren des 17. Jahrhunderts. Physiognomische Pendants besitzt die Figur in der männlichen Gestalt, die an der Kulmbacher Kreuzabnahme die Füße des toten Christus hält und in dem Untersteinacher Lukas. Darüber hinaus verraten die breiten Hüftpartien der Figuren, das stämmige Spielbein des Philippus, die kräftigen Arme und die Haargestaltung die Zugehörigkeit zum Opus Johann Brencks.

Zweifelsohne gehören die Figuren des Wallfahrtsretabels zu Marienweiher gleich nach den Arbeiten für die Kulmbacher Petrikirche zu den besten Leistungen, die aus der Kulmbacher Werkstatt hervorgegangen sind. Nicht ganz schuldlos an dem Bemühen des Schnitzers dürfte die Auftraggeberschaft und die hohe Entlohnung mit über 300 Rthlr. gewesen sein. Wenige Jahre später sollte Johann Brenck für das figurenreiche Geseeser Hochretabel nur 85 fl. inklusive Leihkauf erhalten. Stilistisch hat sich der Bildhauer von dem manieristischen Ideal der Kulmbacher Arbeiten entfernt, bei den Figurenkörpern als auch in der Gesichts- und Haarbehandlung barockeren volleren Formen zugewandt. Typisch für den Gewandstil der 60er Jahre sind die teigig schweren Faltenlagen und die weiche Linienführung, mit der sich der Schnitzer von dem knittrigen Duktus der 50er Jahre distanzierte. Für Hans Georg Brenck und seinen Sohn blieben diese Formen maßgeblich. Allerdings wurden sie in einer stilisierten vereinfachten Handschrift (z.B. Schnabelwaid) wiederholt.

Archivalischer Nachweis:

Vikariatsprotokolle im AE Bamberg; Ratsprotokolle im StadtA Kulmbach; Archivalien StA Bamberg.

Bereits 1662 stand für das Gotteshaus in Marienweiher fest, dass es einen neuen *Miraculoß Altar* erhalten sollte. Einige Jahre später, am 26. Januar 1665, übersandte der Obere des Kapitels Eleutherius Müller zu Marienweiher dem Bamberger Vikariat für den Retabelbau notwendige Maße und bat zugleich um schnelle Unterstützung für das Projekt. Ausreichende finanzielle Mittel waren damals vorhanden. Ob der Entwurf des ehemaligen Aufbaus einem Bamberger Bildhauer zu verdanken ist, geht aus den Quellen nicht hervor. Johann Brenck muss von dem Vorhaben Kenntnis erlangt haben, denn am 1. Juni 1665 bewarb er sich um den Auftrag. Als Referenz seines Könnens verwies er auf den Veitsaltar im Domstift und die Ausstattungsstücke für das Kronacher Gotteshaus. Das Bamberger Vikariat beschloss, zunächst den Chor in Augenschein zu nehmen und anschließend über den Vertrag zu verhandeln. Eine Woche später hatte Brenck die örtlichen Gegebenheiten besichtigt, den Chor abgemessen (Höhe 30, Breite 25 Schuh), scheinbar einen Abriss vorgelegt und seine Kostenforderungen gestellt: 300 Rthlr. in mehreren Raten, 6. Rthlr. Leihkauf, die Übernahme der Transportkosten durch das Gotteshaus und die Verpflegung während der Aufstellung des Werkes. Mit einem Vorschuss von 100 fl. sollte zunächst das Holz für das Gehäuse und die Schreinerarbeiten beschafft werden. Durch die Einbindung von Gesellen wollte der Bildhauer seinen Mitarbeiterstab verstärken und eine rasche Vollendung in eineinhalb Jahren ermöglichen. Kurz darauf muss Johann Brenck das Werk anverdingt worden sein, denn am 10. September 1665 arbeitete er bereits daran. Schon bald kam es zu Verzögerungen. Obwohl Brenck Bürgen (Hans Georg Schlehendorn und seinen Schwager Lorenz Pfeiffer aus Selb) benannte, weigerten sich die Heiligenpfleger, die versprochenen 100 fl. Vorschuss auszuzahlen. Das Vikariat schlug deshalb vor, 50 fl. vorzustrecken und öfters Erkundigungen über den Fortschritt der Arbeiten einzuholen. Die Schreinerarbeiten und andere *specificirte* Arbeit übertrug Brenck am 24/14. Oktober in einem gesonderten Vertrag seinem ehemaligen Gesellen Hans Georg Schlehendorn. Er sollte 100 fl. und 2 Rthlr. Leihkauf erhalten. Außerdem hatte der Bildhauer gegen anteilige Entlohnung auch seinen Sohn Hans Georg in das Retabelprojekt integriert. Für die Vertragserfüllung haftete der Sohn mit einer Hypothek auf seinem Häuschen. Um Konfusion zu vermeiden wurde beschlossen, die aus Marienweiher empfangenen Summen auf das Kulmbacher Rathaus schicken zu lassen und dort entsprechend aufzuteilen. Eine Abschlagszahlung in Höhe von 100 fl. ging am 7. Juli 1666 in Kulmbach ein. 15 fl. und 2 Rthr. Leihkauf beanspruchte davon die Frau Schlehendorns, der restliche Betrag wurde zwischen den beiden Brencks aufgeteilt. Am 24.1.1667 war das Retabel bis auf *etliche Ziraten*, am 28. März endgültig vollendet, so dass die Aufstellung nach den Osterfeiertagen ins Auge gefasst werden konnte. Noch bis Ende Juni beließen die Gotteshauspfleger zu Marienweiher das Opus in der Kulmbacher Werkstatt. Lag es daran, dass der Bildhauer und seine Gesellen während der Aufrichtung des Retabels für jeden Tag 1 Rthlr. Kostgeld bei ungewiss langer Aufstellungsdauer und 20 fl. für die Postamentsetzung forderten? Die zusätzlichen Geldwünsche des Bildhauers wurden scheinbar abgelehnt, denn laut Vertrag war er verpflichtet, das Retabel gemäß dem Abriss, d.h. inklusive des Postaments auszuführen. Nach Aufstellung des Opus während der Sommermonate scheinen noch Änderungen berücksichtigt worden zu sein, denn im November des Jahres bat der Bildhauer für die Nacharbeit um Rekompens in Höhe von 40 fl. Weil das Werk zum *Wolgefallen des Pfahrrers undt Pflegers* vollendet worden war, man außerdem meinte, *das sie es wolverdinet*, erhielten die Bildhauer noch 30 Reichstaler vom Gotteshaus ausgezahlt. Damit waren zugleich die Zehrungskosten abgegolten.

Standort:

Das ehemalige Wallfahrtsretabel muss im Chor der Vorgängerkirche gestanden haben. 1718-21 wurde die dreischiffige Hallenkirche durch einen neuen Kirchenbau ersetzt. Man brach das alte Retabel ab. 1724 errichtete laut Mayer (1955.170.323.Anm.6) Martin Walther, 1810/12 Paul Hetzel unter Integration älterer Stücke einen neuen Wallfahrtsaltar. Die Reste des alten Altares wurden entweder zu Beginn des 18. Jhs. in die spätmittelalterliche Kirche nach Marktleugast oder um 1770 in den Kirchenneubau verbracht und umgearbeitet. Jetzt erhebt sich das Opus mit den Figuren von Franz Martin Mutschele (Zuschreibung) im eingezogenen Chor von Marktleugast. Die zwei großen männlichen Heiligen wurden auf eigenen neueren Konsolen separat an den gebrochenen Wänden des Chorpolygons platziert.

Farbfassung:

1671 schmückte das Gotteshaus noch ein ungefasstes Retabel. Obwohl der zuständige Pfarrer Feuchtigkeitsschäden befürchtete und sich Conrad Fuchs aus Goldkronach um die Fassarbeiten bewarb, wurde eine Bemalung vom Bamberger Vikariat aufgrund fehlender Mittel zunächst abgelehnt. Wahrscheinlich übernahm der ehemalige Kronacher Maler Sebastian Reibstein, der zu diesem Zeitpunkt bereits Inwohnerstatus in Friesen besaß, zu unbekanntem Zeitpunkt, wohl aber noch in den 70er Jahren, die Bemalung. Nach den Vorschlägen Reibsteins dürfte das Opus einen prächtigen barocken Anstrich erhalten haben. Für die Architektur sah der Maler einen braunen Farbton vor, der als neutrale Folie für die üppig vergoldeten Figuren fungierte. Gewänder, Engelshaare und Flügel, die Marienkrone des Gnadenbildes, das abschließende Wappen, der Tabernakelschmuck, Säulen, Kapitelle, Schaftgesims sowie Engelsköpfchen und Ornamentik sollten glanzvergoldet werden. Gesichter, Hände und Füße wollte der Maler *nach menschlicher Lebensgestalt*, d.h. mit einem natürlichen Anstrich versehen. Bei einigen Ornamenten und dem Gewandfutter einzelner Figuren war eine Versilberung geplant. Heute sind die beiden Heiligen bis auf die weißen Mäntel und Umhänge glanzvergoldet, das Gewand Gottvaters weiß gefasst. 1934 wurde die Fassung erneuert.

Auftraggeber/Finanzierung:

Die Vorbereitungen zur Errichtung eines neuen Wallfahrtsretabels gehen auf den Kapiteloberen Praesides Eleutherius Müller zurück, der stets Rückfrage mit dem Bamberger Vikariat zu halten hatte. Die Pfarrei wurde von 1650 bis zur Installation des ersten Pfarrers Joh. Martin Hatschier im Juli 1667 von den Franziskanern versehen. Aufgrund eines regen Wallfahrtsverkehrs war das Gotteshaus zunächst größtenteils selbst in der Lage, die Kosten für das Retabel zu tragen. 60 fl. und Zinsen stammten aus einer Leihsumme, die das heute abgegangene Bamberger Ägidienspital Marienweiher schuldig geblieben war. Bis zur Aufstellung des Retabels scheint sich die finanzielle Situation verschlechtert zu haben. Man *hetten von Zinsen und Opfergefällen sovil nicht, daß Sie den Bildhauer bezahlen könten* und war deshalb dringend auf Bamberger Geld angewiesen.

Mitarbeiter:

Das Werk muss mit einer großen Anzahl von Mitarbeitern entstanden sein. Den Kontrakt mit dem Bamberger Vikariat schloss ausschließlich Johann Brenck. Zur Hälfte war sein Sohn Hans Georg Brenck involviert. Schlehendorn zeigte sich u.a. für die Schreinerarbeiten zuständig. Die Namen der Gesellen sind nicht überliefert.

Literatur/Quellen (Auswahl):

AE Bamberg: P. Bernardin Lins O.F.M.: Geschichte des Klosters Marienweiher; Vikariatsprotokolle Rep. I Nr. 28/753, Eintrag v. 20.11.1662; Nr. 28/ 754, Eintrag v. 26.1., 18.3., 1., u. 8.6., 10. u. 22.9.1665 u. 4.6.1666; Nr. 28/ 755, Eintrag v. 24.1., 28.3., 9.5., 30.7., 28.11.1667; Nr. 28/ 756, Eintrag v. 31.8. u. 1.12.1671; StadtA Kulmbach Nr. 32 Rtsprk 1665-1666, Einträge v. 6.11., 1., 2. u. 9.12.1665, 7.7.1666; StA Bamberg B 49 Nr. 113 Marienweiher 1618-1749, Akta, verschiedene Reparaturen an der Kirche zu Marienweiher; Gutachten des Malers Seb. Reibstein zu Cronach wie auf nebst Weise der Chor-Altar zu Marienweiher ausstaffirt werden sollte (17. Jh.); A.F. Hofmann: Die Geschichte der Pfarrei Marienweiher im Mainkreise des Königreichs Baiern aus pfarrlichen und andern sichern Urkunden. Kulmbach: A.F. Spindler, 1816; Barthel Hofmann: Marktleugaster Kirche auf den Resten der alten Burg. In: AdfH Beilage der Bayerischen Rundschau Nr. 5 1977; Überraschungen bei Restaurationsarbeiten. Brandstellen geben Rätsel auf. In: Bayerische Rundschau v. 24.5.1985; Hans Stößlein: 800 Jahre Marienweiher. In: Kulmbacher Anzeiger 26/1989, S. 10-12; Max Zapf: 800 Jahre Pfarrei und Wallfahrt zu Marienweiher 1189-1989 (1989.bes.42-43.59-60.128ff.); Max Zapf u.a.: Pfarr und Wallfahrtskirche Marienweiher. Schnell, Kunstführer Nr. 314, völlig neubearb. Aufl. München, Zürich: Schnell & Steiner (1991.6.10-11).

Valentin, Detail

Philippus, Detail

220

NEUDROSSENFELD

(Kr. Kulmbach)

Hl. Dreifaltigkeitskirche (ehem. St. Jakobus d.Ä.)

Engelskopf

Engelsköpfchen von der ehemaligen Orgel
1672/73, 1674/75

Künstler
Hans Georg Brenck (Zuschreibung)

Material:
Holz.
Maße:
H 30 cm, B 124 cm.

Beschreibung:
Vom ehemaligen Orgelwerk des Gotteshauses stammen vermutlich die zwei großen lächelnden Cherubsköpfchen im ersten und zweiten Pfarrhaus des Ortes.
Der Kopf aus dem ersten Pfarrhaus ist farbig gefasst, der andere steinfarben bemalt; mächtige, leicht aus der Achse gedrehte, lockige Häupter von birnenförmigem Umriss; die Gesichter mit prallen Backen, auffällig querovalem Kinn, sichelförmigen Augen, parallel aufgeworfenen Lippen; die kreisrunden Mundwinkel wohl mit dem Bohrer eingetieft; die Köpfe gerahmt von ungleich verteilten Flügeln aus blattförmigem Gefieder; hinter dem Haupt drei Schwingen in unterschiedlicher Größe und Haltung ausgebreitet: Ein Flügel schmiegt sich eng zusammengeschlossen an den Kopf an, die beiden anderen werden mit schönlinigem Schwung aufgefächert; der vierte Flügel unterstreicht auf der Gegenseite die Blickrichtung des Engels; entlang des stämmigen Halses zieht sich, einem Kragen gleich, eine aus Blättern arrangierte Girlande; sie entgleitet, wie die Fruchtarrangements der Taufsteine, zwei neben dem Kopf angebrachten füllhornartigen Formationen.

Vergleichende Betrachtung:
Die Cherubsköpfe sind in den Blickrichtungen gegengleich konzipiert. Infolge ihrer ungeklärten Provenienz waren sie bis dato unpubliziert. Zweifelsohne handelt es sich um Produkte des Kulmbacher Schnitzers Hans Georg Brenck, die sich ursprünglich an einem der verlorenen Ausstattungsstücke des alten Gotteshauses befunden haben müssen. Der im zweiten Pfarrhaus aufbewahrte steinfarbene Kopf wurde zu einem unbekannten Zeitpunkt unterhalb der Halspartie rücksichtslos horizontal beschnitten. Seitlich an seiner linken ausgebreiteten Flügelschwinge verschmilzt das Gefieder mit gleichfalls fragmentierten Knorpelwerkselementen, was beweist, dass von einer Integration des Werkstückes in einen größeren Zusammenhang auszugehen ist. Aufgrund der Größenverhältnisse - die Köpfe wirken überproportioniert und monumental - scheint eine Anbringung am ornamental bereits mehr als reichlich ausgestatteten Retabel un-

wahrscheinlich. Zu den größeren, heute verlorenen Werken des Gotteshauses gehörte das Orgelwerk Matthias Tretschers, das mit dem Neubau des Instrumentes im 19. Jahrhundert abgebrochen wurde. Möglicherweise stammen die Engelsköpfe, auch wenn die Archivalien ausschließlich von der Anschaffung eines Kopfes sprechen, vom alten Gehäuse, das zwischen 1672 und 1675 mit Zierstücken aus der Bildhauerwerkstatt Hans Georg Brencks bereichert worden war. Über die Detailgestaltung der vierflügeligen Köpfe müssen nicht allzu viele Worte verloren werden. Ihre physiognomische Anlage lässt sich bis zu den Kulmbacher Predigtstuhlengeln zurückverfolgen.

Archivalischer Nachweis:
Archiv vor Ort. 1669/70 führte das Neudrossenfelder Gotteshaus Verhandlungen über eine neue Orgel mit dem Orgelmacher Matthias Tretscher zu Kulmbach. Die Fertigstellung und Aufrichtung des Musikinstrumentes durch Tretscher und seine Gesellen erfolgte im anschließenden Rechnungsjahr 1670/71. Die Dekoration des Gehäuses 1672/73 mit zwei Engeln und einem Engelskopf 1674/75 mit Zierraten wurde erst nach Bemalung der Orgel und der neuen Emporenvertäfelung vorgenommen. Dem *Bildhauer* hatte man für die Skulpturen 3 fl. 31 X. für die Ornamente 2 fl. 24 X. gezahlt. (Zu den Bildhauerarbeiten vgl. Beschreibung/Veränderungen).

Standort:
Aus Kostengründen wurde auch die alte Orgel in dem neuen Kirchengebäude, das man 1754-57 errichtet hatte, aufgestellt. Dort befand sich das Instrument dem Kanzelaltar gegenüber auf der obersten Empore.

Veränderungen/Restaurierungen:
Im 19. Jh. (1842) schuf der Orgelbauer Eberhard Friedrich Heidenreich aus Bayreuth ein neues Instrument. Die bei Abbruch des alten Werkes nun übrigen Engelsfiguren versetzte man größtenteils auf das Retabel.

Erhaltungszustand:
Am steinfarben gefassten Engelskopf Bestoßungen und Wurmfraßspuren.

Farbfassung:
1671/72 wurde die Fassung der Orgel zusammen mit der Bemalung der neuen Emporenvertäfelung von dem Maler Conrad Fuchs für 46 fl. und 2 fl. 24 X. Leihkauf durchgeführt. Anschließend war die Arbeit von dem Kulmbacher Kastner besichtigt und ein gemeinsames Mahl gehalten worden. Die erst 1672/73 vom Bildhauer gelieferten Stücke ließ man für 4 fl. 30 X. - ein Name wird nicht genannt - staffieren und von einem Boten wieder nach Neudrossenfeld bringen. Eine Neubemalung der Orgel und ihres Schmuckes wurde durch Wilhelm Ernst Wunder und Maximilian Conrad Säger nach erfolgter Wiederaufstellung im neuen Kirchengebäude 1757/58 vorgenommen.

Auftraggeber:
Das Orgelwerk ist die erste Neuanschaffung für das Kircheninnere, die in die Amtszeit des seit 1670 installierten Pfarrers Johann Wolfgang Eber fällt. Die Kosten für eine neue Orgel scheint zum Großteil die Kirchenstiftung selbst getragen zu haben. Allein 1670/1 wurden 1 fl. 21 Crz. legiert, wovon 1 fl.12 Crz. bereits die ehemalige Pfarrersfrau Pertsch gespendet hatte.

Literatur/Quellen (Auswahl):
LKAN BKB, Nr. 804, T.I Pfarrbeschreibung (1833.8.28) u. T. II Pfarrbeschreibung (1866.142-144.148); PfA Neudrossenfeld R 1a Rechnungen der Kirchenstiftung (1546-1570; 1584-1596) 1635/36, 1641/42-1675/76 [gebunden]; R 1b Rechnungen der Kirchenstiftung 1676/77-1720/21 [gebunden]; Nr. 174 Verhandlungen verschiedenen Inhalts 1660-1822; Nr. 294 Bauwesen (Kirche, Malerei der Kirche, I. Pfarrhaus, Diakonat, Kantorat, Orgeldisposition 1828) 1693-1818; Nr. 265a Drosenfeldische Gotteshausacte [Sammelband Vermögensangelegenheiten der Kirchenstiftung und Bauwesen Kultusgebäude] 1514, 1638-1755, Orgelvergrößerung; Martin Riedelbauch: Verschwundene Namen und Geschlechter. Wie die Drossenfelder Kirche 1643 zur ersten Orgel kam. In: AdfH Nr. 4 April 1958; Berger (1970.93); Fischer/Wohnhaas (1985.174-175); Neudrossenfeld (1986.66.69).

NEUSTADT AN DER AISCH

(Reg.bezirk Mittelfranken)

Ev. Stadtpfarrkirche (ehem. St. Johannes Bapt.)

Stifterrelief der Kanzel, 1616

Künstler
Georg Brenck d.Ä. (Zuschreibung)

Material:
Holz.

Maße:
Moses: H 113 cm, B 45 cm, T 34 cm; Relief: H 58 cm, B 34 cm, T 5 cm.

Relief mit Stiftern

Beschreibung:

Das erhaltene Relief mit dem *Creutz Christi [...] unter welchem zwey Mannspersonen und ein Weib stehen* der Rest eines von Moses getragenen Predigtstuhls; dargestellt eine Kreuzigungs-gruppe auf rundbogiger Tafel vor flach geschnitzter architektonischer Kulisse Jerusalems; in der Bildmitte der Gekreuzigte; auf vorderster schräger Bildebene drei betende Figuren in Zeit-tracht auf Kissen kniend; links von Christus eine kräftige weibliche Gestalt, unter dem Kreuz, der Frau gegenüber, der Ehegatte; dahinter auf einem Buch eine zweite männliche Figur mit Pa-genkopf; in den fünf Hauptseiten des polygonalen Bechers neben der reliefierten Darstellung ur-sprünglich die vier Evangelisten; im einleitenden Sockel des Bechers kleine Prophetenfiguren; Stifterinschrift im abschließenden Fries.

Ohne die Chronik Magister Salomon Schnizzers, der 1708 die Neustädter Kirche samt *Altar, Taufstein Cantzel, Orgel und anderen Kirchenzierrathen* beschrieb, wäre die Existenz, der Auf-bau und das Programm des einstigen Predigtstuhles für immer in Vergessenheit geraten. 1616 von Leonhard Eisen und der Ehefrau Barbara Pechin gestiftet, erhob sich der Kanzelbecher über dem heute erhaltenen Moses. Für die Lokalisation der Arbeit nach Windsheim spricht neben der geringen Entfernung der freien Reichsstadt auch die Entstehungszeit 1616, die einen Höhepunkt der Produktivität des Betriebes markiert. Zusätzlich weckt die Beschreibung Schnizzers Asso-ziationen an die Zobelschen Kanzelformen. Die wiederverwendete Trägerfigur erweist sich beim näheren Vergleich u.a. dem Giebelstädter Moses nahe verwandt. Auch das figürliche Re-lief atmet den Geist der Werkstatt. Der Gekreuzigte ist bis hin zur Lendentuchbewegung dem Frickenhausener Christus (Hochaltar), folglich einer graphischen Vorlage Aegidius Sadelers II, in flacherer Ausführung nachempfunden. Seine vereinfachte Physiognomie lässt sich dem Ge-sicht Christi aus der zentralen Kreuzigungsszene in Ochsenfurt zur Seite stellen. Die Physio-gnomien der männlichen Stifterfiguren erinnern beispielsweise an die Apostelköpfe der Heidel-berger Relieftafeln sowie an das Mosesrelief des Sommerhausener Predigtstuhls. Für die Aus-

223

bildung des weiblichen Gesichts wurde ein Schema verwandt, das den Marienfiguren in den genannten Beispielen zugrunde liegt. Kniende Figuren in zeitlich adäquater Kleidung wurden vollrund an den großen Adelsepitaphien der Werkstatt (Irmelshausen, Giebelstadt) ausgebildet. Der Neustädter Predigtstuhl war ein Werk, das sich vermutlich in Aufbau und Detailsprache unmittelbar an die Reihe der Zobelkanzeln anschloss. Die Anbringung eines Stifterreliefs am Kanzelkorpus lässt den Predigtstuhl in die Reihe der sogenannten Epitaphkanzeln einreihen, die nach Poscharsky (1963.209-213) besonders in Mitteldeutschland Verbreitung fanden. Als bedeutende Beispiele seien an dieser Stelle der Predigtstuhl in der Nikolaikirche zu Burg und der Predigtstuhl zu Grimma in Sachsen genannt. Im Figürlichen fühlte sich der Schnitzer den älteren Arbeiten des Betriebes verpflichtet. Ein Zug zum Schematischen, Musterhaften lässt sich vor allem an der Haar- und Gewandgestaltung der Mosesfigur und an dem nackten Körper des Gekreuzigten beobachten. Die flache Architekturkulisse wirkt wie beliebig aus sich überlappenden Einzelmotiven zusammengewürfelt. Sie erinnert mit ihren zahlreichen Türmchen und Bogenarchitekturen an mittelalterliche Stadtsilhouetten und verrät zugleich die Herkunft Georg Brencks d.Ä. aus dem Schreinerhandwerk.

Archivalischer Nachweis:

PfA im Dekanat Neustadt a.d. Aisch. Die Rechnungsbücher sind für die ersten zwei Drittel des 17. Jhs. nur fragmentarisch erhalten.[35] Auskunft über die Innenausstattung des Kirchengebäudes erteilt Magister Matthias Salomon Schnizzer (1708.166) in seiner Chronik über die Stadt Neustadt/ Aisch. Die Kanzel *ein gar zierliches und schönes Werk* war nach Wiedergabe der Inschrift 1616 von dem Generalquartiermeister und Leutnant Leonhard Eisen und Gemahlin 1616 zum Gedächtnis gestiftet worden.

Standort:

Der Lizenziat Stockfleth hatte die Kanzel aus dem Kirchenschiff an den Schwibbogen des Chores versetzt. 1688 wurde sie von Superintendent Layritz wieder in die Mitte der Kirche an die Säule transloziert. Der neugotische Predigtstuhl, den man 1882 an der rechten Seite des Triumphbogens aufstellte, lehnt sich an den dritten nördlichen Mittelschiffspfeiler an und ist vom Seitenschiff aus durch einen geschwungenen Treppenlauf begehbar.

Inschrift:

Folgende Stifterinschrift befand sich vermutlich am Fries des Kanzelbechers: *Zu Ehren Gott und seinem Wort diese Cantzel verordnet Hat Leonhard Eisen und seine Hausehr Barbara Pechin, Zur Gedächtnus hier. Anno Domini 1616.* Auf den Gesetzestafeln sind die zehn Gebote in römischen Ziffern gleichmäßig auf beiden Tafeln verteilt. Am Kreuzesstamm der Relieftafel befindet sich der Titulus mit der Aufschrift *I.N.R.I.*

Veränderungen/Restaurierungen:

1819/20 wurde eine umfassende Erneuerung im Kircheninneren durchgeführt. Die Kanzel und ein Großteil ihres figuralen und ornamentalen Schmuckes (Prophetenfigürchen und Evangelisten) wurden Opfer dieser gewaltsamen restauratorischen Maßnahme. Die Mosesfigur hatte man bis zu ihrer Wiederverwendung am Dachboden des Kirchengebäudes zwischengelagert, das Relief der Kreuzigung Christi in ein neugotisches Altärchen der Sakristei integriert. 1880 schuf Prof. Georg Eberlein aus Nürnberg einen neugotischen Predigtstuhl, als dessen Stütze der einstige Träger aus dem 17. Jh. fungiert. Eine Renovierung des Kircheninnenraumes wurde nach den Außenmaßnahmen 1973, 1979/80 unter dem Landbauamt Ansbach durchgeführt.

Erhaltungszustand:

Die Stiftertafel zeigte sich während des Forschungszeitraumes stark verschmutzt. Wurmfraßschäden sind zu verzeichnen. Am Kissen des zentralen Stifters fehlt die angestiftete Ecke.

Farbfassung:

Die Kanzel war nach ihrer Aufstellung holzansichtig geblieben und nur mit einem Firnis versiegelt worden. Farbfassung und Vergoldung erfolgten 1692 durch den Kunstmaler Johann Jakob Radius aus Kirchenlamitz. 1934 hatte man nach den Angaben Funks (1938.26) die ursprüngliche Bemalung der Mosesfigur wieder freigelegt. Erich und Anni Breil aus Obermichelbach übernahmen die letzte Restaurierung des neugotischen Predigtstuhles. Heute ist die dunkelhaarige Mosesfigur mit einer grünlich-blauen Tunika und einem roten Pallium bekleidet. Eine ähnliche Farbgebung besitzt der Hintergrund der rundbogigen Tafel. Die Stifter in zeitgenössischer schwarzer Tracht knien auf roten Kissen und einem dunklen Buch mit rotem Schnitt, die Halskrausen und der Rock der Frau sind weiß. Den nackten Leib Christi umgibt ein vergoldetes Schamtuch.

Mitarbeiter:

Aus dem Aufstellungsjahr zu schließen, dürften am Kanzelbau sowohl Vater als auch Sohn beteiligt gewesen sein. Christoff Hofmann beschäftigte die Werkstatt als Bildschnitzerlehrling, während Hans Fueger und Hans Brenck eventuell erst nach der Aufstellung der Kanzel in den Lehrlingsstand traten. Dafür dürften Clas Ströbel, der 1615 seine Lehre abgeschlossen hatte, und die zwei Gesellen Leonhard Herzog aus Eyb und Thomas Hoffmann aus Most, die April 1616 die Werkstatt konsultierten, in Neustadt tätig gewesen sein.

Stichvorlagen:

Der Gekreuzigte ist die schnitzerische Umsetzung einer Gemäldevorlage Hans von Aachens (1552-1615) (Münchner Jesuitenkirche). Stecher war Aegidius Sadeler II (1568-1629).[36]

Literatur/Quellen (Auswahl):

LKAN Johann Rösler: Findbuch für das Archiv des Evang.-Luth. Pfarramts Neustadt/Aisch 1960; Schnizzer (1708.166.189); C. Beck: Magister Salomon Schnizzer als Chronist. In: Die Heimat. Nr. 22 v. 22.10.1933; Döllner (1950.215); Limbacher (1984.6.8-9.16.18 m. Abb.).

OCHSENFURT

(Kr. Würzburg)

Kath. Pfarrkirche St. Andreas

Auferstandener Christus, um 1612

Künstler

Georg Brenck d.Ä. (Zuschreibung)

Material:

Holz.

Auferstehungschristus

Beschreibung:

Bärtige Figur auf rundlichem, unregelmäßig hohem Sockel in verhaltener Vorwärtsbewegung mit leicht gedrehtem Haupt; das rechte Bein angewinkelt; in der linken Hand die schräg gestellte Siegesstandarte; der rechte Arm stark verkürzt und segnend erhoben; die Figur bis auf den stoffreichen, vor der Brust geknoteten Mantel unbekleidet; der Umhang liegt mit breitem Kragen auf den Schultern auf und fließt unterhalb des rechten Armes nach vorne; von dort schwungvoll über den Unterleib gezogen und unterhalb des linken Armes befestigt; der Oberkörper mit charakteristischer Strukturierung größtenteils entblößt.

Vergleichende Betrachtung:

Für eine Entstehung im Betrieb Georg Brencks d.Ä. sprechen die stilistischen Merkmale der Figur - ihre geschlossene Entwicklung innerhalb eines festen Rahmens, das bewegungslose, frontale Repräsentieren, die gliederlose rundliche Ausformung der Finger, das abstrakte Muskelmuster des Oberkörpers, der Faltenduktus des Gewandes und in besonders auffälliger Weise die Physiognomie. Christus zeigt beispielsweise den gleichen jugendlichen Typus wie die Skulptur des Johannes Ev. am Ochsenfurter Hochretabel (1610-1612/13). Eliminiert man die Altersmerkmale sind in der Haargestaltung Verwandtschaften mit der unidentifizierten seitlichen Apostelfigur (Zepter, Fackel?) am gleichen Aufbau zu konstatieren. Die ursprüngliche Funktion des Auferstandenen ist unklar. Über seine Zugehörigkeit zum Retabelkontext ist nichts bekannt. Schneider ordnete in seiner Publikation den Auferstandenen den Einzelbildwerken bei, was eine isolierte, separate Schöpfung und Aufstellung insistiert, die sich allerdings nicht beweisen lässt. Christus besitzt ein Pendant am Schalldeckel zu Markt Erlbach (1621). Eine Gegenüberstellung beider Figuren offenbart die Unterschiede - in Markt Erlbach ein locker schwingender, fließender Mantel, in Ochsenfurt die starre, kompakte Stofflichkeit des Gewandes, das fest an der Skulptur zu haften scheint. Für eine Datierung um 1612 spricht also nicht nur die Nähe zu den Ochsenfurter Retabelskulpturen, sondern auch die Formensprache. Der Auferstandene ist eine gut gearbeitete Skulptur, bei der sich Georg Brenck d.Ä. durch tiefes Einarbeiten in den Holzstamm um plastische, binnenräumliche Ausgestaltung bemüht hatte.

Mitarbeiter:
Christoff Hofmann war zu diesem Zeitpunkt in der Werkstatt beschäftigt.
Literatur:
Schneider (1999.191 m. Abb.).

OCHSENFURT

(Kr. Würzburg)

St. Wolfgang

Hl. Sebastian, um 1617

Künstler
Georg Brenck d.Ä. unter Beteiligung
Georg Brenck d.J(?) (Zuschreibung)

Material:
Holz.
Maße:
H 150 cm.

Sebastian

Beschreibung:
Von neun Pfeilen durchbohrte Standfigur; vor einem abgestorbenen, verzweigten Baumstamm auf ungleichmäßigem hügeligen Sockel; das Körpergewicht auf das rechte, gerade Standbein verlagert; das linke Bein scheinbar aus der Drehung heraus überkreuzt zurückgesetzt; der linke Arm mit einem Seil hochgebunden, der rechte Arm hinter einem Ast gesenkt und gleichfalls mit einem Seil fixiert; der Kopf zur rechten Schulter gedreht; als Bekleidung ein Lendentuch auf den Hüften, in kantige Falten geworfen; das flatternde Ende zwischen den Beinen.

Vergleichende Betrachtung:

Stilistische Momente der Skulptur weisen sowohl auf die Windsheimer Werkstatt als auf eine zeitliche Entstehung nahe den Ochsenfurter (1610-12/12) und Frickenhausener Arbeiten (1617 ff). Das Standmotiv wiederholt sich u.a. an der Adamsfigur des Weltgerichtsaltars in Windsheim (1623) und am Seifriedsburger Engel mit Kreuz (1625). Die schematische Behandlung des Oberkörpers ist werkstattspezifisch und findet sich in identischer Weise, um einige Beispiele zu nennen, am Geißelungschristus und an den Schächern in Ochsenfurt, an der Sebastiansfigur des Frickenhausener Hochaltars (1617), an dem Gekreuzigten in Geißlingen (1624). In der Gewandbehandlung und der Faltenstrukturierung ist besonders das Schamtuch des Ochsenfurter Sebastians mit anderen Werken des Schnitzers vergleichbar; im Kopftypus lassen sich Analogien mit dem Täufer und dem Sebastian vom Frickenhausener Hochretabel, mit Johannes Ev. vom dortigen Nebenaltar und einigen Matthäusfiguren (u.a. Geißlingen) ziehen. Mit seiner akribisch strukturierten, stilisierten Haarkalotte verweist die Figur auf den Christus aus der Ochsenfurter Marienkrönung, mehr noch auf den Johannes des Frickenhausener Nebenretabels. Auch die schlanke, überlängte Körperproportionierung ist an den Skulpturen des dortigen Sebastianaltares nachzuweisen. Aufgrund der auffälligen Anknüpfung an die Formensprache des Frickenhausener Altaraufsatzes liegt es nahe, gegen Schneiders Datierung an eine Entstehung um 1617 zu denken. Georg Brenck d.Ä. hatte den Sebastiansaltar des Frickenhausener Gotteshauses mit einigen kunstreichen Gesellen ausgeführt. Vermutlich wurde der Heilige in derselben Werkstattzusammensetzung gefertigt. Die Ausarbeitung und das Bemühen um räumliche Erschließung machen die Skulptur zu einer qualitativ hochwertigen Arbeit. Mängel in der korrekten Körpererfassung offenbart der unglücklich rundlich gebogene linke Arm.

Standort:
Nach Karlinger nördlich im Langhaus platziert. Der ursprüngliche Kontext nicht bekannt.

Mitarbeiter:
Bei einer Entstehung um 1617 könnten neben dem Werkstattbesitzer Georg Brenck d.Ä. und seinem gleichnamigen Sohn Johann Brenck und Hans Fueger als Lehrjungen, Christoff Hofmann, Leonhard Herzog, Thomas Hoffmann, Wilhelm Geisler, Bernhard Deuschlein, Mathes Erbarich, Hans Lönhart und Friedrich Mauer als Gesellen tätig gewesen sein.

Literatur:
Karlinger (1911.166); Schneider (1999.169 m. Abb.); Dehio (1999.827).

ROTHENBURG O.T.

(Kr. Ansbach)

Franziskanerkirche

Mosesfigur (Rest der Rothenburger Kanzel zu St. Jakob von 1604)

Künstler
Georg Brenck d.Ä.

Material:
Holz.
Maße:
Mosesfigur H. 138 cm.

Moses

Beschreibung:

Im Zuge einer großangelegten Modernisierung unter dem städtischen Prediger und Superintendenten Johann Neser hatte man Georg Brenck aus Windsheim mit der Herstellung einer neuen Kanzel beauftragt. Von dem ursprünglichen Aussehen des Predigtstuhles zeugen heute noch die Einweihungspredigt, die Neser (1603-1621) am Sonntag Vocem Jucunditatis des Jahres 1604 über das Johannesevangelium 16, 23-30 gehalten hatte, und eine 1837 gefertigte Bleistiftzeichnung. Darüber hinaus erhält man Auskunft durch eine Tuscheansicht aus der Mitte des 19. Jahrhunderts und ein Ölgemälde aus dem Jahre 1660/70. 140 Jahre nach Beseitigung des Opus gelingt auf diese Weise eine Rekonstruktion.

Kanzelfuß/Konsole:

Figurale Kanzelstütze in Form einer Mosesfigur mit Stab und Gesetzestafeln; auf dem Kopf ein mehrteiliges Gebälkstück und die durchbrochene Brustzone mit volutenförmigen Rippen. Moses in der Franziskanerkirche (Kanzelrest?): frontal ausgerichtete Standfigur in leicht gebückter Haltung auf rundlichem Sockel, das linke Bein angewinkelt, der Kopf nach vorne geneigt, mit einem hexagonalen Kapitell aus unterschiedlichen Profilen bekrönt; mit der rechten Hand die zweiflügeligen Gesetzestafeln auf das rechte, leicht geknickte Bein gestützt; in der linken Hand vermutlich urspr. ein Stab; die Figur mit einer gegürteten Tunika und einem weiten, mantelartigen Umhang mit Kragen bekleidet; Moses mit bärtigem, greisenhaften Gesicht von länglicher Grundform; betonte Wangenknochen; der kleine Mund geöffnet, die Nase von den stark modellierten Nasen-Mundfalten gerahmt; über den tiefliegenden Augen kräftige, wulstige Brauen;

flach in die Stirn und in langen Strähnen auf die Schulter fallende Haare.

Korpus:

Hoher, vierzoniger Kanzelkorpus: zuunterst der Inschriftenstreifen, darüber eine Reihe kleiner Prophetenfiguren vermutlich wie in den Zobelkirchen (u.a. Giebelstadt) in kleinen Rundbogennischen platziert; im Hauptfeld, wohl durch Säulen voneinander getrennt, die vier Evangelisten und Paulus (vgl. Markt Erlbach); der Friesstreifen des Gebälks figürlich mit 12 Apostelbildnissen ausgestattet.

Treppe:

Treppenanlage mit prächtigem Portal im nördlichen Seitenschiff; auf den Abbildungen nicht erfasst; an der Front des Einganges die übereinander angeordneten Darstellungen von Sündenfall und dem

Tuschezeichnung, Innenansicht St. Jakob (Mitte 19. Jahrhundert).

Guten Hirten; der Pelikan, der durch sein Blutopfer seine Jungen vom Tod erweckte, als giebelartiger Abschluss; an der mehrteiligen Treppenverblendung Johannes d.T. und der ungläubige Thomas als Rahmen für die Reliefs von Christi Geburt und Auferstehung.

Schalldeckel:

Reich dekorierter Schalldeckel mit kegelförmigem Dach; vor den sechs aufstrebenden Schneckenrippen an den Ecken bewaffnete Engel, einer auch mit Posaune; über den einzelnen Seiten und zwischen den Figuren ornamentale Giebelblenden; an der Schalldeckelunterseite die Aussendung des Hl. Geistes, am Deckelzenit die Hl. Dreifaltigkeit aus Gottvater, Gottsohn und Taube.

Vergleichende Betrachtung:

Aufgrund der Unklarheit, die bezüglich der Instrumentierung im Korpusbereich und der Nischengliederung der Sockelzone herrscht, kann das Werk trotz seiner vierzonigen Aufrissgliederung keiner werkstattspezifischen Kanzelgruppe zugeordnet werden. Durch seine zusätzlich figurale Friesgestaltung repräsentierte der Predigtstuhl ohnehin eine Sonderform. Bei dem Schalldeckel mit Kuppeldach und Bogenrippen hatte der Schnitzer zu einem Aufbau gefunden, der als „standardisierte" Lösung auch für die späteren Kanzeln u.a. in Giebelstadt, Sommerhausen und Windsheim Verwendung finden sollte.

Die Frage, ob es sich bei der erhaltenen Mosesfigur in der Franziskanerkirche um den ehemaligen Träger der Kanzel handelt, ist nicht eindeutig zu beantworten. Im Gegensatz zu der aufrechten, beinahe steifen Haltung der Brenckschen Figuren in Giebelstadt oder Markt Erlbach scheint der Rothenburger Moses als alter Mann unter der Schwere seiner Last zusammengesunken. Sein Körper reagiert auf das Gewicht, das er einst auf seinem Kopf getragen hatte. Für eine Zuordnung in das Oeuvre sprechen Parallelen mit den archivalisch gesicherten Evangelisten des Westheimer Retabels, die gleichfalls gegürtete, in Röhren gelegte Kleider tragen. Die parallel zum Boden strebenden Saumwülste, die schon auf Höhe des Oberschenkels abfallen und kantig um den Körper verlaufen, sind beispielsweise an der Mosesfigur in Giebelstadt zu beobachten, die zudem ähnlich physiognomische Gliederungsmomente aufweist. Anstelle reicher Stirnlocken fallen beim Rothenburger Moses die einzelnen Strähnen wie am Hassfurter König der Anbetung (1605/06) flach in die Stirn und auf die Schläfen. Mit der Hassfurter Figur verbindet Moses auch eine identische flächenhafte Bartgestaltung und das Vorstrecken des Kopfes über die rundliche Schulterpartie. Identisch wirken in der seitlichen Betrachtung die Gesichtsprofile mit vorkragenden Augenbrauen, gerader Nasenlinie und leicht zurückfluchtendem Mund.

Die aufgezeigten Gemeinsamkeiten ausgenommen, lassen sich natürlich auch eine Reihe von Unterschieden konstatieren, die eine sichere Zuschreibung an Georg Brenck d.Ä. fraglich machen. Obwohl die Rothenburger Gestalt auf ihrer Rückseite nur einen breiten, vertikalen Steg aufweist, war die Mosesfigur auf der Zeichnung Franks (Eichhorn 1956) mit ausgearbeiteter Rückenpartie und durchgehender Gürtung abgebildet worden. Die Haltung der Tafeln bleibt aufgrund eines Papierknicks bei der zeichnerischen Darstellung im Unklaren, so dass die Positur der Figur nicht als weiteres Kriterium herangezogen werden kann. Fremd wirkt auch die Profilgestaltung des Kapitells, bei der im Gegensatz zu den stets getrennten, isoliert übereinander geschichteten Leisten des Windsheimer Oeuvres die einzelnen Simse zu einem kontinuierlichen Aufsatz verschmolzen worden waren. Zuletzt sollte die ungewöhnliche brettartige Anlage des Bartes erwähnt werden, der als separate Ebene vor dem Körper der Figur steht und Binnenvolumen einschließt. Generell waren die Kanzelträger durch Haltung, Gewanddraperie und Position der Gesetzestafeln zu einem geschlossenen Komplex verbunden worden. Eine endgültige, sichere Zu- oder Abschreibung scheint aufgrund der zahlreichen Pro- und Contraargumente schwierig. Nach den Vorgaben der Zeichnung, bei deren Herstellung jedoch vermutlich der Kirchenbau im Vordergrund stand, wäre eine Einordnung in das Oeuvre strikt abzulehnen. Stilistisch repräsentiert die Figur allerdings in charakteristischer Weise den Frühstil Georg Brencks d.Ä., der sich an den zugeschriebenen Hassfurter Reliefs beobachten lässt. Bei den überlieferten Kanzelträgern der Werkstatt bliebe der Rothenburger Moses aufgrund seiner Haltung ein singuläres Beispiel, das weder vom Vater noch vom Sohn in ähnlicher Weise wiederholt worden war.

Archivalischer Nachweis:

Kirchenrechnungen im StadtA Rothenburg. Ein 1911 publiziertes Blatt, das bei Abbruch der Kanzel zu Tage getreten war, liefert wesentliche Informationen zur Errichtung und den ausführende Händen des Opus: *Anno damino*

(!) 1604 den 9. May Ist dieser Predigstuel aufgerichtet worden. Die Namen derer, so daran gearbeitet: Georg Brenck von Windeßheim, Bildschnitzer; Michael Hornberger von Bloefelden, Bildschnitzergesell; Eucharius Seefridt von Nördtlingen, Contertfether; Sigißmundus Nürnberger, Malers Jung; Johann Rupert, Maurer von Rotenburg; Michael Rügert, Maurer von Rotenburg; Melchior Metzger, Schloßer von Rotenburg; Caspar Zwirn, Schreiner von Rotenburg; Wolfang (!) Hartweg vom Hof, Maurer; Lorentz Bauer vom Hof, Maurer; Hanß Müller vom Hof, Maurer; Hanß Brecht, Zimmermann von Rotenburg; Leonhartus Wüst von Rotenburg scripsit tunc temporis Alumus. Damals sindt Pfleger der Kirchen gewesen: Der Ehrenraht und Wolweise Herr M. Georg Schnepff, Burgermeister; Der Edel und Raht Christoph Marckhardt, Burgermeister; Der Erbar und Achtbare Herr Johann Scheiblein, Eußerpfleger. Schon 1602 hatte nach den stadtgeschichtlichen Notizen Albrechts (wiedergegeben von Schnurrer 1984.92) *Georg Brencken, Bildthauern zu Windsheim* begonnen, den neuen Predigstuhl in der Pfarrkirche zu errichten. Ein Blick in die entsprechenden Kirchenrechnungen lässt die einzelnen Vorgänge vertiefen. Ab Juli 1603 liefen nachweislich Vorbereitungen. Für die steinerne Treppenanlage der Kanzel waren Quaderstücke gebrochen worden. Am 16. Oktober erhielten der Maurer Hans Rupert und seine Lehrlinge 19 Taglöhne bezahlt, *die Treppen zum Predigstuhl zuhauen.* Im November des Jahres führte man vermutlich den Transport des Werkes von Windsheim nach Rothenburg durch. Die Aufrichtung des Werkes erfolgte schließlich um den 9. Mai 1604. Georg Brenck d.Ä. und sein Geselle wurden hierbei durch eine Anzahl Werkleute unterstützt, die alle namentlich auf dem genannten Zettel verzeichnet worden waren. Nach Abschluss der gesamten Arbeiten nach Cantate wurde die Niderfallen für die Werkleute ausgezahlt. *Georg Prencken Bildtschnizer zu Windsheim* erhielt für die Anfertigung des Predigtstuhls mehrere Beträge in Teilraten. 1603 ließ man ihm auf vier Mal insgesamt 140 fl. zukommen. 3½ fl. verehrte man ihm und seinem Lehrjungen zusätzlich. 1604 zahlte die Stiftung dem Schnitzer, *damit er seiner Arbeit halben gar bezahlt* noch einmal 20 fl. Lohn, seinem Gesellen 2 fl. und dem 10jährigen Bildschnitzersohn 1 fl. 2 lb. 24 d. Verehrung. Erst 1607 war die noch offen stehende Rechnung für die Kanzel aus Windsheim endgültig getilgt. Man hatte versehentlich Georg Brenck 30 fl. zu wenig gegeben, obwohl *sich der Bestandt uff 200 fl. erstreckt* hatte.

Standort:

Die alte Kanzel, 1560 von dem Rothenburger Schreinermeister Hans Haider geschaffen, wurde 1604 von dem Schreiner Caspar Schmid abgebrochen und in der Franziskanerkirche zu Rothenburg neu aufgestellt. An die Stelle des Vorgängerwerkes rückte das Opus von Georg Brenck d.Ä. Nach der Zeichnung Franks befand sich die Kanzel vor dem zweiten freistehenden Pfeiler nach der westlichen Empore an der nördlichen Mittelschiffswand. Der Korpus des Predigtstuhles war durch einen Treppenaufgang vom nördlichen Seitenschiff her begehbar. Die Mosesfigur in der Franziskanerkirche ist an der südlichen Seite im Chor frei aufgestellt.

Inschriften:

Der Sockelstreifen zeigte die bereits bekannte Inschrift aus dem 8. Kapitel Jesaias in goldfarbenen Lettern: *Nach dem Gesetz und Zeugnus/ werden sie das nicht sagen/ so werden sie die Morenröte nicht haben* (zitiert nach Neser 1604.13).

Erhaltungszustand:

Dem Frühwerk Brencks war kein günstiges Schicksal beschieden. Der figurenreiche Renaissanceaufbau wurde Opfer des 19. Jhs. mit seinen historisierenden Tendenzen. Karl Alexander von Heideloff purifizierte zwischen 1854, nach der Genehmigung der Pläne vom 7.8., und 1857 rücksichtslos die Jakobskirche. Schon in seinem Kostenanschlag vom 26.6.1852 plädierte er für die Entfernung von Emporen und Kanzel, obgleich sich das Dekanat der Stadt zunächst gegen eine Veränderung der räumlichen Verhältnisse ausgesprochen hatte. Seinen gotischen Idealvorstellungen musste vor allem die nachreformatorische Ausstattung weichen, so wurde auch die Brencksche Kanzel entfernt, die einzelnen Teile in den 70er Jahren angeblich nach Dresden verkauft.[37] Bei der Mosesfigur in der Rothenburger Franziskanerkirche fehlt die linke Hand, der Sockel ist leicht beschädigt.

Farbfassung:

Gleich nach der Aufstellung erfolgte die Fassung und das Anstreichen des Predigtstuhls durch den Maler Eucharius Seefried. Er wurde für seine Arbeit mit insgesamt 155 fl. inklusive 5 fl. Leihkauf in vier Teilbeträgen bezahlt (im Jahre 1603 90 fl., 1604 25 fl., 10 und 30 fl.). Mit 8 fl. entlohnte man Seefried für das Anstreichen des eisernen Kanzeltreppengeländers. Verwirrend sind die Angaben in den stadtgeschichtlichen Notizen Johann Georg Albrechts (wiedergegeben von Schnurrer 1984.92). 1602 hatte nach Albrecht der Rothenburger Maler G[eorg] Schaber *den neuen Predigstuhl angestrichen.* Auch Ress (1959.88) verwies auf eine Passage bei Winterbach (1826.333), in der von einer Vergoldung und Fassung des Predigtstuhls in Alabasterfarbton berichtet wird. In den gesichteten Rechnungen des Gotteshauses ließ sich diese Position nicht nachweisen. Die erhaltene Mosesfigur der Franziskanerkirche weist eine steinfarbige Fassung auf.

Auftraggeber:

Für die Kirchen- und Schulbelange zeigte sich seit der Reformation ein Kollegium aus städtischen und geistlichen Personen verantwortlich. *Ein Erbarer Weiser Rath der Heiligen Reichs Statt Rotenburg auff der Tauber* hatte den

Predigtstuhl *dem Allmächtigen Gott (!) und seinem Heiligen Wort zu Ehren* 1604 aufrichten lassen. Das Amt der Kirchenpfleger versorgten zu Beginn des 17. Jhs. die Bürgermeister M. Georg Schnepff und Christoph Marckhardt. Als Äußerer Pfleger fungierte Johann Scheiblein. Die Position des Superintendenten besetzte seit 1604 Magister Johann Neser, der Michel Gundermann im Amt gefolgt war.

Mitarbeiter:

Nach den Quellen wurde Georg Brenck d.Ä. sowohl bei der Herstellung als auch bei der Aufrichtung der Kanzel von Michael Hornberger aus Blaufelden unterstützt. Weder in diesem noch in dem vorangegangenen Jahr war in seiner Werkstatt ein Lehrjunge eingestellt worden. Der genannte Bildschnitzersohn war zu diesem Zeitpunkt erst 10 Jahre alt.

Literatur/Quellen (Auswahl):

StadtA Rothenburg R 368 Rechnungen der St. Jakobspflege 1603-1618; Johann Neser: Eine Predigt zur Einweyhung des newen Predigstuls. Tübingen: Georg Gruppenbach (1604.1-25); Johann Meelführer: Erklerung des vierzehenden Capitels der Epistel S. Pauli an die Römer. Leipzig: Henning. Grosen d.Ä. 1616; J. D. W. von Winterbach: Geschichte der Stadt Rothenburg o.d.T. und ihres Gebietes, mit topogr.-statist. Darstellung nach reichsstädt. u. bayer.-Verfassung. I. Teil. Rothenburg (1826.32-128.338); Martin Weigel: Führer durch die Stadt Rothenburg ob der Tauber. 4. verbesserte Aufl. Rothenburg o.d. Tauber (1900.16-20); Die Hauptkirche St. Jakob in Rothenburg ob der Tauber. Hrsg. vom Verein zur Wiederherstellung der St. Jakobskirche (E.V.). Rothenburg, ca. 1907; Ein altes Blatt „Dies und Das" In: Die Linde 3 (1911.48); Die ehemalige Kanzel von 1604. In: Die Linde 3 Nr. 4 v. 15.4.1911 (1911.13-14); August Schnizlein: Führer durch Rothenburg o. Tauber und Umgebung. 14. Aufl. Rothenburg o.d.T.; J.P. Peter (1926.28-37); Wolfgang Müller: Rothenburgs Gotteshäuser und ihr Inhalt. Eine religiös-historische Studie. In: Die Linde. Beilage zum fränkischen Anzeiger Rothenburg. 22. Jg. Nr. 1 / 2 v. 15.5.1932; Paul Schattenmann: Aus dem Rothenburg des 17. Jahrhunderts. In: *Die Linde* 29 Nr. 9 (1939.71-72); M. Schütz: Was der Rothenburger über die St. Jakobskirche und deren Kunstschätze wissen sollte. In: Die Linde 29. Jg. Nr. 2/3 Februar/März (1939.10-19.bes.12); Horn: Die St. Jakobskirche in Rothenburg ob der Tauber. Führer zu Deutschen Kunstdenkmälern. München: Himer (1952.1-16.bes.1.3); Ernst Eichhorn: Historische Innenansichten der Jakobskirche in Rothenburg ob der Tauber. In: Die Linde 38 Nr. 2 (1956.9-23); K. Strobel: Kleiner Führer durch die Franziskanerkirche zu Rothenburg ob der Tauber (ca. 1960.12-13); Ludwig Schnurrer: Neue Quellen zur Rothenburger Kunst- und Baugeschichte. In: Die Linde 66 Nr. 11 (1984.82-88.90-95.bes.90 ff.); Horst Fild: Die Geschichte der St.-Jakobs-Kirche in Rothenburg/Tbr und Vincent Mayr: Die drei großen Restaurierungen der St.-Jakobs-Kirche. Geschichtlichkeit der Denkmalpflege. In: Festschrift 500 Jahre St. Jakob Rothenburg o.d.T. (1985.25-40 und 41-54; Mayr (1988.2-18); Vasold (1999.bes.29 ff); Franziskanerkirche Rothenburg o.d.T. (o.J.).

Fotografien/Abbildungen:

Schemenhaft lässt sich die Kanzel auf einem um 1660-70 entstandenen Ölgemälde erkennen, das von der Westempore aus einen Blick in das Kircheninnere zeigt (Rothenburg, Reichsstadtmus. Öl/Lw). Das Bild ist im Ausschnitt schwarzweiß bei Eichhorn (1956.13.Abb.2) wiedergegeben. Eine farbige Reproduktion liegt in der Festschrift 500 Jahre St. Jakob Rothenburg o.d.T. vor. (1985.Abb.30; vergrößertes Detail Abb.48); auf einer Tuschezeichnung aus der Mitte des 19. Jhs. (Staatsarchiv Nürnberg), die den Blick in das Kircheninnere nach Osten wiedergibt, ist die Kanzel ebenfalls dargestellt. Reproduktionen dieser Zeichnung bei Eichhorn (1956.19.Abb.4) und in der Festschrift 500 Jahre St. Jakob Rothenburg (1985.Abb.50). Den deutlichsten Eindruck des Predigtstuhls vermittelt eine Zeichnung, bez. Bez. Frank (J. F. V. lig.) 1837 aus dem StadtA Rothenburg Plansammlung (ebenfalls bei Eichhorn (1956.21.Abb.5) publiziert). Sie zeigt den Blick des Betrachters nach Westen.

RUGENDORF

(Kr. Kulmbach)

Ev. Pfarrkirche

Taufsteindeckel, zwischen 1663-1667

Künstler

Johann Brenck und Hans Georg Schlehendorn(?)
(Zuschreibung)

Material:
Das Becken ist aus Sandstein, der Deckel aus Holz gefertigt.
Maße:
Deckel H 59 cm, Durchmesser 67 cm; Johannes d.T. H 50 cm.

Taufsteindeckel

Beschreibung:

Schlichtes, zylinderförmiges, steinernes Becken mit rundem, abgeschrägtem Fuß; unterhalb des Beckens mit aufgemalter, umlaufender Stiftungsinschrift ein breites, aufsteigendes Profil; oktogonaler, hölzerner Deckel in offener Kronenform aus S-förmig geschwungenen Knorpelwerksrippen; auf dem Rücken der Rippen gedrechselte Spindeln; auf der Deckelbasis in den Rippenzwischenräumen alternierend symmetrisch konzipierte C-Schwünge und Schneckenformen von bandartigem und vegetabilem Charakter; etwas erhöht abwechselnd geflügelte Engelsköpfchen und pralle Fruchtarrangements an geschnitzten Bändern; abschließend über einer runden Deckplatte die separat untersockelte Standfigur des Täufers, in obligater Gewandung, zu seiner Linken das sitzende Lamm; das rechte, nach vorne genommene Bein leicht angewinkelt, die Fußstellung durch die zeigende Bewegung der rechten Hand auf das Lamm unterstrichen; als Ausgleich das bärtige Haupt mit schulterlang gelocktem Haaren gedreht und zur Gegenseite geneigt; der linke Arm fast vollständig unter dem Gewand verborgen; in der Hand ursprünglich ein Stab.

Vergleichende Betrachtung:

Die einfache, schmucklose Art des steinernen Beckens, die den sonst üblichen Taufbeckenformen der Kulmbacher Werkstatt widerspricht, setzt nicht unbedingt die Ausführung durch einen Bildhauer voraus. Folglich kann sich hier ausschließlich auf den hölzernen Deckel konzentriert werden. Die Zuweisung des Werkes durch Sitzmann (1938.35) ist aufgrund des charakteristischen Formenrepertoires nicht anzuzweifeln. Die Knorpelspangen wiederholen sich in den Kanzelbrustzonen von Heiligenstadt und Neudrossenfeld, die reichen Fruchtarrangements sind eine dreidimensionale Umsetzung der simpler gestalteten, flachreliefierten Motive auf an-

234

deren Taufbecken des Betriebes (Mistelgau, Grafengehaig). Aufgrund der stilistischen Überein-stimmungen zwischen den physiognomisch breit konzipierten Engelsköpfchen und den ähnlich gestalteten Engelchen des Kulmbacher Schalldeckels ist man geneigt, das Werk, ohne sich für eine Hand zu entscheiden, in den engeren Umkreis Johann Brencks und Hans Georg Schle-hendorns zu stellen. Keinem der Häupter liegt eine so ausgeprägte Birnenform des Kopfes zu-grunde, wie sie beispielsweise die Rugendorfer Gewandengel oder die typischen Köpfchen der Heiligenstädter Engel Hans Georg Brencks aufweisen. Das unterschiedliche Bild der Haar-kalotten - an einigen der Kulmbacher Engel sind die Haarsträhnen kompakt und wenig geglie-dert - scheint zum Teil in der Fassung begründet zu liegen. Die Johannesfigur ist in ihrem Stand-motiv im Werk der Schnitzer verankert. Physiognomisch gehört sie in die Nähe des Geseeser Täufers. Das augenscheinliche Bestreben, durch die starke Drehung des Kopfes und die entge-gengesetzte Armbewegung der Gestalt mehr als nur eine strenge Vorderansicht zu verleihen, de-monstriert das Bemühen des Kulmbacher Betriebes der 60er/70er Jahre. Denkbar wäre des-halb auch eine frühere Datierung der Arbeit. Qualitativ erreicht die Skulptur den Geseeser Täu-fer nicht. Das starke Wenden des Kopfes, das der Gestalt auch eine Seitenansicht erlaubt, scheint von der Justus Glesker (um 1620-1681) zugeschriebenen Bamberger Täufergestalt (jetzt Bayeri-sches Nationalmuseum München) inspiriert zu sein.

Archivalischer Nachweis:

Pfarrarchiv zum Forschungszeitpunkt vor Ort. Außer den unten genannten archivalischen Hinweisen gelang es nicht, die Taufsteinproduktion quellenkundlich näher zu fassen. Die Datierung orientiert sich an der aufgetrage-nen Inschrift am Becken sowie an der 1666/67 abgerechneten Bemalung. Sie lässt schließen, dass in diesen Jahren das Werk samt Deckel zur Aufstellung kam. 1667/68 hatte man außerdem ein altes Taufsteintuch, *weil solches nicht mehr gebraucht wird,* für Geld eingelöst.

Standort:

Die Taufe steht im Chorbereich des Gotteshauses.

Inschrift:

Um den breiten Beckenrand des Taufsteines verläuft zwischen zwei rahmenden, schwarz gemalten Bändern die Inschrift: *Dieser Taufstein ist durch Gaben von hiesiger Gemeinde verfertigt worden im Jahre Christi 1667.*

Veränderungen/Restaurierungen:

Der Taufstein aus dem 17. Jahrhundert wurde am 17. März 1845 durch ein neugotisches Opus ersetzt. Den De-ckel der alten Taufe nutzte man als Bekrönung des kurz vorher aus dem Kanzelaltarverbund gelösten Predigtstuhls. Der alte Stein wurde unter die Orgelempore gleich beim Eingang verbracht. 1906 unterzog man den alten Tauf-stein ebenso wie den Altar unter Leitung des Architekten J. Will einer Restaurierung. Das inzwischen vernachläs-sigte Sandsteinbecken wies im oberen Bereich noch Spuren von Bemalung, Vergoldung und einer umlaufenden Schrift auf. Danach wurde das Werk an den linken Chorbogen versetzt. Der Taufsteindeckel, seiner ursprünglichen Nutzung zugeführt, bedurfte nur einer Reinigung sowie einer neuen Fassung. Eine von Will vorgeschlagene Hän-gung des Deckels über eine Seilvorrichtung, an der sich zusätzliche Ornamente befinden sollten (vgl. Küps), wurde abgelehnt und unterblieb. Bei der nächsten großen Innenrenovierung 1973/74 war der Taufsteindeckel stark vergraut und gealtert, von Anobien befallen. Einzelne Holzteile waren locker. Durch den Kirchenmaler und Restaurator Hermann Wiedl erfolgten Freilegung und Abbeizen des Steines. Die Holzteile behandelte er gegen Anobienbefall. Der Taufsteindeckel mit den Rippenbögen, den Fruchtgehängen und den Engelsköpfen wurde freigelegt und nachbehandelt, schließlich gefasst und vergoldet.

Erhaltungszustand:

Ornamente am Deckel zum Teil bestoßen, eine gedrechselte tropfenförmige Spitze fehlt. Der Stab des Täufers ist verloren.

Farbfassung:

Zwischen Martini 1666 und 1667 wurde neben den Weiberstühlen, dem Beichtstuhl auch der *Tauffsteinfus mit sambt dem Dritt* für 1. fl. 6 lb. und 21 d. von *Johann Pippig Mahlern zu Veitlahm* gefasst. Der Taufstein zeigt eine rötlich/gelbliche Farbigkeit. Um den Beckenrand verläuft auf einem rotbraunen, von zwei schwarzen Bändern ge-rahmten Fries die goldene Inschrift. Der Deckel orientiert sich mit seiner rotbraunen Färbung an der

Hochretabelfassung. Ornamente, Engelsflügel, Knorpelschwünge sowie das Gewand des Johannes sind matt- und glanzvergoldet. Die Fruchtbündel zeigen bunte Lüsterfassungen. Der Sockel der Figur und die kugelförmigen Elemente der Rippen sind dunkelgrün. Das Inkarnat der Figuren ist hell, ins Weißliche gehend. Die Haarkalotten der Engel sowie des Johannes wurden in unterschiedlichen Brauntönen gehalten.

Auftraggeber:
Ebenso wie der Altar entstand der Taufstein unter Paul Brater. Die Finanzierung erfolgte laut Inschrift am Beckenrand durch Spendengelder der Gemeinde. Auch für den Taufsteindeckel und die Weiberstühle hatte man Geld gesammelt, wie die Rückseite des Altarregisters (1663/64) durch den Zusatz verrät: *Verzeichniße, was zum Altar, Tauffsteindekhel und Weiber-Stühlen ist colligiret [gesammelt] und [bei]gesteuert worden.* Die Verzeichnisse sind nicht mehr vorhanden.

Literatur/ Quellen (Auswahl):
PfA Rugendorf R 1 Rechnung der Kirchenstiftung 1666-68; Nr. 40 Pfarrbeschreibung (1864.9); Nr. 43 Material und Unterlagen zur Pfarrbeschreibung; Nr. 44 Illustrationsmaterial zur Pfarrbeschreibung; Nr. 327 Bauwesen Kirche 1876-1946; Nr. 328 Renovierung der Pfarrkirche, Rechnungsbelege 1906; Nr. 329 Altar und Gemälde 1662-1664, 1744, 1839-1895; Nr. 333 Taufstein 1844-1845; Nr. 495 Kirchenrenovation 1973/74 (innen); Kohlmann (1950.29.46.35); Meißner (1981/82.71.77 m.Abb.).

Fotografien/Abbildungen:
Gesamtansicht StadtA Kulmbach, Nachlass Sitzmann; Gesamtansicht des Beckens samt Deckel in der Frankenpost v. 9.5.1980 u. v.22.4.1981.

SEIFRIEDSBURG
(Gemünden)

Kath. Kirche St. Jakob d.Ä.

Passionsengel, 1625

Künstler
Georg Brenck d.J.

Material:
Holz.
Maße:
H ca. 170 cm.

Engel mit Geißelsäule

Beschreibung:
Zwei geflügelte Engel, einer mit Kreuz, der zweite mit Geißelsäule, auf runden Sockeln; der Engel mit Kreuz im Standmotiv dem Sebastian in der Ochsenfurter Wolfgangskapelle folgend; gegengleich wie der Ansbacher Auferstandene angelegt; der lin-

ke Arm waagerecht nach vorne gestreckt; mit der rechten Hand das wohl nachträglich zugefügte Kreuz abstützend; ihn kleidet ein geschlitzter Rock mit ondulierendem Gewandsaum; darüber dekorativ gegürtetes Oberteil mit V-Ausschnitt; der Schoß durch bogenförmigen Schurz mit Fransensaum bedeckt; an den Füßen wadenhohe Stulpenschuhe (Pero), die Zehen freilassend; der Engel mit Geißelsäule barfuß und ruhig repräsentierend angelegt; mit der linken Hand die leicht schräg gestellte Geißelsäule umfassend, der rechte Arm horizontal vor dem Körper ruhend; die Figur in einen langen, eng gefältelten Rock mit bewegtem Saum gekleidet; als Oberteil ein Hemd mit aufgekrempelten Ärmeln und Bogensaum; darüber ein zweites, gegürtetes und geschopptes Bekleidungsstück mit Kragen und Lederlaschen.

Vergleichende Betrachtung:

Das Monogramm und die Datierung sind unumstößliche Anhaltspunkte für eine Zugehörigkeit der beiden Skulpturen in die Windsheimer Werkstatt. Mit ihren schulterlangen, gelockten Haaren erinnern die Figuren an die halb- bzw. dreiviertelfigurigen Engelsgestalten, die als flache Wangenformation beispielsweise den Geißlinger Hochaltar von 1624 schmücken. Selbst die Kostümierung und die Faltengliederung der Blendenfiguren stimmen mit den Seifriedsburger Engeln partiell überein. Durch ihre schlanke Proportionierung und die grafisch gestalteten Haarkalotten reihen sich die Engel in die Nachfolge des Frickenhausener Sebastianretabels (nach 1617). Den definitiven Beweis für eine Entstehung in Windsheim liefert ein Vergleich mit den fast identischen Thüngener Engelsfiguren aus dem 1627 bezeichneten und monogrammierten Hauptrelief des neugotischen Retabels. Alle vier Figuren besitzen die gleichen, gelängten Gesichter von klassizistischer Kühle mit geradem Nasenrücken, kleiner Mundpartie und kugelig aufgesetztem Kinn. Allein in der Haargestaltung zeigen die Engelwesen der Franziskusszene bereits Formationen, die auch das Oeuvre Johann und Hans Georg Brencks kennzeichnen. An die Stelle kompakter, geschlossener Perücken treten von der Kalotte gelöste, in die Breite gearbeitete, fliegende Strähnen. Mit der röhrenförmigen Durchfurchung der Stoffpartien und den ondulierenden bewegten Gewandsäumen orientieren sich die Seifriedsburger Engel noch an den Arbeiten aus den frühen zwanziger Jahren wie den Kanzel- und Epitaphfiguren in Sommerhausen. Die Entstehung der Skulpturen im Jahre 1625, die qualitative Ausführung und die Verbindung zu den Sommerhausener Stücken weisen die Seifriedsburger Engel Georg Brenck d.J. zu. Trotz der aufgesetzten Bewegungsmomente ist den frontal orientierten Skulpturen der typisch repräsentierende, bewegungslose, zweidimensionale Charakter zu Eigen. Beide Skulpturen dürften der Überrest eines Retabel begleitenden Passionsengelzyklus von hoher Qualität gewesen sein.

Standort:
Die Engel flankierten ursprünglich das Zentrum eines älteren Retabels, das den Vorgängerbau des Gotteshauses schmückte. Sie wurden als Flankenfiguren am Rokokoaufbau (1744) wiederverwendet.

Signatur:
Das GB-Monogramm aus zwei verbundenen Großbuchstaben und die darunter eingeritzte Jahreszahl befinden sich knapp über der Basis an der Geißelsäule.

Veränderungen/Restaurierungen:
Die Flügel stammen aufgrund ihrer kleinteiligen Strukturierung und ihrer Befestigung am Rücken aus späterer Zeit.

Farbfassung:

Die Engel besitzen ein helles Inkarnat. Die Bekleidung und die Flügel sind vollständig vergoldet.

Stichvorlagen:

Die Engel erinnern im Typus und ihrer Kostümierung an Erzengelkompositionen von Marten de Vos (1532-1603).[38] Exakte Übernahmen ließen sich nicht konstatieren.

Literatur:

Feulner (1920.146-147); Schneider (1999.147 m. Abb.).

Thüngen, Franziskusretabel, Vision des Franziskus, Detail, 1627

SOMMERHAUSEN

(Kr. Würzburg)

Ev. Kirche St. Bartholomäus

Kanzel, 1620/1621

Künstler

Georg Brenck d.J., Georg Brenck d.Ä.(?)
und Johann Brenck

Material:
Lindenholz, partienweise roh, partienweise dunkelbraun
gebeizt.

Maße:
Christus: H 126 cm; Matthäus: H 55 cm; Markus: H 54 cm;
Lukas: H 53 cm; Johannes: H 53 cm; Bartholomäus: H 55 cm;
Portalreliefs: Adam und Eva: H 71 cm, B 38 cm, T 4 cm; Eherne
Schlange: H 70 cm, 38 cm, T 4 cm; Christus am Kreuz: H 26
cm; Maria H 36,5 cm, B 11 cm, T 11,5 cm; Johannes d.T.: H
36,5 cm, B: 14 cm, T 14,5 cm.

Abb. S.73, 85, 107, 110, 129,

Schalldeckelengel

Beschreibung:

Repräsentativer, aus dem Sechseck konstruierter, vierzoniger Predigtstuhl auf figuraler Stütze mit
prächtiger Portalanlage und Schalldeckel; im Aufbau dem Markt Erlbacher (Ansbach) Predigtstuhl aufs Engste verwandt; als Kanzelfundament eine kontrapostische Figur von Christus mit
Kreuzstab und Reichsapfel, von einem quergelegten, rechteckigen Kubus mit Rollwerkkartusche
getragen; auf dem Schädel der Figur aufgrund der Körperbiegung azentrisch platziertes, sechseckiges Kapitell; offene Brustzone aus verzweigten Volutenrippen mit Blattdekor; unter den Kor-
pusseiten rein ornamentale Blenden aus flach ausgesägten Brettern in dreieckiger Grundform
mit Diamant - bzw. Wappendekoration; der Umriss durch unterschiedlich tordierte Blattvolu-
ten geziert; unter den Korpusecken gedrechselte, kugelige Abhänger; der vierseitige, vierzonige
Becher bis hin zum Figürlichen an Markt Erlbach erinnernd; im Sockelstreifen und Fries des
Bechers Inschriften; die Prophetenreihe unter Verzicht von David durch Moses erweitert; Jesaja (Säge), in der Beschreibung Theodoricus zuerst erwähnt; heute isoliert an der Wand; er und
die separat auf der Knorpelkonsole an der Treppenbrüstung platzierte Täuferfigur im Fellkleid
mit Lamm zu seinen Füßen bildeten das figürliche Programm der fünften Brüstungsseite; auf den
Kropfkanten des Sockels statt Wappen geflügelte Engelsköpfchen; bei der doppelten Instrumentierung des Hauptfeldes der Hermenpilaster hinter der korinthischen Säule durch eine un-
verzierte geknickte Vorlage ersetzt; die Evangelistenfiguren vor Muschelnische nach den üblichen Vorgaben in qualitativ hochwertiger Ausführung; über dem Scheitelpunkt der rundbogigen Einbuchtung Engelsköpfe, in den Zwickeln der Brüstungsseite Fruchtbündel aus Schoten,

Knospen und Granatäpfeln; im verschmälerten Feld des Johannes Ev. Diamantmotive; die Überleitung zur enorm gelängten Treppenbrüstung mit den nachträglich eingefügten ornamentierten Feldern aufgrund der späteren Veränderungen unharmonisch; die zwei reliefierten Felder von Jakob und seinem Traum fälschlich hochrechteckig in die Rahmenfelder gesetzt; der Portalbereich wiederholt die Markt Erlbacher Konstruktion; die ganze Anlage vermutlich im 18. Jh. um 90° gedreht, die offene Seite mit einer einfachen Wand verkleidet; am Sockelpiedestal Tücher als Zierformen, die Applikationen der glattschaftigen Säulen sind zur Front gedreht; im Bogenfeld eine Inschrift und das Stadtwappen; auf dem Bogenrücken an Stelle des Hohenzollerschen Wappenensembles Christus am Kreuz, seitlich auf dem Gesims die freistehenden Assistenzfiguren Maria und Johannes nach dem Ipsheimer Vorbild; die Tür ziert im unteren Feld das großformatige Sündenfallgeschehen; oben die bereits in Markt Erlbach thematisierte Erzählung der Ehernen Schlange; der Schalldeckel im Vergleich zum Markt Erlbacher Predigtstuhl im Aufbau figural und ornamental reduziert; in der Disposition den kuppelförmigen, Rippen gegliederten Bedachungen von Giebelstadt entsprechend; der Fries des Gebälks mit biblischer Inschrift; über den Ecken wie in Uffenheim sockellose, mädchenhafte Engelsgestalten mit Leidenswerkzeugen (Essigschwamm, Kelch), die männliche Figur im Lukastypus stellt den Kirchenpatron und Ortsheiligen Bartholomäus mit Buch unter dem rechten Arm und abgebrochenem Messer in der gleichen Hand dar; zwischen den Figuren Giebelformationen in Rollwerk, zum Teil von Kuzhammer mit neuen Engelskopfmedaillons versehen; am höchsten Punkt auf einem sechseckigen Podest der lang gewandete, gegürtete Christus der Apokalypse mit ondulierendem Gewandsaum; die Attribute verloren; am Fuß des Podestes ein Kranz von fünf (ursprünglich sieben) Volutenarmen, die auf kandelaberartigen, gedrechselten Ständern lange, schlanke Kerzen tragen; im Schalldeckelfond die von Wolken und Cherubinen umgebene Trinität im Psalterschema (nicht wie Bruhns (1923.437) vermutete, die Marienkrönung).

Vergleichende Betrachtung:

1621, im gleichen Jahr wie die Markt Erlbacher Kanzel, entstand unter dem dominierenden Einfluss Georgs d.J. der Predigtstuhl von Sommerhausen. Seine Herkunft aus der Windsheimer Werkstatt ist durch mehrfach angebrachte Monogramme, die Einweihungspredigt H. Theodoricus und durch die Abrechnung in den Bürgermeisterprotokollen gesichert. Aufgrund der engen Anlehnung an den Predigtstuhl zu Markt Erlbach gehört das Sommerhausener Exemplar zu den repräsentativen Kanzelbauten, die eine Toranlage und einen vierzonigen Becher mit zweifacher Instrumentierung aufweisen. Durch den Verzicht auf die farbige Fassung fehlt den Prophetendarstellungen der gemalte Hintergrund, der in Markt Erlbach für die optische Anbindung der Reliefs an den Nischengrund sorgte. Folglich scheinen die Sommerhausener Propheten in ihren Nischen zu „schwimmen". Im Hauptgeschoss werden die mit Cherubsköpfen verzierten Säulen durch Piedestale vom geschlossenen Kanzelkörper gelöst und frei in den Raum hinausgezogen. An der Kanzel in Markt Erlbach geschah dieser Vorgang jedoch konkreter, indem man hinter die Säulen aufwendig gestaltete Pilaster stellte. In Sommerhausen verschmelzen dagegen bei einer größeren Entfernung die unverzierten Vorlagen mit der Brüstungsebene. Es lässt sich folglich nicht mehr erkennen, ob die Säulen vor dem Korpus stehen oder an ihn angebunden sind. Durch das Unterbrechen der bandartigen Leiste, die sich in Markt Erlbach am oberen Rand des Hauptfeldes über das Kapitell der Hermen in das nächste Feld hinüberzog, wird jede Seite abgeschlossen und für sich isoliert.

Evangelist Matthäus

Die Sommerhausener Kanzel ist neben dem repräsentativen Markt Erlbacher Predigtstuhl ein weiteres Hauptwerk des Betriebes, das unter der Hand des Sohnes zu höherer Qualität gelangt. Eindrücklich stellt der jüngere Schnitzer mit den einfühlsam subtil modellierten Gesichtern der Evangelisten oder des Trägerchristus sein Können zur Schau. In der Gegenüberstellung mit den Skulpturen für Giebelstadt verrät sich die sachkundige, differenzierter angewandte Schnitztechnik: Die Figuren sind vollrunder ausgeführt und zeigen innerhalb ihrer Anlage größere Binnenräumlichkeit; an den Gewandstoffen ist eine virtuose, kleinteilige Strukturierung nachzuweisen, während sich an den Reliefs eine auffällige Parallelisierung des Faltenlineaments beobachten lässt. Einige der Engelsappliken sowie die Gestaltung der Johannesfigur scheinen bereits Züge der Handschrift Johann Brencks zu zeigen. In der motivischen Konzeption der Skulpturen bewegt sich der Schnitzer im Gegensatz zum Markt Erlbacher Opus im traditionellen Rahmen der Werkstatt (vgl. die Evangelistenreihe oder die Bartholomäusfigur am Deckel).

Archivalischer Nachweis:

Bürgermeisterrechnungen im Rathaus der Stadt.[39] Ein im Pfarrarchiv laut Findbuch erhaltener Rechnungsband (1621-1622) war zum Zeitpunkt der Recherche nicht auffindbar. Für Sommerhausen schufen, so formuliert es Theodoricus in seiner Predigt (1621), *Winßheimische Bezaliels unnd künstliche meister/ die Brencken genannt* eine *wolgezierte Cantzel.* Während man die Bezahlung für den Markt Erlbacher Predigtstuhl an beide Meister entrichtete, zahlte die Kirchenstiftung zu Sommerhausen den Lohn erstmals ausschließlich an *Georg Brenckhen den Jungern Bildtschnizern und Burgern zue Wintzheim,* obwohl nach Inhalt der Einweihungspredigt beide Meister an den Arbeiten beteiligt gewesen waren. 110 fl. waren dem Schnitzer nach den vertraglich fixierten Abmachungen 4 Reichstaler zusätzlich als Verehrung übergeben worden. Man hatte befunden *das er* [Brenck, Anm.d.A.] *ein mehrers, alls der Verding vermag, daran gemacht hatte.* 1 fl. erhielt der Geselle Trinkgeld. Schließlich wurde Endersen Lederman *wegen Lüferung der Canzel, nach Wintzheimb geschickht.* Zwischenzeitlich hatte sich der Sommerhausener Bürger Hans Döllen nach dem Fortgang der Arbeiten erkundigt. Ein reichsstädtischer Bauer samt Knecht sorgte mit seinem Fuhrwerk für den Transport des Werkes nach Sommerhausen. Die Aufrichtung der Kanzel erfolgte in Anwesenheit des Schnitzers unter Mitwirkung zahlreicher Handwerksleute, die leider nicht explizit aufgeführt sind. Brenck hatte *zu Ufrichtung des Predigstuels und der Rathsstüel* bei dem Sommerhausener Wirt Johann Stadelman logiert und nach Wirtszettel mehr als für 50 fl. verzehrt. Insgesamt beliefen sich die Kosten für den Kanzelbau auf 190 fl. 3 d. und 1 ort.

Standort:

Die Kanzel wurde ursprünglich wohl an einer Ecke des Chorbogens für die vermutlich aus dem 13. Jh. stammende Kirche errichtet. Man hat sie in das 1666-1672 geschaffene Gotteshaus replatziert. Als ein Sturm 1739 das bereits baufällige Gebäude bis aufs Äußerste strapazierte, brachte man *alles KirchenGeräth alß Cantzel, Altar, Taufstein* sicher in das Rathaus und brach das Gebäude ab. Nach einem Vorentwurf für den Neubau der Kirche aus dem Jahre 1739 war für den Predigtstuhl zunächst eine Stellung links am Chor vorgesehen. Sie wurde zugunsten einer seitlichen Platzierung der Kanzel an der nördlichen Langhauswand aufgegeben. Noch heute steht das Werk in dem dritten, zwischen 1739 und 1740 barock errichteten Gotteshaus, allerdings um eine Fensterachse weiter nach Westen gerückt.

Signatur:

Das Werk wurde vierfach signiert. Der rechteckige Sockel des sitzenden Evangelisten Markus trägt an der Front die Beschriftung mit der Jahreszahl 1620. Die Seite zeigt die übliche Abkürzung des Namens mit den verbundenen Anfangsbuchstaben GB. Ebenso hat man den Thron des Lukas mit dem GB-Zeichen aus zwei verbundenen Großbuchstaben versehen. Am Relief des träumenden Jakob wurde die Oberfläche eines Steines benutzt, um die Jahreszahl 1621 anzubringen. Die Darstellung des Propheten Jesaja mit seinem Marterinstrument, der Säge, befindet sich heute an der Wand hinter dem Zugang zum Predigtstuhl. Auf dem Sägeblatt hat der Schnitzer links das GB-Zeichen, rechts die Zahl 1621 angebracht.

Inschrift:

In dem ovalen Schild am Piedestal der Christusfigur kann man lesen: *1. Cor. 3 v Einen andern/ Grund kann Niemand legen/ außer dem, der gelegt ist Jesus/ Christus*. Die umlaufende Schrift am Sockelfries des Kanzelbechers lautet: *Gehe Hin und predige offentlich/ † Ezech: 3./ Ich Habe Dich zum Wechter Gesetzt/ † Dan: 12./ Die Lehrer werden Leuchten wie des Himels glantz/ † Mar: 16./ Sie haben Mosen und die Proph....* Der Rest des Textes ging durch den Einbau der Treppe verloren. Den Korpusfries ziert ein Vers aus 2. Tim. 4. u.5.: *[Leide Dich ohne] das Werck eines Evangelischen Predigers/ Richte Dein Ampt Redlich/ Aus. Anno Domini. 162 M.H.T.P.* Am Schalldeckelfries findet sich der Spruch: *APOC:I/ Selig Ist Der Da List, Und Die/ Das Hören, Die Wordt Der Weiß-/sagung etc. Ich bin Das A und Das/ O, der Erst und der Letzt.* Auf der Front des Segmentbogens über dem Kanzelportal findet sich der Bibelvers: *Joh.10. Ich bin Die Thür, so Jemand Durch/ Mich Ein geht, Der wird selig werden.* Das Kruzifix über dem Portalbogen trägt den Titulus *INRI*.

Wappen:

Die Mitte des Türbogens bekrönt das Wappen von Sommerhausen. Das weitere Wappen am Brüstungsfeld unterhalb der Lukasfigur bezieht sich auf die Patronatsherren, das Geschlecht der Limpurger.

Veränderungen/Restaurierungen:

Obwohl die Kanzel mehrmals das sie umgebende Gotteshaus „gewechselt" hat, ist sie, wenn auch in veränderter Gestalt, erhalten. Der Gemeinde verdankt das Werk die Übernahme in das dritte, unter Pfarrer J. Volpertus Eber (1709-1746) errichtete Gotteshaus. Sie hatte dem Architekten die Einbindung der alten Ausstattungsstücke in den neuen Kirchenraum zur Bedingung gemacht. Da die Kirche des 18. Jhs. im Vergleich zum Vorgängerbau wesentlich höher ausgeführt worden war, musste die Kanzel durch einen steinernen Sockel unterfangen werden. Die zwangsläufig durch die Kanzelerhöhung verbundene Verlängerung der Treppenbrüstung erfolgte durch drei nachträglich eingesetzte Felder mit *LaubWerck* Ornamenten, die 1739/40 der Ochsenfurter Bildhauer Leopold Kuzhammer schuf. Zu dieser Zeit dürfte die Treppenanlage von links nach rechts verlegt und die figürlichen Reliefs (vgl. den Steigungswinkel) hochkant statt querformatig in die Stiegenbrüstung integriert worden sein. Das heute in die Flucht der Stufen gebrachte Portal ist nach Bruhns (1923.436) und Funk (1938.33) ebenfalls auf die nachträgliche Veränderung zurückzuführen. Der seitlichen Aufstellung des Opus an der Wand des Kirchengebäudes fiel die fünfte Kanzelseite zum Opfer. Sie war einst mit Johannes dem Täufer und der Prophetenfigur Jesaja geschmückt. Beide Skulpturen haben inzwischen eine neue Aufstellung gefunden. Die Johannesfigur wurde mit einer kräftig gestalteten Konsole, wohl auch von Kuzhammer, untersockelt und am obersten Feld der Treppe platziert. Jesaja hatte sich zeitweise, so Bruhns (1923.436), im Pfarrhaus befunden und hängt nun an der Wand unmittelbar neben dem Aufbau. Auch der Schalldeckel hat die häufigen Umbauten nicht unbeschadet überstanden. Aufgrund der Verluste war Kuzhammer gezwungen, die noch vorhandene Deckelbekrönung durch *4 Aufsäz und 5 Engelsköpf* zu bereichern. Der Kirchenpatron Bartholomäus, ursprünglich gleich in der Nähe des Predigers angebracht, befand sich zeitweise isoliert aufgestellt unterhalb des Epitaphs Weber. Sein Attribut, wohl das Messer, ist abgebrochen. 1957 wurde das Kircheninnere renoviert.

Erhaltungszustand:

Bestoßungen an der Christusfigur; an seinem Kreuzstab einst die Siegesfahne mit der Aufschrift: *Christus vicit: Christus vincit: Christus regnat;* auf der Sockelrückseite des Gekreuzigten ein Diamantornament, das zu der am Kanzelunterboden hängenden Blende der Johannesseite gehören könnte; über der Matthäusfigur fehlt am Schalldeckel das Medaillon; in den einzelnen Brüstungsfeldern das Kämpfergesims nur noch fragmentarisch; bei der liegenden Mosesfigur fehlt die Rahmung; von der Schalldeckelunterseite im Treppenbereich ein Engelskopf verloren; der bekrönende Christus urspr. mit Schwert; am Portal das Ornament auf dem linken Podest leicht zerstört, rechts verloren; die Evangelisten urspr. m. Holzfedern ausgestattet.

Farbfassung:

Über eine Fassung des Werkes liegen keine Angaben vor. Holzansichtig.

Auftraggeber/Finanzierung:

Dem am Predigtstuhl befindlichen Wappen nach zu schließen, hatte der seit dem 15. Jh. unter dem Patronat der Schenken von Limpurg stehende Ort selbst für die Finanzierung der Kanzel gesorgt. Die Abrechnung des Werkes erfolgte über die Bürgermeisterrechnungen des Ortes. Die Pfarrstelle besetzte zu dieser Zeit bis zu seinem Pesttod 1634 Pfarrer Hieronymus Theodor Diedrich.

Mitarbeiter:

Die Bezahlung erfolgte an Georg Brenck d.J. Die Einweihungspredigt H. Theodoricus spricht aber in der Mehrzahl von den *künstliche Meister/ die Brencken genannt.* Sicherlich waren sowohl Georg d.Ä. der Vater, als auch Johann Brenck als Lehrjunge am Kanzelbau beteiligt. Durch die vermutlich gleichzeitige Entstehung mit dem Predigtstuhl von Markt Erlbach dürften dieselben Gesellen sowie der zweite Lehrjunge Hans Fueger zur Fertigstellung des Werkes beigetragen haben.

Stichvorlagen:

Für die Bildfindungen zeigte sich, soweit nicht anders erwähnt, Marten de Vos (1532-1603) verantwortlich. Der Kanzelträger scheint auf einem von Johan Sadeler I (1550-1600) gestochenen Titelblatt mit Paulusfigur[40] und/ oder in einer Christusfigur von Hieronymus Wierix vorgebildet.[41] Matthäus ist möglicherweise von einer Markusfigur Marten de Vos inspiriert, die Johan Wierix im Zusammenhang mit einer Serie der vier Evangelisten gestochen hatte.[42] Markus ähnelt einem zentral vor dem Abendmahlstisch platzierten Apostel, von Martin de Vos konzipiert und von Wierix gestochen.[43] Johannes geht auf eine Christusfigur aus einer Kindersegnungsszene zurück, die gleichfalls von Martin de Vos komponiert worden war.[44] Maria und Johannes der Kreuzigung sind einem Gemälde Hans von Aachens (1552-1615) aus der Münchner Jesuitenkirche nachempfunden, das Aegidius Sadeler II (1568-1629) stach.[45] Für die Eherne Schlange vgl. die Angaben unter der Kanzel von Markt Erlbach. Die Konzeption des Sündenfalls basiert auf einer Zeichnung Bartholomäus Sprangers (1546-1627) vermutlich aus dem Besitz Carel van Manders. Die Graphik fertigte Hendrik Goltzius (1558-1617).[46] Für die Trinität verwendeten die Schnitzer eine Dreifaltigkeitskomposition des Cremoneser Malers Antoni Maria Viani, 1591 von Johan Sadeler I (1550-1600) gestochen.[47] Für den Jakobstraum ließ sich bisher kein exaktes Vorbild benennen. Es scheint aus dem Mark Erlbacher Bild (vgl. Kanzel) und einem weiteren anonymen Blatt, das Claes Jansz Vischer publizierte, eigenständig zusammengefügt und variiert.[48] Der Bartholomäus am Schalldeckel erinnert entfernt an die Petrusfigur aus der 14-teiligen Apostelserie von de Vos, die von Hieronymus Wierix graphisch umgesetzt worden war.[49] Der richtende Christus am Schalldeckel bezieht sich auf eine Transfigurationsdarstellung, die Jacques de Bie gestochen und Adriaen Collaert gedruckt hatte.[50]

Literatur/Quellen (Auswahl):

Rathaus Sommerhausen, Bürgermeisterrechnung 1616-1623, bes. 1621; Theodoricus (1621); Bruhns (1923.429.435-438); Friedrich Gutmann: Sommerhausen in Wort und Bild. Geschichtliche und kulturgeschichtliche Darlegung nach Quellen, 1. Aufl. Würzburg (1927.90-94.bes.92); 2. bericht., ergänzt u. erw. Auflage (Georg Furkel) (1970.18.121.191-193.201.203.206 m. Abb.); Kissely (1988.1); „Anbetung" (1988.376); Adolf Köhler: 250-Jahr-Feier der Bartholomäuskirche zu Sommerhausen. Wenn unser Kirchturm erzählen könnte...Die Geschichte unserer Kirche und ihrer Vorgänger, 1990 (zahlreiche Abb.); Rolf Bidlingmaier: Die Evangelische Pfarrkirche St. Bartholomäus in Sommerhausen. Ein Kirchenbau von Leopoldo Retti. In: MJfGK Bd. 118 (1995.120ff.123.126.134.136-138.145.Anm.36); Saur (1996.107).

Sommerhausen, Portalrelief Sündenfall und graphische Vorlage.

SOMMERHAUSEN

(Kr. Würzburg)

Rathaus Sitzungssaal

12 Stühle, um 1621

Künstler

Georg Brenck d.J.

Material:
Holz und Leder.
Maße:
H 116 cm, B 64 cm.

Stuhl

Beschreibung:
Schlichte Schreinerarbeiten, die Sitzfläche und die hohe Rückenlehne mit Leder bezogen; das Stuhlgestell aus vier gebauchten, kantigen Beinen konstruiert, durch ein gewelltes Stuhlkreuz stabilisiert; die Füße kugelförmig.

Vergleichende Betrachtung:
Ohne den quellenkundlichen Verweis wäre eine Zuordnung an Georg Brenck d.J. in Ermangelung charakteristischer stilistischer Merkmale nicht möglich.

Archivalischer Nachweis:
Bürgermeisterrechnungen im Rathaus der Stadt. Im Zusammenhang mit der Kostenabrechnung für die Kanzel der Bartholomäuskirche zu Sommerhausen war erwähnt worden, dass der Bildschnitzer unter anderem wegen Aufrichtung der *Rathsstüel* nach Sommerhausen gekommen war.

Standort:
Die Stühle sind im Ratssaal der Stadt um einen langen ovalen Tisch mit gedrechselten Beinen gruppiert.

Veränderungen/Restaurierungen:
1772 hatte der Sattler zu Winterhausen Johann Leonhard Müller die 12 Rathaussessel neu beschlagen. Der ebenfalls bei Funk zitierte Rechnungsband 1772 war aus konservatorischen Gründen - er zerfiel schon beim Umschlagen der Seiten - nicht zu benutzen.

Farbfassung:
Holzansichtig.

Mitarbeiter:
Vgl. die Angaben unter dem Predigtstuhl Markt Erlbach und Sommerhausen.

Literatur/Quellen (Auswahl):
Sommerhausen, Rathaus, Bürgermeisterrechnung 1616-23; Friedrich Gutmann: Sommerhausen in Wort und Bild. Geschichtliche und kulturgeschichtliche Darlegung nach Quellen. 1. Aufl. 1927; 2. bericht., ergänzt u. erw. Auflage (Georg Furkel) (1970.121-123.198 m. Abb).

THÜNGEN

(Kr. Main-Spessart)

Kath. Kirche St. Kilian

Altarreliefs (Stigmatisation des Franziskus), 1627

Stigmatisation des Hl. Franziskus

Künstler

Georg Brenck d.J.

Material:
Holz.

Maße:
Stigmatisation: H 48 cm, B 63,5 cm, T 7 cm.

Beschreibung:

Der architektonische Rahmen des Thüngener Retabels kann in Ermangelung informativer Quellen oder Zeichnungen nicht mehr rekonstruiert werden. Da acht einzelne hochreliefierte Tafeln (Franziskus als betender Jüngling, Franziskus empfängt die Kutte aus den Händen des Bischofs, Vision des Franziskus von Christus und Maria, Franziskus wohnt dem Messopfer bei, Stigmatisation des Franziskus, Franziskus erhält das Jesuskind aus den Händen Marias, Die Rettung der Seelen aus dem Fegefeuer, Tod des Franziskus) mit unterschiedlichen Umrissformen stationenweise die Vita des Hl. Franziskus erzählen, besaß der Aufbau möglicherweise eine vom üblichen Retabelschema der Werkstatt abweichende Form. Im 19. Jh. fügte man die einzelnen Tafeln von der ursprünglichen zeitlichen Folge abweichend in ein neugotisches Gehäuse.

Stigmatisation des Franziskus am Berg Alverna:

Das wichtigste Ereignis aus dem Leben des Franziskus; von dem Bildschnitzer in eine schichtartig hintereinander geordnete, hügelige Landschaft mit einem Kirchengebäude verlegt; Parallelen zu der Riemenschneider Stigmatisation in der Rothenburger Franziskanerkirche von 1510 lassen sich nicht ziehen; am vorderen Bildrand auf seinem linken Bein der profilansichtige Franziskus kniend; die Handflächen geöffnet und der am Himmel sichtbaren Erscheinung in Wolkengloriole zugewandt; durch den Gekreuzigten mit Seraphflügeln erhält Franziskus die Wundmale Christi an den eigenen Händen, Füßen und der Seite; der Begleiter Leo schlafend rechts hinter einem Baum.

Vergleichende Betrachtung:

Die Beziehungen der Reliefs zu den Arbeiten des Windsheimer Betriebes sind größer als Bruhns bei seiner beschränkten Kenntnis des Oeuvres zu erkennen vermochte. Ohne sämtliche Übereinstimmungen auflisten zu wollen, seien einige Parallelen erwähnt. Das Stigmatisationsrelief zeigt den für die Windsheimer Werkstatt charakteristischen schichtartigen Aufbau einer Szenerie. Allerdings wurden einzelne Landschaftselemente und nicht Figuren hinter- bzw. übereinander angeordnet. Wie an den Treppenreliefs der Kanzeln in Markt Erlbach und Sommerhausen ist das Blattwerk der Thüngener Bäume zu kleinen, spitzen Plättchen stilisiert. Zusammenhänge mit dem Oeuvre des Betriebes lassen sich durch immer wieder verwendete Gesichtstypen konstatieren. Beispielsweise ist Franziskus aus der Stigmatisation ähnlich disponiert wie die männlichen Verstorbenen am Irmelshausener Epitaph. Unsicherheiten Bruhns bei der Zuordnung zum Oeuvre resultierten wohl nicht nur aus den kleinen agilen Figuren und den wenig niederländisch geprägten Kompositionen. Auch die Gewandstrukturierungen der Thüngener Figuren weichen mit den inselartigen, glatten Stoffpartien auf der sparsam gegliederten Mönchskutte auf den ersten Blick von dem sonst etablierten scharfkantig gebrochenen Faltenduktus ab. Erst die genauere Betrachtung lässt Parallelen entdecken. Die stilistischen Verbindungen zu Markt Erlbach und Sommerhausen als auch die zukunftsweisenden Komponenten an den Marien- und den Engelsfiguren der übrigen Reliefs sprechen für eine maßgebliche Beteiligung Georg Brencks d.J. und auch Johann Brencks. Durch den Windsheimer Betrieb hat Franziskus, der seit der Neuzeit zu den Favoriten unter den dargestellten Heiligen gehört, eine eindrucksvolle Würdigung seines Lebens erhalten. Laut Bruhns sind die Retabelreste die ältesten Beispiele einer zyklischen Franziskusvita in Unterfranken.

Archivalischer Nachweis:
Das Freiherrlich Thüngensche Familienarchiv wird als Depositum im Staatsarchiv Würzburg aufbewahrt. Recherchen blieben ergebnislos. (Angesehen wurden aus Rep. 0.16.1. No. 2748 Faszikel XI die Jura ecclesiastica, Kirchen Pfarrei- und Schulsachen...den Flecken Thüngen betr. (enthält auch Gotteshausrechnungen aus dem 17. Jh); No. 2823 Geschichtliche Notizen und Acten über die Pfarrei zu Thüngen 1551-1728; No. 2824 I, II Kirchen-Acta des Fleckens Thüngen betr.).

Standort:
Zwischen 1860 und 1971 war das Retabel in der Thüngener Kirche des 19. Jhs. als Hauptaltar verwendet worden. Das Stigmatisationsrelief befand sich nach Bruhns (1923.444) separat an der seitlichen Südwand des Kirchengebäudes in der Nähe der Kanzel. Nach Beseitigung des alten Gebäudes wurde das Werk in die neu erbaute Kirche übernommen und an der Wand gegenüber dem Hauptaltar platziert.

Signatur:
Eine GB-Signatur aus zwei verbundenen Großbuchstaben und die in zweiter Zeile beigefügte Jahreszahl 1627 befinden sich deutlich sichtbar an dem Pfeiler in der reliefierten Darstellung der visionären Erscheinung von Christus und Maria.

Wappen:
Zwei Wappen sind in den Zwickelfeldern der Spitzbogen an den seitlichen Flanken angebracht. Das silberne Schild mit dem alternierend rot und gelb gestalteten Horizontalband zur rechten Seite des Betrachters war bereits am Frickenhausener Marienretabel aufgetreten und ist dem Domprobst Konrad Friedrich von Thüngen († 1629) zuzuweisen. Das zweite, vertikal geteilte Schild zeigt auf der heraldisch rechten, schwarzen Fläche einen goldenen Greif, auf der linken, silbernen Seite drei schwarze, sich kreuzende Schwerter.

Veränderungen/Restaurierungen:
Die ursprüngliche Anordnung der Reliefs sowie der erste Aufstellungsort des originalen Gehäuses sind nicht mehr bekannt. Im 19. Jh. hatte man vermutlich anlässlich des Kirchenbaus 1860 das alte Retabel abgebrochen und die archaisierenden Darstellungen in ein neugotisches Gehäuse gefügt.

Erhaltungszustand:
Die Reliefs weisen Fassungsschäden und nachträglich eingefügte Bohrlöcher auf; an einigen Tafeln sind Bestoßungen, Abarbeitungen sowie Abbrüche (z.B. an den Händen) zu beobachten; die Reliefs der Stigmatisation und der Todesszene wurden später an einer Seite beschnitten.

Farbfassung:
Bruhns (1923.429) bezeichnete das Retabel als neu hergerichtet. Der Grundton des Gehäuses zeigt ein dunkles Braun, das durch zahlreiche Goldprofile und einige kräftige Rot- und Blautöne akzentuiert und aufgehellt wird. Die einzelnen Reliefs weisen Gold- und Silberfassungen sowie Lüsterungen auf. In der Landschaftsdarstellung der Stigmatisation dominieren Grüntöne.

Mitarbeiter:
1626 waren Johannes Herz aus Michelstadt, 1627 Gabriel Hennenberg aus Geißlingen als Gesellen in der Werkstatt nachweisbar.

Stichvorlagen:
Der Franziskus aus der Stigmatisationsszene wiederholt motivisch einen Stich Albrecht Dürers.[51]

Literatur:
Feulner (1912.167-168 m. Abb.); Bruhns (1923.429.444-445); Saur (1996.107); Schneider (1999.63 m. Abb.).

TRUMSDORF

(Markt Thurnau, Kr. Kulmbach)

Ev. Pfarrkirche (ehem. St. Michael)

Relief der Kreuzabnahme (mögl. ehem. Altarmitte), 1679/80

(Retabelrest aus Bayreuth-St. Johannis Ev. Pfarrkirche St. Johannis, jetzt in der Ev. Filialkirche (ehem. St. Nikolaus) zu Alladorf)

Künstler
Hans Georg Brenck (Zuschreibung)

Material:
Holz.

Maße:
Relief der Kreuzabnahme: H 122 cm, B des Sockels 85 cm.

Kreuzabnahme

Beschreibung:
Figurenverminderte, stark stilisierte, vereinfachte Variante der Kulmbacher Kreuzabnahme auf landschaftlicher Erhebung; in Vogelschau die Leidenswerkzeuge (Dornenkrone, Nägel, Zange) arrangiert; Konzentration der Szenerie auf sechs Figuren, je drei zu einer Gruppe zusammengeschlossen; als primäre thematische Einheit die beiden rund um den Leichnam Christi inszenierten Personen Josef von Arimathäa und Johannes (?); sie wiederholen geringfügig variiert die Kulmbacher Abnahme des toten Christus vom Kreuz; Johannes ist enger an die Füße Christi gerückt; ein transitorisches Moment der Instabilität entsteht: Das Tragen des Leichnams auf den Schultern wird unmöglich gemacht; die zweite figurale, kompakte Einheit durch die drei trauernden, bildparallel aufgereihten Frauen geformt; in deren Mitte die vom Schmerz ergriffene Ma-

ria; sie hat mit abgewandtem, geneigtem Haupt beide Hände unterhalb der Brust überkreuzt; die Geste von Maria Magdalena mit den langen offenen Haaren bei gleichzeitiger trauter Zuwendung wiederholt; zur Linken Marias Maria Kleophas, anteilnehmend die linke Hand auf Marias Oberarm legend.

Vergleichende Betrachtung:

Die Provenienz des Reliefs war bisher ungeklärt. Archivalische Recherchen und stilistische Untersuchungen legen eine Zugehörigkeit zum Alladorfer Kanzelretabelkomplex nahe. 1743 hatte man Kanzel und Altar für die Trumsdorfer Filialkirche separat und vollständig aus Bayreuth St. Johannis erworben. Erst bei Neuaufrichtung als Kanzelaltar musste das ursprüngliche Zentrum des Aufbaus beseitigt werden. Bis 1901 befand sich das Kreuzabnahmerelief in Alladorf. Damals hatte die Kirchenstiftung erwogen, das Werk in einer Nische im Kirchenschiff zu präsentierten. Erst 1931 entdeckte man das Opus auf dem Kirchenboden des Trumsdorfer Gotteshauses wieder. Man ließ es in der Werkstatt Arthur Geyers aus Bayreuth restaurieren. Das anfängliche Vorhaben, die Farbe des Reliefs vollständig zu entfernen, verwarf Geyer, nachdem er die Gruppe als „nicht für Naturholz ausgeführt" charakterisiert und das Fehlen der „einzelnen feinen Ausführungen, wie Fingernägel etc." konstatiert hatte. Die Fassung wurde nach Ergänzung fehlender Teile erneuert. März 1932 waren die Arbeiten abgeschlossen. Das Kreuzabnahmerelief wiederholt auf geringerer Stilstufe die Kulmbacher Hochaltarkomposition und wurde schon von Sitzmann als Rest eines Retabels von Hans Georg Brenck bezeichnet. Obwohl die unterschiedlichen Fassungsqualitäten einen Vergleich erschweren, lassen sich zwischen dem Relief in Trumsdorf, den jetzt zu Alladorf erhaltenen Kanzel- und Altarskulpturen und dem übrigen Oeuvre Charakteristika verifizieren. Sie bestätigen ganz deutlich die bildhauerische Verwandtschaft. Auffällig ist zum einen die durch parallele Linienführungen ausgeführte Kopf - und Barthaargestaltung, die den ganzen Figuren der Ensembles zu Eigen sind. Ähnlichkeiten sind auch bei den Physiognomien mit den ausgeprägt geschürzten Lippen und den vorgewölbten Augenlidern zu beobachten. Zum anderen ist auf die prägnante und werkstattspezifische Stoffstrukturierung durch tiefe schuhlöffelförmige Falten zu verweisen, die sich eindrucksvoll auch an den Alladorfer Figuren wiederholt. Die ursprüngliche Zugehörigkeit des Reliefs zum Alladorfer Gotteshausinventar macht plausibel, dass es sich bei der Kreuzabnahme um die ehemalige Mittelgruppe des dortigen Johannisretabels handeln muss. Man hat sie zum Zeitpunkt der Kanzelintegration aus dem Altarverbund genommen. Analog zum Kulmbacher Vorbild würde die Szenerie durch Ergänzungen von Wolkenformationen über dem Kreuzesbalken, von Erdschollen im Standflächenbereich die passenden Maße erhalten, um in einer Mittelnische mit der Größe der Seitenfiguren (Johannes d.T. u. Moses) zu harmonieren. Das durch die Kreuzabnahme komplettierte Altarprogramm kann die These bestätigen. Von den Vertretern des Neuen und Alten Bundes flankiert, vom Auferstandenen bekrönt, ergibt sich das für protestantische Retabel bevorzugte christozentrische Heilsprogramm, das in der Erlösung durch Jesu gipfelt. Die Wappenschilde des Württemberger Herzoghauses und der Bayreuthisch-Brandenburgischen Markgrafenschaft (jetzt in Trumsdorf) schmückten wahrscheinlich den Giebel des Aufbaus. Das hieße Markgraf Christian Ernst und seine Gemahlin hätten die Errichtung des Retabels in St. Johannis finanziell unterstützt. Aus Dank für diese Hilfe wurde, für alle sichtbar, der Aufbau des Retabels mit dem Wappen des Paares bestückt.

Archivalischer Nachweis:

Archiv Bayreuth - St. Johannis vor Ort, Archiv Trumsdorf/ Alladorf im LKAN. Der Transport der *Bilder zum neüen Altar gehörig* von Gefrees nach St. Johannis am 25. November 1679 ist der erste nachweisbare Eintrag in den Rechnungen, der sich mit der Anschaffung des neuen Retabels beschäftigt. Da die Abrechnung mit dem Bildhauer, trotz lückenloser Buchführung innerhalb des Zeitraums, keine Beachtung fand, hatte die Bezahlung für das Schreiner- und Bildhauerwerk wohl ein nicht erwähnter Gönner übernommen. Die Aufstellung des Altaraufsatzes führte *Herr Johann Georg Prencken Bildhauern zu Culmbach* unterstützt von seinem Jungen durch. Dafür hatte die Kirchenstiftung 1680 1 fl. und 24 Crz. inklusive 12 Crz. Trankgeld für den Jungen, außerdem Geld für Schindelnägel, für den Transport der Rüststangen und Handlangerarbeiten ausgegeben. Die Durchführung der Maler- und Bildhauerarbeiten scheinen in St. Johannis zeitlich eng beieinander gelegen zu haben. Noch im gleichen Jahr spendete die Kirchenstiftung Bier und Brot für die traditionelle Mahlzeit nach Beendigung des Auftrages, bei der die *Mahler und Bildhauern* und die *gesampten Persohnen die bey Aufrichtung gedachten Altars Handreichung gethun* teilgenommen hatten.

Standort:

Vermutlich stand das Retabel im quadratischen östlichen Chorturm der Kirche.

Veränderungen/Restaurierungen:

Bis zum Neubau der Kirche ab 1741 unter Johann Georg Löw, seit 1738 Pfarrer zu St. Johannis, erfüllten Kanzel und Altar ihre Pflicht. Aufgrund der geplanten Neuausstattung des Kirchengebäudes mit einem Kanzelaltar waren die Stücke überflüssig geworden. Löw, der gehört hatte, dass *Ew: hochwohlEhren in der Filial Allendorff eine neue Kirche erbauet haben*, bot in einem Schreiben dem Trumsdorfer Pfarrer Wolfgang Metsch die ehemaligen Einrichtungsgegenstände der Kirche günstig zum Verkauf an: *denn die Arbeit daran ist gewiß so treffl[ich] das Mahl insonderheit veruglt Werck so nette, daß es ewig Schade wäre, wenn es nicht irgend wo wieder employiret würde.* Alladorf, das für seinen erweiterten Chorbau ebenfalls einen Kanzelaltar vorgesehen hatte - das alte *Päbstl[iche]* Retabel wollte man nur ungern wieder aufstellen - bekundete Interesse am Altaraufsatz, aber nur dann, wenn sich das Werk soweit zerlegen lasse, dass man entweder den Alladorfer Predigtstuhl oder die Kanzel aus St. Johannis integrieren könnte. Nach einer Begutachtung der Stücke in St. Johannis durch einen Sachverständigen, der bestätigte *daß es sich gar füglich und ohne Schaden zertheilen und zergliedern auch wieder zusammensezen laße*, trat man in Verhandlung. Zu einer Einigung gelangte man am 12. März 1743. Ein vertragliches Abkommen regelte den Besitzerwechsel. Das in *dasiger Kirche gestandene alte Altar, nebst der Cantzel und dem Crucifix und übrigen Zugehör* sollte für 75 fl. fränk., zahlbar in 3 Raten jeweils zu Martini, an Alladorf verkauft werden. In der Gotteshausrechnung St. Johannis 1743 wurde die erste Zahlung in Höhe von 25 fl. am 11. November unter *Gemeine Einnahm* verbucht. Den Zusammenbau der Stücke in Alladorf zu einem Retabelkanzelaltar, die anfallenden Schreinerarbeiten sowie die Erweiterung durch neue Dekoration übernahm der Bildhauer Johann Friedrich Fischer aus Bayreuth.

Farbfassung:

64 Rthlr., zahlbar in 3 Teilbeträgen, waren dem Maler Conrad Fuchs zu Goldkronach für die Fassung des Retabels bezahlt worden. Den ersten Posten verzeichnete man in der Rechnung 1679/80, den Rest seines Lohnes vergütete die Stiftung nach Formulierung des Eintrages 1681. 1888 bot sich das Retabel, nun in der Filialkirche zu Alladorf befindlich, in einem Zustand dar, *der sich durchaus nicht für die Würde einer Kirche* schickte. Die Hauptfarbe war nach Behringer ein *abscheuliches Blau*, die Gewänder der Figuren waren stark vergoldet. Dem Wunsch des Bildhauers, alle alten bunten Ölfarben und die bereits abgesprungene Vergoldung bis aufs Holz zu entfernen, das Retabel in matten Farben neu zu streichen, Säulen und Pilaster hell zu marmorieren und ausschließlich Kapitelle, einzelne Profilierungen und Gewandsäume zu vergolden, wurde nicht entsprochen. Die Renovierung und Neuvergoldung des Altars übernahm schließlich der Maler Johann Hofmann in Hollfeld. Gebessler (1958.47) zufolge trug das Kanzelretabel eine moderne Fassung. 1964/65 wurden das Innere des Kirchengebäudes und somit auch der Kanzelaltar umfassend renoviert.

Auftraggeber/Finanzierung:

Aus den vorhandenen Quellen lässt sich nicht erkennen, wer sich für die Auftragsvergabe und vor allem für die Finanzierung des Retabels verantwortlich zeigte. Das Fehlen von Verehrungen im Aktenmaterial unterstützt die Vermutung, dass es sich dabei um eine Stiftung handelte. So bleiben die Aufwendungen für die Bildhauerarbeiten unbekannt, während die Kosten für die Bemalung mit Gotteshausmitteln getragen wurden. Da sich das Markgrafenpaar Christian Ernst und seine Gemahlin Sophie Luise als großzügige Förderer des Kanzelbaues erwiesen, kämen sie auch als Stifter des Retabels in Frage. Ob das in der Trumsdorfer Pfarrkirche erhaltene markgräfliche Allianzwappen Bestandteil des Retabels oder des Predigtstuhles war, lässt sich leider nicht sicher bestimmen. Als man den Auftrag für die Anschaffung eines neuen Altares gab, war seit 1671 Magister Johann Georg Matthäus Gropp aus Wunsiedel Pfarrer. Eine Spende des Gefreeser Predigers Philipp Andreas Ellrodt wurde mit der Bezahlung des Malers aufgerechnet.

Mitarbeiter:

Nach Quellenangaben dürfte am Aufbau der Sohn Johann Georg Brencks beteiligt gewesen sein.

Literatur/ Quellen (Auswahl):

LKAN PfA Trumsdorf A-R1 Rechnung der Kirchenstiftung Alladorf 1606-1700 [gebunden]; A-R2 Rechnung der Kirchenstiftung Alladorf 1700/01-1759/60; Nr. 168 Inventarien der Kirchenstiftungen 1929/30-1937, S. 2; Nr. 185 Kirchen-und Kirchturmbau zu Alladorf Finanzierung 1659, 1722-1745; Nr. 188 Kirchenreparatur und Instandhaltung; Nr. 193 Bauwesen über die inneren Einrichtungen der Kirchen Trumsdorf und Alladorf [z.B. Altar, Kanzel, Taufstein, Orgel, Glocken, Turmuhren, Fußböden, usw.] 1669, 1679, 1845-1880, 1888; Nr. 194 Bauwesen über die inneren Einrichtungen der Kirchen Trumsdorf und Alladorf [z.B. Altar, Kanzel, Taufstein, Orgel, Glocken, Turmuhren, Fußböden, usw.] 1900-1914; Nr. 195 Neuanschaffung, Restaurierung und Erhaltung von kirchlichen Altertümern und Kunstgegenständen [Altar, Kelche, Figuren, Paramente usw.] [Denkmalpflege, Verkauf von kirchlichen Kunstwerken und Altertümern im Besitz der Kirchenstiftung Alladorf] 1658, 1709, 1883, 1934, 1943; Bayreuth, St. Johannis: R 4 Gotteshausrechnung 1679-1681; R 6 Gotteshausrechnung 1743/44; Nr. 26 Pfarrbuch oder allgemeine Beschreibung (1833.10.11.Nr. 17); Nr. 27 Zur Geschichte von St. Johannis (Abschriften von Pfarrer Brock) seit 1862, S.4-5.41; Nr. 28 Pfarrbeschreibung (1864.36.75); Nr. 28a Pfarrbeschreibung (1925.21.24.44.94); Nr. 152 Reparaturen an kirchlichen Bauten 1668-1839; Georg Schwarz: Denkmal für den Opfersinn einer Gemeinde. Ein Gang durch die Geschichte von St. Nikolaus in Alladorf. In: AdfH Nr. 4 1980; Meißner (1982.19-20); Meißner (1987.112.125 m.Abb.); „Alladorf feiert Kirchweih. St. Nikolaus ist Schutzpatron des Gotteshauses/ Schöner Altar" In: Bayerische Rundschau v. 20/21.11.(1990.11 m.Abb.); Poscharsky (1993.58.113-114 m.Abb.); Meißner (1995); Saur (1996.107); Matthias Westerhoff: Die Kreuzabnahme.

UNTERSTEINACH

(Kr. Kulmbach)

Ev.-luth. Pfarrkirche (ehem. St. Oswald)

Kanzel, um 1651

Künstler

Johann Brenck, Hans Georg Schlehendorn (Zuschreibung)

Material:

Holz.

Maße:

Matthäus H 60 cm, B 29 cm, T 10,5 cm; Markus H 58,5 cm, B 29 cm, T 8,0 cm; Christus H 58,5 cm, B 30 cm, T 13,0 cm; Lukas H 58 cm, B 30 cm, T 10,5 cm; Johannes H 59 cm, B 30 cm, T 10,0 cm; Korbhöhe H 1,07 m; Maße der einzelnen Flächen 77 x 44 m; Höhe vom Fußboden bis zum Kanzelboden 1,60 m.

Abb. S.91, 110, 126

Salvator Mundi

Beschreibung:

Engelsköpfchen

Hexagonaler, ursprünglich fünfseitiger Kanzelbecher mit drei-
zoniger Aufrissgliederung; vermutlich aus späterer Zeit die massige Stützsäule mit schlichtem Blattkapitell über quadratischem
Sockel; an Stelle der ehemaligen Brustzone zwei gestufte, quadratische Profilplatten; polygonaler Becher mit ornamentiertem
Sockelbereich und verkröpftem Gesims; als vertikale Gliede-
rungselemente im Hauptfeld des Bechers glattschaftige, korinthische Säulen (18. Jahrhundert?) über Volutenkonsolen; diese seitlich mit Knorpelwerk, am Rücken mit Blütenmotiv dekoriert; in den Feldern des Sockels blattverzierte Edelsteinmotive
(original?); das Hauptfeld zeigt nach Werkstatttradition vor
Rundbogennischen mit betonter Kämpferlinie die vier Evangelis-
ten; an zentraler Stelle die Reihung durch den Salvator unterbrochen; alle Figuren auf vorgezogenen Standplatten positioniert; über den Nischen der Kanzel im Fries des mehrteiligen Gebälks
mit Ausnahme des ersten Brüstungsfeldes pausbäckige, ovale Engelsgesichter auf festen breiten Hälsen; von zweireihigem Federkragen umschlossen; das Gesichtsfeld mit tellerförmigem,
flachem Kinn, prallen, leicht vorkragenden Lippen, kleiner gebogener Nase, großen, mandel-
förmigen Augen und einer glatten, rundlichen Stirn; die wild gelockten Haarpartien aus einzelnen, tief gekerbten und gebohrten Strähnen, rahmend um den Kopf geschlossen; der jetzige
Treppenanschluss später zugefügt; auf der Treppenbrüstung in geohrtem, profiliertem Parallel-
logramm ein gemaltes Medaillon des Harfe spielenden David; der Schalldeckel aus dem Jahre
1955.

Vergleichende Betrachtung:

Lippert unternahm im Rahmen der Kunstdenkmälerinventarisierung eine vorsichtige Erstzuwei-
sung der fünf Figuren des Kanzelbechers an die Kulmbacher Brenck-Werkstatt. Seinen Ausführungen zufolge wurden die Evangelisten und der Salvator aus der Mitte des 17. Jahrhunderts in einen 1862 erneuerten Korpus gefügt, der im frühen 18. Jahrhundert neue Säulen und
eine schlichte Verzierung erhalten hatte. Diese Behauptung ließ sich nicht bestätigen. Unver-
ständlich bleibt die zögerliche Zuweisung des Autors, zeigt das Werk in der formalen und skulpturalen Gestaltung doch ausgeprägte Züge der Brenckschen Formensprache. Zum einen knüpfen die Bildhauer an die Windsheimer Werkstatt an, zum anderen gibt sich der Kanzelbecher als
Variation der späteren Korpusformen Hans Georg Brencks (vgl. Neudrossenfeld, Obernsees,
Kulmbach Friedhofskirche) zu erkennen. Somit handelt es sich um die einzige Kanzelkonstruk-
tion, die sich von Johann Brenck und seinem ehemaligen Gesellen Johann Georg Schlehendorn
erhalten hat. Das Hauptaugenmerk soll im folgenden auf dem Figurenprogramm des Kanzelbechers liegen. Es wird wie üblich in den fünf rundbogigen, leicht eingetieften Blendnischen des
Korpus präsentiert. Die Reihe beginnt mit der temperamentvoll vorgeführten Matthäusfigur und
dem schüchternen Menschlein zu seiner Seite. Matthäus steht nicht nur dem Gottvater des ehemaligen Schalldeckels zu Kulmbach St. Petri, sondern auch einem Hirten im Taufsteinrelief
der Anbetung nahe. Trotz s-förmig geschwungener Körperhaltung, eifriger Torsion und dyna-
mischer Gewandbewegung bleibt die Figur von der Halbrundnische des Korpusfeldes um-

schrieben. Auslöser für den bewegten Eindruck ist die von auffälligen Diagonalen geprägte Aktion der Figur mit deutlicher Bewegungstendenz nach rechts. Matthäus hat seine linke Hand quer über den Köper geführt, um das geschlossene Buch auf dem Oberschenkel des rechten, aufgestellten Beines abzustützen. Für das Gleichgewicht der Figur sorgt einmal der in entgegengesetzte Richtung gedrehte Kopf mit der fliegenden Haar- und Barttracht als auch die ruhig nach oben geführte rechte Hand. Sie leitet den Blick des Betrachters zurück auf die Mittelpositur der Skulptur. Der voluminöse Mantel der Gestalt, großzügig um linke Schulter und rechten Schenkel drapiert, unterstreicht die schnelle Gestik. Markus, von kräftiger Statur mit ausgeprägter charakteristischer Hüftpartie, ist als flächige Gestalt frontal und plan in den Nischenrahmen gefügt. Für die Gestaltung des Symboltiers hat Johann Brenck nachweisbar auf das Formenrepertoire seines Vaters (Georg Brenck d.Ä.) und seines Bruders (Georg Brenck d.J.) zurückgegriffen. Die Löwengestalt mit lockiger wallender Mähne, rundlicher, zweiteiliger Schnauze und den sichtbaren, offenen Lefzen in Dreiecksform wird u.a. an dem Predigtstuhl zu Windsheim (1622) und dem Geißlinger Hochaltar (1624) vorgeführt. Alle nachfolgenden Figuren der Reihe erweisen sich noch stärker von den Windsheimer Traditionen abhängig. So dienten dem Salvator mit Weltkugel und Segensgestus für Körperhaltung und Kostümierung der Windsheimer und der Sommerhausener Christus Georg Brencks d.J. als Vorbild. Motivisch folgt Lukas mit Ausnahme der Kopfgestaltung der Matthäusskulptur zu Uffenheim und Ickelheim, während sich Johannes zweifelsohne an der gleichnamigen Gestalt zu Windsheim, Custenlohr oder Frickenhausen orientierte. Die Unterschiede beschränken sich am Rumpf der Skulpturen auf geringfügige Veränderungen in der Arm- bzw. Beinhaltung und der weicheren rundlichen Linienführung im Kleidungsbereich. Größere Differenzen betreffen die physiognomische Ausarbeitung, die sich enger an die Arbeiten der Kulmbacher Petrikirche anlehnt. So erinnert der Kopf des Salvators beispielsweise an die Christusgestalt des Kulmbacher Schalldeckels oder an die Christusfigur in der Taufszene am Taufbecken. Lukas strenge Physiognomie mit dem fest verschlossenen, schmalen Mund tritt bei der rechten männlichen Gestalt im Beschneidungsrelief des Taufsteines auf. Das jünglingshafte, schöne Gesicht des Johannes hat die entsprechende Skulptur der Kreuzabnahme und die knabenhafte Figur im Abendmahlrelief des Kulmbacher Hochretabels zu St. Petri als Vorbild. Eine sichere Zuschreibung des Untersteinacher Predigtstuhls an den Kulmbacher Bildhauerbetrieb des Johann Brenck und Hans Georg Schlehendorn steht nach Auflistung zahlreicher Parallelbeispiele im vorangegangenen Text außer Frage. Darüber hinaus unterliegen die Engelskopfappliken durchgehend Gestaltungskriterien, die auch an den Puttenköpfen im Kulmbacher Gottvaterrelief und an der Predella des Hochaltars in St. Petri zu beobachten sind. Im Gesamtoeuvre der Schnitzerfamilie spielen die Kanzelskulpturen eine interessante Vermittlerrolle. Während man sich bei der Gewandung und der Haltung der Skulpturen noch vielfach an die in Windsheim gepflogenen Werkstattformen anschließt, lässt sich an den Physiognomien der Figuren eine Lösung von den starren Traditionen, das Finden einer eigenen individuellen Sprache konstatieren. Der enge Anschluss an die zwischen 1645 und 1653 gefertigten Werke der Petrikirche sprechen zudem für eine Datierung der Arbeit um 1651. Durch die unmittelbare Nähe zu den Kulmbacher Arbeiten zählen die Untersteinacher Kanzelskulpturen aufgrund ihrer qualitätvollen Ausarbeitung zu den bedeutenden Zeugnissen des Betriebes.

Archivalischer Nachweis:

PfA vor Ort. Die Kirchenrechnungen zwischen 1610 und 1701 sind nicht erhalten. Da auch die Kirchenbücher mit Ausnahme der Kommunikantenverzeichnisse (ab 1683) erst 1706 beginnen, lässt sich die Kanzel archivalisch nicht mehr für die Kulmbacher Werkstatt sichern.

Datierung:

Die Datierung der Kanzel erfolgte in der Pfarrbeschreibung 1864 nach der Inschrift am Chorbogen des Gotteshaus *Hergestellt 1631* (!). Diese Notiz verstand man als Hinweis auf eine durchgreifende Renovierung, bei der nicht nur Emporen in das Kircheninnere eingezogen, sondern auch eine neue Kanzel und ein Retabel errichtet worden waren. Nach Lippert (1964.106) erfolgte die Ausstattung des Gebäudes 1651, was eine bisher falsche Lesung der Jahreszahl vermuten lässt. Heute prangt auf einer Gewölbekappe des Kirchengebäudes folgende Inschrift *Renoviert -1651-1787-1855-1861-1955*. Damit rückt die Entstehung der Kanzel in unmittelbare Nähe der Petrikirchenausstattung in Kulmbach aus den Jahren 1647-1653.

Standort:

Der Standort der Kanzel, ausgerichtet auf die gegenüberliegende Adelsempore, wurde 1833 als unzweckmäßig und für die Akustik ungünstig empfunden. Eine vorgeschlagene Kanzelaltarlösung kam nicht zur Ausführung. Der Predigtstuhl schmiegt sich heute an die südöstliche Chorbogenwand und ist von der im Süden des Gebäudes befindlichen Sakristei über sieben Stufen aus zu begehen.

Veränderungen/Restaurierungen:

1712/13 wurde die Kanzel wegen eines Emporenneubaus abgebrochen und wieder aufgerichtet. Durch die Versetzung der Orgel 1746 auf die Empore hinter den Altar musste das Retabel nach vorne in den Kirchenraum gerückt werden. Diese Veränderung zog die Verlegung der Kanzelstiege nach sich. Von nun an erfolgte der Zugang des Predigtstuhls über die Sakristei. Man erweiterte den Becher durch ein weiteres Brüstungsfeld mit Paulusfigur und orientierte den ganze Aufbau zur Herrschaftsloge hin. Neue Engelsköpfchen wurden dem vorhandenen Schmuck hinzugefügt. Eine umfassende Erneuerung fand zwischen 1860 und 1862 unter Professor Georg Eberlein (Nürnberger Kunstschule) statt. Dabei wurde die als Missgestalt empfundene, nachträglich beigesellte Paulusfigur an der Kanzelbrüstung entfernt und das Feld, da wenig sichtbar, freigelassen. Den Schalldeckel der Kanzel fertigte man dem Stil des Kanzelkorpus entsprechend in Spätrenaissanceformen neu an. Für die Bekrönung der Spitze wählte man eine Christusfigur, die 1719 durch den Bildhauer Johann Caspar Fischer aus Bayreuth für das von ihm geschaffene Retabel gefertigt worden war. Der Altar war in den 20er Jahren des 19. Jhs. einer „rationalistischen" Renovierungsaktion Pfarrer Braunolds zum Opfer gefallen. Die 1862 angefügten Spätrenaissanceergänzungen der Kanzel sind auf einer Fotografie bei Thiel I (1955.Abb.5) zu erkennen. 1955 fand eine weitere Renovierung der Kirche statt, bei der hauptsächlich kleinere Ausbesserungen durchgeführt wurden. Die jüngsten Konservierungsarbeiten nahm man 1996 (vgl. dazu die Erläuterungen unter Farbfassung) vor.

Erhaltungszustand:

Das Werk wies vor der letzten Renovierung 1996 leichten Anobienbefall auf. Die Fingerkuppen an der rechten Hand der Matthäusfigur sind glatt abgesägt. Bei Lukas ist der große Zeh des linken Fußes angebrochen. Dem Stier fehlt das rechte Bein. Das 1. Feld der Kanzel leer. Die erste Volute in der unteren Frieszone fehlt. Verloren ist die Brustzone und der Schalldeckel des Kanzelbechers.

Farbfassung:

Die Originalfassung ist aufgrund der fehlenden Rechnungsbände nicht bekannt. 1735 führte Johann Conrad Schönig, ein sich in Kulmbach aufhaltender Kunstmaler aus Göttingen, die Bemalung der Kanzel für 18 Tl. 16 gr. oder 22 fl. 24 Xr. fränk. durch (rotweiß marmorierter Korpus, blaue Felder, blauer Fries m. Goldschrift, weiß marmorierte Säulen, Ornamente, Säulenkapitele u. -basen etc. vergoldet, Evangelisten in Silbergewändern mit lasierten Farben). 93 fl. 51 4/5 Xr. zahlte man 1787 dem Meister Johann Rohleder in Kulmbach für verschiedene Malerarbeiten in der Kirche, zu der auch die farbliche Reparatur der Kanzel gehörte. 1862 hatte man während der Renovierung unter dem Nürnberger Kunstgewerbelehrer Georg Eberlein die Farbkruste der Kanzel von 1787 entfernt und die ursprüngliche Fassung der Erbauungszeit wiederhergestellt. Die Figuren waren im Kostümbereich mit Gold- und Silberfolien lasiert, ein goldfarbenes Ornament zog sich über die Basis der Säulenschäfte. In der Pfarrbeschreibung aus dem Jahre 1914 wird die Kanzel als hellbraunfarbig beschrieben. 1955 frischte der Kirchenmaler Johann Wiedl die Bemalung der Kanzel auf. Die letzte Restaurierung mit primär konservatorischen Maßnahmen erfolgte 1996 durch Peter Turek und Jutta Minor aus Forchheim. Die neuzeitliche Fassung des 20. Jahrhunderts am Korpus und am Schalldeckel zeigte sich in gutem Zustand. Schichtbefunde ergaben eine Abfolge von Holz, Kreidegrund, Farbfassung bzw. Polimentgold mit zwei darüber liegenden Überarbeitungen. Die ursprüngliche Fassung war polychrom mit Polimentvergoldung, gelüsterten Ornamenten und Gewändern. Die Grundfarben waren grau und ein Ockerton. Der Sockel über der Fußsäule war ursprünglich grün marmoriert, die Unterseite des Korbes rot, die vordere Kante blau. Bei den einzelnen Figuren konnten folgende Farben ermittelt werden. Das Gewandfutter und der Umhang der Matthäusfigur waren urspr. zinnoberfarben. Der Salvator trug vermutlich ein ultramarinfarbenes Gewand, dessen Inneres rot gefasst war. Die heutige Bemalung weist eine einheitliche, graublaue Färbung des Kanzelkorpus auf, wobei die Rückseiten der tieferliegenden Rundbogennischen die gleiche Farbe in dunklerem Ton besitzen. Die Säulen der Brüstungsflächen und die Fußsäule wurden in den Tönen grau-weiß-braun marmoriert. Ornamente, Kapitelle und Säulenbasen, Engelsflügel und Gewandumhänge auch bei dem Auferstandenen am Schalldeckel sind glanzvergoldet. Die Umhanginnenseiten sind bei Markus, Salvator, Lukas und Johannes rot, bei Matthäus grün gefasst. Matthäus trägt ein rotes, Markus und der Salvator ein silber gelüstertes, Lukas ein blaues und Johannes ein grünes Gewand. Die Haarkalotten zeigen unterschiedliche Braunvarianten. Das Inkarnat der Figuren ist hell mit rötlichen Nuancierungen.

Auftraggeber:

Die Kanzel wurde errichtet, als die Pfarrstelle von Georg Arnold Vischer aus Kulmbach besetzt war. Vischer war seit 1641 im Amt.

Stichvorlagen:

Vgl. die Angaben zum Salvator unter Sommerhausen.

Literatur/Quellen (Auswahl):

Gustav Hofmann: Findbuch für das Archiv des Evang.-Luth. Pfarramts Untersteinach 1961, 1977 ergänzt; PfA Untersteinach: Gotteshausrechnungen R 2 1702-1719, R 3 1726/27 u. 1932/33, R 4 1734/35; Nr. 75 Pfarrbeschreibung 1833 von Pfarrverweser Baumann; Nr. 76 Pfarrbeschreibung (1864.2.8-11.24); Nr. 77 Pfarrbeschreibung (1914.11.12.17.28.38); Nr. 404 Gotteshaus-, Pfarr und Schulhausbau 1767-1789; Nr. 413 Kirchenbauten 1836-1944; Nr. 431 Kirchenerneuerung, hier Schriftwechsel 1939-1940; Manuskript von Hans Bauriedel: „Untersteinacher Kirche erhielt 1955 ihr ursprüngliches Aussehen" und „Die Untersteinacher Dorfkirche"; Dokumentation der Befunduntersuchung und Bestandserfassung der Innenausstattung von Peter Turek und Jutta Minor aus Forchheim 1996; Wilhelm Mages: Ein wechselvolles Kirchenschicksal. In: AdfH Nr. 9 Oktober 1950; Hans Bauriedel: Gang durch die Geschichte der Untersteinacher Kirche. In: AdfH Nr. 8 1983; „Vor 275 Jahren Großbrand in Untersteinach". In: Bayerische Rundschau v. 6.8.1981, S. 15; „Die Katastrophe von 1706". In: Bayerische Rundschau v. 9.8.1991, S. 11.

Fotografien/Abbildungen:

Blick in das Schiff, auf der linken Seite die Kanzel In: Bayerische Rundschau v. 26/27.10.1985, S.11 und in der Frankenpost v. 26.9.1987; bei Thiel I (1955.Abb.5) Gesamtansicht des Predigtstuhles vor der Renovierung 1955.

VEITSHÖCHHEIM

(Kr. Würzburg)

Kath. Friedhofskapelle St. Martin

Kreuzigungsgruppe, 1611/17

Künstler
Georg Brenck d.Ä. (Zuschreibung)

Material:
Holz.

Maße:
Johannes H 135 cm, B 58 cm; Maria H 134 cm, B 38 cm.

Abb. S.136

Johannes

Beschreibung:
Schmerzhafte Gottesmutter und Johannes Ev., formal den Westheimer, Herchsheimer, Ostheimer und Frickenhausener Kreuzigungsfiguren verpflichtet. In ihrer Mitte der Gekreuzigte im Dreinageltypus m. schräg nach oben weisenden Armen und leicht geneigtem Haupt.

Vergleichende Betrachtung:
Stilistische Vergleiche für die Eingliederung in das Oeuvre Georg Brencks d.Ä. sind angesichts der fast identischen Skulpturenkonzeption überflüssig. Die extrem kantigen Faltenstrukturen, die prismatischen Brüche des Gewandsaumes rücken die Figuren in zeitliche Nähe der Westheimer Arbeiten. Die stark parallelisierten Mantelfalten unterhalb des linken Armes von Maria erlauben es die Gruppe mit den Hassfurter Retabelreliefs zu verknüpfen. Physiognomisch steht Johannes dem rechts von Christus hängenden Schächer aus der Ochsenfurter Kreuzigungsgruppe und dem gleichnamigen Evangelisten des Retabels nahe. Die schlanke gelängte Körperauffassung verbindet das mitleidende Paar auch mit den Figuren des Frickenhausener Nebenaltares. Die veränderte Armhaltung des Johannes ist durch die engere Anlehnung an die Stichvorlage zu erklären. Aufgrund seiner Lendentuchdrapierung ist der Gekreuzigte vom Westheimer und Giebelstädter Retabelchristus abhängig. In seiner Gesichtsbildung zeigt er Parallelen mit dem Ochsenfurter Christus. Eine Entstehung zwischen 1611 und 1617, vermutlich in der ersten Hälfte des

zweiten Jahrzehnts, ist anzunehmen. Wegen der kleinteiligen, differenzierten Gewandstrukturierung nehmen die Veitshöchheimer Figuren einen vergleichbaren Rang wie die Frickenhausener Gruppe des Seitenretabels ein. Den einfachen Herchsheimer Arbeiten sind sie qualitativ überlegen.

Graphisches Vorbild

Maria

Standort:
Nach Schneider (1999.192) waren die Figuren möglicherweise für die Pfarrkirche geschaffen worden. Heute ist die Gruppe durch Konsolen erhöht an der Langhaussüdseite der Kapelle aufgestellt.

Inschrift:
Über dem Kreuzesstamm der Titulus mit *INRI.*

Farbfassung:
Die Figuren wurden steinfarben gefasst; Mäntel, Gewandsäume, Schamtuch, Nimben, Dornenkrone sind vergoldet.

Stichvorlagen:
Maria und Johannes basieren auf einer Graphik Antonie Wierix, die nach einer Invention Marten de Vos gestochen worden war.[52] Die Physiognomie Mariens scheint von einem Brustbild der Jungfrau inspiriert, das 1586 Julius Goltzius (um 1575) nach einer Invention von Marten de Vos schuf.[53]

Literatur:
Mader (1911/1982.176); Schneider (1999.192-193 m.Abb.).

WATTENDORF

(Kr. Bamberg)

Kath. Pfarrkirche St. Barbara

Zwei Engelsfiguren (Retabelrest), 1668/1669

Künstler
Hans Georg Schlehendorn und Egidius Schlehendorn(?) (Zuschreibung)

Material:
Holz.

Giebelengel

Giebelengel

Beschreibung:

Zwei ehemals auf Giebelschenkeln sitzende Engelsfiguren mit ausgebreiteten Flügelschwingen; die Beinhaltung für die Platzierung auf einem Retabelabschluss in der Kulmbacher Werkstatt charakteristisch (vgl. Heiligenstadt, Schnabelwaid, Rugendorf); die ehemals der Giebelmitte zugewandten Arme weit nach oben geführt; heute mit Trompeten ausgestattet; die äußeren Arme entlang des Körpers abgesenkt; beide Engel in lange, dekorativ gefältelte, gegürtete Gewänder gehüllt, die über der Brust V-förmig ausgeschnitten sind.

Vergleichende Betrachtung:

Mayer (1955.337) erwähnte die erhaltenen Engel als Reste des archivalisch dokumentierten Retabelaufbaus. Kenntnisse über das ehemalige Figurenprogramm verdankt man in Wattendorf ebenso wie bei dem verlorenen Gnadenaltar zu Marienweiher (Marktleugast) dem Vertrag zur Bemalung des Retabels. Aufgrund der spärlichen Angaben lassen sich der architektonische Aufbau und die Skulpturenverteilung nicht rekonstruieren. Allein die verdingte Lüsterung des Laubwerks legt die Existenz von Weinstocksäulen nahe. Sie erfreuten sich in den Kulmbacher Werkstätten großer Beliebtheit. Über die nußfarben gestrichene Schreinerarchitektur waren die Heiligen Benedikt und Bernhard, die Jungfrau Maria sowie Barbara, Nikolaus und Johannes verteilt. Als Bekrönung der Giebelschenkel dienten zweifelsohne die zwei heute noch erhaltenen Engelsfiguren. Sie stehen in der physiognomischen Ausbildung und in der Faltencharakterisierung stilistisch den Schnabelwaider und den Heiligenstädter Engelsfiguren Hans Georg Brencks nahe. Gleichzeitig weichen sie von den Weißenstädter Giebelengeln (1668) Schlehendorns ab, an denen sich der kaum greifbare Stil des Schnitzers fassen lassen müsste. Vielleicht hatte Egidius Schlehendorn hauptsächlich Hand an die Figuren gelegt. Dass zwischen ihm und Hans Georg Brenck Kontakt bestand, ist archivalisch im Zusammenhang mit den Trumsdorfer Retabelarbeiten belegt.

Archivalischer Nachweis:

Am 5. Dezember 1666 war bei dem Rat und Sekretär des Kloster Langheims Gallus Kröner ein Schreiben des Kulmbacher *Hoffbildthauer* Hans Georg Schlehendorn eingegangen. Dem Kulmbacher Bildhauer war in Anwesenheit Kröners, des Prälaten und des Wattendorfer Gotteshauspflegers nach vorgelegtem Abriss für 60 Rthlr., einem Dukaten Leihkauf die Anfertigung eines neuen Altars aufgetragen worden. Da man scheinbar den Wunsch nach einem reicheren Figurenprogramm geäußert hatte, übersandte der Bildhauer eine aktualisierte Zeichnung. Verbesserungsvorschläge sollten in den Vertrag mit aufgenommen werden. Schlehendorn, der bisher 4 Taler empfangen hatte, bat nach Rücksendung von Riss und Vertrag um weitere 18 Taler Vorauszahlung. Wiederum zwanzig Taler sollten fällig sein, wenn die Arbeit Fortschritte zeigen würde, während die letzten Zwanzig zur Vollendung des Werkes ausgezahlt werden sollten. Brief und Riss Schlehendorns scheinen zwischenzeitlich verloren gegangen zu sein, denn am 10.1.1667 sandte der Bildhauer seinen Sohn mit einer neuen Zeichnung nach Wattendorf, *damit die selbiche* [Kröner u. die zuständigen Personen, Anm.d.A.] *recht verstendiget werden.*

Standort:

Die beiden Figuren sind in sekundärer Verwendung an den Holzbalken der Orgelempore befestigt.

Veränderungen/Restaurierungen:

Bei den Trompeten, die beide Engel in den Händen halten, dürfte es sich um spätere Zufügungen handeln.

Farbfassung:

Die Bemalung des Retabels führte nach den vertraglichen Vereinbarungen v. 19.9.1670 der Maler Heinrich Schwarzenberger durch. Das Gehäuse erhielt nach Geding einen nussfarbenen Anstrich, die Ornamente eine Vergoldung, das vorhandene Laubwerk eine grüne Lüstrierung. Benedikt war schwarz, Bernhard weiß gekleidet und die Gewandsäume vergoldet. Bei den übrigen Figuren inklusive der Engel dominierten an den Außenseiten Vergoldungen, inwendig Versilberungen. Schwarzenberger erhielt nach den Vereinbarungen für seine Arbeitsleistung, Farben und Material insgesamt 60 fl., bei Zufriedenheit weitere 5 fl. Die beiden Engelsfiguren sind heute in mattrosa Gewänder gekleidet. Die Flügel sind versilbert.

Auftraggeber:

Die Auftragsvergabe an den Bildhauer erfolgte unter dem Langheimer Rat und Sekretär Gallus Kröner. Die Farbfassung wurde unter dem Langheimer Abt Herr Alberius angedingt.

Mitarbeiter:

Die Arbeiten dürften von Hans Georg Schlehendorn unter hauptsächlicher Mitarbeit seines Sohnes Egidius entstanden sein.

Literatur/Quellen (Auswahl):

StA Bamberg B 49/Nr. 216 Wattendorf, Schreiben H.G. Schlehendorns v. 5.12.1666 und 10.1.1667, Gedingzettel mit dem Maler Heinrich Schwarzenberger vom 19.9.1670; Mayer (1955.337).

WESTHEIM

(Gem. Illesheim, Kr. Neustadt/ Aisch - Bad Windsheim)

Ev Pfarrkirche (ehem. St. Gumbertus)

Maria und Johannes aus dem Altar von 1611

Künstler

Georg Brenck d.Ä. (Zuschreibung)

Material:
Holz.
Maße:
Johannes: H 84 cm, B 34 cm, T 21 cm; Maria: H 85 cm, B 28 cm, T 20 cm.

Maria

Johannes d. Ev.

Beschreibung:

Maria mit geneigtem Haupt und vor der Brust gekreuzten Armen in einen faltenreichen Mantel gehüllt; Johannes mit Buch, motivisch dem Ickelheimer Evangelisten verwandt; über der rechten Schulter und der rechten Hüfte liegt der Mantel als voluminöse Faltenmasse; der Stoff mit einem auffälligen Bausch am Gürtel fixiert und über die Brust geführt; die beiden Skulpturen ursprünglich aus einer zentralen Kreuzigungsgruppe unter dem Perlstab gesäumten Bogenrund im Hauptgeschoss des zweistöckigen, dreiachsigen und nachträglich zusammengesetzten Kanzelaltars; jetzt in Höhe der Mensa, zu Seiten eines später eingefügten Unterbaus mit kannelierten Pilastern auf gefelderten Piedestalen; der erhaltene Gekreuzigte von Brenck in einer schreinartigen Nische vor Sternengrund, von zwei fliegenden Engelchen mit Kelchen aus dem 18. Jh. begleitet.

Vergleichende Betrachtung:

Der Westheimer Altar ist das erste teilweise erhaltene Retabel der Werkstatt, das zudem noch quellenkundlich für den Bildschnitzer aus Windsheim, somit für Georg Brenck d.Ä. gesichert ist. Es zeigt aufgrund eines Kanzeleinbaus im Jahre 1733 nicht mehr seine einstige Gestalt. Unser Hauptinteresse gilt Maria und Johannes, die ursprünglich mit dem Gekreuzigten als theologischer Kernpunkt des Aufbaus über dem Abendmahlrelief im bogenförmigen Zentrum präsentiert, von den Evangelisten begleitet und der Dreifaltigkeit überhöht waren. Ob die schweren Tugendfiguren und der abschließende Gottvater zum ursprünglichen Programm gehören, ist aufgrund ihrer Größe und Stilistik ungewiss. Für die Konzeption der Skulpturen von Maria und Johannes nutzte Brenck einen Stich von Antonie Wierix, dem auch die Veitshöchheimer Figuren verpflichtet sind. Vorbilder aus dem 15. Jahrhundert wie Ramisch (1966.219) mutmaßte, sind demnach überflüssig. Trotz hoher Ausarbeitungsstufe, plastisch ausgeführter Faltenmotive und akribisch gesträhnten Haarpartien wirken Maria und Johannes wie die zugehörigen Evangelisten des Retabels statisch, blockhaft, massiv und eng in ihren Umriss eingeschrieben. Als werkstattspezifisch gelten die scharfkantigen Faltenbrüche in der Art der Hassfurter Reliefs als auch ein gotisierendes Negieren von Körperlichkeit. Funk zufolge ist den Figuren eine gewisse „Innerlichkeit" zu Eigen, obgleich an ihnen auch die Grenzen Brenckscher Schnitzkunst offenkundig zu Tage treten.

Archivalischer Nachweis:
PfA Illesheim. Die Abrechnung für die Neuanschaffung des Retabels erfolgte in der Kirchenrechnung des Jahres 1611 unter der Position *Was uff die Kirchen anzustreichn auch was der neu Altar, und die Porkirchen zumachen, ist ausgelassen*. Auf 188 fl. 1 Ort 20 d. beliefen sich laut Rechnungslegung die Gesamtkosten des Werks. 65 fl. waren *dem Bildschnitzer zu Windßheim* - der Name bleibt ungenannt - für das Schnitzen des Retabels ausgezahlt worden, über einen Gulden erhielt die Meisterin Weinkauf, einen Gulden der Lehrjunge Trinkgeld. Die übrigen Positionen beziehen sich auf Kosten bei Andingung des Retabels, Verehrungsgeld bei Aufrichtung des Werkes und Speisegeld, als die Rechnung endgültig beglichen worden war.

Standort:
Die ursprüngliche Aufstellung ist nicht mehr bekannt. Der Chor wurde 1733 im östlichen Bereich durch eine eingezogene Wand vom Langhaus getrennt und das Kanzelretabel mittig davor gestellt.

Signatur:
Die von Funk (1938.17) geäußerte Vermutung, die Vase des Abendmahles trage ein GB - Zeichen, konnte nicht bestätigt werden.

Inschrift:
Im Fries des ehemaligen Aufsatzes findet sich die Jahreszahl 1611.

Wappen:
Im Aufsatz des Altares prangt auf dem Piedestal des bekrönenden Gottvaters ein Wappen, das von Funk und dem Inventarwerk als Zollernwappen identifiziert worden war.

Veränderungen/Restaurierungen:
1733 war das Retabel durch den Einbau eines Kanzelbechers in die Mittelnische zum Kanzelaltar verwandelt worden. Die Kanzel stammt nicht, wie bei Meißner (1977.63) zu lesen, von Brenck selbst, sondern wird laut Ramisch (1966.219) ins 18. Jh. datiert. Der Engel des Schalldeckels, die den Gekreuzigten flankierenden Engel und die seitlichen Blattranken sind zweifelsohne einer späteren Zeit zuzuordnen. 1958 wurde das Retabel restauriert.

Erhaltungszustand:
Der Figur des Glaubens zur Linken Gottvaters fehlt das Kreuz, Johannes besaß nach den Angaben von Funk IV (1935) noch sein Symboltier, den Adler.

Farbfassung:
Die erste Fassung hatte der *Maler zu Windßheim*, nach Funk (1935.128) vermutlich Daniel Schultz, gleich nach der Errichtung ausgeführt. 50 fl. händigte man ihm für die Fassarbeiten aus, die Gattin bekam über 2 fl. Weinkauf, der Geselle 1 fl. Trinkgeld. Bei Vergabe des Auftrages, bei der Abholung des Retabels aus Windsheim und bei der zweitägigen Aufrichtung des Werkes waren Zehrungskosten entstanden. Für den Eindruck des Kanzelaltares ist die grautonige Marmorimitation des architektonischen Gehäuses dominierend. Dazu kontrastieren rötlich marmorierte Profilleisten, goldfarbene Säulen und Ornamentdetails. Auch die Umhänge der Figuren sind goldfarben, während die Kleider überwiegend verschiedene Rottöne aufweisen. Sie tragen zur einheitlichen Gesamtwirkung bei.

Auftraggeber:

Pfarrer Dannenberger versah 1611 die Pfarrstelle des Ortes. In Westheim hat sich die Reformation erst 1633 endgültig durchgesetzt.

Mitarbeiter:

Zum Zeitpunkt der Retabelproduktion war die leitende Kraft der Werkstatt der ältere Brenck. Sein Sohn Georg d.J. dürfte sich noch auf der Wanderschaft befunden haben. Clas Ströbel von Uffenheim trat 1611 als Lehrjunge in die Werkstatt ein.

Stichvorlagen:

Die Abendmahlsdarstellung der ehemaligen Predella folgt einer von Raphael Sadeler I (1561-1632) 1604 nach Marten de Vos (1532-1603) gestochenen Vorlage.[54] Für Maria und Johannes wurde auf eine Graphik Antonie Wierix zurückgegriffen, die wohl gleichfalls eine Invention Marten de Vos wiedergibt.[55] Bisher unbekannt ist das graphische Muster der Dreifaltigkeitsgruppierung. Dennoch erinnern die thronenden Figuren an Marienkrönungen von Marten de Vos oder Johannes Stradanus, die Johan Sadeler I (1550-1600) verbreitete.[56]

Literatur/Quellen (Auswahl):

PfA Illesheim, Bestand Westheim R 2 Gotteshausrechnung 1602-1635; Wilhelm Funk: Eine Sehenswürdigkeit. Die Brenck-Kirche. In: WZ v. 16.12.1961; Estermann (1967/II); Meißner (1977.63 m. Abb.); Meißner (1987.292-293 m.Abb.).

Anmerkungen

1 Bartsch Bd. 4 (1980.241 ffl. Abb.264-267 (198-199)). Acht der Kupferstiche mit Tugenddarstellungen waren auch für einen Gemäldezyklus vorbildhaft, der die Gewölbe der Marienkirche zu Lippstadt/ Westfalen schmückt. Vgl. Ausst.Kat. Von Dürer bis Tiepolo (1980.139. und 148-149 m. Abb.Nr.184-187 u. 188-191).

2 Hollstein Vol. XXII (1980.187.Abb.28) u. Katalog Vol. XXI (1980.219).

3 Hollstein Vol. XLV (1995.108.Abb.62) u. Katalog Vol. XLIV (1996.64-65).

4 Recherchen in der Ansbacher Heyl: Creutz Pfleg 1620-1677 (LKAN) blieben ergebnislos.

5 Hollstein Dutch Vol.XLVI (1995.45.Abb.Nr.877) u. Katalog Vol. XLIV (1996.189.190).

6 Hollstein Dutch Vol. XLV (1995.208.Abb.Nr.613/I) u. Katalog Vol.XLIV (1996.136).

7 Hollstein Dutch Vol. XLV (1995.176.Abb.Nr.497) u. Katalog Vol.XLIV (1996.111.114).

8 Bartsch (1980.238 Abb.Nr. 271 (83)) und Kommentarband Bd. 3 (1982.300-301).

9 Vgl. 2. Mos.31 ff. Bezalel, ein Erbauer der Stiftshütte, war im Gegensatz zum Renaissance- Architekten, der sich auf Vitruv berief, mit dem Geiste Gottes erfüllt. Vgl. Forsmann (1956.210-211).

10 Regensburg, Kirchenbucharchiv 244-2 Matrikel 1689-1712, fol.352r.

11 Festschrift zur 400-Jahrfeier der St. Jakobus-Kirche zu Custenlohr 1598-1998 (1998.12-14.36).

12 Hollstein Dutch Vol. XLVI (1995.13-14.Abb.Nr. 777/I-780/I u. 15-16.Abb.Nr.781/I-784/I) und Katalog Vol. XLIV (1996.173-175).

13 Hollstein Dutch Vol. XLVI (1995.34.Abb.Nr. 845/I) u. Katalog Vol. XLIV (1996.183).

14 Schneider (1999.209.Anm.1329) zog folgende Möglichkeiten in Betracht: Es könnte sich um ein selbstständiges Retabel, ein Epitaph oder um den Auszug eines mehrgeschossigen Aufsatzes handeln. Eine eigenständige Epitaphlösung ist jedoch auszuschließen. U.a. hat die Windsheimer Werkstatt in Sommerhausen ein typisches Gedächtnismal präsentiert. Ungewöhnlich aber nicht vollständig abwegig ist der Gedanke an ein selbstständiges Retabel. Am meisten überzeugt der letzte Vorschlag.

15 Hollstein Dutch Vol. XLV (1995.240.Abb.Nr.720) u. Vol. XLIV (1996.161).

16 Hollstein Vol. XXII (1980.187.Abb.Nr.28) u. Katalog Vol. XXI (1980.219).

17 Das Werk gehört zu den Kriegsverlusten aus dem Jahre 1945. Zu der Gruppe von Alabasterbildern vgl. u.a. Bruhns (1923.354-359.Abb.107-112), der die Arbeiten Georg Schweigger zuschrieb.

18 Zum skulpturalen Vergleich siehe die Ausführungen unter dem Kapitel „Skulpturale Betrachtungen".

19 Zur Deglerkanzel und der Schalldeckelkonstruktion vgl. Mayer (1932.60-61.Abb.Taf.6); Henle (1934.325-328); auch Rieser (1990.28-29).

20 Vgl. dazu die Ausführungen im Kapitel über die Kanzelarchitekturen.

21 Für die Zuschreibung der Wappen an die einzelnen Ansbacher Familien sowie den Hinweis auf die z.T. falsche Farbgebung sei Herrn Bürger, StadtA und Markgrafenmus. Ansbach gedankt. Christoph Weber versah 1617, 1618 und 1620 das Amt des Bürgermeisters. Wolfgang Seubolt war in den Jahren 1619 und 1621 Bürgermeister. Daneben zeigte er sich von 1616 bis 1623 als Gotteshausmeister für die Pflege verantwortlich. Johann Stubenvol amtierte im Jahr der Kanzelaufrichtung. Als Kastenmeister des Almosens hatte er die Finanzierung des Predigtstuhls durch Geld aus dem Almosenkasten unterstützt. Christian Augustin Rehm besetzte 1622 die Stelle.

22 Hollstein Dutch Vol. XLV (1995.152.Abb.401) und Katalog Vol. XLIV (1996.96); vgl. auch Bartsch Bd. 70/1 (1999.134.Abb.Nr.120).

23 Hollstein Dutch Vol. XLVI (1995.14.Abb.Nr.779/I) und Katalog Vol. XLIV (1996.173-174).

24 Hollstein Dutch Vol. XLV (1995.90.Abb.Nr.195) u. Katalog Vol. XLIV (1996.51.52).

25 Hollstein Dutch Vol. XLV (1995.103. Abb.Nr. 248/1) u. Katalog Vol. XLIV (1996. 62).

26 Hollstein Dutch Vol. XLV (1996.102.Abb.Nr. 247) u. Katalog Vol. XLIV (1996.61).

27 Bartsch Bd. 72/1 (1997.85. u. Abb.Nr.054.S3). Nach dem gleichen Vorbild entstand die Darstellung von Chris-tus am Kreuz, die Wilhelm Schwan im 17. Jh. fertigte. Vgl. Hollstein Vol. LV (2001.78-79.Abb.Nr.1).

28 Abgebildet bei Bruhns (1923.140).

29 Hollstein Dutch Vol. XLV (1995.126.Abb.Nr. 301/II) und Katalog Vol. XLIV (1996.79).

30 Hollstein Dutch Vol. XLVI (1995.34-37.Abb.Nr. 845/I-858) u. Katalog Vol. XLIV (1996.183-185).

31 Hollstein Dutch Vol. XLVI (1995.22-28.Abb.Nr.804/I-816/I) u. Katalog Vol. XLIV (1996.178-180) sowie Bartsch Bd. 3 (1980.262-263.Abb.Nr.295(90).296(90)) und Bd.3 Kommentar (1982.326-333.Abb.Nr.294a-295d).

32 Mit Antonius reiste er angeblich nach Italien. Er war nach der Legende in der Todesstunde des Franziskus anwesend.

33 Hollstein Dutch Vol. XLVI (1995.36.Abb.Nr.852.I-III).

34 Vgl. ein Wandgemälde in der Martinskirche zu Oberwesel aus der Zeit um 1500. Braun (1992.Abb.394).

35 Vgl. dazu die Angaben R 1 enthält die Jahrgänge 1624 bis 1625, R 2 die Bände ab 1632 bis 1660. Die Rechnungsbelege von 1631 bis 1659 wurden unter R 31 zusammengefasst.

36 siehe Anmerkung 27.

37 Nach schriftlicher Mitteilung Prof. Dr. Dr. H. c. Heinrich Magirius sind die Kanzelreste in Dresden heute nicht mehr nachweisbar.

38 Vgl. z.B. Blätter mit je drei Erzengeln aus dem Jahre 1583-85 von einem unbekannten Stecher nach Marten de Vos. Sie waren Bestandteil des Thesaurus von 1585. Hollstein Dutch Vol. XLVI (1995.9-10.Abb.Nr.765-767) und Katalog Vol. XLIV (1996.171ff).

39 Das Archiv des Sommerhausener Rathauses war zum Forschungszeitraum schwer zugänglich. Aufgrund dieser Umstände wurde nur die bei Funk (1938.51) angegebene Rechnungsposition nachgelesen und ausgewertet. Sie enthält aber alle wesentlichen Informationen - den ausführenden Meister und die Kosten für das Werk. Der ebenfalls bei Funk zitierte Rechnungsband 1772 war aus konservatorischen Gründen- er zerfiel schon beim Umschlagen der Seiten nicht zu benutzen.

40 Hollstein Dutch Vol. XLV (1995.152.Abb.401) und Katalog Vol. XLIV (1996.96); vgl. auch Bartsch Bd. 70/1 (1999.134.Abb.Nr.120).

41 Hollstein Dutch Vol. XLV (1995.234.Abb.Nr.697) u. Katalog Vol. XLIV (1996.155).

42 Hollstein Dutch Vol. XLVI (1995.15.Abb.Nr.782/I) u. Katalog Vol. XLIV (1996.174-175).

43 Hollstein Dutch Vol. XLV (1995.217.Abb.Nr.632) u. Katalog Vol. XLIV (1996.142).

44 Hollstein Dutch Vol. XLV (1995.216.Abb.Nr.630).

45 siehe Anmerkung 27.

46 Bartsch (1980.238 Abb.Nr. 271 (83)) und Kommentarband Bd. 3 (1982.300-301).

47 Hollstein Dutch Vol. XXII (1980.130.Abb.Nr.261) u. Katalog Vol. XXI (1980.123).

48 Hollstein Dutch Vol. XXXIX (1991.204.Abb.Nr.302).

49 Hollstein Dutch Vol. XLVI (1995.34-37.Abb.Nr.845/I-858) u. Katalog Vol. XLIV (1996.183-185).

50 Hollstein Dutch Vol. XLV (1995.126.Abb.Nr.301/II) und Katalog Vol. XLIV (1996.79).

51 Hollstein German Vol. VII (1962.180.Abb.Nr.224).

52 Hollstein Dutch Vol. XLV (1995.223.Abb.Nr.654/I) u. Katalog Vol. XLIV (1996.146).

53 Hollstein Dutch Vol.XLV (1995.242. Abb.Nr.724) u. Katalog Vol. XLIV (1996.162).

54 Hollstein Dutch Vol.XXII (1980.186. Abb.Nr.23) u. Katalog XXI (1980.218) sowie Vol.XLV (1995.216.Abb.Nr. 631/I) u. Katalog Vol. XLIV (1996.141-142).

55 Hollstein Dutch Vol. XLV (1995.223.Abb.Nr.654/I) u. Katalog Vol. XLIV (1996.146).

56 Vgl. z.B. Hollstein Dutch Vol. XXII (1980.116.Abb.Nr.159) u. (1980.136.Abb.Nr.308)

Abbildungsnachweis

Back, Michael, 13, 23, 25 (oben), 67, 90, 107 (oben), 110 (oben), 113, 125, 126, 136 (oben), 146 (unten), 159 (oben), 160, 161 (unten), 162 (links), 163, 178, 179, 183, 184 (links), 185, 196, 198, 201, 209, 213, 221, 223, 236, 239, 244, 245, 247, 250, 251, 255, 256 (links), 259

Bad Windsheim, Stadtarchiv, 170

Bayreuth, Historisches Museum, 26, 76, 175

Bedal, Konrad, 173

Erlangen, Universitätsbibliothek, 193

Gaasch, Uwe (Fotostudio), 137 (oben), 150 (oben)

Grupp, Anselm, 108, 180, 181, 182 (links)

Heidelberg, Kurpfälzisches Museum, 16

Holstein, Jürgen 147, 148 (oben), 166, 169, 190, 192 (links)

Kulmbach, Stadtarchiv, 94

Kunstschätzeverlag Gerchsheim (D. Zwicker-Berberich u. W. Berberich), 15

Nürnberg, Staatsarchiv, 167,

Riedel, Andreas (Fotostudio), 19, 20, 24, 25 (unten), 27, 28, 31, 33 (unten), 61, 62, 64, 68, 73, 84, 89, 91, 92, 105 (oben), 106, 107 (unten), 121, 124 (unten), 127, 128 (unten), 129, 130 (oben), 132, 133, 139, 141, 142 (links), 149, 162 (rechts), 182 (rechts), 211, 241, Taf. V

Schuler, Jens, Taf. I-VI, Verbreitungskarte

Schweikert, Christine, 30, 32, 33 (oben), 66, 69, 85-88, 93, 95, 97, 104, 105 (unten), 110 (unten), 111, 112, 114, 123, 131, 134-136 (unten), 137 (unten), 138, 140 (rechts), 144 (oben), 174, 186, 192 (rechts), 200, 202, 205, 208, 216, 220, 229, 234, 238, 243 (links), 257

Schwenkenbecher, Matthias, 159 (unten), 164

Sitzmann, Karl (Nachlass im Stadtarchiv Kulmbach), 177

Wilhelm, Konstantin, 115, 128 (oben), 130 (unten), 171

Würzburg, Kunstreferat, 14, 143 (unten links, oben rechts), 187, 225, 227

Aus: Michael Schlosser: Das historische Bad Windsheim. Ansichten aus vergangenen Jahrhunderten. Hrsg. Stadt Bad Windsheim zum Festjahr „700 Jahre Stadt" 1984. (Original Nürnberg, Stadtgeschichtl. Museen), 11

Aus: Hollstein Dutch Vol. XLV (1995), 140 (links), 143 (unten rechts), 184 (rechts), 256 (rechts)

Aus: Hollstein Dutch Vol. XLVI (1995), 124 (oben), 148 (unten)

Aus: Hollstein Dutch Vol. XXII (1980), 150 (unten), 199

Aus: Bartsch Netherlandish Artists Bd. 3 (1980), 243 (rechts)

Aus: Bartsch Netherlandish Artists Bd. 4 (1980), 161 (oben)

Aus: Bartsch Netherlandish Artists Bd. 56 (1987), 144 (unten)

Aus: Bartsch Netherlandish Artists Bd. 72/1 (1997), 142 (rechts)

Aus: Leo Bruhns: Würzburger Bildhauer der Renaissance und des werdenden Barock, 1540-1650. München (1923), 146 (oben)

Aus: 500 Jahre St. Jakob Rothenburg ob der Tauber 1485-1985. Festschrift. Hrsg. i.A. des Kirchenvorstandes. Rothenburg/T. (1985) (Original Staatsarchiv Nürnberg), 230

Glossar

Ädikula: architektonisches Gliederungselement in Form einer Nischenrahmung mit seitlichen Stützen und bekrönendem Giebel

Adorant (adorieren): kniende oder stehende Gestalt in Gebetshaltung oder mit erhobenen Armen

Akanthus: Staudenpflanze aus dem Mittelmeerraum mit dekorativen Blättern; in unterschiedlichen Ausformungen beliebter Architekturschmuck, vor allem am korinthischen Kapitell

Akroter(ion): antike figürliche, vegetabile oder gefäßartige Giebelbekrönung an Tempeln und Grabdenkmälern

Alba (Albe): knöchellanges, hemdartiges Untergewand im liturgischen Bereich

Antependium: Frontbekleidung des christlichen Altartisches

Applike: selbständiges, dem Untergrund aufgeheftetes Zierstück

Architrav: waagerecht auf Säulen aufliegender Hauptbalken mit Tragefunktion

Arkaden: von Stützen getragene Bogenreihe, auch aufgeblendet (Blendarkade)

Baluster: gedrungenes, säulenartiges Stützglied von rundem oder eckigem Querschnitt, vor allem an Geländern verwendet

Beschlagwerk: Ornamentform, um 1560 von dem Niederländer Hans Vredeman de Vries entwickelt; aus flachen, symmetrisch arrangierten Bändern und Leisten; an den Kreuzungspunkten Nieten- und Nägelköpfe, die dem planen Schmuck optisch den Charakter von Eisenbeschlägen verleihen

Blende (Wange): dem Baukörper angefügte dekorative oder skulptierte Seitenelemente

Cherubim: sechs- oder vierflügeliger Engel aus der ersten Hierarchie (Engelschor)

Dalmatik: liturgisches weites, knöchellanges Gewandstück mit farbigen Vertikalstreifen auf Vorder- und Rückseite; vom Diakon und vom Bischof getragen

Dorsale: Rückwand

Epitaph: hägendes oder aufgestelltes Gedächtnis- bzw. Erinnerungsmal für einen Verstorbenen; mit Inschrift; vor allem im 16. und 17. Jahrhundert architektonisch gestaltet, reich ornamental und figürlich dekoriert; gewöhnlich nicht mit der Grabstelle identisch

Feston: bogenförmig hängendes Gebinde aus Blüten, Blättern, Früchten und Bändern

Fries: in der Architektur horizontaler, schmuckloser oder dekorierter, gliedernder bzw. abschließender Flächenstreifen

Gesims: horizontales, gliederndes einfaches oder zusammengesetztes Bauelement; je nach Ausformung und Lage am Bau unterschiedlich bezeichnet

Gesprenge: filigran geschnitzter, hölzerner, hoher Aufsatz; meist über einem spätgotischen Flügelretabel

Ikonographie: Methodik der Kunstgeschichte, die sich mit der Erforschung und Deutung von Bildgegenständen und - themen befasst

Inkarnat: Farbe der menschlichen Haut

Interkolumnium: Abstand zweier Säulen von Achse zu Achse

Kämpfergesims: profilierte Zone, an der die Krümmung eines Bogens oder Gewölbes beginnt

Kannelure: horizontale, konkave Rillen an einer Säule oder einem Pilaster

Kapitell: der dekorative, ausladende Kopf einer Säule, eines Pfeilers oder Pilasters; zwischen Stütze und Last vermittelnd

Karnies: steigende oder fallende Leistenform aus Hohlkehle und Stab mit S-förmigem Profil; häufig Teil des Gesimses

Karyatide: weibliche Gestalt, die an Stelle einer architektonischen Stütze Tragefunktion ausübt

Knorpelwerk, Ohrmuschelwerk: Ornament des 17. Jahrhunderts aus knorpeligen, darmartigen Strukturen, Keulenschwüngen und Ohrmuschelformen

Konche: eigentlich Muschel; im architektonischen Zusammenhang eine Halbkuppel

Kropfkante: Vorstehende Kante eines verkröpften, d.h. vorgezogenen Gebälks oder Gesimses

Kontrapost: Ausgleich tragender und lastender Kräfte, von Bewegung und Ruhe am stehenden menschlichen Körper; in der Figur augenfällig durch Standbein und Spielbein verdeutlicht

Lambrequins: Querbehang mit geschwungenem Saum oder Quastenverzierung

Leihkauf (Weinkauf): bei einer Entlohnung die zusätzliche Dreingabe von Getränken bzw. Wein

Lüster (Lüsterung): metallisch schillernde bzw. irisierende Effekte einer Farbfassung; durch transparente Lasuren erzeugt, die in verschiedenen Bindemitteln über versilberten oder vergoldeten Partien liegen

Maiestas Domini: thronender, mächtiger, endzeitlicher Christus von Aposteln, den Apostelfürsten, Evangelistensymbolen, Engeln oder Oranten umgeben; seit dem Mittelalter häufiger in die Darstellung des Jüngsten Gerichts integriert

Nodus : Knauf

Ohrung (Ohr): überstehende Rahmung bei Portalen, Fenstern und dergl.

Orans (Orant): vgl. Adorant

Ornat: liturgische Kleidung des römischen Ritus

Pallium: urspr. antiker Mantel bzw. Übergewand in rechteckiger Form; später für Christus-, Apostel- und Evangelistendarstellungen übernommen

Perlstab (Astragal): Dekorationselement in Stabform; aus gereihten runden oder eiförmigen Perlen und zwischenliegenden Scheiben gebildet; an der ionischen Säule Trennlinie von Säulenschaft und Kapitell

Piedestal: Unterbau, Sockel, Postament, häufig von Stützelementen

Pilaster: flacher Wandpfeiler mit Basis und Kapitell

Pluviale: liturgisches Obergewand von Bischöfen und Priestern in Form eines Mantels

Ponderation: in der Bildhauerkunst harmonische Verteilung der Körpermassen und Gewichtsverhältnisse auf die einzelnen Gliedmaßen der Figur

Predella: Altaruntersatz, der direkt auf der Altarplatte aufsitzt

queroblong: queroval

Retabel: auf den Altartisch aufgesetzte oder auf einem angefügten Unterbau platzierte

Rückwand: in Renaissance und Barock als hochaufragende, architektonisch strukturierte und reich skulptierte Bildwände gestaltet

Rollwerk: vornehmlich Rahmenornament mit bandartig eingerollten Rändern, geschnittenen und geschlitzten Voluten, die durch Zungenstücke zusammengeheftet werden können; seit 1530/40 durch italienische Maler und Stuckateure von Fontainebleau aus in Süddeutschland verbreitet

Salvator mundi: „Erlöser der Welt", Christus mit erhobener rechten Hand im Segensgestus, links die Weltkugel; im Gegensatz zur Maiestas Domini steht bei der Salvatorfigur der Erlösungsgedanke im Vordergrund

Schweifwerk: Ornamentform aus weichen, miteinander verknüpften oder netzartig verbundenen, frei gezeichneten C- und S- förmigen Volutenspangen, die auch überschnitten oder durchgesteckt sein können; die Enden der Schwünge sind keulenförmig verdickt oder verschliffen und zeigen räumliche Tendenzen; eine Vorstufe des Knorpelwerks, zwischen 1570 und 1620 entwickelt

Staffel: siehe Predella

staffieren: veraltet ausstaffieren, schmücken; hier auch farblich fassen, bemalen

Seraphim: sechsflügeliger Engel aus der ersten Hierarchie (Engelschor)

Terme: sich nach unten verjüngende Stütze mit anthropomorphem Oberteil

Titulus: urspr. Begriff für Überschrift, Aufschrift, Inschrift; später auch der Schriftträger so bezeichnet

Tunika: antikes Hemdgewand mit unterschiedlichen Ärmelformen, knie- bis bodenlang, gegürtet oder ungegürtet getragen

Tympanon: Innenfläche eines Segment- oder Dreieckgiebels

Unterhang: reich konturiertes, tafelartiges Stück am Fußgesims eines Epitaphs; häufig mit Inschrift

vegetabil: pflanzliche Form z.B. des Ornaments

Verkröpfung: Vorziehen bzw. Brechen eines Gebälks, Gesimses oder von Profilen über vor- oder zurückspringenden Bauelementen

Volute: Element aus der Baukunst in Spiral- oder Schneckenform; gerne an Konsolen, Giebeln und am ionischen Kapitell verwendet

Zahnschnitt: Gesims der ionischen Ordnung aus dicht gereihten Steinen bzw. Zähnen

Literaturverzeichnis

A

„Anbetung" 1988, „Die Anbetung der Hirten" von Georg Brenck d. J. In: Erbe und Auftrag von fränkischer Kunst und Kultur. Hg. Max H. Freeden 1988, S. 376-377 (urspr. Artikel in der Main-Post v. 24.12.1956).

ders.: 1914, August Amrhein: Archivinventare der katholischen Pfarreien in der Diözese Würzburg (Veröffentlichungen der Gesellschaft für fränkische Geschichte, R. 5, Bd. 1). Würzburg 1914.

Amrhein 1923, August Amrhein: Der Bildschnitzer von Windsheim. In: Ochsenfurter Stadt- und Landbote 12, Nr. 13 v. 17.9.1923.

Anton 1977, Elisabeth Anton: Studien zur Wand- und Deckenmalerei des 16. und 17. Jahrhunderts in protestantischen Kirchen Norddeutschlands. Phil. Diss. München 1977.

Ausst.-Kat. Barockplastik Norddeutschland 1977, Ausst.-Kat. Barockplastik in Norddeutschland. Hg. Jörg Rasmussen. Museum für Kunst und Gewerbe Hamburg. Mainz/ Rhein 1977.

Ausst.-Kat. Bemalte Möbel 1980, Ausst.-Kat. Bemalte Möbel aus Franken. Fränkisches Freilandmuseum Bad Windsheim, 1. Aug. bis 21. Sept. 1980.

Ausst.-Kat. C. D. Schenck 1996, Ausst.-Kat. Christoph Daniel Schenck 1633-1691. Hg. Rosengartenmuseum Konstanz u.a. Sigmaringen 1996.

Ausst.-Kat. Von Dürer bis Tiepolo 1980, Ausst.-Kat. Von Dürer bis Tiepolo. Christliche Themen in druckgraphischen Folgen vom 15. bis 18. Jahrhundert. Evang. Stadtkirche Unna und Erzbischöfliches Diözesanmuseum Paderborn 1980.

Ausst.-Kat. Dürers Verwandlung 1981/ 82, Ausst.-Kat. Dürers Verwandlung in der Skulptur zwischen Renaissance und Barock. Liebighaus Museum alter Plastik Frankfurt am Main 1981/ 82.

Ausst.-Kat. Frühzeit evang. Kirche 1959, Ausst.-Kat. Aus der Frühzeit der evangelischen Kirche. Germanisches Nationalmuseum Nürnberg. München 1959.

Ausst.-Kat. Um Glauben und Reich 1980, Ausst.-Kat. Um Glauben und Reich. Kurfürst Maximilian I. Wittelsbach und Bayern. Hg. Hubert Glaser. 3 Bde. München 1980.

Ausst.-Kat. Kunst der Reformationszeit 1983, Ausst.-Kat. Kunst der Reformationszeit. Hg. Staatl. Museen zu Berlin (DDR). Altes Museum Berlin (West) 1983.

Ausst.-Kat. Leonhard Kern 1988, Ausst.-Kat. Leonhard Kern (1588-1662). Meisterwerke der Bildhauerei für die Kunstkammern Europas. Hg. Harald Siebenmorgen. Hällisch - Fränkisches Museum in der Keckenburg Schwäbisch Hall 1988/ 1989 (Kataloge des Hällisch - Fränkischen Museums Schwäbisch Hall, Bd. 2). Sigmaringen 1988.

Ausst.-Kat. Leonhard Kern 1990, Ausst.-Kat. Leonhard Kern (1588-1662). Neue Forschungsbeiträge zusammengestellt u. hg. von Harald Siebenmorgen (Kataloge des Hällisch - Fränkischen Museums Schwäbisch Hall, Bd. 2 Supplement). Sigmaringen 1990.

Ausst.-Kat. Luther und die Folgen für die Kunst 1983, Ausst.-Kat. Luther und die Folgen für die Kunst. Hg. Werner Hofmann. Kunsthalle Hamburg. München 1983.

Ausst.-Kat. Meisterwerke Massenhaft 1993, Ausst.-Kat. Meisterwerke Massenhaft. Die Bildhauerwerkstatt des Niklaus Weckmann und die Malerei in Ulm um 1500. Württembergisches Landesmuseum Stuttgart, 11. Mai bis 1. August 1993.

Ausst.-Kat. Reformation in Deutschland 1983, Ausst.-Kat. Martin Luther und die Reformation in Deutschland. Germanisches Nationalmuseum Nürnberg. Frankfurt 1983.

Ausst.-Kat. Reichsstädte in Franken 1987, Ausst.-Kat. Reichsstädte in Franken. Hg. Rainer A. Müller u. Brigitte Buberl (Veröffentlichungen zur Bayerischen Geschichte und Kultur 14/ 87 u. 15, 1). Haus der Bayerischen Geschichte München 1987.

Ausst.-Kat. Renaissance im deutschen Südwesten 1986, Ausst.-Kat. Die Renaissance im deutschen Südwesten zwischen Reformation und Dreißigjährigem Krieg. Badisches Landesmuseum Karlsruhe. 2 Bde. 1986.

Ausst.-Kat. Welt im Umbruch 1980, Ausst.-Kat. Welt im Umbruch. Augsburg zwischen Renaissance und Barock. 3 Bde. Augsburg 1980.

Ausst.-Kat. Zürn 1979, Ausst.-Kat. Die Bildhauerfamilie Zürn 1585-1724. Schwaben/ Bayern/ Mähren/ Österreich. Hg. Amt der Oberösterreichischen Landesregierung. Kapuzinerkirche Braunau am Inn. 2. Aufl. Linz 1979.

B

Badstübner 1983, Ernst Badstübner: Protestantische Bildprogramme. Ein Beitrag zu einer Ikonographie des Protestantismus. In: Ernst Ullmann (Hg.): Von der Macht der Bilder. Beiträge des C.I.H.A.-Kolloquiums „Kunst und Reformation". Leipzig 1983, S. 329-340.

Balke 1916, Franz Balke: Über die Werke des kurtrierischen Bildhauers Hans Rupprecht Hoffmann (+1616). Trier 1916.

Bartsch 1980 ff., A. Bartsch: The Illustrated Bartsch. Hg. Walter L. Strauss. New York 1980 ff.

Baumgärtel-Fleischmann 1987, Renate Baumgärtel-Fleischmann: Die Altäre des Bamberger Domes von 1012 bis zur Gegenwart (Veröffentlichungen des Diözesanmuseums Bamberg, Bd. 4). Bamberg 1987.

Behling 1990, Holger Behling: Hans Gudewerdt der Jüngere (um 1600-1671). Bildschnitzer zu Eckernförde (Studien zur schleswig-holsteinischen Kunstgeschichte, Bd. 16). Neumünster 1990 (vorher Phil. Diss. Kiel 1984).

Berger 1970, Brigitte Berger: Die Markgrafenkirche zu Neudrossenfeld und der Einfluß Johann Christoph Silchmüllers auf ihre Gestaltung. [Masch.-schrift.] Zulassungsarbeit an der Pädagogischen Hochschule Bayreuth der Universität Erlangen-Nürnberg für das Lehramt an Volksschulen 1970.

Bildhauer Brenck und Schlehendorn 1984, Bildhauer Brenck und Schlehendorn schufen kostbare Miniaturen. Die Heilsgeschichte in Alabaster ist künstlerische Kostbarkeit. Taufstein - Reliefs in der Petrikirche sind große plastische Leistungen/ Figurenreiche Darstellungen. In: Bayerische Rundschau v. 19/ 20.4.1984, S. 8.

Bischoff 1958, Johannes Bischoff: Zunft- und Handwerkssiegel im Fürstentum Brandenburg-Bayreuth. Grundsätzliches zur Erforschung der nachmittelalterlichen Zunftsiegel. In: Fränkisches Handwerk. Beiträge zu seiner Geschichte, Kultur und Wirtschaft. Hg. Georg Fischer (Die Plassenburg. Schriften für Heimatforschung und Kulturpflege in Ostfranken, Bd. 13). Kulmbach 1958, S. 127-146.

Bosl 1983, Karl Bosl (Hg.): Bosls bayerische Biographie: 8000 Persönlichkeiten aus 15 Jahrhunderten. Regensburg 1983.

ders.: 1988, Karl Bosl (Hg.): Bosls bayerische Biographie: 1000 Persönlichkeiten aus 15 Jahrhunderten. Ergänzungsband. Regensburg 1988.

Brand 1998, J. Brand: „Zunft, Zunftwesen". In: Handwörterbuch zur Deutschen Rechtsgeschichte (HRG). Bd. 5. Berlin 1998, Sp. 1792-1803.

Braun 1923, Braun Joseph S. J: Der christliche Altar in seiner geschichtlichen Entwicklung. 2. Bd. München 1923.

ders.: 1988, Joseph Braun: Tracht und Attribute der Heiligen in der deutschen Kunst. 3., unveränd. Aufl. Berlin 1988.

Braunfels 1954, Wolfgang Braunfels: Die Heilige Dreifaltigkeit (Lukas-Bücherei zur Christlichen Ikonographie, Bd. VI). 1. Aufl. Düsseldorf 1954.

Brinckmann 1933, Albert Erich Brinckmann: Barockskulptur. Entwicklungsgeschichte der Skulptur in den romanischen und germanischen Ländern seit Michelangelo bis zum 18. Jh. (Hb. der Kunstwissenschaft). 3., verb. Aufl. Potsdam 1933.

Bruhns 1923, Leo Bruhns: Würzburger Bildhauer der Renaissance und des werdenden Barock, 1540-1650. München 1923.

Buchenthal 1995, Buchenthal Gabriele und Heinz Bauer: Heinrich Papen um 1645-1719, Christophel Papen 1678-1735: eine westfälische Bildhauerwerkstatt im Zeitalter des Barock (Studien und Quellen zur westfälischen Geschichte, Bd. 30). 2., erw. Aufl. Paderborn 1995.

Buchholz 1928, Friedrich Buchholz: Protestantismus und Kunst im sechzehnten Jahrhundert (Studien über christliche Denkmäler, H. 17). Leipzig 1928.

C

Conti 1998, Alessandro Conti: Der Weg des Künstlers. Vom Handwerk zum Virtuosen (Ital. Originalausgabe: L'evoluzione dell'artista. In: Storia dell' arte italiana. Turin 1979). Berlin 1998.

D

Decker 1943, Heinrich Decker: Barockplastik in den Alpenländern. Wien 1943.

Dehio 1998, Georg Dehio: Handbuch der Deutschen Kunstdenkmäler. Thüringen. Neubearb. München, Berlin 1998.

ders.: 1999, Georg Dehio: Handbuch der Deutschen Kunstdenkmäler. Franken. Die Regierungsbezirke Oberfranken, Mittelfranken und Unterfranken. 2., durchg. u. erg. Aufl. München, Berlin 1999.

Deneke 1913, Günther Deneke: Magdeburger Renaissance-Bildhauer. In: Monatshefte für Kunstwissenschaft 6, H. 3-5 (1913), S. 99-110, S. 145-159 u. S. 205-212.

Dettenthaler 1990, Josef Dettenthaler: Evang.-luth. Pfarrkirche St. Kilian Markt Erlbach. Schnell, Kunstführer Nr. 1824. 1. Aufl. München, Zürich 1990.

Die Bibel. Nach der Übersetzung Martin Luthers. Lutherbibel Standardausgabe mit Apokryphen und Wortkonkordanz. Bibeltext in der revidierten Fassung von 1984. Hg. Evangelische Kirche in Deutschland. 2. Aufl. Stuttgart 1994.

Döllner 1950, Max Döllner: Entwicklungsgeschichte der Stadt Neustadt an der Aisch bis 1933. Neustadt/ Aisch 1950.

E

Elkar 1987, Rainer S. Elkar: SCHOLA MIGRATIONIS. Überlegungen und Thesen zur neuzeitlichen Geschichte der Gesellenwanderungen aus der Perspektive quantitativer Untersuchungen. In: Handwerk in Mittel- und Südosteuropa. Mobilität, Vermittlung und Wandel im Handwerk des 18. bis 20. Jahrhunderts. Hg. Klaus Roth (Südosteuropa-Studien, H. 38). München 1987, S. 87-108.

ders.: 1991, Rainer S. Elkar: Schreiner in Franken. Handwerk zwischen Zunft, Kunst und Fabrik. In: Ausst.-Kat. Möbel aus Franken. Oberflächen und Hintergründe. Hg. Bayerisches Nationalmuseum München. Bayerisches Nationalmuseum München und Germanisches Nationalmuseum Nürnberg. München 1991, S. 28-50.

Estermann I 1967, Alfred Estermann: Ein weiteres Brenck-Werk. In: WZ v. 15/ 16.7.1967.

ders.: II 1967, Alfred Estermann: Der Windsheimer Maler Daniel Schultz. Durch Schultz-Signum identifiziert. In: WZ v. 14.10.1967.

ders.: 1989, Alfred Estermann: Bad Windsheim. Geschichte und Gegenwart einer fränkischen Stadt. 3., überarb. Aufl. Bad Windsheim 1989.

F

Feddersen 1924, Martin Feddersen: Die Kanzeln des „Eiderstedter Typus". Ein stilkritischer Versuch. Phil. Diss. Hamburg 1924.

Fehring 1929, Max Fehring: Sitte und Brauch der Tischler unter besonderer Berücksichtigung Hamburgischer Quellen. Hamburg 1929.

Feuchtmayr 1922, Karl Feuchtmayr: Schwäbische und Bayerische Bildhauer der Spätrenaissance und des Frühbarocks. [Masch.-schr.] Phil. Diss. München 1922.

Feulner 1920, Adolf Feulner: Die Kunstdenkmäler von Bayern. III Regierungsbezirk Unterfranken. XX Bezirksamt Gemünden. München 1920.

ders.: 1922, Adolf Feulner: Münchner Barockskulptur (Sammelbände zur Geschichte der Kunst und des Kunstgewerbes, Bd. I). München 1922.

Feulner/ Müller 1953, Adolf Feulner und Theodor Müller: Geschichte der deutschen Plastik (Deutsche Kunstgeschichte, Bd. 2). München 1953.

Fickert 1989, Wilhelm Fickert: Geldwesen, Kaufkraft und Maßeinheiten im Bereich des Fürstentums Kulmbach-Bayreuth (Freie Schriftenfolge der Gesellschaft für Familienforschung in Franken, Bd. 21). Nürnberg 1989.

Fischer 1988, Fritz Fischer: Der Meister des Buxheimer Hochaltars. Ein Beitrag zur süddeutschen Skulptur in der 1. Hälfte des 17. Jh. Berlin 1988 (zuvor Diss. Tübingen 1985).

Fleischhauer 1951, Werner Fleischhauer: Der Künstler der Renaissance- und Barockzeit in der bürgerlichen Gesellschaft. In: Zeitschrift für Württembergische Landesgeschichte. 10 (1951), S. 138-157.

Forssman 1956, Erik Forssman: Säule und Ornament. Studien zum Problem des Manierismus in den nordischen Säulenbüchern und Vorlageblättern des 16. und 17. Jahrhunderts (Acta Universitatis Stockholmiensis I). Stockholm 1956.

Friese 1708, Friedrich Friese: der vornehmsten Künstler und Handwercker Ceremonial-Politica... Erster Theil/ in welchem zu finden Der Schmiedt/ Schneider/ Tischer (!)/ Beuttler/ Böttger/ Drechßler/ Kürschner u. Schuster. Leipzig 1708 (-1716). Nachdr. Hannover 1983.

Funk I 1929, Wilhelm Funk: Die Kirche von Markt-Erlbach. In: Die Heimat. Neustadt/ Aisch (Beilage zum Neustädter Anzeigeblatt). 42 (23.10.1929).

ders.: II 1929, Wilhelm Funk: Funde und Vermutungen zur Fränkischen Kunstgeschichte. Moseskanzeln aus der Werkstatt des Georg Brenck, Windsheim. In Fränkische Heimat. Fränkische Monatshefte für Kunst, Literatur und Heimat. 8., H. 10 (Okt. 1929), S. 319.

ders.: I 1931, Wilhelm Funk: Verlorengegangene Bildwerke in der Pfarrkirche von Neustadt a. d. Aisch. In: Die Heimat. Neustadt/ Aisch (Beilage zum Neustädter Anzeigeblatt). 28 (29.7.1931).

ders.: 1932, Wilhelm Funk: Die Kunstschätze der Kirche von Markt Erlbach. In: Sonntagskurier (Beilage zur Nürnberger Zeitung). 7.5.1932.

ders.: I 1934, Wilhelm Funk: Die ehem. Kanzel in der Stadtpfarrkirche von Neustadt a. A. und ihre Meister. In: Die Heimat. Neustadt/ Aisch (Beilage zum Neustädter Anzeigeblatt). 37 (3.11.1934).

ders.: II 1934, Wilhelm Funk: Die Kanzel von Markt Erlbach und ihre Meister. In: Die Heimat. Neustadt/ Aisch (Beilage zum Neustädter Anzeigeblatt). 33 (9.10.1934).

ders.: I 1935, Wilhelm Funk: Zum 300. Todestag des Bildschnitzers Georg Brenk d.Ä. In: Fränkische Heimat 14 (Mai-Juni 1935), S. 128-131.

ders.: II 1935, Wilhelm Funk: Zum 300. Todestag des Bildschnitzers Georg Brenk d.Ae. In: Die Heimat. Neustadt/ Aisch (Beilage zum Neustädter Anzeigeblatt). 30 (30.7.1935).

ders.: III 1935, Wilhelm Funk: Zum 300. Todestag des Bildschnitzers Georg Brenck d. Ae. In: Die Heimat. Neustadt/ Aisch. (Beilage zum Neustädter Anzeigeblatt). 33/ 34 (21.8. u. 28.8.1935).

ders.: IV 1935, Wilhelm Funk: Der Altar in Westheim bei Windsheim. In: Die Heimat. Neustadt/Aisch (Beilage zum Neustädter Anzeigeblatt). 3 (15.1.1935).

ders.: 1936, Wilhelm Funk: Der Bildschnitzer Georg Brenck d. Ae aus Windsheim. In: Fränkischer Kurier. 10 (31.5.1936).

ders.: 1938, Wilhelm Funk: Die Bildschnitzerfamilie Brenck aus Windsheim. Hundert Jahre fränkische Barockbildhauerkunst. Nürnberg 1938.

ders.: 1955, Wilhelm Funk: Der Bildschnitzer Georg Brenck d.Ae. aus Windsheim In: WZ v. 9.9.1955, S. 5.

G

Gebessler 1958, August Gebessler: Bayerische Kunstdenkmale III Stadt und Landkreis Kulmbach. Hg. Heinrich Kreisel u. Adam Horn. München 1958.

Geuder 1926, Matthäus Geuder: Chronik der Stadt Windsheim. Windsheim 1925.

Gradmann 1917, Gertrud Gradmann: Die Monumentalwerke der Bildhauerfamilie Kern (Studien zur Deutschen Kunstgeschichte). Strassburg 1917.

Gröber 1936, Karl Gröber: Alte deutsche Zunftherrlichkeit. München 1936.

Groiss I 1979, Eva Groiss: Münchner Plastik von der Spätrenaissance zum Beginn des Barock. In: Ausst.-Kat. Zürn 1979, S. 80-84.

dies.: II 1979, Eva Groiss: Die Bildhauerstadt Weilheim. In: Ausst.-Kat. Zürn 1979, S. 85-94.

Grosche 1978, Robert Grosche: Der Kölner Altarbau im 17. und 18. Jahrhundert. (Veröffentlichungen des Vereins für christliche Kunst im Erzbistum Köln und Bistum Aachen e. V.). Köln 1978.

Grünenwald 1969, Elisabeth Grünenwald: Leonhard Kern. Ein Bildhauer des Barock. Hg. Historischer Verein für Württembergisch Franken, Stadtarchiv Schwäbisch Hall u. Hohenlohe-Zentralarchiv Neuenstein (Forschungen aus Württembergisch Franken, Bd. 2). Schwäbisch Hall 1969.

H

Haebler 1957, Hans Carl von Haebler: Das Bild in der evangelischen Kirche. Berlin 1957.

Haendcke 1903, Haendcke Berthold: Studien zur Geschichte der sächsischen Plastik der Spätrenaissance und Barockzeit. Dresden 1903.

Hager/ Wagner 1964, Werner Hager u. Eva-Maria Wagner: Barock-Plastik in Europa. Hg. Harald Busch u. Bernd Lohse (Monumente des Abendlandes). Frankfurt 1964.

Halbauer 1997, Karl Halbauer: predigstül. Die spätgotischen Kanzeln im württembergischen Neckargebiet bis zur Einführung der Reformation. (Veröffentlichungen der Kommission für geschichtliche Landeskunde in Baden-Württemberg, R. B, Bd. 132) Stuttgart 1997.

Hasse 1972, Max Hasse: Zunft und Gewerbe in Lübeck (Lübecker Museumshefte. Aus der Arbeit der Museen für Kunst und Kulturgeschichte der Hansestadt Lübeck, H. 10). Lübeck 1972.

ders.: 1976, Max Hasse: Bildschnitzer und Vergolder in den Zünften des späten Mittelalters. In: Jahrbuch der Hamburger Kunstsammlungen. 21. Hamburg 1976, S. 31 ff.

Haubold 1968/69, Gert Haubold: Das Kulmbacher Handwerk in seinen lokalen und regionalen Verbänden bis zum Erlaß der Reichshandwerksordnung im Jahre 1731. [Masch.-schr.] Diplom Arbeit der Wirtschafts- und Sozialwissenschaftlichen Fakultät der Friedrich-Alexander-Universität Erlangen-Nürnberg 1968/69.

Heckel 1839, A.W. Heckel: Beispiele des Guten aus der Geschichte der Stadt Kulmbach sammt einer Chronik dieses Ortes als Einleitung. Bayreuth 1839.

Heimendahl 1942, Adriane Heimendahl: Die plastischen Engel an den Altären des 17. und 18. Jh. in Süddeutschland. [Masch.-schr.] Phil. Diss. Würzburg 1942.

Hellwag 1924, Fritz Hellwag: Die Geschichte des deutschen Tischlerhandwerks. Vom 12. bis zum Beginn des 20. Jahrhundert. Hannover 1924. Reprint 1995.

Henle 1933, Annemarie Henle: Die Typenentwicklung der süddeutschen Kanzel des 18. Jahrhunderts. Heidelberg 1933 (Phil. Diss. Heidelberg).

dies.: 1934, Annemarie Henle: Die Entwicklung der süddeutschen Kanzeltypen des 17. Jahrhunderts. In: Die christliche Kunst. 30, H. 11 (Aug. 1934), S. 309-329.

Hentschel 1966, Walter Hentschel: Dresdner Bildhauer des 16. und 17. Jahrhunderts. Weimar 1966.

Herrmann 1985, Erwin Herrmann: Geschichte der Stadt Kulmbach (Die Plassenburg. Schriften für Heimatforschung und Kulturpflege in Ostfranken, Bd. 45). Kulmbach 1985.

Herzog/ Ress 1962, Erich Herzog und Anton Ress: Der Frankfurter Barockbildhauer Justus Glesker. In: Schriften des Historischen Museums Frankfurt am Main X. 1962, S. 53-148.

Hof 1982, Hagen Hof: Wettbewerb im Zunftrecht. Zur Verhaltensgeschichte der Wettbewerbsregelung durch Zunft und Stadt, Reich und Landesherr bis zu den Stein-Hardenbergschen Reformen (Dissertationen zur Rechtsgeschichte, Bd. 1). Köln, Wien 1982.

Hofmann I 1901, Friedrich H. Hofmann: Die Kunst am Hofe der Markgrafen von Brandenburg Fränkische Linie (Studien zur Deutschen Kunstgeschichte, H. 32). Strassburg 1901.

ders.: II 1901, Friedrich H. Hofmann: Die Stadtkirche in Bayreuth. In: Archiv für Geschichte und Altertumskunde von Oberfranken. 21, H. 3 (1901), S. 55-120.

ders.: 1902, Friedrich H. Hofmann: Bayreuth und seine Kunstdenkmale. München 1902.

Hofner 1973, Hans Hofner: Die Kulmbacher Bildhauerwerkstatt des Barock. In: Kulturwarte. Monatszeitschrift für Kunst und Kultur. 19, Nr. 4 (April 1973), S. 79-80.

Hohmann 1939/ 1952, A. Hohmann: Der Windsheimer Bildschnitzer Georg Brenk und Frickenhausen. In: Dorfchronik von Frickenhausen. 1. u. 2. Aufl. Ochsenfurt/ Main 1939/ 1952.

ders.: 1954, A. Hohmann: Georg Brenck, der Schöpfer des Hochaltars der Ochsenfurter Stadtpfarrkirche. In: Rund um den Landturm (Beilage der Ochsenfurter Zeitung). 5, Nr. 1 (1954) v. 30.1.1954.

Hollstein 1949 ff., F.W.H. Hollstein: Dutch and flemish etchings, engravings and woodcuts, ca. 1450-1700. Amsterdam 1949 ff.

Hollstein 1954 ff., F.W.H. Hollstein: German engravings, etchings and woodcuts ca. 1400-1700. Amsterdam 1954 ff.

Hollstein 1980, F.W. Hollstein: Dutch and flemish etchings, engravings and woodcuts ca. 1450-1700. Hg. K.G. Boon. Bd. 21 u. 22. Amsterdam 1980.

Hures/ Schiller 1994, Georg Hures u. Wolfgang Schiller: St. Nikolaus Eibelstadt. Schnell, Kunstführer Nr. 334. 2., völlig neubearb. Aufl. Regensburg 1994.

Huth 1923, Hans Huth: Künstler und Werkstatt der Spätgotik. Augsburg 1923.

I

Isenberg o.J., Heinrich Isenberg: Altes Brauchtum im Handwerk. Das Gesellenwandern und was damit zusammenhing. Bd. 2. Münster o.J.

J

Jászai 1979, Géza Jászai: Barockskulptur im Westfälischen Landesmuseum für Kunst und Kulturgeschichte Münster. Hg. Landschaftsverband Westfalen-Lippe. Münster 1979.

dies.: 1989, Géza Jászai: Das Werk des Bildhauers Gerhard Gröninger 1582-1652 (Bildhefte des Westfälischen Landesmuseums für Kunst und Kulturgeschichte Münster, Nr. 28). Münster 1989.

John 1987, Peter John: Handwerk im Spannungsfeld zwischen Zunftordnung und Gewerbefreiheit. Entwicklung und Politik der Selbstverwaltungsorganisationen des deutschen Handwerks bis 1933. Hg. Wirtschafts- und Sozialwissenschaftliches Institut des Deutschen Gewerkschaftsbundes (Studie zur Wirtschafts- und Sozialforschung, Nr. 62). Köln 1987 (zugleich Diss. Bremen 1987).

Jürgens 1989, Renate Jürgens: Malerei und Plastik im Bereich der „Weserrenaissance" - ein Überblick. In: Ausst.-Kat. Renaissance im Weserraum. Hg. G. Ulrich Großmann (Schriften des Weserrenaissance-Museums Schloss Brake, Bd. 1). Schloss Brake bei Lemgo v. 22. April bis 1. Okt. 1989. München, Berlin 1989, S. 71-92.

K

Kaiser 1990, Gerhard Kaiser: Die Predigerkirche zu Erfurt. Schnell Kunstführer Nr. 1855. 1. Aufl. München, Zürich 1990.

Karlinger 1911, Hans Karlinger: Die Kunstdenkmäler von Bayern. III Regierungsbezirk Unterfranken. I Bezirksamt Ochsenfurt. München 1911.

Keller 1991, Hiltgart L. Keller: Reclams Lexikon der Heiligen und der biblischen Gestalten. Legende und Darstellung in der bildenden Kunst. 7., durchgesehene Aufl. Stuttgart 1991.

Kempter 1925, Fritz Kempter: Würzburgs Bildhauer 1650-1700. [Masch.-schr.] Phil. Diss. Frankfurt/ Main 1925.

Kienzl 1986, Barbara Kienzl: Die barocken Kanzeln in Kärnten (Das Kärntner Landesarchiv, Bd. 13). Klagenfurt 1986 (zuvor Phil. Diss. 1981).

Kissely 1988, Michael Kissely: Georg Brenck-Fränkischer Bildhauer der Spätrenaissance. In: Ochsenfurter Geschichten. 7 (Juli 1988), S. 1-2.

Kohlmann 1950, Kohlmann Philipp (Hg.): 600 Jahre Kirche zu St. Erhard und St. Jakob in Rugendorf. 1350-1550-1950. Kulmbach: 1950.

Korndörfer 1960, Werner Korndörfer: Handwerk in Windsheim von einst. In: WZ v. 26.8.1960.

Kossatz 1988, Tilman Kossatz: Johann Philipp Preuss (1605-ca.1687). Ein Beitrag zur Genese barocker Bildkunst in Franken (Mainfränkische Studien, 2 Bde.). Würzburg 1988 (zuvor Phil. Diss. Würzburg 1983).

ders.: 1999, Tilman Kossatz: Die Plastik vom späten Manierismus bis zum Klassizismus. In: Unterfränkische Geschichte. Hg. Peter Kolb u. Ernst-Günter Krenig. Bd. 4/2. Würzburg 1999, S. 381-457.

Kramer 1958, Karl S. Kramer: Bauhandwerkerbräuche in Mainfranken, insbesondere der Niederfall. In: Fränkisches Handwerk. Beiträge zu seiner Geschichte, Kultur und Wirtschaft. Hg. Georg Fischer. (Die Plassenburg. Schriften für Heimatforschung und Kulturpflege in Ostfranken, Bd. 13). Kulmbach 1958, S. 83-104.

Krebs 1933, Werner Krebs: Alte Handwerksbräuche mit besonderer Berücksichtigung der Schweiz (Schriften der Schweizerischen Gesellschaft für Volkskunde, Bd. 23). Basel 1933.

Krebs 1993, Elisabeth Krebs, Hans Westhoff u. Roland Hahn: Werkzeuge und Materialien in den spätmittelalterlichen Werkstätten der Bildhauer, Schreiner und Maler. In: Ausst.-Kat. Meisterwerke Massenhaft 1993, S. 301-310.

Künstle 1926/ 1928, Karl Künstle: Ikonographie der christlichen Kunst. 2 Bde. Freiburg i. Br 1926, 1928.

Die Künstlerfamilie Kern 1998, Die Künstlerfamilie Kern. 1529-1691. Hohenloher Bildhauer und Baumeister des Barock. Hg. Stadt Forchtenberg. Sigmaringen 1998.

L

LCI 1994, Lexikon der christlichen Ikonographie. Hg. Engelbert Kirschbaum, ab Bd. 5 Wolfgang Braunfels, 8 Bde. Freiburg i. Br. 1968-1976. Sonderausgabe 1994.

Lederer 1967, Wilhelm Lederer: Bürgerbuch der Stadt Kulmbach 1250-1769 (Die Plassenburg. Schriften für Heimatforschung und Kulturpflege in Ostfranken, Bd. 26). Kulmbach 1967.

Leyh 1989, Robert Leyh: Evang.-luth. Stadtpfarrkirche St. Kilian Bad Windsheim. Schnell, Kunstführer Nr. 1717. 1. Aufl. München, Zürich 1989.

Limbacher 1984, G. Limbacher: Evang.-Luth. Stadtkirche Neustadt a. d. Aisch. Schnell, Kunstführer Nr. 1488. 1. Aufl. München, Zürich 1984.

Lippert 1964, Karl-Ludwig Lippert: Bayerische Kunstdenkmale XX. Landkreis Stadtsteinach. Hg. Torsten Gebhard u. Adam Horn. München 1964.

Lorenz 1931, Ernst Lorenz: Bodenschätze im Coburger Land. In: Der Mainbote von Oberfranken. 16 (1931), S. 17-21.

Luther, Martin: Von christlicher Freiheit. Schriften zur Reformation. Martin Luther. Übertr. u. kommentiert v. Horst Beintker (Manasse Bibliothek der Weltgeschichte). Zürich 1990.

M

Mader 1911, Felix Mader: Die Kunstdenkmäler von Bayern. III Regierungsbezirk Unterfranken. III Bezirksamt Würzburg. München 1911.

Mader 1932, Heinrich Mader: Der Brenksche Löwe. In: Bayerische Rundschau Kulmbach Nr. 143 v. 21.6.1932, S. 8.

Mai 1969, Hartmut Mai: Der evangelische Kanzelaltar. Geschichte und Bedeutung. Hg. Kurt Meier u. Hans Moritz (Arbeiten zur Kirchengeschichte und Religionswissenschaft, Bd. 1). Halle/ Saale 1969.

v. Manteuffel 1969, Claus Zoege von Manteuffel: Die Bildhauerfamilie Zürn 1606-1666. 2 Bde. Weißenhorn 1969.

ders.: l 1998, Claus Zoege von Manteuffel: Die Waldseer Bildhauer Zürn. Katalog zur Ausstellung im Museum im Kornhaus Bad Waldsee. Bad Waldsee 1998.

Maué 1997, Claudia Maué: Die Bildwerke des 17. und 18. Jahrhunderts im Germanischen Nationalmuseum. Teil 1: Franken. Bestandskatalog (Kataloge des Germanischen Nationalmuseums). Mainz 1997.

Maurer 1940, Ernst Maurer: Zunft und Handwerker der alten Zeit. Ein volkssoziologischer Versuch (Nürnberger Beiträge zu den Wirtschafts- und Sozialwissenschaften, H. 75/ 76). Nürnberg 1940.

Mayer 1932, Hanna Mayer: Deutsche Barockkanzeln. Studien zur Deutschen Kunstgeschichte. Strassburg 1932.

Mayer 1955, Heinrich Mayer: Die Kunst des Bamberger Umlandes. 2., umgearb. u. vermehrte Aufl. Bamberg 1955.

Meelführer 1616, Johann Meelführer: Erklerung des vierzehenden Capitels der Epistel S. Pauli an die Römer. Darin fürnemlich vom gebrauch der Christlichen freyheit, in den Adiaphoris, Ceremonien und anderen Mitteldingen gehandelt wird. In etlichen Predigten vor Jahren zu Onolzbach gehalten. Leipzig 1616.

Meier 1928, P. J. Meier: Untersuchungen zur Plastik des Frühbarocks in Niedersachsen. In: Niedersächsisches Jahrbuch 5 (1928), S. 164-192.

Meier 1936, P. J. Meier: Das Kunsthandwerk des Bildhauers in der Stadt Braunschweig seit der Reformation (Werkstücke aus Museum, Archiv und Bibliothek der Stadt Braunschweig, Bd. 8). Braunschweig 1936.

Meißner 1977, Helmuth Meißner: Kanzelaltäre und Altarkanzeln im Landkreis Neustadt/

Aisch - Bad Windsheim. In: Frankenland. Zeitschrift für Fränkische Landeskunde und Kulturpflege N.F. 29, H. 3 (März 1977), S. 61-70.

ders.: 1987, Helmuth Meißner: Kirchen mit Kanzelaltären in Bayern (Kunstwissenschaftliche Studien, Bd. 57). München, Berlin 1987.

ders.: I 1996, Helmuth Meißner: Werkverzeichnis Johann Georg Brencks muß erweitert werden. Aufträge aus Thüringen waren bisher unbekannt. In: AdfH. 7 1996.

ders.: II 1996, Helmuth Meißner: Ein kirchliches Ausstattungsstück - ganz persönlich gesehen: der Kanzelaltar der Kirche zu Brand. In: Brander Geschichte und Geschichten (Schriftenreihe der Evang.-Luth. Kirchengemeinde Brand, H. 3). Brand 1996.

ders.: III 1996, Helmuth Meißner: Taufengel in Oberfranken. Colloquium Historicum Wirsbergense. Zwischengabe 1996.

Metzger 1919, Holzbildhauerei und Holzschnitzerei. Handbuch für Holzbildhauer und Tischler, gewerbliche und kunstgewerbliche Schulen sowie für Dilettanten. 2., neubearb. u. erw. Aufl. Leipzig 1919.

Meurer 1873, C. Meurer: Die Kanzel. In: Christliches Kunstblatt für Kirche, Schule und Haus. 1/ 2 v. 1.1. u. 1.2.1873, S. 14-21 u. S. 21-27.

Miller 1989, Albrecht Miller: Christoph Rodt... ein schwäbischer Bildhauer des Frühbarocks. Hg. Historischer Verein Günzburg e. V. (Heimatkundliche Schriftenreihe für den Landkreis Günzburg, Bd. 9.). Günzburg 1989.

Mössner 1989, Wolfgang Mössner: Die Kellersche Steinkanzel. In: 1989 nach Christus. Evangelisch in Kulmbach. Kulmbach, S. 8-9.

Muck 1879, Georg Muck: Geschichte von Kloster Heilsbronn von der Urzeit bis zur Neuzeit. Bd 1. Nördlingen 1879.

Müller 1948, Theodor Müller: Bildhauer, Bildschnitzer In: Reallexikon zur dt. Kunstgeschichte (RDK). 2. Bd. Stuttgart 1948, Sp. 582-614.

ders.: Müller 1963, Theodor Müller: Deutsche Plastik der Renaissance bis zum Dreißigjährigen Krieg. Königstein i. Taunus 1963.

Müller/ Schädler 1964, Theodor Müller, Alfred Schädler: Georg Petel 1601-1634. Erschienen zur Georg-Petel-Ausstellung im Bayerischen Nationalmuseum München. München 1964.

Mummenhoff 1901/ 1924, Ernst Mummenhoff: Der Handwerker in der deutschen Vergangenheit (Monographien zur deutschen Kulturgeschichte, Bd. 8). Leipzig 1901. Nachdr. 1924.

N

Nebinger 1977, Gerhart Nebinger: Die Bildschnitzerfamilie Brenck aus Bad Windsheim. In: Blätter für fränkische Familienkunde. Hg. Gesellschaft für Familienforschung in Franken e. V. 10, H. 8 (Okt. 1977), S. 469-472.

Neser 1604, Johann, Neser: Eine Predigt zur Einweyhung des newen Predigstuls/ so ein Erbarer Weiser Rath des heiligen Reichs Statt Rotenburg auff der Tauber/ dem Allmächtigen Gott/ und seinem Heiligen Wort zu Ehren/ in der Pfarrkirchen daselbsten/ im Jahr Christi/ 1604 hatt auffrichten lassen/ Gehalten am Sontag Vocem Iucunditatis, ermeldtes Jars/ Durch M. Iohannem Neserum, Pfarrern und Superintendenten daselbsten. Tübingen/ Bey Georgen Gruppenbach. Anno M. DCIV.

Neudrossenfeld 1986, Neudrossenfeld. Ein Heimatbuch-Gegenwart und Vergangenheit. Hg. Gemeinde Neudrossenfeld. 1. Aufl. 1986.

Neukum 1988, Michaela Neukum: Das oberfränkische Schreinerhandwerk im 19. Jahrhundert. In: Schreinerhandwerk in Franken 1988, S. 29-123.

O

Oertel 1974, Hermann Oertel: Das protestantische Abendmahlsbild im niederdeutschen Raum und seine Vorbilder. In: Niederdeutsche Beiträge zur Kunstgeschichte. 13 (1974), S. 223-270.

Ohly 1985, Friedrich Ohly: Gesetz und Evangelium. Zur Typologie bei Luther und Lucas Cranach. Zum Blutstrahl der Gnade in der Kunst (Schriftenreihe der Westfälischen Wilhelms - Universität Münster N.F., H. 1). Münster 1985.

P

Pastorius 1692, Melchior Adam Pastorius: Kurze Beschreibung des H. R. Reichs Stadt Windsheim/ samt Dero vielfältigen Unglücks - Fällen/ und wahrhafftigen Ursachen ihrer so grossen Decadenz und Erbarmungswürdigen Zustandes/ Aus Alten glaubwürdigen Documentis und Brieflichen Urkunden (der itzo lebenden lieben Burgerschafft/ und Dero Nachkommen/ zu guter Nachricht) also zusammen getragen/ und in den Druck gegeben durch Melchiorem Adamum Pastorium, ältern Bürgermeistern und Ober - Richtern in besagter Stadt. 1692.

Peltzer 1919, Rudolf Artur Peltzer: Der Bildhauer Hans Reichel aus Bayern und seine Tätigkeit in Italien, Deutschland und Tirol. In: Kunst und Kunsthandwerk. 22 (1919), S. 1-22.

Pinder 1940, Wilhelm Pinder: Deutsche Barockplastik. Königstein im Taunus u. Leipzig. 1940.

Poscharsky 1960, Peter Poscharsky: Kurze Entwicklungsgeschichte der Kanzel. In: Kunst und Kirche. Vierteljahreszeitschrift für Kirchenbau und kirchliche Kunst. 23, H. 2 (1960), S. 51-64.

ders.: 1963, Peter Poscharsky: Die Kanzel. Erscheinungsform im Protestantismus bis zum Ende des Barocks. Gütersloh 1963.

ders.: 1965, Peter Poscharsky: Der Schmuck und die Stellung der Kanzel. In: Neckarauer Hefte. 15. Heidelberg 1965.

ders.: 1993, Peter Poscharsky: Die Kirchen der Fränkischen Schweiz. (Schriftenreihe des Fränkischen-Schweiz-Vereins, Bd. 6). 3., verb. Aufl. Erlangen 1993.

Potthoff 1938, O.D. Potthoff: Kulturgeschichte des deutschen Handwerks mit besonderer Berücksichtigung seiner Blütezeit. Hamburg 1938.

R

Rademacher 1921, Franz Rademacher: Die Kanzel in ihrer archäologischen und künstlerischen Entwicklung in Deutschland bis zum Ende der Gotik. In: Zeitschrift für Christliche Kunst. 34, H. 9-12, S. 123-138, 139-156, 171-186.

Realschematismus der Diözese Würzburg 1991 ff.

Reimers 1922, Johannes Reimers: Die protestantischen Kanzeln im Königreich Sachsen. [Masch.-schr.] Phil. Diss. Leipzig 1922.

ders.: 1926, Johannes Reimers: Die protestantischen Kanzeln im Königreich Sachsen. In: Kunst und Kirche. Zeitschrift des Vereins für religiöse Kunst in der evangelischen Kirche. 3, H. 1/ 2 (Aug. u. Okt.) 1926, S. 1-5, 19-22.

Reimers 1993, Holger Reimers: Ludwig Münstermann. Zwischen protestantischer Askese und gegenreformatorischer Sinnlichkeit (Materialien zur Kunst- und Kulturgeschichte in Nord- und Westdeutschland, Bd. 8). Marburg 1993.

Reith 1990, Reinhold Reith (Hg): Lexikon des alten Handwerks. Vom späten Mittelalter bis ins 20. Jahrhundert. München 1990.

Ress 1959, Anton Ress: Die Kunstdenkmäler von Mittelfranken. VIII Stadt Rothenburg o.d. T. Kirchliche Bauten. München 1959.

Ricke 1973, Helmut Ricke: Hans Morinck. Ein Wegbereiter der Barockskulptur am Bodensee (Monographien zur Kunstgeschichte des Bodenseeraumes, Bodensee-Bibliothek, Bd. 18). Sigmaringen 1973.

Rief 1996, Michael Rief: Zur Retabelproduktion und Bildhauertechnik am Niederrhein im späten 15. und frühen 16. Jahrhundert. In: Ausst.-Kat. Gegen den Strom. Meisterwerke niederrheinischer Skulptur in Zeiten der Reformation 1500-1550. Aachen Suermondt-Ludwig-Museum v. 12.12.1996-2.3.1997. Berlin 1996, S. 39-49.

Riesebieter 1930, Martha Riesebieter: Ludwig Münsterman. Ein Beitrag zur Geschichte der frühen Niederdeutschen Barockplastik. Berlin 1930.

Rieser 1990, Michael Rieser: Die Kanzel im Bistum Augsburg des siebzehnten und achtzehnten Jahrhunderts. Künstlerische Gestalt und Programmatik. [Mikrofiche] Phil. Diss. Tübingen. Ravensburg 1990.

Rudolph 1935, Herbert Rudolph: Die Beziehungen der deutschen Plastik zum Ornamentstich in der Frühzeit des siebzehnten Jahrhunderts (Kunstwissenschaftliche Studien, Bd. 16). Berlin 1935.

S

Sangl 1988, Sigrid Sangl: Das Bamberger Hofschreinerhandwerk des 18. Jahrhunderts. In: Schreinerhandwerk in Franken 1988, S. 9-28.

Sauermost 1988, Heinz-Jürgen Sauermost: Die Weilheimer. Große Künstler aus dem Zentrum des Pfaffenwinkels. München 1988.

Saur 1996, K. G. Saur: Allgemeines Künstlerlexikon: Die Bildenden Künstler aller Zeiten und Völker. Begr. u. mithg. v. Günter Meissner. Bd. 14. München, Leipzig 1996, S. 107-108.

Schädler 1985, Alfred Schädler: Georg Petel (1601/02-1634). Barockbildhauer zu Augsburg (Schnell & Steiner Künstlerbibliothek). München, Zürich 1985.

Schädler/ Lieb/ Müller 1973, Alfred Schädler, Theodor Müller u. Norbert Lieb: Georg Petel 1601/2-1634. Berlin 1973.

Scherer 1922, Mechthild Scherer: Der Bildhauer Georg Röttger und sein Kreis. Ein Beitrag zur Plastik der Spätrenaissance in Braunschweig. [Masch.-schr.] Phil. Diss. Freiburg/ Brsg. 1922.

Schlosser 1984, Michael Schlosser: Das historische Bad Windsheim. Ansichten aus vergangenen Jahrhunderten. Hg. Stadt Bad Windsheim. 1984.

Schmitt 1994, Reinhold Schmitt u.a.: Katholische Kirchen in Hassfurt. Schnell, Kunstführer Nr. 417, 4., völlig überarb. Aufl. Regensburg 1994.

Schneider 1999, Wolfgang Schneider: Aspectus Populi. Kirchenräume der katholischen Reform und ihre Bildordnungen im Bistum Würzburg. Hg. Wolfgang Brückner und Jürgen Lenssen (Kirche, Kunst und Kultur in Franken, Bd. 8). 1. Aufl. Regensburg 1999 (zugleich Phil. Diss. Würzburg).

Schnizzer 1708, Matthias Salomon Schnizzer: CHRONICA/ der Statt/ Neustatt an der Aysch/ sowohl nach ihrem Alten als Neuen/ Bürgerlich und Kirchlichen Zustand,/ Aus richtigen brieflichen Urkunden, auch mündlichen Erzählungen/ alter Ehr= und Wahrheitliebenden Personen/ Mit sorgsamen Fleiß verfaßt und Eigenhändig beschrieben/ von/ M. Matthia Salomone Schnizzern,/ Archidiacono und Ven. Cap. Seniore. 1708. 2., unverändt. Nachdr. Neustadt/ Aisch 1978.

Schornbaum 1929, Karl Schornbaum: Archivinventare der evangelischen mittelfränkischen Pfarreien des ehem. Konsistoriums Ansbach (Veröffentlichungen der Gesellschaft für fränkische Geschichte, R. 5, Bd. 3). Würzburg 1929.

Schreinerhandwerk in Franken 1988, Schreinerhandwerk in Franken. Studien zu Bamberg, Coburg und Kitzingen von Ruth Kilian, Michaela Neukum, Sigrid Sangl und Bettina Ulmann. Hg. W. Brückner und Lenz Kriss-Rettenbeck (Veröffentlichungen zur Volkskunde und Kulturgeschichte). Würzburg 1988.

Schremmer 1997, Die Entwicklung der gewerblichen Wirtschaft bis zum Beginn des Merkantilismus. In: Handbuch der Bayerischen Geschichte. Bd. 3, Tbd. 1. München 1997, S. 901-929.

Schuhmann 1980, Günther Schuhmann: Die Markgrafen von Brandenburg-Ansbach. Eine Bilddokumentation zur Geschichte der Hohenzollern in Franken (Jahrbuch des Historischen Vereins für Mittelfranken, Bd. 90). Ansbach 1980.

Schuster 1965, Margarete Schuster: Georg Schweigger. Ein Nürnberger Bildhauer des 17. Jahrhunderts. [Masch.-schr.] Phil. Diss. Wien 1965.

Sitzmann 1919, Karl Sitzmann: Kunst und Künstler in der Bayreuther Gegend. Ein Beitrag zur Geschichte der fränkischen Kunst (Wiss. Beil. des Humanistischen Gymnasiums Bayreuth 1918/19). Bayreuth 1919.

ders.: 1919/20, Karl Sitzmann: Die Bayreuther Stadtkirche. In: Frankenland. 6/ 7, H. 4 (1919/20), S. 185-206.

ders.: 1927, Karl Sitzmann: St. Johannis. In: Oberfränkische Heimat (Heimatkundliche Beilage der Oberfränkischen Zeitung Bayreuth). 4, Nr. 19 v. 2.11.1927, S. 162-172.

ders.: 1928, Karl Sitzmann: Die Kulmbacher Stadtbrunnen. In: Oberfränkische Heimat (Heimatkundliche Beilage der Oberfränkischen Zeitung Bayreuth). 5, Nr. 12/ 13 v. 2.6.1928, S. 97-103.

ders.: I 1928, Karl Sitzmann: Über Kulmbacher Kunst. In: Der Siebenstern. 2, Nr. 11 (Nov. 1928), S. 175-178.

ders.: 1935, Karl Sitzmann: Die Bildhauer Brenk und Schlehendorn. In: Der Siebenstern. 9, Nr. 6 (Juni 1935), S. 81-85.

ders.: 1937, Karl Sitzmann: Ausbau der Kulmbacher Petrikirche nach der Zerstörung und Neues über die dabei beteiligten Meister. In: Nachrichten des Vereins Freunde der Plassenburg. 9, H. 1/3 (1937), S. 1-8.

ders.: 1938, Karl Sitzmann: Die Kulmbacher Bildhauerwerkstatt in der Zeit des Frühbarock. Johann Brenck und Hans Georg Schlehendorn. In: Plassenburg Jahrbuch 1938, S. 28-52.

ders.: 1955, Karl Sitzmann: Alte Malerei in und um Kulmbach. In: Bayerland. 57. (Sept. 1955), S. 348-353.

ders.: 1983, Karl Sitzmann: Künstler und Kunsthandwerker in Ostfranken (Die Plassenburg. Schriften für Heimatforschung und Kulturpflege in Ostfranken, Bd. 12, 16. u. 37). 2. Aufl. Kulmbach 1983. (Nachdr. der Aufl. v. 1957).

Skulptur in Süddeutschland 1998, Skulptur in Süddeutschland: 1400-1770. Festschrift für Alfred Schädler. Hg. Rainer Kahsnitz u. Peter Volk (Forschungshefte Bayerisches Nationalmuseum München, 15). München, Berlin 1998.

Sörries 1983, Reiner Sörries: Die Evangelischen und die Bilder. Reflexion einer Geschichte. Dokumentation zur Ausstellung „Die Evangelischen und die Bilder" in Nürnberg 1983. Erlangen 1983.

Steinmann 1952, P. Othmar Steinmann: Der Bildhauer Johann Ritz (1666-1729) von Selkingen und seine Werkstatt. Sitten 1952.

Steinmüller 1940, Josef Steinmüller: Die Kanzel im Bistum Würzburg. Ihre stilistische Entwicklung vom 14.-19. Jahrhundert mit kurzer Vorgeschichte. Ein Beitrag zur mainfränkischen Kunstgeschichte. Würzburg 1940 (zuvor Phil. Diss. Würzburg 1939).

Stillfried 1877, Rudolf Graf von Stillfried: Kloster Heilsbronn. Ein Beitrag zu den Hohenzollerischen Forschungen. Berlin 1877.

Stirm 1977, Margarete Stirm: Die Bilderfrage in der Reformation (Quellen und Forschungen zur Reformationsgeschichte, Bd. XLV). 1. Aufl. Gütersloh 1977.

Stößlein 1977, Hans Stößlein: Vom Oberen Marktbrunnen. Heimkehr des Brenkschen Löwen? In: Treffpunkt Kulmbach. Kulmbach 1977.

T

Taegert 1999, Jürgen Joachim Taegert: Der Geseeser Christus-Altar. Deutung und Erfahrung. Wegweiser zu einem „Ort der Kraft" in Oberfranken. Der Bildschnitzer Johann Brenck und sein Programm. Ungedrucktes Manuskript 1999.

Tettau 1890, W. J. A. Freiherr von Tettau: Beiträge zur Kunstgeschichte von Erfurt. Die Künstlerfamilie Friedemann. In: Mitteilungen des Vereins für die Geschichte und Altertumskunde von Erfurt. 14 (1890), S. 43-63.

Theodoricus 1621, Hieronymus Theodoricus: Corona Templi. Das ist: Zwo Predigten/ von der schönen Kirchen Cron/ oder Heiligen Kirchenschmuck/ welche seynd Concio & Cantio, die Predigt und das Gesang. Bey auffrichtung deß newerbawten Predigstuls für die Kirch zu Sommerhausen/ gehalten am Sontag Judicata den achzehenden Marti. Nürnberg 1621.

Thiel I 1955, Heinrich Thiel: Studien zur Entwicklungsgeschichte der Markgrafenkirchen (Die Plassenburg. Schriften für Heimatforschung und Kulturpflege in Ostfranken, Bd. 9). Kulmbach 1955.

Thieme-Becker 1910, Ulrich Thieme u. Felix Becker: Allgemeines Lexikon der bildenden Künstler von der Antike bis zur Gegenwart. Hg. Thieme/Becker. Bd. 4 Leipzig 1910, S. 580 (Brenk).

Thieme-Becker 1992, Thieme, Ulrich u. Becker Felix: Allgemeines Lexikon der bildenden Künstler von der Antike bis zur Gegenwart, ab Bd. 16 hrsg. von Hans Vollmer, 37 Bde., Leipzig 1907-1950. Nachdr. 1992.

Thurnwald 1993, Andrea K. Thurnwald: „....die Predigt und sein Wort nicht verachten". Zur Bedeutung der Predigt in der Tradition evangelischer Gemeinden in Franken. Hg. Konrad Bedal (Schriften und Kataloge des Fränkischen Freilandmuseums, Bd. 19). Bad Windsheim 1993.

Trautwein 1932, Franz Trautwein: Erfurter Epitaphplastik um 1600. In: Mitteilungen des Vereins für die Geschichte und Altertumskunde von Erfurt. 48 (1932), S. 41 - 70.

U

Ullmann 1983, Ernst Ullmann: „...wie wol bilder aus der Schrifft und von Historien ich fast nützlich, doch frei und willkörig halte" (Martin Luther, 1528). In: Ernst Ullmann (Hg.): Von der Macht der Bilder. Beiträge des C.I.H.A.-Kolloquiums „Kunst und Reformation". Leipzig 1983, S. 13-29.

Ulmann 1984, Arnulf von Ulmann: Bildhauertechnik des Spätmittelalters und der Frührenaissance. Darmstadt 1984.

V

Vocke 1796, Johann August Vocke: Geburts- und Todten- Almanach Ansbachischer Gelehrten, Schriftsteller und Künstler... T.1. Augsburg 1796, S. 169-177.

W

Waldvogel 1998, Rudolf Waldvogel: Firma Zürn und Söhne - Eine Ausstellung über die Bildhauerfamilie in ihrer Heimatstadt Bad Waldsee. In: Schwäbische Heimat, Bd. 49 (1998), S. 41-43.

Wamsler 2001, Peter Wamsler: 400 Jahre Reformation 1601-2001. Evangelisch-Lutherische Pfarrkirchen Herchsheim und Giebelstadt. Kleiner Kirchenführer und Beiträge zur Pfarreigeschichte 2001.

Warnke 1996, Martin Warnke: Hofkünstler. Zur Vorgeschichte des modernen Künstlers. 2., überarb. Aufl. Köln 1996.

Weidlich 1783, Christoph Weidlich: Christoph Weidlichs, Rechts-Consulentens, und Königl. Preußischen Justiz: Commissärs zu Halle, Biographische Nachrichten von den jetztlebenden Rechts-Gelehrten in Teutschland. Dritter Theil. 1783, S. 35-37.

Weilandt 1993, Gerhard Weilandt: Verträge mit Künstlern und finanzielle Abwicklung von Aufträgen. In: Meisterwerke Massenhaft 1993, S. 311-316.

Weirauch 1973, Ursula Weirauch: Der Engelbertschrein von 1633 im Kölner Domschatz und das Werk des Bildhauers Jeremias Geisselbrunn (Die Kunstdenkmäler des Rheinlandes, Beih. 21). Düsseldorf 1973.

Wenert 1959, Wilhelm Wenert: Kurzgefasste Geschichte des Handwerks in Deutschland. 3. Aufl. Dortmund 1959.

Westhoff 1993, Hans Westhoff u. Gerhard Weilandt: Vom Baumstamm zum Bildwerk. Skulpturenschnitzerei in Ulm um 1500. In: Ausst.-Kat. Meisterwerke Massenhaft 1993, S. 245-263.

Wiesenhütter 1933, Alfred Wiesenhütter: Der Altar im Kirchenbau des Protestantismus. In: Monatschrift für Gottesdienst und kirchliche Kunst 38, H. 6 (Juni 1933), S. 137-144.

ders.: 1934, Alfred Wiesenhütter: Die protestantische Kanzel. In: Monatschrift für Gottesdienst und kirchliche Kunst. 39, H. 7/ 8 (Juli/August 1934), S. 189-198.

Will 1791, Prof. Will: Lebensgeschichte eines im hohen Alter verstorbenen sonderbaren Mannes M. Johann Wolfgang Brenk's, der im 46sten Jahre seines Lebens von der christlichen zur jüdischen Religion übergieng und sich zu Amsterdam beschneiden ließ, aus glaubwürdigen Nachrichten. Anspach 1791.

Will 1815, Georg Andreas Will: Nürnbergisches Gelehrten-Lexikon oder Beschreibung aller Nürnbergischen Gelehrten und Schriftsteller beyderley Geschlechts...Ergänzt u. fortgesetzt. v. Christian Conrad Nopitsch. 5. T. 2. Ausg. 1815, S. 117-124.

Wilm 1940, Hubert Wilm: Die gotische Holzfigur. Ihr Wesen und ihre Entstehung. 2., neubearb. Aufl. Stuttgart 1940.

Wissell 1971, 1974, 1981, Rudolf Wissell: Des alten Handwerks Recht und Gewohnheit. Hg. Ernst Schraepler (Einzelveröffentlichungen der Historischen Kommission zu Berlin, Bd. 7, 1-4). 2., erw. und bearb. Ausgabe. Mehrere Bde. Berlin 1986, 1971, 1974, 1981, 1986.

Wohnhaas/ Fischer 1968, Theodor Wohnhaas und Herman Fischer: Die Orgelbauer Schonat in Franken und den Niederlanden. In: Mainfränkisches Jahrbuch für Geschichte und Kunst. 20, 91 (1968), S. 242-265.

Z

Zohner 1993, Wilhelm Zohner: Bartholomäus Steinle. Um 1580-1628/29. Bildhauer und „Director über den Kirchenbau zu Weilheim". Weissenhorn 1993.

Zorn 1965, Wolfgang Zorn: „Zünfte" in: Handwörterbuch der Sozialwissenschaften (Neuauflage des Handwörterbuchs der Staatswissenschaften HDSW). Bd. 12. Stuttgart, Tübingen, Göttingen 1965, S. 484-489.

Zwei Altäre aus der Pfarrkirche zu Frickenhausen bei Ochsenfurt. In: Theodor Henner, Altfränkische Bilder 7 (1901).

Zweite 1980, Armin Zweite: Marten de Vos als Maler. Ein Beitrag zur Geschichte der Antwerpener Malerei in der 2. Hälfte des 16. Jahrhunderts. Berlin 1980 (zuvor Phil. Diss. Göttingen 1974).

Register

Orte und Namen. Hervorgehobene Ziffern verweisen auf Abbildungen. Autoren wurden nicht berücksichtigt. A= Architekt; B= Bildhauer, Bildschnitzer; Bü= Bürgermeister; K= Kupferstecher; M= Maler; Mau= Maurer; O= Orgelbauer; P= Pfarrer; R= Restaurator; S= Schreiner (-geselle, -lehrjunge); Sch= Schlosser; St= Steinmetz; V= Vergolder.

Genealogie der Bildschnitzerfamilie Brenck

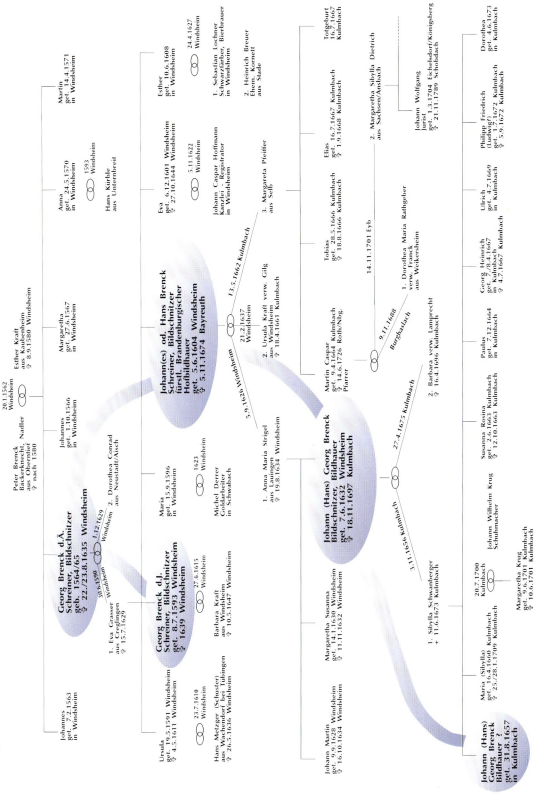

Peter Brenck,
Bäckerknecht, Nadler
✝ nach 1580

Esther Kraft
aus Oberntief
✝ 8.9.1580 Windsheim

20.1.1562
Windsheim

Johannes
get. 1.10.1566
in Windsheim

Margaretha
get. 27.6.1567
in Windsheim

Anna
get. 24.5.1570
in Windsheim

Martin
get. 14.4.1571
in Windsheim

1593
Windsheim

Hans Kürble
aus Unternbreit

Johannes
get. 7.2.1563
in Windsheim

**Georg Brenck d.Ä.,
Schreiner, Bildschnitzer
geb. 1564/65 Windsheim
✝ 22./23.8.1635 Windsheim**

1. Eva Grasser
aus Creglingen
✝ 15.7.1629

30.6.1590
Windsheim

2. Dorothea Conrad
aus Neustadt/Aisch

1.12.1629
Windsheim

Maria
get. 15.9.1596
in Windsheim

Eva
get. 6.12.1601 Windsheim
✝ 27.10.1644 Windsheim

Esther
get. 10.6.1608
in Windsheim

24.4.1627
Windsheim

5.11.1622
Windsheim

Johann Caspar Hoffmann
Kanzlei – Registrator
in Windsheim

1. Sebastian Lochner
Schwarzfärber, Bierbrauer
in Windsheim

2. Heinrich Breuer
Ehem. Kornett
aus Stade

Ursula
get. 19.5.1591 Windsheim
✝ 4.5.1611 Windsheim

23.7.1610
Windsheim

Hans Metzger (Schuster)
aus Wachendorf bei Tübingen
✝ 26.5.1636 Windsheim

**Georg Brenck d.J.,
Schreiner, Bildschnitzer
get. 8.7.1593 Windsheim
✝ 1639 Windsheim**

Barbara Kraft
aus Windsheim
✝ 10.5.1647 Windsheim

27.6.1615
Windsheim

Michel Derrer
Goldarbeiter
in Schwabach

1623
Windsheim

**Johann(es) od. Hans Brenck
Schreiner, Bildschnitzer
fürstl. Brandenburgischer
Hofbildhauer
get. 5.6.1604 Windsheim
✝ 5.11.1674 Bayreuth**

1. Anna Maria Strigel
aus Lauingen
✝ 19.8.1634

5.9.1626 Windsheim

2. Ursula Kraft verw. Gilg
aus Windsheim
✝ 18.4.1661 Kulmbach

21.2.1637
Windsheim

3. Margareta Pfeiffer
aus Selb

13.5.1662 Kulmbach

Johann Martin
get. 9.9.1628
✝ 16.10.1634 Windsheim

Margaretha Susanna
get. 14.11.1630 Windsheim
✝ 11.11.1632 Windsheim

**Johann (Hans) Georg Brenck
Bildschnitzer, Bildhauer
get. 7.6.1632 Windsheim
✝ 18.11.1697 Kulmbach**

1. Sibylla Schwanberger
+ 11.6.1673 Kulmbach

3.11.1656 Kulmbach

2. Barbara verw. Lamprecht
✝ 16.4.1696 Kulmbach

27.4.1675 Kulmbach

Maria (Sibylla)
get. 10.4.1660 Kulmbach
✝ 25./28.1.1709 Kulmbach

20.7.1700
Kulmbach

Johann Wilhelm Krug
Schuhmacher

Margaretha Krug
get. 9.6.1701 Kulmbach
✝ 10.6.1701 Kulmbach

Martin Caspar
get. 9.4.1664 Kulmbach
✝ 14.6.1726 Roth/Nbg.
Pfarrer

1. Dorothea Maria Rathgeber
verw. Franck
aus Weikersheim

9.11.1688
Burghaslach

2. Margaretha Sibylla Dietrich
aus Sachsen/Ansbach

14.11.1701 Eyb

Susanna Rosina
get. 26.1.1663 Kulmbach
✝ 12.10.1663 Kulmbach

Paulus
get. 7.12.1664
in Kulmbach

Georg Heinrich
get. /8.4.1667
in Kulmbach
✝ 4.7.1667 Kulmbach

Ulrich
get. 1.7.1669
in Kulmbach

Elias
get. 16.7.1667 Kulmbach
✝ 1.9.1668 Kulmbach

Tobias
get. 28.5.1666 Kulmbach
✝ 18.8.1666 Kulmbach

Totgeburt
16.7.1667
Kulmbach

Johann Wolfgang
Jurist
get. 1.3.1704 Eichelsdorf/Königsberg
✝ 21.11.1789 Schobdach

Philipp Friedrich
(Ludwig?)
get. 7.1.1672 Kulmbach
✝ 5.9.1672 Kulmbach

Dorothea
get. 4.6.1673
in Kulmbach

**Johann (Hans)
Georg Brenck
Bildhauer ?
get. 31.8.1657
in Kulmbach**

Monogramme der Windsheimer Werkstatt

Uffenheim, Kanzel, Kapitell, 1610,
Zeichnung des Monogramms
nach Funk (1938.10)

Herchsheim, Kanzel,
Sockel der Matthäusfigur, 1614

Frickenhausen, Hochaltar,
Relief der Dornenkrönung, 1617

Heidelberg, Pfingstrelief,
Stuhlwange, 1617

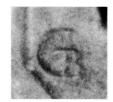

Brunn, Grabstein für Wilhelm und
Ursula Sophia v. Heßberg, um 1620

Sommerhausen, Kanzel,
Sockel d. Markusfigur, 1620/21

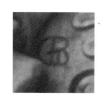

Sommerhausen, Kanzel,
Stuhl d. Lukasfigur, 1620/21

Sommerhausen, Kanzel,
Relief m. Jesaja a. d. Kirchenwand, 1620/21

Ansbach (Markt Erlbach), Kanzel,
Relief Johannes d.T., 1621

Ansbach (Markt Erlbach), Kanzel,
Schalldeckel, Sockel d. Engelsfigur
mit Lanze, 1621

Sommerhausen, Epitaph Weber,
Relief d. Transfiguration, 1622

Kühlsheim, Kanzel,
Sockel d. Matthäusfigur, 1623

Ansbach (Windsheim),
Retabel, Weltgerichtsrelief, 1623

Geißlingen, Altar,
Abendmahlrelief, 1624

Geißlingen, Altar,
Sockel d. Matthäusfigur, 1624

Ellwangen, Kanzel,
Sockel d. Johannesfigur, um 1625
(Zeichnung von A. Grupp)

Seifriedsburg, Engel m.
Geißelsäule, 1625

Thüngen, Retabel,
Hauptrelief, 1627

Windsheim, Grabstein Johann Christian von Reitzenstein, 1634

Windsheim, Grabstein Georg Wilhelm von Lentersheim, 1635

Windsheim, Grabstein Maria Barbara von Reitzenstein, 1635

Aub (?), Abendmahlrelief, verloren
(Jahreszahl 1637 nicht mit abgebildet)

London, Alabasterrelief
(Jahreszahl 1638 nicht mit abgebildet)

Übersicht der Windsheimer Schreinermeister
in der 1. Hälfte des 17. Jahrhunderts

Tafel III

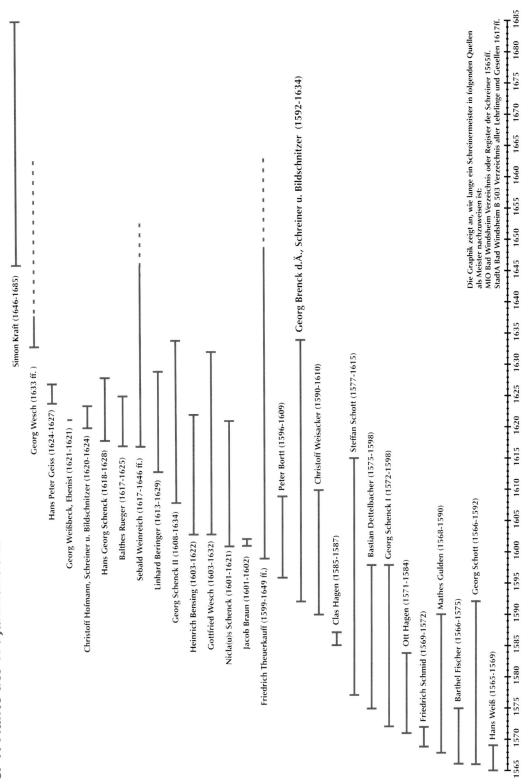

Die Graphik zeigt an, wie lange ein Schreinermeister in folgenden Quellen als Meister nachzuweisen ist:
MfO Bad Windsheim Verzeichnis oder Register der Schreiner 1565ff.
StadtA Bad Windsheim B 503 Verzeichnis aller Lehrlinge und Gesellen 1617ff.

Übersicht der Lehrjungen und Gesellen

Schreinermeister	Lebensdaten	Lehrlinge	Ausbildungszeitraum	Gesellen	Arbeits-beginn
Georg **Brenck** d.Ä.	1564/65-1635	Michel Windsheimer	1594-abgebrochen	Michael Hornberger v. Blaufelden	Mai 1604
		Hans Bischoff	1592-1595	Christoff Hofman v. Chemnitz	1612-1615
		Leonhard Stolz	1598-1600	Leonhard Herzog aus Eyb/ Ansbach	April 1616
		Georg Brenck d.J., Sohn	1606-1609	Thomas Hofmann v. Most	April 1616
		Clas Ströbel v. Uffenheim	1611-1615	Wilhelm Geisler aus Schlesien	Jan. 1617
		Christof Hofman v. Chemnitz	1615-1618	Bernhard Deuschlein aus Schlesien	30.3.1617
		Hans Fueger	1616-1621	Mathes Erbarich aus Schlesien	30.3.1617
		Johann Brenck, Sohn	1616-1621	Hans Lönhart v. Veitshöchheim	15.6.1617
				Friedrich Mauer v. Uffenheim	7.9.1617
				Thomas Wirtz v. Ulm	15.11.1620
				Martin Kalck v. Ansbach	15.11.1620
				Hans Fleser v. Frankfurt	9.12.1621
				Hans Albrecht von Nürnberg	22.12.1622
				Georg Friedrich Stiegler aus d. Oberpfalz	17.8.1623
				Franz Fleischhauer v. Zerbst	14.9.1623
				Andreas Hornberger v. Blaufelden	25.4.1624
				Hans Geisler v. Schweinfurt	2.5.1624
				Johannes Herz v. Michelstadt	21.5.1626
				Gabriel Hennenberg v. Geißlingen	12.8.1627
Johann **Brenck**	1604-1674	Hans Georg Brenck	1668-1672	Hans Georg Schlehendorn	ab 1644
		Niclas/ Nicolaus Eichmüller		Hans Pfautsch, Bildhauergeselle v. Coburg	um 1656/
				Nikolaus Gruser, Schreiner- und	1657
				Bildschnitzergeselle	1668
				Hans Heubner	um 1671
Hans Georg **Schlehendorn**	1616-1672	Andreas Müller	um 1658	Georg Eichner	1667
Hans Georg **Brenck**	1632-1697	Niclas/ Nicolaus Eichmüller	1667-Wechsel zu J. Brenck		

Kanzelterminologie

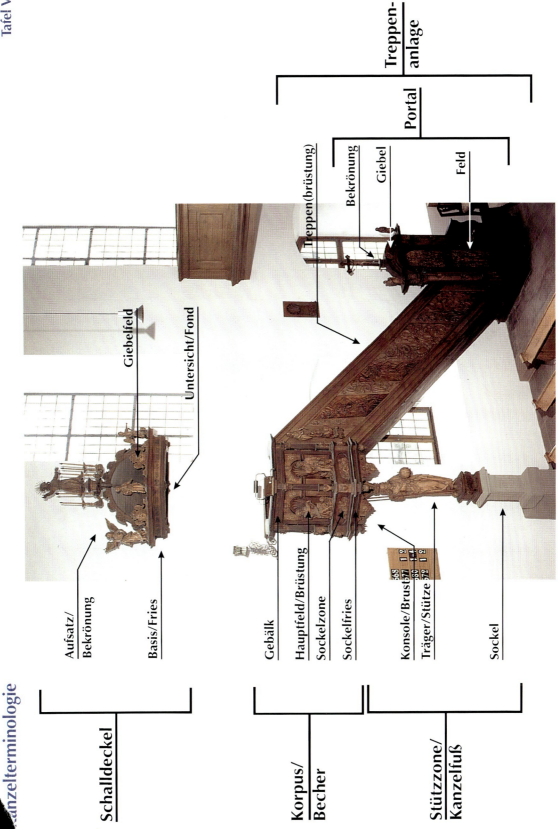

Treppen-
anlage

Portal

Treppen(brüstung)

Bekrönung

Giebel

Feld

Giebelfeld

Untersicht/Fond

Aufsatz/
Bekrönung

Basis/Fries

Schalldeckel

Gebälk

Hauptfeld/Brüstung

Sockelzone

Sockelfries

Konsole/Brust

Träger/Stütze

Sockel

**Korpus/
Becher**

**Stützzone/
Kanzelfuß**

Aufrisstypologie des Kanzelbechers

Typ I

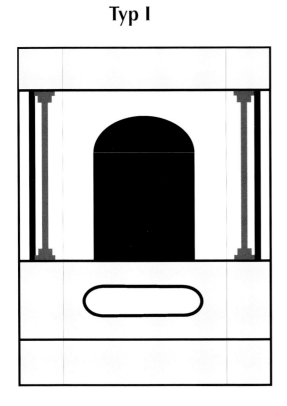

Typ II

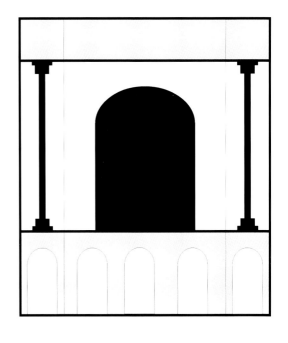

Typ III

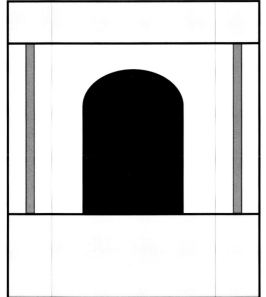

Typ IV

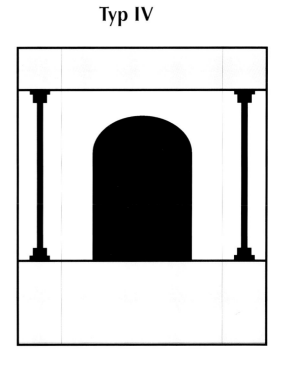

Die Bildschnitzerfamilie Brenck

Geographische Lage der Werke in Franken

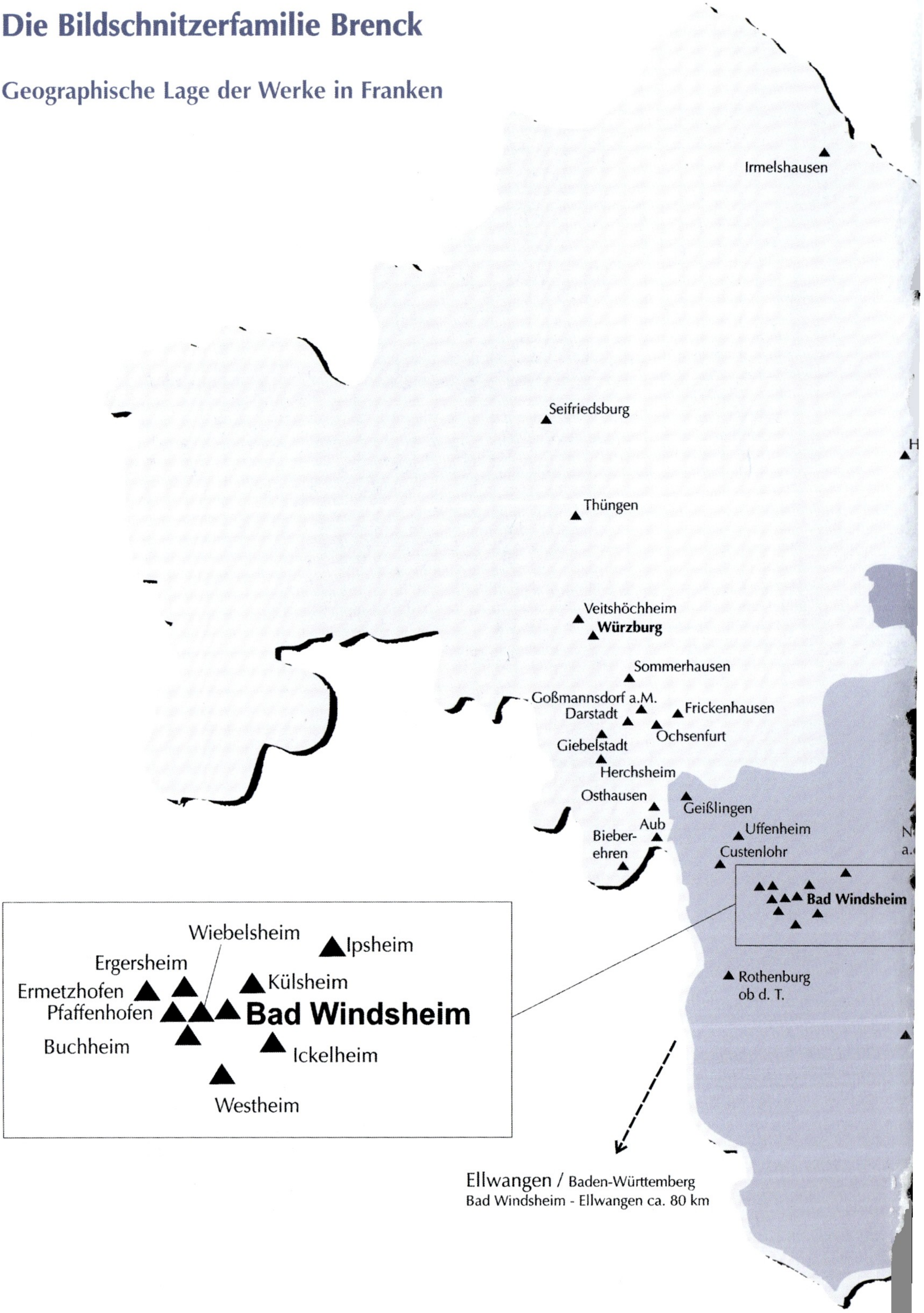

Irmelshausen

Seifriedsburg

Thüngen

Veitshöchheim
Würzburg

Sommerhausen

Goßmannsdorf a.M.
Darstadt
Frickenhausen

Giebelstadt
Ochsenfurt

Herchsheim

Osthausen
Geißlingen

Aub
Uffenheim

Bieber-
ehren
Custenlohr

Bad Windsheim

Rothenburg
ob d. T.

Wiebelsheim
Ipsheim

Ergersheim
Ermetzhofen
Külsheim

Pfaffenhofen **Bad Windsheim**

Buchheim
Ickelheim

Westheim

Ellwangen / Baden-Württemberg
Bad Windsheim - Ellwangen ca. 80 km